西南民族地区旅游城市化进程中的新型城乡形态演化研究

杨莎莎　曹冬勤　程　皓　著

中国财经出版传媒集团
经济科学出版社
Economic Science Press

图书在版编目（CIP）数据

西南民族地区旅游城市化进程中的新型城乡形态演化研究/杨莎莎，曹冬勤，程皓著. —北京：经济科学出版社，2018. 8
ISBN 978 - 7 - 5141 - 9664 - 1

Ⅰ. ①西… Ⅱ. ①杨…②曹…③程… Ⅲ. ①民族地区 - 旅游业 - 城市化进程 - 研究 - 西南地区 Ⅳ. ①F592. 3②F299. 2

中国版本图书馆 CIP 数据核字（2018）第 193597 号

责任编辑：李晓杰　张　琪
责任校对：杨　海
责任印制：李　鹏

西南民族地区旅游城市化进程中的新型城乡形态演化研究
杨莎莎　曹冬勤　程　皓　著
经济科学出版社出版、发行　新华书店经销
社址：北京市海淀区阜成路甲 28 号　邮编：100142
总编部电话：010 - 88191217　发行部电话：010 - 88191522
网址：www. esp. com. cn
电子邮件：esp@ esp. com. cn
天猫网店：经济科学出版社旗舰店
网址：http：//jjkxcbs. tmall. com
北京季蜂印刷有限公司印装
787 × 1092　16 开　20. 25 印张　420000 字
2018 年 8 月第 1 版　2018 年 8 月第 1 次印刷
ISBN 978 - 7 - 5141 - 9664 - 1　定价：66. 00 元
（图书出现印装问题，本社负责调换。电话：010 - 88191510）

目录

第一章

绪　论

一、研究背景与问题提出

（一）研究背景

城市的世纪，是对21世纪的称谓[1]。关于城市的话题，当今全球的关注程度胜于历史上任何其他时期，回顾城市的发展历程，可谓奇迹与困境誉谤各半。在21世纪以来举办的多届世界园艺博览会中，集中体现了人类与城市的紧密联系，尤其是在我国举办的几届世界园艺博览会中，城市和人类的主题尤为突出。2010年上海世博会的主题是“城市，让生活更美好”，2011年西安世界园艺博览会的主题是“天人长安、创意自然——城市与自然和谐共生”，2013年锦州世界园艺博览会的主题是“城市与海，和谐未来”，2016年唐山世界园艺博览会的主题是“都市与自然，凤凰涅槃”。其背后代表的是人类对城市发展的关心和期许。城市化是人类社会进程中必然要经历的，也是社会经济发展到一定阶段的必然产物，城市化作为一种社会经济发展过程[2]，其内在的规律性是人类探索社会结构变革的重要线索，城市化代表着现代化目标的实现[3]。在“统筹城乡”模式带动的城市化进程中，以“土地经营”为中心的城镇化模式逐渐转向“以人为本”的城镇化[4]模式。

城市化，有的学者也称之为城镇化、都市化，其实质是包含经济结构、社会结构和空间结构的变迁[5]，具体也就是指人口向城镇聚集、城镇规模扩大以及由此引起一系列经济社会变化的过程，是多重要素集聚的产物[6]。城市化是人类文明发展进步的重要标志之一[7]，其发展的历史可以远溯至农业经济时代。在生产力不够发达的农业经济时代，几乎所有的劳动力都在从事农业生产活动，但是社会生产力水平低下造成了粮食生产难以满足社会总需求的状况。劳动工具的进步带动了劳动效率的提高，一部分人种地生产的粮食可以供应更多人口的消费，周而复始，开始出现剩余劳动力和剩余粮食。这些农业剩余劳动力可以依赖种地农民生产的但又消费不完的剩余粮食来从事一些非农业生产活动，例如集中到某些适宜的地方从事用具制作及市场交易等。因此产生了以非农业人口为主、非农产业活动集中的城市，农业生产力发展产生的这两大“剩余”，是城市形成和城市化发展的最为重要也最为基础的前提。通常而言，城市化发展是由于整个社会生产力的发展推动了城镇规模扩张和数量增多，人口在此过程中不断向城镇集聚，城市中物质文明和精神文明不断提升和扩散，区域内产业结构不断提升和完善[8]。城市化进程也是一个由乡村向城市转变的过程，与之伴随而来的是经济[9]、社会[10]、文化[11]和认知[12]等方面的转变，是一个极其复杂的综合性系统过程，城市化与经济发展之间的关系既是经典的理论问题，也是政府和学界持续讨论的热点议题[13]。从城市化发展的动力机制来看，城市化进程的推进是受到农业发展、工业化进程[14]和第三产业迅速发展[15]这三种力量影响的。当经济发展处于相对较低的水平时，农业发展是限制城市化进程的主要决定因素；当农业发展推动经济发展进入一个较高的阶段后，影响城市化进程的主要动力便是城市的工业化进程，伴随工业化进程的还有农业生产的现代化；当工业化推动城市化进程达到一个更高的阶段后，影响城市化进程的主要动力就变成了第三产业的发展。综上而言，在城市化发展的进程中，初始动力是农业发展，根本动力是工业化进程，持续动力是第三产业发展。

旅游城市化起源于福特制（fordism）时期的高工资和大众消费，成熟于20世纪70年代，即后福特制（postfordism）时期的大众享乐消费（mass consumption of pleasure）的兴起[16]。随着后工业化时代的到来，越来越多的大中城市在原有经济、文化、交通、政治等功能之外，旅游功能也日趋完善。旅游城市化，是伴随旅游业与城市化进程的发展而形成的一种特殊的城市化方式，是一定消费基础支撑下的产物。从20世纪90年代，西方主要经济体在发展过程中第二产业逐渐被第三产业所取代，服务业也逐渐成为城市化进程的重要支撑力量[17]。我国也在2015年首次实现第三产业发展超越第二产业。20世纪70年代以后，我国的城市化进程与经济发展开始慢慢呈现出一种正相关关系，旅游活动的开展对城市化的促进作用也越来越显著，“旅游城市化”这一名词也开始渐渐出现在大众的视野。相关研究表明，城镇化发展需要强有力的产业支撑，产业结构转换是城镇化发展的动力机制，结合中国的实际情况，现代旅游业作为一种推动产业转型、经济增长、社会变迁和文化重构的内在动力，既能直接引发城镇规模的扩大、非农人口的转移和城镇景观的地域推进，也能从内涵上推动城镇质量提升、城镇空间结构重组和城镇功能转变[18]。从这个角度出发，“旅游导向型城镇化”假说在中国情境中真实有效，旅游业对城镇化存在显著的正向影响。

旅游城市化具体包括两方面的含义：第一，旅游区非城市人口向城市转移和聚集，旅游城市的规模不断扩大，数量不断增加，城市在人们旅游活动中的作用逐渐增大的现象。第二，旅游景区景点的人工化、城镇化倾向。随着我国旅游业的不断增长，对于GDP和就业方面的贡献逐年递增，旅游与经济增长之间所呈现出的正向联系越来越突出[19]，伴随着我国人均国内生产总值的快速提升，可支配收入也不断增加，为旅游业进入“喷井式”发展阶段奠定了坚实的物质基础。根据国际旅游组织的统计，如商务、会议和度假等观光旅游类型的游客占到旅游游客总数的22.45%，这就为旅游城市化奠定了坚实的背景基础。在这样的背景下，旅游带动了城市相关方面的发展，而城市又为旅游的发展奠定基础，二者相辅相成，共同驱动旅游城市化。随着旅游和城市的伴生发展，两者之间彼此结合得越来越紧密，不断融合发展，逐渐发挥出产业和区域的辐射带动作用和关联集聚效果，最终发挥推动城市化进程的重要作用。

在人类生存发展的过程中，逐渐形成了城市和农村两种比较稳定的聚落形态，这两种聚落形态在内在发展规律和功能特性方面都有所不同。很长一段时间以来，人们关注的焦点都集中在城市的发展上，对农村发展的关注和研究相对比较少。产生这种情况的原因有很多，首先是因为在人类生存和发展的过程中，城市作为一个空间载体更容易被人们所接受，同时，城市化成为全世界发展变化的一种主流趋势，所以城市的发展往往更加受到人们的关注[20]；其次，与农村相比较，城市所承载的功能更丰富，在城市发展演进的过程中，内在的发展规律和发展特点都十分复杂，要考虑到的城市外部结构和内部系统运行的可变性也非常多。正是由于城市发展演进过程中的内在规律和发展特点的复杂性使得城市在空间形态上的特征和相应的变化也更为突出。相较而言，农村所承载的功能比较少，发展演进的速度也比较慢，由此导致的农村在空间形态上的特征和相应的变化也不太明显。

从城市出现开始，城市和农村在发展的过程中经历了“分离对立→协调融合”的历程。随着机器大工业的发展产生，打破了传统的以原始家庭为纽带发展的农业和工场手工业，发展出了具有严重分割城乡发展的二元分化结构。然而，在一个国家或地区的工业化和城市化发展到一定水平之后，缩小城乡差距、统筹城乡发展就成为了发展的必然要求和经济社会发展演进的必然趋势。在统筹城乡、构建城乡一体化发展的时代背景下，城市和农村，尤其是城市和其周边地区的农村之间在发展演进的过程中又出现了很多新的特点。比如在这个阶段，城市和农村在发展的过程中所处的地位平等，城乡在功能上互相补充、互相依赖，城市和农村在产业发展上相互补充。城市与农村形成发展整体、公共产品服务不断拓展延伸趋于均等化，城市多年发展形成的物质文明和精神文明逐渐向农村蔓延，农村长年积淀的自然特性和保留下来的较好的传统文化逐渐感染城市。城市和农村这种逐步融合的发展进程在外在形态上也会逐步发生变化，发展出特有的形态特征和多样的新型城乡形态。因此，在这个发展演进的过程中，必须将城市和农村看作一个整体在发展上进行考虑，将城市形态与农村形态转变为契机，引导和发展能够发挥统筹城乡效果的城乡一体化发展所需要的新型城乡形态，通过新型城乡形态更好地为城市与农村的融合、城市与农村协同发展提供条件。由此看来，新型城乡形态的本质是城市和农村在发展过程中表现出来的一种外在形态，这种形态表现为城市与农村在一定的空间范围内追求城乡统筹和城乡一体化发展的目标而产生出的一种共存方式。由于新型城乡形态作为一种反映城市和农村一体化发展的共存方式展现出来，对新型城乡形态的研究就成为了新时期的重点研究内容。

城市的发展并不是经济社会发展的唯一目标，经济社会的良好发展更需要形成一个和谐的城乡关系，打造新型城乡形态是形成和谐城乡关系的重要保障，只有实现城乡融合发展才能真正做到城乡一体化。城乡一体化既是地域空间层面的整合，也是经济、社会等方面的整合，具体表现在统一规划空间、互补城乡功能、区域相互协调等多方面。新型城乡形态是城乡一体化背景下城乡和谐相处、共同发展的外在表现形式。在城乡一体化进程中，城市和乡村协调发展、互助互补、相向发展。城市先进发达的生产要素和发达的二三产业不断向乡村倾斜和延伸，乡村独特的自然风光、特色种养都成为吸纳城市居民旅游的重要元素。城乡之间的关系不再隔离和对立，更多地形成了融合和补充的局面，摆脱了旧有的城乡形态，形成了有机共存的新型城乡形态[21]。新型城乡形态演化则主要包括城镇化农村、城郊化农村、新农村、都市圈和城中村等五种新型城乡形态。城镇化农村是城市化的重要组成部分，所揭示的仅是城市化的某一个层面，是城市化在尚未实现阶段所经历的一个主要过程。从本质上讲，农村城市化就是农村要素向城市要素转化的过程。城郊化农村建设作为新农村建设的重要组成部分，对我国的新农村建设和农业、农村、农民问题的解决具有举足轻重的示范作用。所谓“新农村”应该包括 5 个方面，即新房舍、新设施、新环境、新农民、新风尚。都市圈又称城市带、城市圈，指在城市群中出现的以大城市为核心，周边城市共同参与分工、合作，一体化的圈域经济现象。城中村，从广义上来说，是指在城市高速发展的进程中，滞后于时代发展步伐、游离于现代城市管理之外、生活水平低下的居民区。这五种新型城乡形态在新型城乡演变过程占据了举足轻重的地位。

一般意义上的西南民族地区即西南少数民族聚居区，通常指的是我国西南地区即重庆、四川、贵州、云南、西藏和广西六省市区内的民族聚居区。但为了研究的方便同时又尊重事实，本书所指的西南民族地区主要是云南、广西和贵州三个旅游资源丰富的省区，在此做出明确的界定原因包括两点：一是西藏、四川和重庆等省区市的少数民族人口占本省市总人口的比重都不大，在整个西南地区的比重就更小了。将它们考虑在概念界定范围之外，不会影响本书的研究结论；二是本书所考察的对象均以少数民族特色突出的地区和旅游资源丰富，以旅游带动经济发展程度较大的省区作为研究对象，因此以云南、广西和贵州三省区作为研究对象是比较符合研究要求的。本书所界定的西南民族地区，在经济发展方面属于贫困地区，与东部地区相比，其城镇化速度还相差甚远[22]，在旅游资源方面，西南民族地区属于富饶地区。滇桂黔三省区地理位置处于我国西南边陲，虽然经济社会发展较东部地区缓慢，但拥有特别的山川景致和秀美风光，大量城市天然存在“城即是景、景即是城、景城融合”的现象，在对关于旅游城市化进程中新型城乡关系形态演化的研究具有独特的优势。

随着我国经济社会快速发展，第三产业开始取代第二产业成为推动城市化发展的重要动力，人们在追求物质生活和精神生活不断提升的同时，对于自然环境的关注也不断提升。通过工业化带动的城镇化进程已进行了较长时间，在城市经济社会快速发展的同时也产生了环境破坏、人际关系生疏等诸多问题。一方面，城乡形态的转变促进了旅游的转型，西南民族地区的城乡二元结构是导致旅游二元结构的主要原因，城市居民收入高、国内出游率高、人均旅游花费高，是国内旅游发展一个结构性驱动力[23]。另一方面，旅游作为城市化的一种动力已显示出其巨大的作用，西南民族地区由于工业化和市场化相对于发达地区较落后，旅游在城市化中所起的作用更加明显。由旅游业带动的城市化进程正在不断推进，由此对城乡形态的演化发展也产生了与工业化带动城市化发展有所不同的影响。旅游城市化进程中包含的景区城市化和城市景区化已经或正在深刻地影响着西部民族地区的城乡形态。因此，因地制宜地探讨西南民族地区旅游城市化进程对新型城乡形态演化的影响因素、特征和作用机理是新型城乡形态演化的优化调控的关键。通过加快西南民族地区的旅游城市化进程和促进新型城乡形态转变，有利于改善西南民族地区新型城镇化发展中出现的一系列问题，促进旅游经济发展，提高居民的经济收入和改善生活水平，加快国家旅游精准扶贫进程，维护民族团结并实现民族共同繁荣。

（二）问题提出

在我国经济社会和城市化进程快速发展的背景下，城市与旅游互动体现了旅游可持续发展的基本价值取向[24]，依托旅游业带动的城市化进程正逐渐成为推动城市化发展的重要力量。旅游城市化进程的发展过程中，资源条件不同和禀赋差异的存在，决定了在旅游城市化发展过程中的两种不同路径，即景区城市化和城市景区化。景区城市化是指发生在景区内的城市化现象，其人口由农村向景区内的城镇转移，农业生产活动向以旅游接待为主导的第三产业活动转移，农村生活方式转变为城镇生活方式。而关于城市景区化，在《中国旅游业“十三五”发展规划纲要》中明确提出，大城市要大力发展与旅游相关的服务业，建设配套完善的综合性城市旅游目的地[25]。而城市景区化正是构建综合性城市旅游目的地的体现和重要抓手，通过城市景区化建设积极推进“旅游即城市”战略实施[26]，促使旅游发展与城市化建设融为一体，把城市打造成最大的旅游景区和休闲基地，进一步发挥旅游业在城市全面协调可持续发展中的拉动作用。

旅游城市化进程的出发点因景区城市化和城市景区化的路径不同而有所差异。景区城市化进程的出发点在于景区景点，通过景区景点的吸引，游客和外来人口不断向景区景点集聚，随之而来的商机会催生大量的其他要素资源向此集聚。出众的自然禀赋加上后来的资源条件支撑，景区景点快速发展形成小城镇，随着不断地发展扩大，与周边的乡村、城镇相互融合，形成较大的城镇和城市，实现由旅游景区带动的城市化发展。城市景区化进程的出发点在于城市，通过对城市旅游资源质量的提升和种类的完善，吸引旅游者向城市集聚，这个过程不仅能够改善城市面貌、提升城市景区协作，而且由沟通协作带动的都市圈发展和因此改善的城中村面貌，都将成为城市景区化进程的重要成果。依靠旅游城市化的力量推进新型城乡形态演化，必须将城市景区化和景区城市化区分开来，从二者的特点出发，寻求与新型城乡形态相契合的地方。在两种不同城市化路径的推进过程中，带来了新型城乡形态演化，一方面通过景区城市化进程，可以带动新的城乡形态诸如城镇化农村、城郊化农村和新农村的演化发展；另一方面通过城市景区化进程，可以带动新型城乡形态诸如都市圈和城中村的演化发展。

西南民族地区包括云南省、广西壮族自治区和贵州省，其农业和工业发展都相对落后。随着城镇化步伐的加快，西南民族地区的乡村和城市在逐渐的发展中呈现出显著的不平衡现象，乡村的社会治理和环境污染方面也开始呈现出各种问题[27]。城镇化失衡发展凸显出来的问题和矛盾日益尖锐[28]，主要体现在以下几个方面：一是经济基础薄弱，生产力发展水平低下。历史缺陷和现实条件限制导致我国东、西部地区经济的差距逐步拉大，民族地区人均GDP、人均储蓄、人均收入等指标均低于全国平均水平。在城市建设中集中表现为西南民族地区基础设施建设滞后，交通建设发展缓慢，通信线路少且质量低，通讯基础设施亟须改善。二是产业层次低，比较效益差。西南民族地区是全国主要的农业经济区域，采掘工业和原料工业等资源型重工业所占比重较高，投资效益较差。由于市场化程度较低，体制改革相对滞后，非国有经济发展相对缓慢。这也是以国有经济为主导的西部民族地区经济之所以难以实现高增长的重要原因之一。三是城市和乡村的城镇化水平差异加大，不平衡现象尤为突出[29]。新型城镇化的核心是农业转移人口市民化[30]，农业人口在转向城镇人口的过程中，虽与“城里人”无明显差异，但在社会保险、文化生活、心理接纳及身份认同等方面却显著低于“城里人”[31]。四是环境污染问题日趋严重[32]。在快速城市化进程中，生态环境保护和城镇化质量问题成为当前全民关注的焦点[33]，产业结构的不合理[34]、工业用地征用以及过度的空间扩张都造成了西南民族地区城镇化过程中突出的环境问题。

同时，西南民族地区有着良好的自然资源和人文资源，这就决定了旅游城市化作为促进城乡形态演化力量的可行性，为发展特色旅游经济奠定了坚实的物质基础和文化基础[35]。通过对西南民族地区，即广西、云南、贵州三省区 2001 年至 2015 年的旅游总收入和国内生产总值进行测算，得到 2001 ~ 2015 年西南民族地区旅游总收入和国内生产总值情况对比柱状图（见图 1 – 1）。从图 1 – 1 可以对西南民族地区旅游业发展有一个直观全面的了解，西南民族地区自进入 21 世纪来，经过 15 年时间，旅游业实现了飞跃式的发展，对经济总量增长的推动作用也十分显著。旅游总收入在国民生产总值中的占比日趋提升，说明旅游对西南民族地区的影响越来越大，为旅游城市化进程中新型城乡形态演化发展奠定了强有力的背景基础。

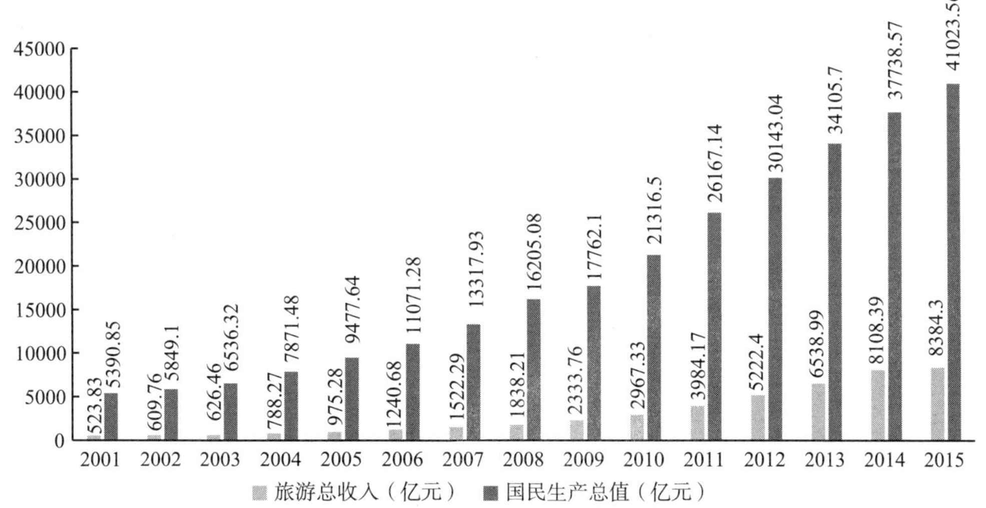

图 1 – 1　西南民族地区旅游总收入和国内生产总值情况

资料来源：中国经济与社会发展统计数据库。

在西南民族地区旅游城市化的大背景下，旅游经济成为推动经济、社会、环境实现一体化发展的重要力量，推动西南民族地区的旅游城市化进程有利于缓解西南民族地区现有的城乡二元化结构，更好地促进新型城乡形态的演化，进一步维护民族团结并实现各民族共同繁荣。本书利用 GIS 技术提取西南民族地区的城市和农村规模、形态、增长幅度、区位坐标等信息，通过相关系数计算出西南民族地区城市和乡村在空间上的扩张幅度，得出西南民族地区新型城乡形态演化的一般规律。城市化进程不断影响着城乡形态的发展，旅游城市化的发展过程也不例外，随着景区结构规模的扩大、景区综合服务能力的提升、景区可持续发展能力的改善、景区联动的日益密切，原有的城乡形态被打破，新型城乡形态的演化受到旅游城市化进程影响。原有的城乡形态将不断进化成主要包括城镇化农村、城郊化农村、新农村、都市圈和城中村等五种新型城乡形态，在经济、政治、文化等方面都会有跨越式的改变。在此基础上，本书将理论研究机理与西南民族地区的发展实际相结合，将研究的重点具体到西南民族地区景区城市化、城市景区化、城镇化农村、城郊化农村、新农村、都市圈、城中村等具体的形态上来，探讨旅游城市化与新型城乡形态演化之间的关系和作用机制。

综上所述，尽管从理论和实践方面都表明了西南民族地区旅游城市化推动新型城乡形态演化的重要性，但是仅仅了解其重要性是远远不够的，还存在着一系列的问题：西南民族地区旅游城市化与新型城乡形态演化的重点构成要素是什么？两者之间的内部要素是怎样实现演化的？新型城乡形态演化的内外部影响因素包括哪些？旅游城市化与新型城乡形态演化的接入模式和相互作用机制是什么样的？在现有的西南民族地区新型城乡形态演化中，旅游城市化到底扮演着什么样的角色等相关问题，如果这些问题没有得到很好的解答，就不能构建旅游城市化与新型城乡形态演化作用机制，也不能提出西南民族地区旅游城市化进程中新型城乡形态演化的实现路径。因此，本书以西南民族地区旅游城市化进程中新型城乡形态演化作为本书的研究重心，将以上提出的一系列问题作为研究问题的出发点。

二、研究目的与研究意义

（一）研究目的

本课题的研究目的是为了剖析和揭示旅游城市化进程中新型城乡形态演化的作用机理，并且通过作用机理的获得更好地指导旅游城市化发展过程中的决策，以促进西南民族地区的经济社会发展，维护民族团结并实现民族共同繁荣。具体研究过程中通过划分旅游城市化的构成维度，分析旅游城市化进程对新型城乡形态演化的作用过程和影响因素，进而构建出旅游城市化进程中新型城乡形态演化的分析框架、研究假设和理论模型，由此探究旅游城市化进程中新型城乡形态演化的作用机理，在此基础上挖掘旅游城市化进程中新型城乡形态演化的最优对策，以达到推动西南民族地区经济社会可持续快速健康发展的目的。

（二）研究意义

目前，对旅游城市化进程中新型城乡形态演化方面的研究尚未获得系统性研究结论，针对旅游城市化和新型城乡形态演化方面的研究成果均相对较少。本课题将西南民族地区旅游城市化进程中的新型城乡形态演化研究框架作为基础，通过系统全面分析，对西南民族地区旅游城市化进程中新型城乡形态演化的现状、作用机理、相关路径的关联程度测量和对策建议等方面做出较为翔实的论述，这些对深入研究西南民族地区旅游城市化进程中新型城乡形态演化具有十分重要的意义。具体意义可以表述为理论意义和实践意义两个方面：

第一，本书对西南民族地区旅游城市化进程中的新型城乡形态演化研究具有重要的理论意义。一是对旅游城市化进程中新型城乡形态演化的内在机理作了分析，弥补了相关理论的研究空白，有利于多元化、多角度地开展西南民族地区城乡一体化问题研究。从当前现有的研究资料来看，针对旅游城市化和新型城乡形态演化的相关分析比较缺乏，这极大地弱化了现有资料在理论层面对本课题的支撑力度。本课题通过对旅游城市化进程中新型城乡形态演化内在机理的分析，完善了由于研究资料不够翔实而导致的理论层面的缺失，在一定程度上能够较好地提升旅游城市化进程中新型城乡形态演化研究的理论支撑，有利于了解西南民族地区旅游城市化进程对促进新型城乡形态演化的作用机理。二是在方法上采用了定性分析与定量分析相结合的形式。在当前旅游城市化和新型城乡形态演化的研究中，运用计量方法进行定量分析的研究较少，绝大多数还是集中在运用定性方法进行研究。本课题在研究的过程中，一方面对研究对象采取定性的方法进行分析，另一方面运用计量方法对西南民族地区旅游城市化进程中新型城乡形态演化的相关作用机理和路径进行定量测度，在研究旅游城市化进程中新型城乡形态演化方面具有一定的突破性。两种方法相结合的方式能够更加直观具体地反映出旅游城市化进程中新型城乡形态演化的作用机理和本质。

第二，本书对西南民族地区旅游城市化进程中的新型城乡形态演化研究具有重要的实践意义。一是研究区域的选择定位在西南民族地区，有利于促进西南民族地区的资源合理配置，实现经济社会发展。将西南民族地区（包含广西壮族自治区、云南省和贵州省）作为本课题的研究区域，是由于西南民族地区在地理位置上处于我国西南边陲，是我国面向东南亚的门户，在经济社会发展方面相对东部地区较为缓慢。然而西南民族地区具有独特的山川风貌和秀美景致，大量城市天然存在“城即是景、景即是城、景城融合”的现象[36]，在旅游城市化进程中新型城乡形态演化的研究中具有独特的优势。二是为旅游城市化进程中的新型城乡形态演化提供了理论指导，有利于更好地掌握西南民族地区旅游城市化与新型城乡形态演化的特点及成因，针对西南民族地区旅游城市化进程中新型城乡形态演化中形成的新的城乡连接方式、影响因素，提出促进西南民族地区旅游城市化过程中的新型城乡形态演化优化对策，对其他民族地区具有示范意义和推广价值。本书运用科学的方法建构了旅游城市化进程中新型城乡形态演化的分析框架，通过构建结构方程模型进行路径分析，运用案例研究方法进行案例验证，并在分析的基础上提出旅游城市化进程中新型城乡形态演化研究的对策策略，为旅游城市化进程中的新型城乡形态演化提供了理论指导。

三、主要内容、研究方法与技术路线

（一）主要内容

本研究主要内容为西南民族地区旅游城市化进程中的新型城乡形态演化问题，全文按照分析——设计——规划——实施的政策系统理念，在对西南民族地区旅游城市化进程中的新型城乡形态演化分析的基础上，建构出全文的分析框架，提出演化分析过程，通过建立结构方程模型和理论模型进行实证分析，提出西南民族地区旅游城市化进程中新型城乡形态演化的规划路径和实施路径。全文可以分为七个部分，每个部分的内容不同，各部分对本研究的作用也不同，其具体内容如下。

第一部分是绪论。主要包括研究背景、问题提出、研究目的、研究意义、研究基本方法、技术路线等内容。研究背景指出：一方面，城市化是人类发展的必经阶段，社会的发展只有经过城市化的洗礼，人类社会才能迈向更加辉煌灿烂的时代。在城市化发展的进程中，初始动力是农业发展，根本动力是工业化进程，持续动力是第三产业发展。在第三产业中，旅游活动的开展对城市化的促进作用越来越显著，旅游带动了城市相关方面的发展，而城市又为旅游的发展奠定了基础，两者相辅相成，共同驱动旅游城市化。另一方面，城市和农村这两种不同的聚落形态互为补充，两者联系不断加深并趋于融合，这种逐步融合的发展进程在外在形态上也会逐步发生变化，发展出特有的、形态特征多样的新型城乡形态。新型城乡形态演化主要包括城镇化农村、城郊化农村、新农村、都市圈和城中村等五种新型城乡形态。结合西南民族地区的发展现状和现有基础，提出旅游城市化和由此带来的城乡形态演化成为新的研究热点。在背景分析的基础上，分别针对景区城市化和城市景区化这两种旅游城市化路径，提出影响新型城乡形态演化路径，同时指出西南民族地区的实际要求决定了旅游城市化作为新的推动力量具有可行性等内容。研究意义则主要从理论意义和实践意义两个方面来进行阐述，研究方法主要包括文献研究法、理论分析法、理论模型构建、实证模型检验、政策系统分析等方法。

第二部分是文献研究及相关理论应用。文献研究主要针对旅游城市化、新型城乡形态演化、旅游城市化进程中新型城乡形态演化三个方面进行。在旅游城市化方面，主要针对其中两个重要的组成部分，即景区城市化和城市景区化进行国内外文献研究，得出旅游城市化对区域旅游经济的推动力仍旧有所欠缺，旅游城市化进程中尚未将对农村人口的吸纳与自身城市化进程结合起来，旅游城市化仅仅停留在表面阶段，还未进入实质性发展阶段的结论。新型城乡形态演化则主要针对城镇化农村、城郊化农村、新农村、都市圈和城中村等五种新型城乡形态的演化进行国内外文献研究，得出针对新型城乡形态演化的内涵和具体演化方式等方面的成果仍旧不多，针对城镇化农村、城郊化农村、都市圈等新型城乡形态演化的文献资料比较缺乏研究述评的结论。旅游城市化进程中的新型城乡形态演化研究主要包括景区城市化对城镇化农村、景区城市化对城郊化农村、景区城市化对新农村、城市景区化对都市圈、城市景区化对城中村的演化作用研究，得出旅游城市化对新型城乡形态演化研究的作用主要体现在以下几个方面：一是旅游城市化进程对于新型城乡形态的生态环境保护提出了新的要求；二是旅游城市化结构的改变对新型城乡形态的空间结构形成具有重要的影响作用；三是旅游城市化进程中关于“人”的因素发生了重要的改变。

第三部分是西南民族地区旅游城市化进程中新型城乡形态演化的分析框架。主要内容分为四个部分：一是旅游城市化内涵的界定及构成维度，在旅游城市化内涵的界定基础上，提出旅游城市化的特征，将旅游城市化划分为景区城市化和城市景区化两个维度，提出旅游城市化构成维度划分的依据，并对旅游城市化构成维度进行解析。二是新型城乡形态内涵的界定以及构成维度，在新型城乡形态内涵界定的基础上，提出新型城乡形态的特征，将新型城乡形态划分为城镇化农村、城郊化农村、新农村、都市圈、城中村五个维度，提出新型城乡形态构成维度划分的依据，并对新型城乡形态构成维度进行解析。三是旅游城市化对新型城乡形态演化的分析框架，首先提出构建分析框架的理论基础，包括非均衡增长理论、城镇化过程曲线、集聚经济理论、区域规划理论等，在理论分析的基础上构建出全文的分析框架，包括西南民族地区旅游城市化进程中新型城乡形态演化的分析框架、景区城市化对城镇化农村的分析框架、景区城市化对城郊化农村的分析框架、景区城市化对新农村的分析框架、城市景区化对都市圈的分析框架、城市景区化对城中村的分析框架，并针对所构建的分析框架进行解释。四是旅游城市化对新型城乡形态演化的作用过程，从主动和被动两个方面出发，提出景区城市化对城镇化农村演化的作用过程、景区城市化对城郊化农村演化的作用过程、景区城市化对新农村演化的作用过程、城市景区化对都市圈演化的作用过程、城市景区化对城中村演化的作用过程。

第四部分是西南民族地区旅游城市化进程中新型城乡形态演化的研究假设和理论模型构建。在维度划分、分析框架构建、演化过程分析的基础上提出景区城市化对城镇化农村的研究假设、景区城市化对城郊化农村的研究假设、景区城市化对新农村的研究假设、城市景区化对都市圈的研究假设、城市景区化对城中村的研究假设。在提出研究假设的基础上，构建出景区城市化对城镇化农村演化作用的理论模型、景区城市化对城郊化农村演化作用的理论模型、景区城市化对新农村演化作用的理论模型、城市景区化对都市圈的演化作用理论模型、城市景区化对城中村的演化作用理论模型。研究假设是全文的核心内容，在进行研究假设时充分参考相关文献并运用已有的结论，对旅游城市化和新型城乡形态演化的因变量和自变量进行解释和筛选，对研究假设的路径进行详尽的解释。

第五部分是西南民族地区旅游城市化进程中新型城乡形态演化的实证研究。在调查问卷设计和数据收集的基础上，分别对景区城市化对城镇化农村演化作用、景区城市化对城郊化农村演化作用、景区城市化对新农村演化作用、城市景区化对都市圈演化作用、城市景区化对城中村演化作用进行了实证研究。首先，进行预调研以更好地进行问卷设计，在对预调研的结果进行整理统计分析的基础上，结合在西南民族地区的预调研中所遇到一些现实问题和困难，在问卷的设计中充分考虑到相关内容，进行有针对性的调查问卷设计。在数据收集中注重选取合适的调查对象和恰当的调查形式，分别构建《景区城市化对城镇化农村演化作用调查问卷》《景区城市化对城郊化农村演化作用调查问卷》《景区城市化对新农村演化作用调查问卷》《城市景区化对都市圈演化作用调查问卷》《城市景区化对城中村演化作用调查问卷》。其次，对解释变量和被解释变量进行度量，进行样本数据描述性统计，计算量表的信度和效度。然后，根据各变量之间的逻辑关系构建结构方程模型，包括景区城市化对城镇化农村演化作用的结构方程模型、景区城市化对城郊化农村演化作用的结构方程模型、景区城市化对新农村演化作用的结构方程模型、城市景区化对都市圈演化作用的结构方程模型、城市景区化对城中村演化作用的结构方程模型，通过将原始结构方程模型进行适配度检验以进行路径估计。最后，根据统计的显著性分析运用标准化后的路径系数来对每条作用路径的作用强度进行估计，并以此作为对每一条因果路径的评价，对研究假设进行验证，根据实证结果进行相关路径和影响因子的讨论。

第六部分是西南民族地区旅游城市化进程中新型城乡形态演化的案例验证。其中，以云南丽江束河古镇为例，对西南民族地区景区城市化对城镇化农村演化作用进行验证；以桂林至阳朔区间城郊化农村为例，对西南民族地区景区城市化对城郊化农村演化作用进行验证；以广西龙胜龙脊村为例，对西南民族地区景区城市化对新农村演化作用进行验证；以云南昆玉旅游文化产业经济带为例，对西南民族地区城市景区化对都市圈演化作用进行验证；以贵阳花溪区为例，对西南民族地区城市景区化对城中村演化作用进行验证。首先，对案例选择进行分析，提出在西南民族地区范围选择特定案例的原因，为下文进行案例发现和讨论提供合理性。其次，分别对云南束河古镇、桂林至阳朔区间城郊化农村、广西龙胜龙脊村、云南昆玉旅游文化产业经济带、贵阳花溪区进行案例背景分析。然后，在充分考虑中间变量的基础上，进行案例的发现与讨论。在景区城市化对城镇化农村演化作用的案例验证中，构建出景区城市化对于提高束河古镇综合服务能力的作用机制、景区城市化对完善束河古镇规模结构的作用机制、景区城市化对提高束河古镇资源集聚力的作用机制；在景区城市化对城郊化农村演化作用的案例验证中，构建出桂林至阳朔旅游大通道沿线规模结构完善的圈层模型、新型城镇化对提高城郊化农村综合服务能力的作用机制、景区城市化对增加黄金旅游带吸引力的作用机制；在景区城市化对新农村演化作用的案例验证中，构建出景区城市化对提高龙脊村综合服务能力的作用机制、景区城市化对完善龙脊村规模结构完善的作用机制、景区城市化对完善龙脊村民生环境的作用机制；在城市景区化对都市圈演化作用的案例验证中，构建出景区联动驱动下的昆玉城市带发展架构、可持续发展环境对昆玉城市带演化的作用机制、城市的协作对昆玉城市带演化的作用机制；在城市景区化对城中村演化作用的案例验证中，构建出景区联动对城中村演化作用机制、可持续发展环境对城中村演化的作用机制、城市面貌对城中村演化的作用机制。

第七部分是旅游城市化进程中新型城乡形态演化的路径规划。路径规划主要从行政主体和市场主体出发，即政府这只“看得见的手”和市场这只“看不见的手”两方面，分别针对西南民族地区景区城市化对城镇化农村演化、景区城市化对城郊化农村演化、景区城市化对新农村演化、城市景区化对都市圈演化、城市景区化对城中村演化提出规划路径。在西南民族地区景区城市化对城镇化农村演化作用的路径规划中，政府要加强法规管理、实现联动开发，市场发挥组合优势、打造品牌文化。在西南民族地区景区城市化对城郊化农村演化作用的路径规划中，政府要规范土地利用、坚持开发保护并重，市场制定旅游规划、设立空间圈层[37]。在西南民族地区景区城市化对新农村演化作用的路径规划中，政府要加强社会保障、均衡公共资源，市场发展智慧旅游、培育地方特色。在西南民族地区城市景区化对都市圈演化作用的路径规划中，政府要注重加强基础建设、创新旅游发展模式，市场应加强区域合作、形成规模效应。在西南民族地区城市景区化对城中村演化作用的路径规划中，政府要塑造城市精神、保护城市环境，市场要立足民族精神、共享旅游市场。

第八部分是旅游城市化进程中新型城乡形态演化的路径实施。在路径实施上，主要从居民、企业、游客三方面主体出发，提出西南民族地区景区城市化对城镇化农村演化、景区城市化对城郊化农村演化、景区城市化对新农村演化、城市景区化对都市圈演化、城市景区化对城中村演化的实施路径。在西南民族地区景区城市化对城镇化农村演化作用的路径实施中，居民要提升文化素质、传播民族文化，游客要提升自身素质、积极促进文化交流，企业要提升自身从业素质、扩大客源市场。在西南民族地区景区城市化对城郊化农村演化作用的路径实施中，居民要增强主体意识、加强文化传承，游客要增强环保意识、履行监管职能，企业要加强产业合作、提升产品品位。在西南民族地区景区城市化对新农村演化作用的路径实施中，居民要提升旅游素养、促进文化传播，游客要加强信息获取、实施口碑宣传，企业要保持品牌特色、重视产品开发。在西南民族地区城市景区化对都市圈演化作用的路径实施中，居民要增强主体意识、加强文化传承，游客要提升自身素质、扩大传播能力，企业要转变经营方式、培养高端人才。在西南民族地区城市景区化对城中村演化作用的路径规划中，居民要改变生活方式、提升审美能力，游客要加强信息传递、保护自身权益，企业要优化营销策略、打造产品品牌。

（二）研究方法

本书研究采用的研究方法主要包括文献研究法、理论分析法、理论模型构建法、实证模型检验法、政策系统设计分析法。

文献研究法。通过文献研究法总结国内外关于旅游城市化与新型城乡形态演化的研究成果、发展趋势和存在问题，主要包括国内外研究者对景区城市化、城市景区化、城镇化农村、城郊化农村、新农村、都市圈、城中村的文献研究以及述评。

理论分析法。通过对西南民族地区旅游城市化进程中新型城乡形态演化进行理论分析和现实分析，得出旅游城市化与新型城乡形态的理论分析模型。结合国内外的相关文献研究成果，根据旅游城市化与新型城乡形态的理论维度划分，建立西南民族地区旅游城市化进程中新型城乡形态演化的理论分析框架，并得出关键的影响因素和演化过程。

理论模型构建法。通过基于经济地理学理论及民族区域旅游学推导出一个新的多元分析框架理论模型，得出西南民族地区旅游城市化与新型城乡形态之间内在关系的作用机理，根据内在机理提出研究假设和建立演化模型。

实证模型检验法。根据本书对旅游城市化与新型城乡形态的维度划分，构建景区城市化对城镇化农村、景区城市化对城郊化农村、景区城市化对新农村、城市景区化对都市圈、城市景区化对城中村的结构方程模型，通过路径系数的计算进行研究假设的验证，构建出结构方程的实证模型。运用案例研究方法，以云南丽江束河古镇、桂林至阳朔区城郊化农村、广西龙胜龙脊村、云南昆玉旅游文化产业经济带、贵阳花溪区案例，分别对景区城市化对城镇化农村、景区城市化对城郊化农村、景区城市化对新农村、城市景区化对都市圈、城市景区化对城中村的演化作用进行案例实证检验。

政策系统设计分析法。通过从政府和市场两大主体出发，分别针对景区城市化对城镇化农村、景区城市化对城郊化农村、景区城市化对新农村、城市景区化对都市圈、城市景区化对城中村的演化作用提出规划路径。通过从居民、企业、游客三种主体出发，分别针对景区城市化对城镇化农村、景区城市化对城郊化农村、景区城市化对新农村、城市景区化对都市圈、城市景区化对城中村的演化作用提出实施路径。

（三）技术路线

为了架构全书的框架，本书对西南民族地区旅游城市化进程中新型城乡形态演化研究的技术路线图如图 1－2 所示。

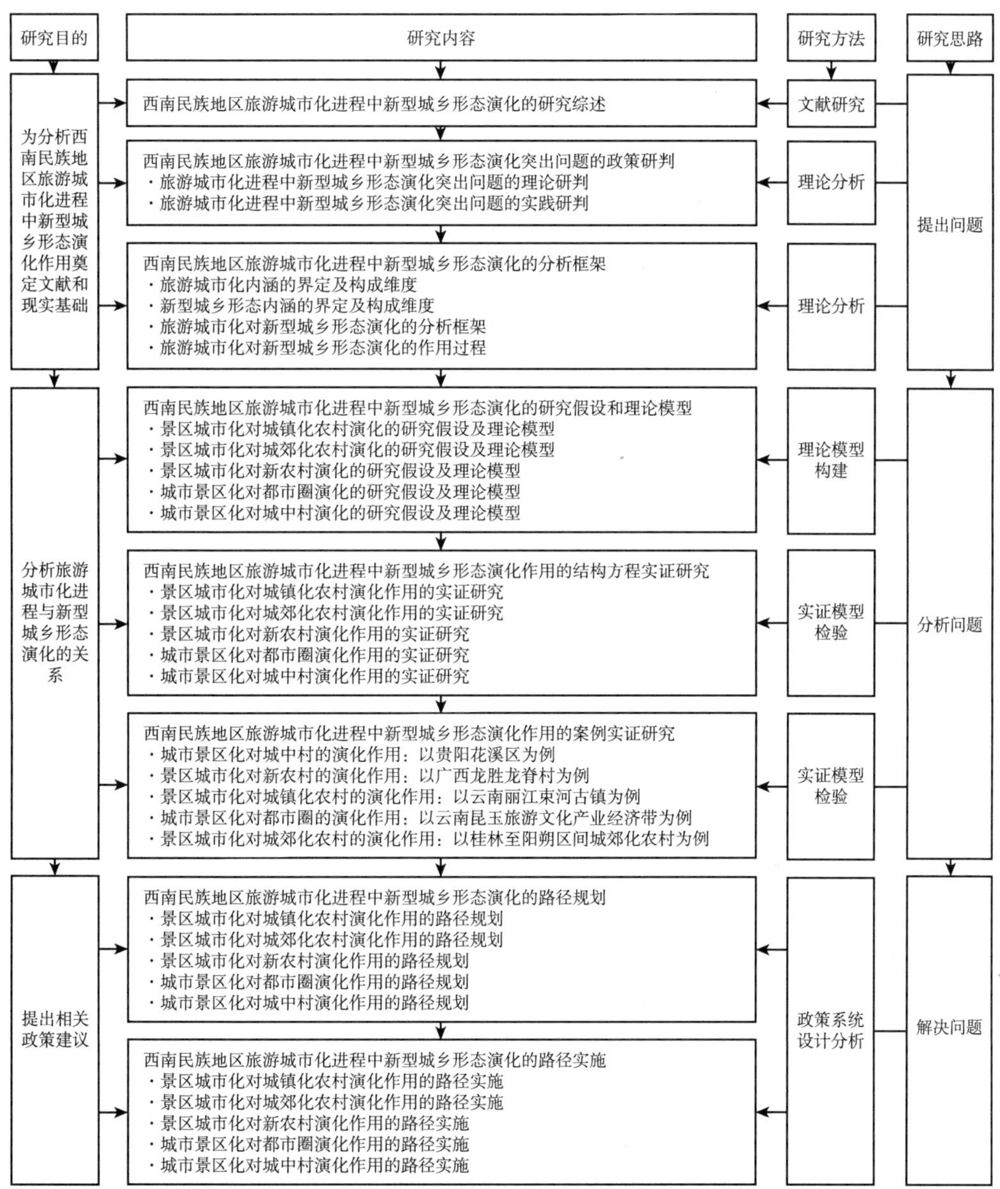

图 1－2　西南民族地区旅游城市化进程中新型城乡形态演化研究技术路线

第二章

旅游城市化进程中新型城乡形态演化的文献综述

一、旅游城市化文献综述

（一）景区城市化

针对旅游城市化的研究，当前国内外尚处在理论探索阶段，旅游城市化的概念体系构建和其内涵外延的界定，都是当前国内外学者着力解决的方向。学术界认同的最早提出旅游城市化（Urbanization）的学者是澳大利亚的学者 Patrick Mullins，他在20世纪末所提出的旅游城市化概念是一种基于旅游的某一种单一的消费形式推动的不同于传统路径的新型城市化模式[38]。旅游城市化的发展重点从景区城市化和城市景区化两个角度进行拓展和延伸。

随着城市化进程的不断推进和旅游业的迅猛发展，景区城市化现象日益普遍[39]。景区城市化是发生在景区景点的城市化过程。在这个过程中，农村人口不断转移到景区景点中[40]，从事的职业由原来的农业生产活动逐步转变为从事旅游服务、旅游接待等第三产业为主的生产活动中去，生活方式上也从原来的农村生活方式逐步转变为适应景区景点的城镇生活方式[41]。随着景区景点中的经济社会结构[42]、基础设施条件[43]、公共服务水平[44]等方面的不断改善，人口、资本等要素资源不断集聚[45]，景区景点正逐步向以此为中心的城镇形态转变。

按照不同的划分标准，可以对景区城市化的类型加以划分。首先是根据地理分布特征对景区城市化进行分类：第一类是带状景区城市化。带状景区城市化是指在景区景点的观光路线沿线会分布有许多的旅游服务设施，如租车服务、商品零售、农家乐等[46]。当这些旅游服务设施的数量增加到一定规模时，旅游小城镇就形成了[47]。若景区实施管理无法在景区内部实现旅游服务设施的集聚，则这种集聚形态会出现在临近景区景点的道路沿线[48]，形成带状的景区城市化。第二类是周边点状的景区城市化。这种景区城市化主要是发生在景区景点不远处的小城镇和农村。由于景区景点游客对旅游服务设施的需求无法单纯依托景区景点本身得以满足，因此景区景点周边的小城镇和农村[49]就成为补充承载游客旅游服务的最佳选择。随着旅游人口规模的不断扩大，这些小城镇和农村将吸引更多的旅游投资项目，通过旅游投资项目的带动和人口的集聚[50]，推进了景区周边点状的景区城市化。第三类是景区周边扩散式景区城市化。这类景区城市化依托的主要是城市的景区，城市景区的辐射带动功能相较其他自然景区而言能量更大，能够对其周边的区域产生较强的辐射作用，这种作用使景区城市化呈现扩散式发展[51]。

其次是根据本质加以划分。第一类是表现城市化但实际非城市化。这种状况体现为景区景点大量类似城市模式的建设项目，然而在景区景点内的农民仍旧保持旧有的农村生活方式[52]，建设项目与当地农民毫无关系。这种状况并没有实现真正的景区城市化，而是表象上的景区城市化，当地景区景点内的农民并没有参与到景区城市化当中去。虽然这种方式不可取，但这往往是政府比较推崇的实现快速城镇化的方式[53]。第二类是表现非城市化实际城市化。这种状况体现为景区景点未按照城市要求的建设项目实施，但是当地的村民已经深入到了景区城市化中去，改变了原有的生产生活方式[54]，运用城市居民的思维观念进行交流和沟通，能够较好地适应市场的需求[55]。这种状态的出现是由于政府和市场的缺位[56]，未能及时跟进已经自发形成的景区城市化进程。第三类是表现和实际均城市化。这种状况往往表现为景区景点正在不断完善与城市功能相关的建设项目，当地村民能够利用已有的建设项目实现与游客的良好互动[57]。在这个过程中，当地政府、村民和市场紧密结合，高效地推动了景区城市化的快速发展。

目前学者对于景区城市化的研究还处在起步阶段，已有的研究文献较少，且研究重点不一，研究呈现碎片化，研究中心和研究焦点并不突出，包括景区城市化产生的原因、景区城市化发展的策略、城市化背景下景区的管理策略等。本书选取景区城市化作为研究对象，探讨景区城市化与新型城乡形态演化之间的关系，弥补了相关理论的研究空白，具有前瞻性和创造性。

（二）城市景区化

城市景区化是旨在促进旅游与城市化融合、完善提升城市旅游休闲功能、优化城市环境、打造城市名片，发挥旅游产业对城市全面、协调、可持续发展过程中起到拉动作用的过程[38]。从城市景区化驱动力的角度而言，可以分为内部驱动力和外部驱动力两种类型。首先是内部驱动力。从内部驱动力的视角观察，城市景区化包含了城市旅游发展[58]和城市建设[59]两个方面的要求，这其中又包括了三方面的内容。

首先是城市旅游经济发展的内在要求。城市在旅游发展中地位重要性的不断凸显是受到因人民生活水平提高而日益壮大的大众旅游的影响。旅游发展到今天，对城市这一旅游载体的要求不断提升，不但对传统的交通集散地、提供餐饮住宿等功能有了更高的要求，更是要求增加外向型旅游服务功能，为游客营造更舒适的休闲环境，提供更优良的旅游服务，以促进城市的旅游业规模不断扩大，旅游业产值不断上升[60]。

其次是城市自身建设需求。随着我国第三产业已经超过第二产业成为经济增长的首要动力，旅游市场日益升温，无论是农村、小城镇、中小城市还是综合性大城市，都开始积极将旅游业作为经济发展的重要推动力之一[61]。因此，重视完善旅游功能[62]，对城市的环境问题加以治理[63]，城市旅游功能不断完善的城市景区化过程都是城市建设发展的重要环节。

最后是需要协调游客与居民间的利益[64]。城市是居民日常生活、工作的载体，其首要功能是满足城市居民的日常生活、工作需要，居民的支持对于当地旅游经济的发展具有不可替代的重要作用[65]。随着大量的游客进入到城市中，必然会挤占城市居民的生活空间，对居民的生活质量也会产生一定的影响。在居民和游客博弈的过程中，城市景区化应该找到两者之间的均衡点，以最合适的方式兼顾双方诉求，使城市能够兼顾游客和市民利益，健康快速发展[66]。其次是外部驱动力。城市景区化的外部驱动力主要表现在当前旅游业转型升级发展的需要[67]。当前我国旅游业的发展阶段是由传统的观光旅游转变为以休闲度假为主的综合型旅游，这个转变就导致了游客的旅游要求不仅仅限于旅游景点的服务，更是对旅游景点、旅游城市、旅游大通道等综合型旅游目的地提出了新的发展建设要求。城市作为旅游业的重要载体和枢纽，应当以最快的速度适应当前旅游业转型升级发展的需求[68]。

目前学者对于城市景区化的研究还处在起步阶段，已有的研究文献较少，且研究重点不一，研究呈现碎片化，研究中心和研究焦点并不突出，包括城市景区化的概念、中小城市的景区化特征、城市景区化的问题、策略等。本书选取城市景区化作为研究对象，探讨城市景区化与新型城乡形态演化之间的关系，弥补了相关理论的研究空白，具有前瞻性和创造性。

二、新型城乡形态演化文献综述

（一）城镇化农村

我国历史上出现过一个特殊的农业企业——社队企业，社队企业主要从事服务于农业生产活动的非农产品生产。社队企业在 20 世纪 70 年代至 80 年代中期快速发展[69]。在社队企业比较活跃的苏浙地区以及农民生活水平较高的农村地区[70]，当地的村、乡镇政府通过多种渠道方式与农民合作创办乡镇企业，通过这种方式快速开始了工业化进程。随着工业化进程的加快[71]，原来的农村开始形成小城镇，这些地区开始涌现出大量具有小城镇形态的农村。在这个历史阶段，推动传统农村转变为具有城镇化形态的农村，促进了城市和农村在产业和职业上的分工合作[72]。农村中的一部分农民开始从事于非农职业的专业化生产，一部分农民利用专业化合作、土地流转等方式对农业生产实现规模化经营。在公共服务、基础设施、工作条件、生活质量不断提升的农村城镇化过程中，农民自身也逐步实现人的城镇化[55][73]，如逐渐养成城市化的生活方式和思维方式，迁居至城镇、工于城镇居于农村或工于农村居于城镇等等[74]。在之后的发展阶段中，乡镇企业逐步转型升级[75]、村镇的合并以及民营企业的不断壮大[76]，都极大地促进了农村的城镇化水平提升。从现有最新的第二次全国农业普查数据来看，当前我国珠江三角洲地区、浙江东北部地区、江苏南部地区的新型城乡形态相对比较发达，在农村从业人口组成中，非农业人口在全部从业人口的比重分别占到了 74.1%、79.2% 和 81.9%。这三个区域的农村居民将煤气、天然气用于炊事能源的比重已经超过了 60%，冲水式厕所的农村居民使用比重高于 65%，使用经过净化处理的生活用水的农村居民比重在 70% 以上。从这些指标和数据来看，我国其他地区城镇化进程中的农村还是有较大差距。

虽然城镇化对于农村产生了巨大的积极作用，但是随之带来的负面作用也不容忽视。例如，在城镇化农村中的乡镇企业分布比较分散[77]，无法形成集聚的规模经济，因此也无法形成比较完备的城市功能，各自为营，导致土地的不集约利用[78]，粗放型的工业生产导致工业污染巨大[79]，经济发展模式的不可持续性和规模不经济特性表露无遗。这种产业发展模式无法将村镇的人口和资源进行有效的集中整合，很难形成区域性的生产生活中心[80]。虽然有部分地区在尝试使用乡镇合并的方式来对以上问题进行化解，但这个过程依旧比较漫长，在实施的过程中也需要克服很多困难。

城镇化农村的相关研究在近年来逐渐成为研究热点，不同学者的研究视角和侧重点也有着很大区别，但是从整体上来看是相互联系的，不是碎片化式的研究。主要集中在农村城镇化、新型城镇化、农村劳动力转移、农村可持续发展、农村现代化、小城镇的发展等相关方面，重视农村城镇化中的产业结构和人的地位变化。本书将城镇化农村与旅游城市化结合在一起展开深入分析，研究旅游城市化对城镇化农村在居民思想观念、居民生产和生活方式、城乡景观形态方面所产生的影响作用机制，具有高度的前瞻性和创造性。

（二）城郊化农村

改革开放以前，郊区的概念在我国并没有清晰准确的定义，当时观念中只有城市和乡村这二元结构。随着改革开放的开始和不断深入，城市集聚扩散效应不断显现[81]，城市的经济规模和空间规模都有不断扩张的需求[82]，在此过程中，亟待调整的就是城市的经济结构和空间结构，如城市土地无法承载的各式各样的经济开发区和产业园区建设、大学城和大型企业的建设等。在这种发展背景下，城市周边的农村就顺应城市发展的要求，迅速承接部分城市功能，快速地实现了城郊化农村的转变。这种转变过程根据城市周边农村的转型态度可以分为两类，一类是城市周边农村在城市政府的城市扩张政策主导下被动地承载城市功能，被动形成的城郊化农村；另一类是在城市政府进行城市扩张政策实施过程中，积极主动地对接城市发展，获取更多的城市功能，是积极主动形成的城郊化农村。城郊化农村普遍集中在城市周边的农村，如成都市郊的龙华村、“工业向园区集中、农民向镇区集中、农业向规模集中”的苏南地区部分农村以及辽东半岛的福安村[83]等。无论是主动地进行城郊化农村形态转变，还是被动地接受城郊化农村形态的转变，城市周边的农村都通过居住、土地利用和农业生产方式等方面的改变脱离了原有传统农村形态下的经济社会结构和空间规模结构。其中突出表现在土地的使用方式转变上，土地向原有分散承包给农村居民进行责任制生产的小规模土地以及农民居住地进行集中，使农村用地集约化，对集中后的土地，一方面作为城乡建设用地来承接城市转移出来的职能，开展非农产业的生产；另一方面对城郊化农村居民的住房进行集中建设，剩下的土地由技术经验丰富的农户进行承包经营，以提升农业生产经营的规模效应，同时有利于满足城市农村对农产品的需求。在城郊化农村，所有的农业生产和非农业生产都必须与城市发展紧密对接，以形成具备现代农业、工业、服务业等生产消费活动的城市中心。

农村的城郊化对传统的农村经济社会组织形态以及生产生活方式都产生了深远的影响，农村的村集体和村民个人都在这种发展变化中受益，经济收入结构得到了极大的改善，生产生活条件得到了有效的提升。随着城市职能的转移，针对农村进行的基础设施建设和公共产品、公共服务的投入不断增加，社会管理观念得到改变[84]，农村的面貌得到了极大的改观，这种改变迅速地缩小了城乡差距，对城乡一体化发展奠定了良好的基础。但任何转型过程都不是十全十美的，同样会遇到许多问题，比如在农村城郊化的进程中，农业生产用地数量减少、土地质量下降，征用土地过程中破坏了村镇面貌、村镇文化，强制措施多、补偿少，旧有建筑消失、新建住宅无法满足要求，农民丧失土地、无法再次就业[85]等等，都成为城郊化农村面临的主要问题。

目前学者对于城郊化农村的研究基本上处在空白阶段，仅仅是将城郊化农村作为一个影响因子来进行考虑，并没有针对城郊化农村展开深入的研究，也没有形成系统的理念。本书选取城郊化农村作为研究对象，探讨旅游城市化与城郊化之间的关系，弥补了相关理论的研究空白，具有前瞻性和创造性。

（三）新农村

新农村建设是“三农”问题的重要解决措施之一，“三农”问题关注的最重要的问题还是农民的收入。随着改革开放的不断深入和经济社会的快速发展，城乡居民的收入也在不断地扩大，不仅如此，在享受的公共产品和公共服务方面，城乡之间的差距也在不断地扩大[86]。这两者的共同作用，导致我国农民的生产生活水平与我国经济社会发展和改革的步伐不相符[87]。我国进行的第二次全国农业普查数据显示，2006 年农村中能够使用集中处理净化过的饮用水的仅占 24.5%，具有村级垃圾集中处理能力的农村仅占全国的 15.8%，拥有村级沼气池的农村仅占全国的 33.5%，完成了厕所改建的农村仅占全国的 20.6%。这些数字代表的是全国整体的平均水平，中西部的部分地区还未能达到这个水平。这是由于有许多农村均远离城市，收入来源主要依靠农业生产[88]，就近参与非农业生产的机会少，大量的农村青壮年劳动力脱离农村土地，进入城市或发达地区工作，在一定时期内中西部地区到外省务工的劳动力占中西部地区总劳动力的 60% 以上。在此基础上，中央 2006 年的“一号文件”中提出了新农村建设发展的目标——生产发展、生活宽裕、乡风文明、村容整洁、管理民主，旨在缩小城乡之间的巨大差距和改变农村发展的落后面貌。通过多年的新农村建设，农村在通讯、交通、水电等公共基础设施方面都有了极大的改善[89]，同时在医疗、养老[90]和教育[91]等方面也有了长足的进步，虽然与城市还有较大的差距，但农村经济社会发展状况已经有了明显好转。中央 2010 年的“一号文件”中，又提出了要重点发展中小城市和小城镇，通过中小城市和小城镇来吸纳农村人口，与此同时辐射带动其周边农村的发展。

由于新农村建设和国家的小城镇建设还未能够完全在一个框架下进行协调发展，势必会使一些投入的使用效率下降。与此同时，户籍制度的改革步伐滞后于经济社会改革，也制约了小城镇的发展，使小城镇难以集聚人口，集聚产业，这就导致无法创造更多的工作岗位，加之公共服务和公共产品的缺乏，降低了小城镇的吸引力[92]。

国内学者针对新农村的研究大都集中在新农村发展的方向、发展策略、文化传承[93]、环境改善等方面。在新农村建设的相关研究中，技术导则是新农村规划建设的重要保障[94]，信息化建设是缩小城乡差距和促进农业生产和推进新农村建设的重要路径[95]，以实现城乡统筹为发展目标，将新农村建设的道路与城乡统筹规划进行紧密地结合[96]。同时，我国的新农村建设虽然取得了很大的成就，但是在建设中也涌现出很多问题，引起了研究学者思考。如王德忠[97]提出公共服务成为新农村建设中最为薄弱的环节，要将科学规划作为新农村建设取得成功的前置条件，将合理安排新村建设示范点作为新农村建设的关键环节；程必定[98]认为新农村建设要解决好人的问题，实现人的城镇化[99]，推进农业就地产业化、农民就地职业化、农村就地城镇化、户籍就近镇（市）民化。

根据现有的对新农村进行研究的相关文献显示，自新农村的改变于2005年提出以后，新农村的研究便一度成为国内学者的研究热点。目前对新农村的研究已经构成了相互关联的知识网络，主要包括新农村建设过程中出现的问题、新型农民、乡村旅游、农业可持续、新农村建设的策略、农村金融、新农村建设的驱动力等方面，对新农村的研究相对成熟。在这样的研究背景下，本书以旅游城市化为切入点，以旅游城市化为发展动力，研究旅游城市化推动下的新农村形态演变，具有高度的前瞻性和创造性。

（四）都市圈

受到经济社会发展的多重因素共同影响，以城市为中心，加之以其周边距离较近的城郊化农村、城镇化农村等共同形成了一个新的集合体形式——都市圈[100]。都市圈的形成是因为城市的经济发展需要农村劳动力和土地等要素的支持，农村的经济社会发展需要城市的资金、人才和技术等资源的扶持[101]。当城市和农村发展到一定的阶段时，互相之间会形成紧密的协作关系，相互依托、相互促进。为满足彼此间的需求，城市和农村之间在基础设施建设、公共服务[102]和政策制度改革[103]等方面都实现了积极地进展，一方面要提升产品和要素在城乡之间交流的便捷度，另一方面也要加深城乡之间的分工协作，努力形成一个城乡协作、经济社会快速发展的都市圈形态。

都市圈依据规模大小在20世纪末就划分了长三角都市群、武汉都市群、珠三角都市群等一批18个都市圈，在之后的“十一五”时期以来，先后有26个省区提出建设46个都市圈。在都市圈的结构形态中，农村的经济形态、社会形态、生产形态、生活形态、经营形态、消费形态等诸多方面都受到城市发展的影响，具有很强的城市导向性。例如农业的生产模式和空间结构会受到中心城市消费和城乡间时间距离减少的显著影响，而城市中心让农村地区农民的就业产生了很高的依赖性。农村在原来处于中心的城市企业的外迁过程承接了一部分的城市功能，为农村居民在除农业生产之外的非农产业获得工作机会提供了条件，逐渐改变了农村居民的生活方式。同时，随着企业的外迁，部分城市居民也开始往返于城乡两地，工作和生活方式也逐步发生新的转变，加快了城乡交流，推动了城乡协同发展。

现有的都市圈旅游研究成果，主要集中在都市圈旅游发展背景研究、发展模式与战略研究、空间研究、合作与竞争研究以及旅游发展规划与政策研究等方面，对都市圈旅游发展作了有益的探索[104]。都市圈地域范围的界定是都市圈研究的基础[105]，在地域范围界定的基础上，国内学者提出旅游经济对于都市圈具有重要的影响作用。例如都市圈旅游空间结构的演变对促进都市圈整体旅游地形成和发挥都市圈旅游空间效应与功能有重要意义[106]，旅游者空间行为模式和旅游线路选择对都市圈的空间结构、联系程度也有直接的关系[107]。相关学者也注意到都市圈的发展建设过程受到很多条件的制约，比如在都市圈的建设形成过程中，发现中小城市、小城镇等次中心地区的集聚能力偏弱，建设规模程度距离都市圈建设还有一定的差距，这导致了都市圈构建过程中的承接环境缺位。户籍制度的制约使得城乡之间的经济社会活动的集聚无效率[108]，城乡之间根深蒂固的二元结构使得农村地区无法真正实现对接城市化进程的良性互动，集聚效应远远低于回流效应，这种现象不仅不能缩小城乡之间的差距，反而有继续扩大的危险[109]。

（五）城中村

伴随着城市的空间结构规模扩张，城市基础设施建设的拓展和城市房地产的开发，导致原本处于城郊的农村被城市所包围由此而形成的一种特殊的城乡形态，便是城中村[110]。由于这种特殊的城乡关系，城中村也具备了很多其他城乡形态中农村所不具备的特点，例如城中村内定的土地租金价格很高[111]，城中村的村集体土地已基本不再进行农产品生产，而是转而进行出租或出售[112]。城中村居民通过政府定期给付的费用自己经营小本生意或建设出租房，以此获取收入[113]。在一些条件比较好的城中村，村民不仅能够保有自己原来的住房和宅基地，而且村集体还为村民建设了生活住宅区，生活条件与城市社区无异[114]。由于在城中村的租房成本要低于城市其他社区住宅，因此，大量的外来务工者、学生、年轻白领都将在城中村租房作为首要选择，因此，城中村的居民除了原有的村民外，还有众多不同行业不同身份的租房者，城中村变成了一个复杂的经济社会[115]。

由于城中村与城市中其他居民区邻近，因此能够较为方便地共享居民区周边的菜市、超市、公共设施等，让城中村村民的生活方式得到了很大的改变[116]。虽然在生活方式上，城中村村民能够快速改变，但是在文化认同、价值观等方面，城中村村民和周边的城市居民、租房者之间都有着一定的隔阂，一方面是因为长久以来城乡二元结构遗留下来的后遗症，另一方面则是由于户籍制度的约束无法使城中村村民成为真正的城市居民，尴尬的身份使城中村村民与城市生活观念存在距离[117]。在城中村改造的过程中，政府对待城中村时往往将其作为一个“问题”加以对待，往往以政府为主导政府、市场、村民共同进行，城中村改造的模式方法主要是通过将城中村的集体土地国有化、将城市公共服务向城中村延伸，解决城中村村民户口由农村户口转为非农村户口等等，但是在城中村集体土地产权转换的定价、拆迁置换补偿、失地后就业、社会保障、子女教育等问题上[118]，政府往往采取一定的独断和强制措施，以城中村改造成城区为目的，未能有效保护城中村文化和面貌。

城中村作为我国工业化、城市化快速发展和城乡二元结构体制背景下的产物[119]，在现有的研究文献中，城中村一直是学者的研究重点，对城中村的形成、发展、本质与改造模式等进行大量的探索，并形成丰富的方法与结论，归结起来主要集中在土地利用、新型城镇化、流动人口[120]、城中村改造对策等方面，并多采取单案例研究的方法。如以广州市城中村改造为例，研究公众参与下的城中村有序改造，认为有序的群体决策有利于城中村的改造[121]；以深圳特区为例，对城市空间结构演化模式进行补充，为政府管理城中村制定措施提供建议[122]。城中村的改造要集中在解决土地利用的问题上，包括处理好外来人口与临时居所的问题[123]，处理好被更新地段的土地权利配置问题，整合碎片化的土地产权，地方政府在处理土地纠纷时要发扬民主同农民进行补偿谈判，保证改造质量，必要时与开发商进行积极合作[124]，全面借鉴国际经验和本土实践，实现中国土地制度改革的突破与新型城镇化转型[125]。

三、旅游城市化进程中的新型城乡形态演化综述

（一）景区城市化对城镇化农村的演化作用

景区城市化和城镇化农村都是起始于景区或乡村的城乡形态，在旅游的引导和地方政府、农村社区、外来力量等多元主体共同作用下农村逐步实现了“以人为核心”的新型农村城镇化[126]，旅游经济的发展有效地带动了周边环境的改变，尤其是体现在基础服务设施建设方面，景区城市化现象逐渐凸显。农村的土地、劳动力、资本等要素原有的结构发生了改变，城镇与农村之间的空间格局逐渐被打破，打破城乡二元管理体制成为统筹城乡发展的必经之路[127]。农村城镇化作为民族地区经济增长与社会发展的强大引擎、撬动内需的最大潜力所在，分析民族地区乡村旅游目的地农村城镇化的动力问题日益得到广泛关注与重视[128]。尤其是在西南民族地区，旅游作为拉动西南民族地区区域经济增长的重要力量，在现有的关于西南民族地区的旅游城镇化研究中，大多数学者采取案例研究的方式，且主要围绕旅游对城镇化的推动作用和理论基础及模式展开[129]。同时，在现有的景区城市化研究中，从城镇化农村发展的角度出发，由于政府失灵和市场失灵等方面的原因，景区城市化的发展给城镇化农村也带来了一些不利的因素，如生态环境破坏、土地利用不规范、地方文化落后、道德水平低下等多方面的原因[130]。如何建立景区城镇化与城镇化农村协同发展机制成为当今景区旅游城市化进程中新型城乡演化的重要方向之一。

目前国内外关于景区城市化对城镇化农村的研究尚处于空白阶段，大多数学者都是将二者割裂开来，单独的将景区城市化或者城镇化农村作为研究重点，没有将景区城市化作为城镇化农村的推进机制来进行研究，二者的接入机制和相互关系都还较为模糊。

本书以景区城市化进程中城镇化农村演化为研究重点，探讨景区城市化对于城镇化农村演化的作用机制，弥补了相关理论的研究空白，具有高度的创造性和前瞻性。

（二）景区城市化对城郊化农村的演化作用

城郊化农村非农化是城郊社会发展的一个显著特征，加之城郊化农村在发展旅游业上具有独特的资源优势和空间优势，主要体现在其优美的自然风光、质朴的乡村民俗、独特的历史文化以及空间距离优势等方面[131]，旅游业的发展极大地推动了城郊化农村的发展。一方面，从中国经济的大发展的背景下来看，整体经济发展水平的提高对旅游经济和城郊旅游的发展有着直接的推动作用。另一方面，从区域经济发展来看，由旅游经济引导出现的景区城市化现象，也将极大地带动城郊化农村及其周边的城市化现象，景区城市化成为旅游经济发展的主要推动力量之一。同时，城郊化农村的发展对于加快旅游城市化进程也有积极的促进作用，城郊旅游产业是城乡互助发展和协同发展的纽带，在新型城镇化建设中能够发挥多重功能[132]，包括经济功能、社会功能、生态功能、文化功能。在现有的城郊化农村旅游发展的研究中，相关学者将注意力放在城郊化农村出现的问题上，主要包括缺乏系统规划、同质化现象严重、管理水平低下等，并针对所出现的问题提出相应的政策建议。

目前国内外关于景区城市化对城郊化农村的研究尚处于空白阶段，大多数学者都是将二者割裂开来，单独的将景区城市化或者城郊化农村作为研究重点，没有将景区城市化作为城郊化农村的推进机制来进行研究，二者的接入机制和相互关系都还较为模糊。本书以景区城市化进程中城郊化农村演化为研究重点，探讨景区城市化对于城郊化农村演化的作用机制，弥补了相关理论的研究空白，具有高度的创造性和前瞻性。

（三）景区城市化对新农村的演化作用

随着城市化进程的不断推进和旅游业的迅猛发展，景区城市化现象日益普遍。在旅游业迅猛发展和新型城镇化步伐加快的大背景下，政府、企业、居民以及外来游客对景区的基础设施、城市环境、配套设施等有了新的旅游需求，景区城市化为了满足现有的市场需求便应运而生了。新农村建设是落实科学发展观的重要举措，是确保我国现代化建设顺利推进的必然要求。在新农村建设的大环境下，加大对乡村旅游资源的开发对于创建社会主义新农村具有重要的现实意义，也有利于合理地开发和利用农村现有的资源[133]，相关旅游得到了迅速发展，旅游与新农村的相关研究也逐渐广泛起来。在现有的新农村发展动力研究当中，除了工业发展的动力之外，旅游作为一种市场动力，已被证明可以有效引导乡村城市化的实现[134]，主要体现在乡村生活方式、生产方式的转变上。也有相关学者提出发展农村旅游对促进农业经济发展的作用主要体现在促进农村环境优化、拓展农民收入渠道、加速城镇化进程、提高农业产业化规模、实现相关产业联动发展等方面[135]。新农村在建设过程中出现了基础设施不完善、法规不健全、产品缺乏文化内涵、生态环境遭到破坏等问题[136]，应通过发展乡村旅游促进新农村生态环境的改善，以新农村建设为契机，加强政府领导、改善基础设施建设、提升农民综合素质以及培育生态文化产品等方面建设，从而有效地促进当地旅游业的发展。

目前国内外关于景区城市化对新农村的研究尚处于空白阶段，大多数学者都是将二者割裂开来，单独地将景区城市化或者新农村作为研究重点，没有将景区城市化作为新农村的推进机制来进行研究，二者的接入机制和相互关系都还较为模糊。本书以景区城市化进程中新农村演化为研究重点，探讨景区城市化对于新农村演化的作用机制，弥补了相关理论的研究空白，具有高度的创造性和前瞻性。

（四）城市景区化对都市圈的演化作用

在现今的城市景区化研究当中，越来越多的学者认识到城市本身就是景区，更有学者提出城市景区化是未来城市发展的必然趋势[137]。都市圈是国家经济社会发展的主要平台、21 世纪国际竞争的基本单元，同时亦是国家旅游创新发展的战略平台，汇聚了传统的旅游发展要素和新兴的旅游发展要素[138]。城市景区化对于都市圈旅游空间结构的优化具有积极的促进作用，主要可以体现在以下几个方面：一是城市景区化为都市圈的形成和发展提供了良好的交通基础，促使都市圈旅游辐射范围进一步扩大[139]；二是旅游空间结构演变研究，对优化都市圈旅游空间结构、促进都市圈整体旅游地形成和发挥都市圈旅游空间效应与功能有重要意义[140]；三是旅游需求、旅游产业集聚、重大事件、区域旅游品牌营销以及政府旅游合作构成的地理邻近结构力、产业链辐射力、行政协调力和文化结构力四种力量推动了都市圈旅游系统的空间演化[141]；四是旅游经济的整体网络对城市景区化的布局有着重要的影响作用，不同类型的旅游网络布局决定着都市圈内城市的功能定位[142]。

目前国内外关于城市景区化对都市圈的研究尚处于空白阶段，大多数学者都是将二者割裂开来，单独将城市景区化或者都市圈作为研究重点，没有将城市景区化作为新农村的推进机制来进行研究，二者的接入机制和相互关系都还较为模糊。本书以城市景区化进程中都市圈演化为研究重点，探讨景区城市化对于都市圈演化的作用机制，弥补了相关理论的研究空白，具有高度的创造性和前瞻性。

（五）城市景区化对城中村的演化作用

在高速发展的城市进程中，城中村的发展步伐较为缓慢，当地居民的生活水平相对低下，旅游的发展使得城中村内部景区数量不断增多、规模不断扩大、水平不断提高，自身环境逐渐改善，有力地促进了城中村的发展。具体来说，城市景区化建设对于城中村建设具有积极的促进作用，具体体现在：第一，城市景区化建设为城中村的生态环境改善提供了客观要求，要求城中村的旅游发展兼顾生态体验和生态教育功能，注重保护城中村的资源和环境，实现人与自然、人与人、自然与自然的良性循环。第二，城市景区化为城中村居民改善现有的居住条件和道路规划提供了可能，城中村作为城市建设的一部分，城市景区化要求城中村不断完善自身环境和提升自身功能。第三，城市景区化要求对城市的整体文化氛围进行建设，城市的城中村具有一定的发展历史，将城中村的文化创意与旅游发展进行结合[143]，其文化内涵和底蕴在城市景区化建设的大背景下才能够被充分地展现出来，从而有利于提升城中村居民的素质和文化涵养。

目前国内外关于城市景区化对城中村的研究尚处于空白阶段，大多数学者都是将二者割裂开来，单独将城市景区化或者城中村作为研究重点，没有将城市景区化作为城中村的推进机制来进行研究，二者的接入机制和相互关系都还较为模糊。本书以城市景区化进程中城中村演化为研究重点，探讨景区城市化对于城中村演化的作用机制，弥补了相关理论的研究空白，具有高度的创造性和前瞻性。

四、研究述评

根据对景区城市化和城市景区化的文献进行梳理后发现，在旅游城市化的两个分支景区城市化和城市景区化方面学者们都进行了一系列研究，这些研究有助于从两个不同的角度较为全面地对旅游城市化的概况有一个大致的把握，为进一步研究旅游城市化起到了很大的帮助作用。旅游作为新的驱动力对城市的发展具有不可替代的作用，相比工业带动的城市化，旅游城市化是伴随着当地的社会经济结构调整而产生的[144]，其与建筑建造、生态环境、空间结构具有紧密的联系。但是，针对旅游城市化实施的总体思路和明确政策的提出仍旧缺乏，也尚未对旅游城市化进程的具体实施战略、实施战术进行研究，缺乏针对旅游区域要素资源的整体描述、把控和预测。从当前文献研究来看，旅游城市化对区域旅游经济的推动力仍旧有所欠缺，旅游城市化进程中尚未将对农村人口的吸纳与自身城市化进程结合起来，旅游城市化仅仅停留在表面阶段，还未进入实质性发展阶段。因此，应当根据我国旅游城市化现有的具体情况和特点进行详实地理论总结和梳理归纳，丰富和完善我国城市化研究和旅游发展研究的内容和方法，切实解决我国旅游城市化进程中遇到的问题。

通过对新型城乡形态演化的文献研究来看，新型城乡形态研究与城乡一体化、新型城镇化、新型城乡关系具有密切的联系，这就使得新型城乡形态中存在两种不同的演化方向，一种是起始于景区或乡村的新型城乡形态演化，如城镇化农村、城郊化农村和新农村；另一种是起始于城市的新型城乡形态演化，如都市圈和城中村。学者们针对城镇化农村、城郊化农村、新农村、都市圈和城中村的研究均取得了一定的进展，对新型城乡形态演化做进一步研究奠定了文献基础，具有较好的借鉴价值。然而，从现有的针对新型城乡形态演化的文献资料来看，针对新型城乡形态演化的内涵和具体演化方式等方面的成果仍旧不多。针对城镇化农村、城郊化农村、都市圈等新型城乡形态演化的文献资料比较缺乏。因此，需要针对新型城乡形态演化做进一步系统地研究和梳理，对新型城乡形态演化的动力、路径和实施效果进行严谨地推敲，以获取新型城乡形态演化的具体内涵，为新型城乡形态的演化发展提供理论支撑。

通过对旅游城市化进程中新型城乡形态演化的文献研究来看，旅游城市化对新型城乡形态演化研究的作用主要体现在以下几个方面：一是旅游城市化进程对于新型城乡形态的生态环境保护提出了新的要求，使得城镇化农村、城郊化农村、新农村、都市圈、城中村等不同形态的城乡形态能更加合理地配置资源，提高保护现有自然资源的意识。二是旅游城市化结构的改变对于新型城乡形态的空间结构的形成具有重要的影响作用，旅游城市化进程中的产业机构、空间布局、城市生产效率等方面对于新型城乡形态的空间规模、结构具有重要的决定作用。三是旅游城市化进程中的关于“人”的因素发生了重要的改变，旅游城市化促进了居民转变思想意识和提高自身素质，提高了居民的收入水平，激发了居民投身于城乡建设的积极性。

总的来说，目前关于旅游城市化进程中新型城乡形态演化的相关研究尚处在起步阶段，国内外学者将注意力集中在工业城市化和农业城市化上，集中探索在工业发展和农业转型的大背景下，新型城乡形态演化所具有的特征。旅游与城市化相互影响机制还尚处在研究初期，研究方法也大多限于定性的方法和简单的统计定量分析，并未形成能广泛应用的基础理论和多学科综合研究方法。此外，旅游城市化的概念还未形成共识，旅游城市化研究也偏向于概念、特征、影响机制及对策等方面的研究，相关研究还处于起步阶段，理论体系还不成熟，还需要大量的研究来加以佐证[145]。西南民族地区作为工业和农业发展较为缓慢的区域，其城市化进程也相对缓慢，相关的关于城市和农村在转型和互动的文献研究也较少，其旅游城市化与新型城乡形态之间的作用机制和影响因子并未受到国内外学者的重视，理论研究也还处在空白阶段。

第三章

西南民族地区旅游城市化进程中新型城乡形态演化的分析框架

一、旅游城市化内涵的界定及构成维度

（一）旅游城市化内涵的界定

旅游城市化（Tourism Urbanization）是由 Mullins 最早提出的概念，通过他的研究，旅游城市化是出现在西方国家 20 世纪后期的一种城市化形态，这种城市化的推动力不是传统的工业发展，而是由一种后福特制的消费观念和基于享乐主义的城市观念推动的。旅游城市化的产生带来了一种全新的建立在享乐的供给与消费上的城市化模式[38]。旅游城市化在现实中主要有两个方面的表征：一是在旅游区内出现非城市人口往城市进行集聚和转移，同时随着景区城市数量和规模的扩大，城市在人民旅游中的作用正在逐步提升。二是旅游景区中的人类活动、城市化活动逐步增多[146]。

从驱动力的角度来看，经济社会发展要素的跨区域流动高效配置和集聚的过程都与不同利益主体和生产力系统之间的利益有关，从关注多方利益主体的角度出发[147]，在资源要素进行有效配置的过程中，只要没有人为的主动阻止，这种动态的配置过程将趋于“帕累托最优”[148]，而这个过程也是旅游城市化进程的内在规律和推动力。

首先从需求方面来看，旅游需求对旅游城市化有拉动作用。针对旅游活动受到旅游者出游能力的限制，旅游者在一定的时间和支付能力前提下，只能够在有限的空间

范围选择旅游的目的地，同时又往往追求与自己生产生活环境相异的地方进行旅游[149]。在这种理念的指导下，城市旅游者比较偏好到远离城市的乡村地区进行旅游，农村旅游者则比较偏好到城市进行旅游[150]。但总体来说，由于在旅游目的地选择的过程中受到众多因素的限制，旅游目的地的选择多数还是在城市及周边乡村。我国城市居民在旅游目的地的选择上，往往随着离居住地的距离增加，选择意愿在下降[151]。同时，选择城市作为出游目的地的游客数量要超过选择风景区作为出游目的地的游客数量。通常从旅游的中心城市出发的非本市旅游者在考虑出游目的地的范围时，通常考虑在以中心城市为原点，250 公里为半径的区域范围内。由于受到诸多因素的限制，旅游者都希望能够花最短的时间、在最近的旅游目的地获取自身需要的旅游体验。因此，考虑到旅游需求方面的影响，旅游业的各建设单位和服务部门都倾向于将自身的工作更接近旅游目的地，这就越来越推动了旅游城市化的进程[152]。旅游需求产生的对旅游目的地选择的方式和行为都对旅游城市化产生了积极的促进作用。

其次是从供给方面来看，旅游的供给方在选择投资或建设的目标时，都是先考虑一条重要原则——就近原则。就近包含了在空间距离上的就近和在经济距离上的就近。旅游景点作为旅游活动的中心，所有的旅游设施建设、旅游服务以及经济社会活动均围绕其进行扩展。随着旅游活动的展开和其拓展出的其他经济社会活动不断由景点中心向景点外围扩散，景区中心周边的土地租金以旅游景点为中心，圈层式形成阶梯地租。其中，最靠近旅游景点中心的地租最高，向外依次降低。为了平衡投资收益，投资者往往选择景区周边的区域进行投资，资源的不断集聚推进了景点周边的城市化进程，这种城市化进程同样对旅游景点产生了很强的影响。从更加贴近旅游者感受来看，一个地区城市化水平不高的直接表现是交通等基础设施不完善、信息不对称、旅游目的地与城市之间的连接不够紧密等，这些表现导致一些景色非常好的景点，由于受到城市化水平的制约，旅游资源开发受到约束，产生的经济效益低、旅游市场占有率低、开发旅游资源成本高、旅游业利润微薄等等。由于缺乏城市作为旅游的依托，即使品位比较高的旅游景点也会因为旅游投资环境恶劣而难以被开发出来。所以，从旅游供给的角度来看，旅游目的地自身也在追求旅游城市化进程。伴随着一系列支持旅游发展的政策出台，在这些政策的引导下，旅游城市化进程不断加快。随着城乡二元结构的逐渐打破，农村居民逐渐向城市和旅游景区集中的趋势也将进一步推进旅游城市化的进程[153]。另外，针对城市郊区和农村的一些具体政策都使得更多的旅游项目被吸引，旅游项目的开放对推动城郊和农村的经济社会发展、要素资源的集聚和旅游城市化进程都有积极作用。这种推动地区经济结构、社会结构、市场结构和人口结构变化的旅游城市化具体要从景区城市化和城市景区化两个方面来进行研究。

（二）旅游城市化的特征

国外学者 Mullins 在研究黄金海岸和阳光海岸后，归纳总结了这两个研究目的地的旅游城市化特征：一是这两个城市都没有城市中央的商务区，都是沿着海岸线进行带状发展的。二是都具有如沙滩、公园等旅游娱乐服务设施作为城市的象征性符号吸引游客。三是这些城市的人口规模和劳动力规模快速增长。四是旅游服务业、房产建筑业是城市经济发展的动力，制造业等行业从业人员较少，城市中具有较多的私人雇佣关系。五是城市中人均收入较低，同时存在着一个较高的失业水平。六是城市中工人阶级地位较低，中小资产阶级掌握了大多数资源。七是政府仅在基础设施建设、公共服务提供等环节产生主导作用，城市发展的其他环节以市场为主导。八是城市中满足游客的享乐服务和定制性消费项目比较多。九是城市中常住人口比重偏低，以外来人口为主[154]。Gladstone 对旅游城市化研究获得的结果与 Mullins 相似，但发现对于旅游大都市而言，所表现出来的特征就有所差异了[155]。

旅游城市化的类型具有多样性，Mullins 的研究结果并不足以概括所有类型的旅游城市化，例如在很多地区的旅游城市，并没有发生人均收入水平偏低和失业水平偏高，不同国家和地区间在经济社会发展、文化认同等方面的差异也会导致不一样的旅游城市化发展。由此，Luchiari 通过对旅游为主导产业的城市进行研究后，发现了这些城市在城市化进程中具有以下特征：城市环境优美、生产消费关系紧密、人口集聚速度快、临时性岗位多、社区分散、房产投资量上升、时令性住宿成本高、休闲消费场所增多、全新适应旅游的目标出现等等。

旅游城市化的基本特征是将旅游作为城市化的重要动力。针对旅游城市化特征的研究当前国内学者还没有完整直接的论述，大多数学者都只是从不同的角度对旅游城市化的特征问题进行了讨论。旅游是城市化进程的动力因素中比较特殊的因素[156]，由此推动的城市化进程称之为旅游城市化，这可谓是对旅游城市化特征的概括。由此看来，打造一批重点旅游城市，通过加快旅游城市旅游区的发展建设，有利于提升整个旅游城市旅游区的旅游综合服务水平，进而带动旅游城市经济的快速发展。针对不同的城市类型，旅游城市化的特征往往不同。我国很多城市就是以旅游为主导产业的，如江西井冈山市、安徽黄山市、山东曲阜市、福建武夷山市等。有学者认为在西部大开发的战略中开展具有重点的、集中的城市化战略和城市突破发展战略，由此形成节点式骨架状的旅游城市。通过将长江三峡、黄河古道、丝绸之路等自然景观作为旅游城市发展的依托，打造旅游廊道，以此为基础进行纵深，推动经济社会快速发展，构建起具有旅游特色的产业带。考虑到西部城市在全国所处的经济社会发展地位，要进一步提升赶超，利用旅游作为主导促进发展是此阶段的重要手段。海南的海口市和三亚市比较突出地体现了旅游城市化的特征，旅游消费在城市人口规模不断扩大的过程中起到了重要作用。对西安而言，丰富的历史文化和文物资源使得其将旅游作为经济发展的重要支柱之一，成为推动西安成为国际化大都市的重要因素。

综合概括而言，旅游城市化具备以下具有共性的主要特征：第一，旅游城市化都是以旅游作为城市化进程中重要动力的；第二，旅游城市化发展的依托一般都是富有吸引力的象征性符号，如景区、特色建筑、特殊文化等等。第三，旅游城市化进程中都伴随有大量的人口集聚，城市人口规模不断扩大；第四，旅游城市化进程中，大量以旅游消费为目的的服务和设施快速增加；第五，随着旅游城市化的发展，房产地租价格也不断上升。

（三）旅游城市化构成维度划分的依据

针对旅游城市化维度构成，必须进行合理地划分。在划分过程中，必须对旅游城市化的内涵和特征进行准确把握，并突出其重点内容。由此认为旅游城市化构成维度的划分主要有以下依据：

第一，旅游城市化的实施主体呈现多元化。由于旅游城市化进程不仅只有一个方向，它可以分成景区城市化和城市景区化两种模式，在这两种旅游城市化模式中，所涉及的实施主体也不尽相同。从景区城市化的角度来看，景区城市化进程的实施主体主要包含景区景点周边的农村、乡镇和政府。景区景点周边的农村、乡镇作为景区城市化的重要载体，承担了景区的旅游发展要求，在人口等要素资源集聚的过程中发挥了重要的主体作用。与此同时，政府在政策、资金、土地、规划指导等方面发挥了不可替代的主体作用。从城市景区化的角度来看，城市和政府则成为了实施主体。城市为适应现代旅游的快速发展，满足旅游者对城市旅游功能的高要求，不断进行自我提升和完善，发挥主体功能和作用。政府在城市旅游快速发展过程中，同样在政策、规划、资金、土地等方面做出了重要决策，同样发挥了城市景区化的实施主体作用。因此，在旅游城市化的实施主体方面，呈现的是一种多元化的形态。

第二，旅游城市化的实施动力是旅游。在旅游城市化中，景区城市化和城市景区化两种形态的实施动力分别反映了旅游的不同角度。旅游的种类和形态具有多种形式，每一种类和形态都是推动旅游不断发展进步的组成部分。在景区城市化的进程中，更加关注景区景点的发展，由此针对旅游景区的综合服务能力、旅游景区的规模结构等反映旅游景区景点发展状况的指标受到重点关注，这也是推动景区城市化的重要动力，与此同时，作为旅游景区景点周边的农村、乡镇的资源集聚力、旅游吸引力水平和民生环境等因素也是推动景区城市化实施的重要动力。在城市景区化的进程中，对城市发展和城市景区建设等方面更为关注，因此城市的可持续发展环境、景区联动、城市协作、城市面貌等城市和城市景区的发展建设等指标成为关注的焦点，成为推动城市景区化的重要动力。综合来看，无论是景区城市化还是城市景区化，旅游都是推动其发展的主要动力。

第三，旅游城市化的实施方式具有多条路径。旅游城市化的实施方式根据景区城市化和城市景区化两种不同的形态呈现出两条不同的路径。在景区城市化的实施方式中，首先关注的是景区景点对自身的提升和完善，一方面不断增强自身的景区综合服务能力，提升服务人员的素质、完善景区中的旅游服务设施、加强景区中的旅游组织管理。另一方面不断完善景区的规模结构，做大景区的空间规模、加强景区景点内及周边的产业组织建设，做强依托景区景点的旅游服务经济、加强景区景点及周边的要素整合等等[157]。这两个方面对景区景点及周边的资源集聚力提升、旅游吸引力水平的增强和民生环境的改善又能够产生很大的影响，最终通过整条路径的串联，形成了景区城市化的实施方式。在城市景区化的实施方式中，首先关注的是城市和城市景区的发展，一方面不断改善城市的可持续发展环境，增强城市经济实力、提升城市社会发展水平、提高城市生态环境承载能力、发展城市的文化认同和文化传播。另一方面，使城市内景区联动更加密切。推动整个旅游市场的共享、实现城市及城市景区资源的共享、做出不同城市景区间旅游产品的差异。通过城市可持续发展能力的不断提升和景区联动的日益密切，逐步作用到城市协作和城市面貌改善方面，整条完整的路径就构成了城市景区化的实施方式。景区城市化和城市景区化的实施方式共同构成了旅游城市化的实施方式。

第四，旅游城市化的实施保障主要依靠政府、景区和城市共同实现。在旅游城市化的实施过程中，无论是景区城市化会面临的诸如旅游资源环境保护、连接城市和景区景点间交通、打造旅游服务设施和配套环境的规划、外来人口与当地居民合理的利益分配机制等问题，还是城市景区化会面临的诸如城市规划、城市建设资金、城市环境保护等方面的问题，都必须通过政府、景区和城市来共同采取保障措施。任何一方单方面追求旅游城市化进程中的实施保障而不能够使另外两方参与实施，其结果都不可能实现真正意义上的实施保障。因此，必须在政府、景区和城市三方共同作用下，才能够实现旅游城市化在真正意义上的实施保障。

（四）旅游城市化构成维度的解析

根据对旅游城市化的梳理和整体理解，认为旅游城市化的维度划分可以分为四个方面：

第一，旅游城市化的实施主体。在旅游城市化的实施主体划分上，应当参考旅游城市化发展的不同主体形态，在旅游城市化进程中，主要表现为景区城市化和城市景区化两个过程，这两个过程中的实施主体不同。一方面，景区城市化过程的实施主体为景区景点及周边的农村、乡镇。景区城市化的发展来源于人们对旅游资源的需求衍生出对旅游资源配套服务设施和环境的需求，在这个过程中，景区景点周边的农村和乡镇成为承载旅游资源配套服务设施和环境的最佳选址，由此产生的人口等要素资源的集聚推动了景区景点周边农村和乡镇的城市化发展。提升景区综合服务能力，完善景区规模结构，进而实现旅游城市化的发展。另一方面，城市景区化过程的实施主体为城市本身。城市景区化的发展是由于在现代旅游不断发展的过程中，对城市的服务需求不仅仅限于传统旅游模式下提供食宿及枢纽功能，而是对城市的休闲、观光、体验、环境等方面提出了更高的要求。面对旅游者对城市提出的新要求，城市不断提高旅游业发展投入，在打造城市景区数量、城市景区规模、城市景区水平，优化城市交通、美化城市环境等方面有了大幅改善。加快城市景区联动，提升城市旅游可持续发展环境，实现旅游城市化发展。毋庸置疑，无论在哪种旅游城市化表现形态的发展过程中，政府都是重要的实施主体。

第二，旅游城市化的实施动力。在旅游城市化的发展进程中，不论是景区城市化还是城市景区化，它们实施动力的主要来源均为旅游。从景区城市化的角度来看，引发景区城市化的初始条件是景区景点对旅游者的吸引，即旅游的最初形态——观光旅游，在旅游作为动力的推动下，产生了游客需求的升级，从最初仅仅对交通基础设施有较高要求，到逐步对景区景点周边的食、宿等旅游服务设施和环境产生要求。正是由于旅游的不断发展，推动了景区景点及周边农村和乡镇的快速发展以适应游客需求，最终实现景区城市化。从城市景区化的角度来看，引发城市景区化的初始条件则是对旅游者的旅游服务和枢纽作用。随着旅游的不断发展升级，城市在其中扮演的角色也不断在改变，由最早的提供旅游服务和交通枢纽等功能，逐步演化成为打造大量城市景观，不断扩大和提升城市景观的规模和水平，同时丰富城市交通，美化城市环境，打造旅游城市品牌，实现城市景区化。因此，无论是从景区城市化还是从城市景区化的角度来看，旅游都是旅游城市化的最主要实施动力。

第三，旅游城市化的实施方式。旅游城市化的实施方式按照景区城市化和城市景区化两种形态划分各有不同。景区城市化这种旅游城市化实施方式的起点是景区景点，这些景区景点多数分布在距离城市较远、自然风光比较好的地区，这些地区往往存在城市化水平低、景色优美、特色文化风情突出等特征。随着旅游的带动，旅游者对景区景点周边的农村、乡镇等地的配套服务设施和配套环境有了更高的要求，由此大量的人口等要素资源开始向景区景点周边的农村和乡镇集聚，旅游配套服务设施和环境得以快速打造，满足游客需求。这种快速形成的人口等要素资源集聚、基础设施和服务设施的建设以及随着和旅游者交流而形成的城市思维观念，都迅速推进了景区城市化的发展，构成了景区城市化的实施方式。城市景区化的实施方式与景区城市化有所不同，城市景区化实施方式的起点是城市，城市的传统发展模式是以工业化为主，承接部分的旅游功能，其中主要包含旅游者的食宿等旅游接待服务和为旅游者提供中转的枢纽功能。随着旅游的不断发展，在新的旅游观念和旅游模式带动下，城市也逐渐成为旅游者的旅游目的地。在这个背景下，城市的旅游需求面不断扩大，原有的旅游接待服务和枢纽功能已无法满足需要，因此，城市在发展建设的过程中，需要更多地考虑城市景区、城市交通、城市环境等方面的问题，努力提升城市在现代旅游业快速发展过程中的地位和作用，随着城市景区数量、规模和水平的不断提升，城市交通越来越便利，城市环境日趋优化，构成了城市景区化的实施方式。

第四，旅游城市化的实施保障。旅游城市化的保障按照景区城市化与城市景区化两种不同形态来看有所差异。就景区城市化而言，景区城市化的发展，最重要的吸引物是景区景点，保持景区景点的吸引力成为重点。旅游者需要来到位于离开城市的景区景点，景区景点和城市间的交通基础设施和交通工具是重要的载体。在人口等要素资源进入景区景点周边的农村和乡镇时，如何做到旅游服务设施和配套环境打造的科学性和合理性，如何做到外来人口与当地居民的和谐相处，是保证景区城市化的前提。因此，景区城市化的实施保障主要是对旅游资源环境保护的保障、对连接城市和景区景点间交通的保障、对旅游服务设施和配套环境打造的规划保障、对外来人口与当地居民利益合理分配的保障等方面。就城市景区化而言，城市景区化的发展最重要的吸引物是城市本身，城市在发展的过程中拥有良好的基础设施和公共服务，在新的旅游发展环境引致新的旅游需求带动下，城市发展建设中开始大力提升城市景区的数量、规模和水平，这个阶段必须以城市合理科学规划为前提指导进行。同时完善原有基础设施条件，缓解城市交通压力，需要获得城市建设的资金支持。美化城市环境，对原有的高污染和过剩产能的企业进行关停并转，落实环境保护的各项措施。因此，城市景区化的保障措施主要是城市规划方面的保障、城市建设资金方面的保障、城市环境保护方面的保障等等。

二、新型城乡形态内涵的界定及构成维度

（一）新型城乡形态内涵的界定

新型城乡形态是指在城乡形态方面打破了传统具有鲜明界限的城市和乡村两种形态，突破城乡二元结构中生产要素物品和生活要素物品均由市场配给的模式，转而市场化，由市场原则来进行配置。在此过程中出现的城市和乡村的经济结构转变、物质形态变化和公共服务改善等现象推动形成的一种城乡之间新的互联互动态势。从一方面来看，传统的农村形态发生了明显的巨变，摆脱了从前计划经济时期形成的单一的所有制结构，在公共物品和公共服务的提供上有了很大幅度的提升；另一方面，现阶段城市的快速发展对其周边农村的影响力不断提升，有些城市的部分城市功能交由周边的农村进行承载，有些则通过拓展城乡合作的方式，将更多的公共服务和公共产品

向周边的农村延伸。旧有二元城乡结构形态不断在现有背景下发生巨大变化，逐渐演化为多元的新型城乡形态，最优化地实现了城乡体系中生产生活要素的配置以及城乡社会结构体系构建，为经济社会的可持续健康发展奠定了坚实的基础。

在计划经济时期，城市和乡村在结构形态上属于彼此互不相通状态的二元结构，在当时时代背景下，城市和乡村在各自的形态上进行生产和配给，其中劳动力、生产生活要素、产出的产品等均不能自由在城市和农村之间进行流动配置。农村处在一个十分封闭的状态之下，大多数农民受村集体的领导，在农村土地上进行十分封闭的农业生产活动，少量农民在从事服务于农业生产的非农业产品生产活动。根据统计指标显示，在 1978 年，这些负责非农业产品生产活动的农村社队企业中吸纳的农村劳动力占到农村总劳动力的 9.5%，其产生的工业产值则占到了全国总产值的 9.1%。城市在当时的历史时期担负的主要是工业发展，以实现国家快速发展赶超的战略目标。国有企业都在国家的计划指令下进行生产，政府负责安排城市人口到国有企业进行生产工作。在这个期间，农村为城市发展赶超的战略目标提供了保障，但农村的劳动力不被允许到城市的企业中进行工作。

改革开放以来，思想得到解放，生产方式的约束也逐步减少，城市和乡村的工业化进程都有了明显增长。在制度变化、政府作为、发展水平不一等诸多因素的共同影响作用下，新型城乡形态应运而生。农村在改革开放后开始实行家庭联产承包制，农业生产过程中的效率大幅上升，之前大量存在的潜在失业的农村劳动力相继被释放出来。在某些农业发展水平较高的农村地区，乡镇企业快速兴起并高速发展。解放出来的农村劳动力又有一部分转移进了乡镇企业，在这个过程中，政策释放的农村劳动力资源通过乡镇企业得到了一次有效的优化配置，原有固化的农村形态开始得以改观。在农业发展水平相对较慢的农村地区，乡镇企业的数量较少，规模较少，导致大量农村劳动力的剩余，但随着二元城乡结构的逐步打破，这些剩余的农村劳动力开始向就近城市或发达城市集聚。

城市中工业化进程的不断加速致使工业企业在经济规模和空间规模上都不断扩张，扩张的过程需要对大量资源进行整合[158]，其中，对资本、劳动力、土地、技术等重要生产所需的资源需求迫切。在此背景下，部分距离城市较近的农村自然地成为发展扩张中城市的一部分。随着城市周边农村变为城市的一部分，城市的空间结构发生较大改变，“城市中心 + 生产基地” 的城市空间结构应运而生，城市中心实现对城市商贸、服务等三产功能进行强化，城市中心的周边地区则承接了原来城市的生产功能，成为城市新的生产基地。城市通过新形成的商贸服务、工业生产两个重要方面对农村地区产生吸引和辐射效应，也为城市周边农村利用吸引辐射效应获取资源进行自我完善提升提供了条件。

由于在发展的过程中，先发优势地区和后发落后地区、城市和农村之间存在着巨大的发展不平衡和极大的收入差距，导致了后发落后地区和农村的劳动力等要素快速向先发优势地区和城市集聚转移，而这一过程又进一步地使得发展的不平衡性加剧。虽然在之后的一段时间里，也有很多在先发优势地区和城市工作的农村人通过自己获得的知识、信息、资本等回报农村，但仍旧无法改变在巨大历史浪潮下产生的不断扩大的城乡差距。政府为让市场主体更加快速方便地获取市场信息、促进产品销售、加速劳动力等要素流动，加大了连接城市与农村间基础设施的建设，缩短了时间距离，提高了发展效率，促进和改善了产品与要素在城市与农村之间的流动。政府进行基础设施建设推进了产业的空间分工和企业内部的空间分工，这在农民居住地与工作地分离的状态下，极大地提升了联系的紧密度。

（二）新型城乡形态的特征

城乡之间由一种形态向另一种形态进行转变属于结构变化，在这种结构变化过程中，往往包含着诸如人口规模、空间职能、产业结构、所有制结构、就业结构、认同度等一系列经济、社会、文化方面的变化，这种结构变化会不断地对人们的生产和生活方式产生影响。经济增长及工业化进程总是不断地产生结构的调整变化，工业化进程是不仅仅只限于简单提升制造业在总产出中的比重，它更关注的是在工业化进程中与之相伴的结构变化。经济结构的变化往往又与人均产值的增长密不可分，同时还与诸如政治制度、法律制度、社会意识、人口结构等多个方面密不可分。随着我国新型工业化、信息化、城镇化和农业现代化共同发展，新型城乡形态表现出了以下特征：

第一，以非农为主的就业。在传统的城乡二元结构理论中，只有城市和农村两个单元。农村中剩余劳动力向城市转移的过程被称为城市化，城市化水平的测度则往往以城镇人口在总人口中所占比例来衡量，这就是一个非农化的过程。我国的特殊情况在于曾经实行过限制人口自由流动的户籍制度，导致农村剩余劳动力无法在农村和城市之间自由流动，这就导致了我国农村改革过程中释放出来的农村劳动力无法进入城市，只能选择进入当地创建的乡镇企业实行非农业领域的生产，并在此基础上发展出更多的非农生产领域。随着城市的不断发展扩大，城市和其周边农村在功能转变和空间布局方面都有较大的调整，有些主动进行经济结构调整，有些则因为城市建设占用了周边农村土地导致被动进行调整，这些调整都导致了农村的劳动力逐渐从农业生产经营活动中脱离出来，从事与城市相结合的业态。

第二，产业集聚和专业分工。根据比较优势理论，新型城乡形态演化过程中利用要素或资源禀赋具有比较优势而发展起来的产业，随着生产规模和产品市场的不断扩大，其产业集聚的水平、专业分工的程度都变得越来越高。首先是城乡合作和竞争，城市与农村的合作主要体现在城市为农村的生产生活提供必要的资料、技术和资本品，而农村则为城市提供农产品、日用品、旅游休闲等劳动密集型产品和服务。其次是分工合作，在第一产业、第二产业和第三产业之间的产业分工，农民在农业、非农业和兼职职业的职业分工等。由于农村中非农产业技术水平的不断提升、资本积累不断增加，使得非农产业生产的产品种类、数量和质量都不断提升，在一定程度上能够与城市的相关产品形成替代性的竞争关系，使得城市生产中被替代产品的资源得以转移到生产新的产品中去，使城市和农村间的产业集聚、专业分工合作越来越密切。

第三，显著改善的物质生活条件。在以缩小城乡差距为目标的城乡一体化进程中[159]，尽管政府出台了一系列扶农惠农的政策措施，但城市和农村之间的收入差距依然在不断扩大。相比不断扩大的城乡收入差距，物质形态、生活条件等形态上的差距得以缩小就变得相对更加容易。和传统农村贫困相比，新型城乡形态在物质形态和农村居民的生活条件改善方面取得了极大的进步，农村居民能够在自己的家里享用互联网、家用电器、清洁能源、自来水等物质生活条件，能够建设集市、商场、水电等较为完善的公共基础设施，完善集中供水、垃圾处理、社会保障、文教设施等公共服务，都彰显了新型城乡形态在缩小城乡差距方面产生的积极作用。

第四，双重角色融为一体。在新型工业化、信息化、城镇化和农业现代化进程中，新型城乡形态演化自发地产生了许多城镇化的特征，但由于户籍制度等制度变革的推进相对缓慢，使得农民在新型城乡形态演化过程中往往会面临非农非城的双重角色，这种角色在农民的生产生活中产生了很多的不便和困扰。新型城乡形态演化的过程中还保留了“三农”特色，虽然很多居民已经没有或只有少量的耕地，获得的收入也主要来自非农产业，但是这些居民的身份依然是农民，他们无法获取城市居民所享有的福利待遇，仍然属于“三农”政策覆盖的人群。这种现象在进行了城市化改造后的城中村或城郊化农村表现得尤为突出。

（三）新型城乡形态演化构成维度划分的依据

针对新型城乡形态演化维度构成，必须进行合理地划分。在划分过程中，必须对新型城乡形态的内涵和特征进行准确把握，并突出其重点内容。由此认为新型城乡形态演化的维度划分可以分为以下几方面：

第一，居民的生产生活方式转变是新型城乡形态演化过程中的显性动力。城乡居民的生产生活方式发生转变能够有效地推动新型城乡形态演化[160]，因为在过去传统的城乡二元结构形态下，由于城市居民和农村居民都不具备改变自身生产生活方式的能力，因此城乡形态一直固化，没有改变的任何动力可言。随着传统城乡二元结构被逐渐打破，立即发生转变的就是城市居民和农村居民的生产方式和生活方式，这种最快、最直接也最为有效的转变也就立即成为推动新型城乡形态演化的重要动力。因此，居民的生产生活方式转变可以作为新型城乡形态演化过程中的显性动力成为新型城乡形态构成维度的一个方面。

第二，思想观念转变是新型城乡形态演化过程中的可持续发展动力。城乡居民的思想观念转变能够长期可持续地推动新型城乡形态演化，由于在新型城乡形态演化的初期，最先产生的新型城乡形态发生演化的动力是城乡居民的生产生活方式，然而只有使城乡居民的思想观念转变到正确的、适应时代经济社会发展需求的轨道上来，才能够真正使得新型城乡形态演化长期可持续地进行下去。过去传统城乡形态时期，无论是城市居民还是农村居民的思想观念都很保守，在新型城乡形态的发展时期，必须解放思想，使思想观念能够更好地为经济社会发展贡献力量，为长期可持续推动新型城乡形态演化提供动力。因此，居民的思维观念转变可以作为新兴城乡形态演化过程中新型城乡形态构成维度的一个方面。

第三，景观形态改变是指在新型城乡形态演化过程中消除符号性差异。城乡的景观形态改变能够在新型城乡形态演化的过程中克服因景观的符号性差异带来的不良影响。在居民的生产生活方式、居民的思想观念解决新型城乡形态演化中显性动力和长期可持续发展动力的前提下，如何克服新型城乡形态演化过程中的阻力成为非常重要的问题。在新型城乡形态演化过程中，最显著的阻力就是由城市和农村的巨大景观形态差别导致的心理对峙，由此必须将符号性差异导致的摩擦减至最低。所以，应当加快新型城乡形态演化过程中城乡景观形态的转变，尽可能地消除符号性差异。因此，景观形态改变可以作为在新兴城乡形态演化过程中成为新型城乡形态构成维度的一个方面。

（四）新型城乡形态构成维度的解析

根据对新型城乡形态演化的梳理和整体理解，认为新型城乡形态演化的维度划分可以分为三个方面：

第一，新型城乡形态演化过程中的居民生产生活方式。新型城乡形态演化过程中，与传统的城乡形态最重要的鉴别标准就是居民的生产生活方式。过去传统城乡形态下，城市居民以从事非农业生产为主要生产方式，生活围绕城市居民区、集市、工厂、学校、医院等城市范围进行；农村村民则以从事农业生产为主要生产方式，生活则围绕土地、村镇进行，公共产品和服务较少。在新型城乡形态下，城乡二元结构逐渐解体，城乡之间的互动日益频繁。随着城镇化农村、城郊化农村、新农村、都市圈和城中村等新型城乡形态的逐步形成，城乡居民在生产生活方式上相较传统城乡形态有了很大的改观。农村村民在新型城乡形态演化的过程中，一部分成为新的城市居民，另一部分则通过多种多样的形式逐步实现人的城市化，生产上逐渐从原来基本只从事农业产业生产到现在开始更多地从事非农产业的生产，生活上由于受到城市的公共产品和服务向农村转移的影响，生活品质也在不断提升。因此，新型城乡形态演化的一个重要构成维度是居民的生产生活方式。

第二，新型城乡形态演化过程中的居民思想观念。在新型城乡形态演化过程中，能够衡量是否在传统城乡形态基础上发生演化作用的就是居民的思想观念。在传统城乡形态下，城市发展和农村发展在国家的调配下进行，城市居民和农村居民的思想观念相对固化，均无法全面地看待城市和农村的发展状态。随着传统城乡二元结构被打破，新型城乡形态逐步建立发展，城市和农村的沟通和交流日益密切，在城镇化农村、城郊化农村、新农村、都市圈和城中村等新型城乡形态下，城市居民和农村居民的思想观念不断碰撞，逐步满足了适合新形势下新型城乡形态的发展需要。因此，新型城乡形态演化的一个重要构成维度是居民的思想观念。

第三，新型城乡形态演化过程中的城乡景观形态。新型城乡形态演化过程中最直观的表现就是城乡景观形态的展现。在传统城乡形态下，城市的景观形态和农村的景观形态各自具有鲜明的特点，由于城市主要发展非农产业，产品的附加值高，加之在公共产品和服务上具有较大的优势，城市景观往往比较先进美观；而农村主要进行农业产业的生产，产品附加值较低，加之在公共产品和服务上与城市相比差距较大，因此农村景观相对比较落后。随着传统的城乡二元结构被逐渐打破，城市不断扩张，发展过程中的很多资源和公共产品服务都开始向农村转移，同时伴随交通等基础设施的不断完善，交流更加密切，农村景观一方面模仿城市景观进行改造，一方面在政府的指导下进行新农村建设、城中村改造等[161]。总体来看，新型城乡形态演化的一个重要的构成维度是城乡景观形态。

三、旅游城市化对新型城乡形态演化的分析框架

（一）旅游城市化对新型城乡形态演化作用机理分析框架的理论基础

1. 非均衡增长理论

法国经济学家弗朗索瓦在 1955 年对区域经济的增长进行了分析，提出了增长极理论，认为区域经济增长并非在每一个地区和部分进行体现，区域的经济增长会明显体现在具备创新能力的产业和主导部门，而这些主导部门往往在城镇内形成集聚，这一现象被他称为增长极理论[162]。由增长极理论作用下的城镇对于周边地区往往会形成辐射吸引能力，通过支配效应、乘数效应、扩散效应等在促进自身经济发展的同时也对周边地区的经济发展起到带动作用。在增长极的作用下城镇内部人口、资本、生产、技术、贸易等要素持续集聚，从而全面地形成化城镇化的发展趋势。弗里德曼所提出的中心——边缘理论更是为城镇化的演化发展机会提出了科学性解释，区域经济

发展的空间形态都同时具备强烈的极化效应和扩散效应，这两种效应的共同作用导致中心城镇内部经济不断强化，而周边地区的经济发展也受到城镇化发展的带动作用，这种相互作用的机制使得整体经济不断强化，从而促进了区域城镇化发展。

缪尔达尔对中心—边缘理论进行了进一步的深化和发展，从而提出了“地理上的二元经济”结构，也被称为“循环积累论”，从资本积累和再生产扩大的角度对城镇化发展的作用机理进行了分析。由于扩散效应和极化效应同时对城镇及周边地区产生作用，使得区域内不同地区的经济发展存在较大的差异，而这种差距往往会呈现不断扩大的趋势从而引发“累积性因果循环”，使得区域内经济出现两极效应，形成区域性二元经济结构。缪尔达尔通过极化—扩散理论对区域内城市群内所存在的等级扩散现象进行了解释分析，正是由于区域内部的发展不平衡从而使得中心城市的扩散效应往往是以等级效应的规律进行的。

赫希曼进一步对这一不平衡现象展开了讨论，从而提出了“非均衡理论”，认为经济发展都存在一个由不平衡增长到趋向于平衡增长的动态过程，在实现区域经济整体发展过程中，需要通过不平衡增长的方式对中心城市和地区先形成集聚效应再通过对周边地区的培育而逐步形成平衡增长。本书以增长极理论的视角，深入分析了西南民族聚居区的发展条件，为研究西南民族地区旅游城市化进程中的新型城乡形态研究奠定了理论基础[163]。

2. 城镇化过程曲线

美国学者诺瑟姆在1979年提出了“城镇化过程曲线”的概念，认为国家或地区的城镇化人口与总人口之间的比重呈现S形的显著变化规律。诺瑟姆将城镇化发展过程规律总结为三个阶段：城镇化发展初期、城镇化加速发展期、城镇化发展滞后期（见图3－1）。

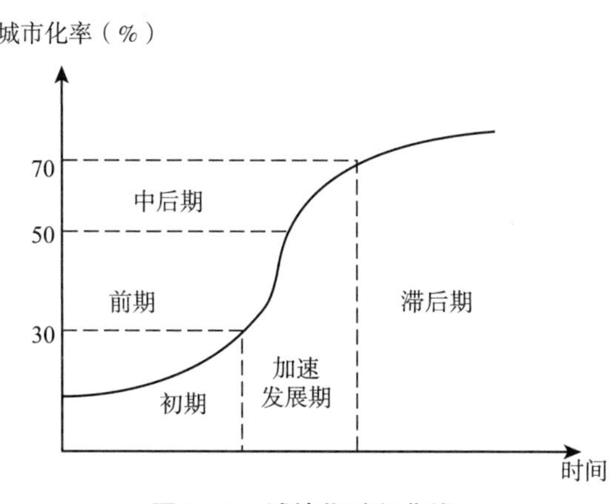

图3－1　城镇化过程曲线

在第一阶段城镇化发展初期国家或地区的城镇化水平较低，人口流动趋势呈现出向城镇中心聚集，城镇人口占总人口的比重小于30%，国家或地区的经济发展以第一产业作用为主导。

在第二阶段城镇化加速发展期，由于第二产业的迅猛发展推动了城镇化水平的迅速提升，人口流动呈现出大量向中心城市聚集的效应，城镇人口在总人口的比重已经超过30%，城镇的公共服务水平、公共设施建设的水平不断提升促进了由土地城镇化发展逐步向全面城镇化推进。

在第三阶段城镇化发展滞后期，国家或地区的城镇化发展水平已经具备一定规模，第三产业高度发达，城乡之间的差距逐步缩小，中小城市开始快速发展。

通过对城镇化发展的阶段性判断可以为国家或地区指导城镇化进程，实现人口城镇化，优化发展路径提供可参考依据。

3. 集聚经济理论

集聚经济理论对城镇化发展的微观机制进行了详细分析，城镇是区域内经济集聚的一种表现形式，主要特征在于各类生产要素和物质在空间结构上的高度集聚。区域经济体系是由不同等级规模的城镇所组成的系统，城镇之间存在相互作用。通过集聚效应所构成的区域经济体系的社会经济效益远大于呈现分散状态的区域经济体系，也因此，区域经济集聚的低成本与高效益是推进城镇化发展的动力所在。

韦伯（1909年）对集聚经济理论进行了系统性的阐述，通过对工业区位移动的规律分析，认为对工业区位移动的关键影响因素在于运输成本考量，从而工业区在空间结构上倾向于形成集聚效应。工厂企业通过集聚效应从而对生产运营规模进行扩大，使得产品的单位生产成本下降，进而让企业能够获取更多的集聚效益。另一方面由于区域经济集聚使得工厂企业在生产运营活动中也趋向于空间结构上的集中，有利于不同企业直接开展合作，降低生产成本提高生产效率，进一步促使产业间的技术进步。

巴顿（1986年）将韦伯的集聚经济理论进行了更为深入的讨论并将其与城镇化发展进行了结合。巴顿将城市的集聚经济效益分为了十个不同方面。一是通过集聚经济可以对本地市场的潜在规模形成集聚效益，当城镇化进程加剧，城市人口规模增长时将会对城市自身发展提供更为充足的动力。二是通过集聚经济可以促进规模生产，通过扩大城镇内部的市场规模对产业规模进行扩展，使得产品的生产成本不断下降最终让城镇的经济发展获取到规模效益。三是通过集聚经济可以促使公共服务事业进行有效发展。四是通过集聚经济可以促进辅助性工业的建立。五是通过集聚经济可以让熟练劳动力进行集聚并且形成对非农业发展需要的农业人口的制度安排。六是通过集聚经济可以对城市企业的管理经营模式形成创新。七是通过集聚经济可以为金融业、商业结构的发展提供更为优越的条件。八是通过集聚经济可以在城市内部提供更为发达的公共服务、公共设施、娱乐、教育环境。九是通过集聚经济可以提高信息沟通效率。十是通过集聚经济可以给予企业更大的改革创新动力。

克里格曼（1991 年）从不完全竞争市场结构、规模报酬递增、运输成本三个角度出发对区域经济体中的两个同质区域和两个部门产业（第一产业和第二产业）建立了两区域两部门模型。收益递增是区域中每一个部门对产品的始终追求，不同区域在生产不同产品时，新的劳动力流入任意区域时都会促使部门对产品进行创新。通过模型分析结构表明当区域经济规模较大时存在结构互联效应，第二产业倾向于集聚并且城市的经济规模越大，其集聚效应就越明显，降低运输成本和提高生产效率在经济发展中扮演的角色也越发重要。从而得到了经济规模越大越有理由实现集聚经济的结论。通过这一理论揭示了中心—边缘理论下城镇化发展的动力机制。

4. 新兴古典城镇化理论

古罗马时期色诺芬就认为劳动分工与城镇的形成之间存在着某种内在联系。亚当·斯密在《国富论》中就对劳动分工进行了系统的阐述，劳动分工促使生产力水平提升。英国经济学家威廉·配第认为城镇化能够降低交易成本从而对劳动分工起到促进作用。杨小凯对劳动分工和城镇化之间的内在关系进行了系统性的阐述，通过将市场进行金字塔结构的划分从而对分工理论和城镇化理论进行结合，提出了新型古典城镇化理论。新兴古典城镇化理论认为城镇化的演化和发展与劳动分工演进之间存在着直接的联系。由于第一产业的生产需要大量的耕地，所以在第一产业作为主导的农业时期很难像工业生产一样集聚在一定规模的空间内进行，而第二产业的生产运营所需要的土地空间面积较少，客观上为工业化发展后进行第二产业在城镇内空间集聚提供了可能。若进行生产的每一种产品均存在专业化经济效应（专业化程度越高时生产效率越高），当进行商品交换时存在交易费用，那么就会产生专业化经济效应与交易费用之间的权衡关系。倘若交易效率较低导致交易费用攀升时，人们就会趋向于不进行购买选择，那么市场也会随之枯竭。在这样的假设情境下人们的生活趋近于小农经济的自给自足，不存在城镇的概念。而反之，当交易效率较高使得交易费用较低时，人们会倾向于进行交易选择，社会劳动分工结构会日益完善，专业化经济效应不断强化。这时第一产业和第二产业在发展方向上开始出现变化，由于第一产业的发展需要投入大量的土地，而第二产业并不需要使用大量土地。这就决定了农业人口倾向于分散居住，而第二产业的企业为了扩大市场潜力降低交易成本会选择将工厂设立在人口密集的地带。在劳动分工的初期并不能形成城镇，但随着劳动分工的不断深化，在第一产业之外的第二产业、第三产业从业人口都会倾向于进行集聚生产和生活，以降低生产交易成本，从而形成了城镇。因此城镇化的城乡分离、城乡结合、城乡一体化的进程均与劳动分工有着直接的联系。伴随着劳动分工的不断细化和深入，不同城镇的市场规模结构会出现差距，从而产生城镇的等级规模分层。分工深化和生产成本降低以及交易规模的扩大都会对城镇的空间布局结构和等级规模结构产生影响，从而不仅对单一城镇的发展起到推动作用，而且对区域内部整体城镇化的发展起到促进作用。

5. 区域规划理论

格迪斯（Geddes，1915 年）通过对城镇生态学的研究，认为城镇和乡村的规划目标应该进行结合从而形成统一的区域规划体系。格迪斯的区域规划理论首次提出了关于区域规划的综合研究方法，认为对于区域规划的研究范围不应局限于城镇而应将乡村纳入到体系中，通过对客观环境关系网络的分析来制定区域规划。城镇并不是区域内孤立的点阵，而是与乡村进行相关关联的网络结构，随着工业化的推进和城镇化的不断发展，城镇的扩展是一种必然的趋势，那么对于之前不属于城镇的乡村地区在今后的发展中也会被纳入到城镇体系中。在这样的条件下，如果区域规划仅对城镇进行研究就过于狭隘。区域规划理论还对区域城市形态的演化进行了预测，认为城镇的发展会由单一的城镇形成城镇区域，再转变为卫星城市环绕的大都市区最终形成区域型城市[164]。

6. 中心区位理论

中心区位理论是对 A. 韦伯的工业区位论和 J. 杜能提出的农业区位论进行深化而得到的。A. 韦伯通过对德国工业的实际数据进行调查分析，并运用 J. 杜能的研究方法从而在《工业区位论》一书中提出了区位因子论。德国学者克里斯泰勒通过总结 A. 韦伯的研究理论并将其与城镇化的发展及作用系统进行结合，在 1933 年提出了中心区位理论。中心区位理论指出城镇的发展基础在于周边地区的人口及土地支撑，国家及地区在进行城镇化的发展中需要通过对城镇周边地区进行培育以引导，从而对城镇的数量、规模、等级、空间布局进行科学合理的规划。城镇作为区域内部的经济集聚中心，必然会对周边地区的发展产生磁场式的吸引作用，而另一方面也需要看到城镇的发展并不是单一的独立的，需要与周边地区进行协调，与其他城镇之间进行合作从而为区域整体的经济发展和社会进步提供充沛动力。城镇的等级规模需要与它所能提供的影响力范围保持对应关系，影响力边界越大的城镇，等级规模也应越高，不同层级城镇的职能也不一样，应保持互联关系，从而使得区域内部形成层次明确相互联系的结构体系。中心区位理论对区域内城镇体系的构建进行三个原则定义，分别是行政原则、交通原则、市场原则。通过三个原则的共同作用促使了区域城镇体系结构的构建。

7. 城市群理论

克里斯泰勒在 1933 年提出的中心区位理论，认为可以通过中心区位理论和整流变形理论对区域内城镇的等级、规模、空间结构等因素进行分析，从而对建立城市群的系统分类标准起到了规范作用。克里斯泰勒认为可以通过划分行政管理区、市场经济作用以及城镇交通结构网络等方面对城市群的等级体系进行分层。地理学家戈特曼在 1957 年提出了城市群具备枢纽和培育两大功能，城市群对国家或地区形成区域社会、政治、经济、文化网络结构起到至关重要的作用。通过对城市群的培育，扩大其影响力范围从而使得不同城镇的各种要素在空间上形成集聚关系，从而对城市群整体的发展起到推动作用。弗里德曼对城市群的演化发展归纳出了四个阶段：工业化前的农业社会、工业化初期、工业化成熟期、工业化后期[165]。工业化前的农业社会是指城市发展处于自给自足的自然经济主导时期，生产力水平较低，城镇分布较为散落。工业化初期时城市开始扩张，空间形态出现变化，城市的发展速度往往受到外部环境和交通网络等要素的影响。工业化成熟期形成了由区域性大城市为中心的城市群体系，城市的影响辐射面积逐步扩大[166]。农业化后期时城市群的中心—边缘结构关系开始逐步弱化[167]，中小城市以及城市群边缘地区开始快速发展，城市群内部形成了较为均衡一体的发展模式。弗里德曼通过对城市群的演化分析揭示了城市群在形成背后的作用机理和机制动力。

8. 土地资源与人口承载力理论

马尔萨斯对食物资源和人口增长之间的关系进行了研究，发现人口的增长往往呈现几何级增长模式，但食物的产量增加仅是数级式增长，所以人口的增长速度要远远超过食物的产量增长速度，当人口扩张超过食物产量所能承载的极限时，饥荒、瘟疫、战乱就会爆发。马尔萨斯通过人口承载理论提出了两个观点：首先，食物是人口增长的最为基础的条件；其次，当由于人口增长出现食物紧缺压力时需要通过扩大粮食产量及耕种面积来缓解压力，同时这一缓解手段还受到客观条件自然环境的限制，存在极限。福格特和阿伦对人口规模和土地资源之间的关系提出了数学模型分析方法：$C = B : E$（C 代表土地的可承载能力，B 表示土地面积所能得到的最大食物产量，E 表示环境的阻碍）。可以看到土地的可承载能力与土地面积所能得到的最大食物产量呈线性同比关系，福格特和阿伦认为在世界范围内均存在人口增长速率高于土地承载能力的问题，所以造成了大量过剩人口出现。

（二）旅游城市化对新型城乡形态演化作用机理分析框架的构建

基于旅游城市化进程中新型城乡形态演化，在研究过程中，涉及由旅游城市化的不同发展形态通过不同路径作用于不同的新型城乡形态。结合旅游城市化的构成维度和新型城乡形态的构成维度，可以构建出旅游城市化对新型城乡形态演化的分析框架（如图 3－2）。

从图 3－2 中可以看出，旅游城市化对新型城乡形态演化的整个分析框架主要是由旅游城市化的构成维度、旅游城市化对新型城乡形态演化的传导机制、旅游城市化构成维度通过景区城市化对新型城乡形态演化的作用机理和路径、旅游城市化构成维度通过城市景区化对新型城乡形态演化的作用机理和路径、旅游城市化的构成维度对新型城乡形态演化影响方向这四个部分组成。在旅游城市化对新型城乡形态演化的分析框架中，重点在于旅游城市化的实施主体、实施动力、实施方式和实施保障四个维度是如何通过景区城市化对景区规模结构、景区综合服务能力、资源集聚力、旅游吸引、民生环境影响和城市景区化对可持续发展环境、景区联动、城市协作和城市面貌影响的传导机制来最终实现对新型城乡形态中城镇化农村、城郊化农村、新农村、都市圈和城中村这五种形态演化的。

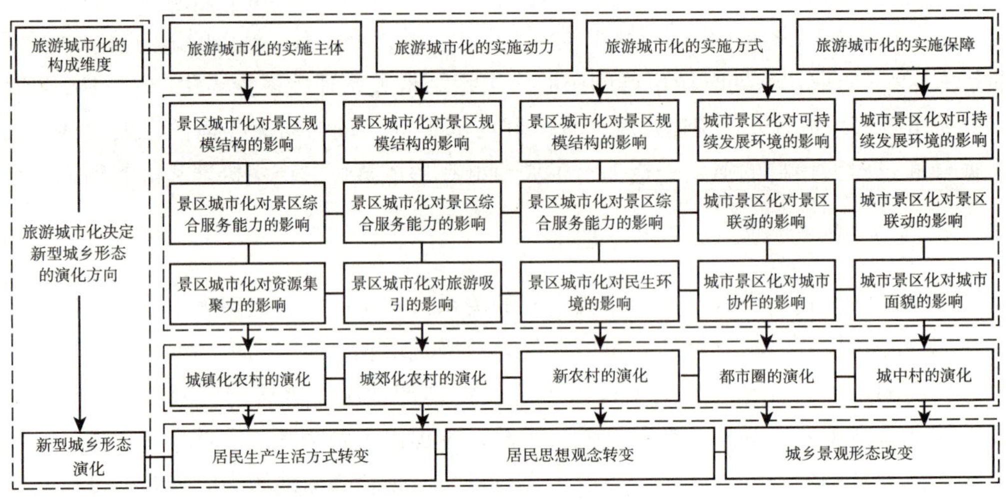

图 3－2　旅游城市化对新型城乡形态演化的分析框架

为了进一步对城镇化农村、城郊化农村、新农村、都市圈和城中村这五种形态进行分析，研究分别建立景区城市化对城镇化农村（见图 3－3）、景区城市化对城郊化农村（见图 3－4）、景区城市化对新农村（见图 3－5）、城市景区化对都市圈（见图 3－6）、城市景区化对城中村（见图 3－7）的分析框架。

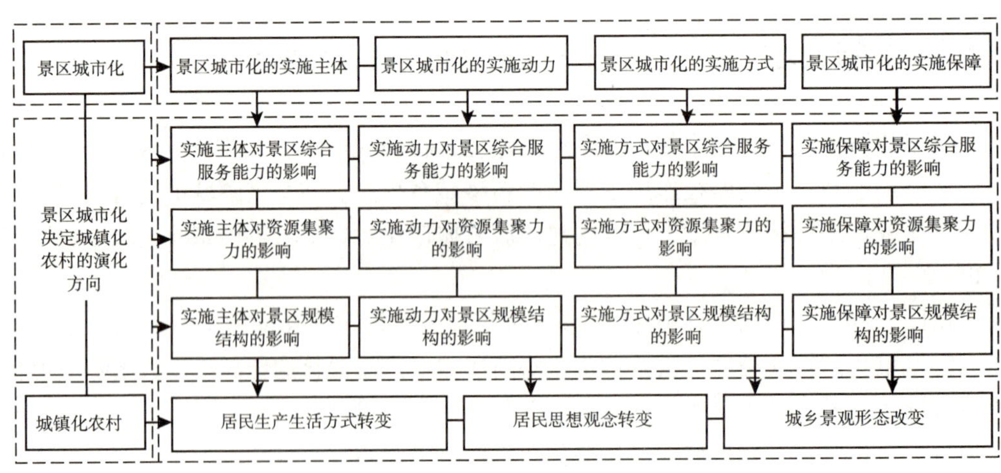

图 3－3　景区城市化对城镇化农村演化的分析框架

由图 3 - 3 可以看出，在景区城市化对城镇化农村演化的分析框架中，重点在于景区城市化的实施主体、实施动力、实施方式和实施保障四个维度是如何通过景区综合服务能力、资源集聚力、景区规模结构的传导机制来最终实现景区城市化对城镇化农村演化的。

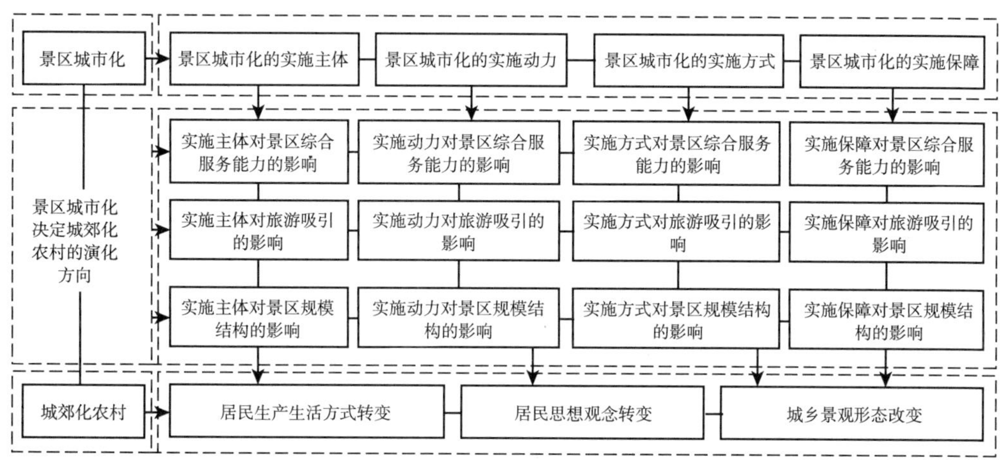

图 3 - 4　景区城市化对城郊化农村演化的分析框架

由图 3 - 4 可以看出，在景区城市化对城郊化农村演化的分析框架中，重点在于景区城市化的实施主体、实施动力、实施方式和实施保障四个维度是如何通过景区综合服务能力、旅游吸引、景区规模结构的传导机制来最终实现景区城市化对城郊化农村演化的。

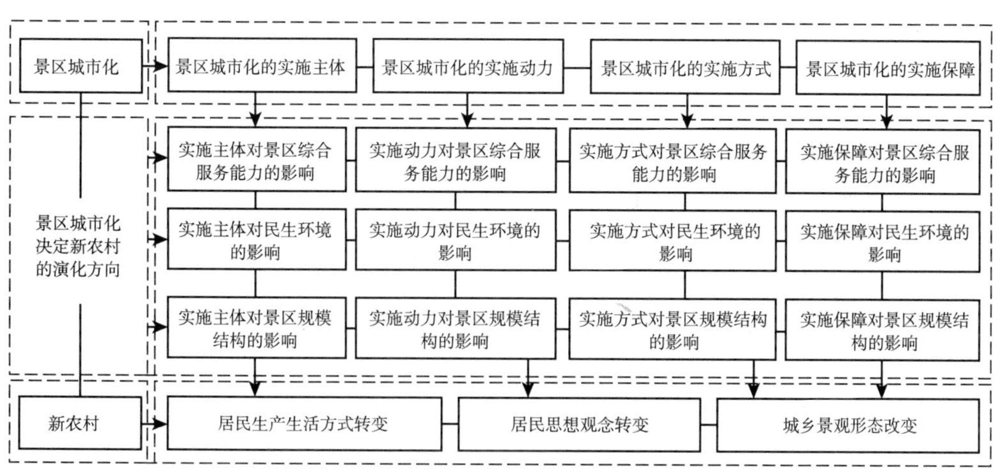

图 3 - 5　景区城市化对新农村演化的分析框架

由图 3 -5 可以看出，在景区城市化对新农村演化的分析框架中，重点在于景区城市化的实施主体、实施动力、实施方式和实施保障四个维度是如何通过景区综合服务能力、民生环境、景区规模结构的传导机制来最终实现景区城市化对新农村演化的。

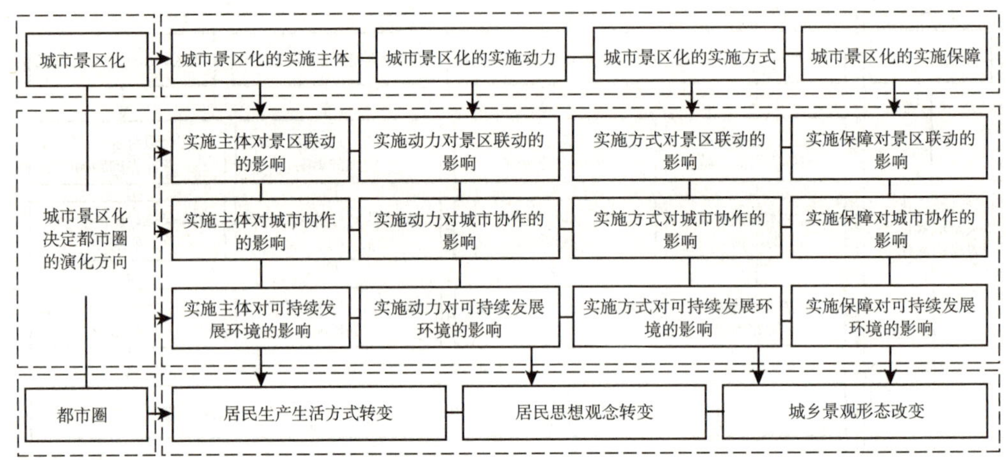

图 3 -6　城市景区化对都市圈演化的分析框架

由图 3 -6 可以看出，在城市景区化对都市圈演化的分析框架中，重点在于景区城市化的实施主体、实施动力、实施方式和实施保障四个维度是如何通过景区联动、城市协作、可持续发展环境的传导机制来最终实现城市景区化对都市圈演化的。

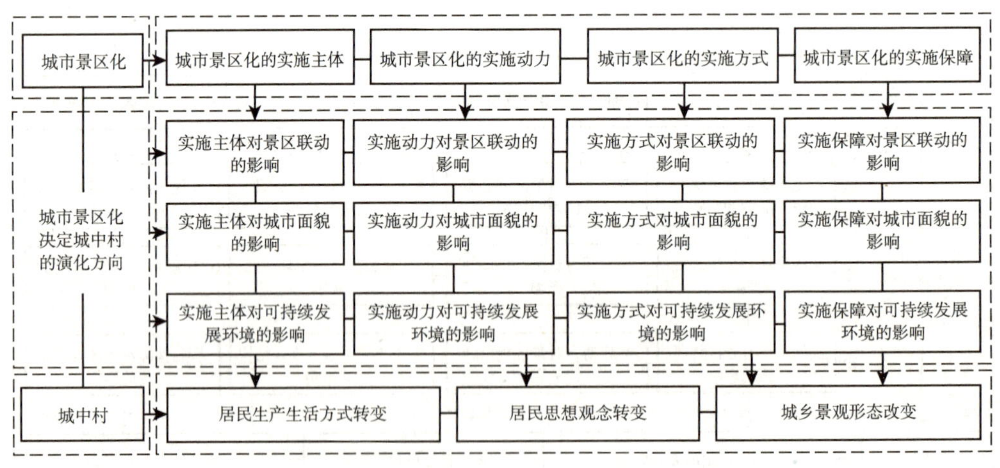

图 3 -7　城市景区化对城中村演化的分析框架

由图 3 -7 可以看出，在城市景区化对城中村演化的分析框架中，重点在于景区城市化的实施主体、实施动力、实施方式和实施保障四个维度是如何通过景区联动、城市面貌、可持续发展环境的传导机制来最终实现城市景区化对城中村演化的。

（三）旅游城市化对新型城乡形态演化作用机理分析框架的解释

由旅游城市化对新型城乡形态演化的分析框架可以看出，旅游城市化的实施主体、实施动力、实施方式和实施保障四个构成维度通过景区城市化和城市景区化这两种旅游城市化的不同类型对城镇化农村、城郊化农村、新农村、都市圈和城中村这五种新型城乡形态演化产生影响。其中，新型城乡形态的这五种不同形态的演化又集中在居民的生产生活方式、居民的思想观念和城乡景观形态这三个构成维度。从景区城市化对城镇化农村、景区城市化对城郊化农村、景区城市化对新农村、城市景区化对都市圈、城市景区化对城中村演化的分析框架可以看出资源集聚力、景区综合服务能力、景区规模结构、旅游吸引、民生环境、景区联动、城市协作、可持续发展环境、城市面貌作为中间变量起着不可替代的作用。具体的分析框架解释如下：

第一，景区城市化的实施主体、实施动力、实施方式和实施保障最后影响到了城镇化农村演化中的居民生产生活方式转变、居民思想观念转变和城乡景观形态改变这三个构成维度。通过明确景区城市化这种旅游城市化进程中的实施主体、实施动力，能够通过实施方式有效地对城镇化农村演化产生影响。首先是通过景区城市化对景区规模结构和景区综合服务能力产生影响，以此推动景区的空间扩张和接待水平的提升；其次是通过景区规模结构对资源集聚力产生影响，景区规模结构的提升和完善过程需要集聚大量的资源；再次是通过景区综合服务能力对资源集聚力产生影响，景区综合服务能力的提升，不仅需要“硬件”资源的集聚，更需要“软件”资源的集聚；最后，所有的上述中间变量都对城镇化农村的演化产生影响，最终落实到对城镇化农村演化过程中居民生产生活方式的转变、居民思想观念的转变和城乡景观形态的改变三个方面上来。

第二，景区城市化的实施主体、实施动力、实施方式和实施保障最后影响到了城郊化农村演化中的居民生产生活方式转变、居民思想观念转变和城乡景观形态改变这三个构成维度。通过明确在景区城市化这种旅游城市化进程的实施主体、实施动力，能够通过实施方式有效地对城郊化农村演化产生影响。首先是通过景区城市化对景区规模结构和景区综合服务能力产生影响，以此推动景区的空间扩张和接待水平上的提升；其次是通过景区规模结构对旅游吸引产生影响，景区规模结构的提升和完善能够极大地提升景区景点的旅游吸引水平；再次是通过景区综合服务能力对旅游吸引产生影响，景区综合服务能力的提升，不但能够从直观上提升景区景点的旅游吸引水平，而且能够通过亲身体验的游客传播到更远的范围，形成衍生的旅游吸引力；最后，所有的上述中间变量都对城郊化农村的演化产生影响，最终落实到对城郊化农村演化过程中居民生产生活方式的转变、居民思想观念的转变和城乡景观形态的改变三个构成维度上。

第三，景区城市化的实施主体、实施动力、实施方式和实施保障最后影响到了新农村演化中的居民生产生活方式转变、居民思想观念转变和城乡景观形态改变这三个构成维度。通过明确在景区城市化这种旅游城市化进程的实施主体、实施动力，能够通过实施方式有效地对新农村演化产生影响。首先是通过景区城市化对景区规模结构和景区综合服务能力产生影响，以此推动景区的空间扩张和接待水平上的提升；其次是通过景区规模结构对民生环境产生影响，景区规模结构的提升和完善会对周边农村、乡镇在民生环境方面产生较大的影响；再次是通过景区综合服务能力对民生环境产生影响，景区综合服务能力的提升，会需要大量的劳动资源，同时由此吸引来的游客需要在景区周边的农村、乡镇进行休憩，从而会给周边农村、乡镇的民生环境带来较大的影响；最后，所有的上述中间变量都对新农村的演化产生影响，最终落实到对新农村演化过程中居民生产生活方式的转变、居民思想观念的转变和城乡景观形态的改变三个方面上来。

第四，城市景区化的实施主体、实施动力、实施方式和实施保障最后影响到了都市圈演化中的居民生产生活方式转变、居民思想观念转变和城乡景观形态改变这三个构成维度。通过明确在城市景区化这种旅游城市化进程中的实施主体、实施动力，能够有效地对都市圈演化产生影响。首先是通过城市景区化对可持续发展环境和景区联动产生影响，以此推动城市范围内整体旅游氛围的提升，增强游客体验过程中的舒适感；其次是通过可持续发展环境对城市协作产生影响，可持续发展环境的营造会对城市发展产生动力，由此向外扩散的效应会影响到周边城市，周边城市在可持续发展环境营造过程中也会产生类似的扩散效应，由此城市之间就形成了协作的基础；再次是通过景区联动对城市协作产生影响，景区联动密切程度的提升，会提升景区之间交通便捷度，缩短旅途时间，游客将更多的时间花在不同城市间的景区游览上，城市之间具备了协作的基础；最后，所有的上述中间变量都对都市圈的演化产生影响，最终落实到对都市圈演化过程中居民生产生活方式的转变、居民思想观念的转变和城乡景观形态的改变三个构成维度上。

第五，城市景区化的实施主体、实施动力、实施方式和实施保障最后影响到了城中村演化中的居民生产生活方式转变、居民思想观念转变和城乡景观形态改变这三个构成维度。通过明确在城市景区化这种旅游城市化进程中的实施主体、实施动力，能够有效地对城中村演化产生影响。首先是通过城市景区化对可持续发展环境和景区联动产生影响，以此推动城市范围内整体旅游氛围的提升，增强游客体验过程中的舒适感；其次是通过可持续发展环境对城市面貌产生影响，可持续发展环境的营造会对城市发展过程中的经济、社会、生态环境和文化等因素产生重要影响，这些因素对城市面貌的改善都有十分重要的作用；再次是通过景区联动对城市面貌产生影响，景区联动密切程度的提升，会对景区周边及景区沿途的城市面貌有较大的改善；最后，所有的上述中间变量都对城中村的演化产生影响，最终落实到对城中村演化过程中居民生产生活方式的转变、居民思想观念的转变和城乡景观形态的改变三个方面上来。

四、旅游城市化对新型城乡形态演化的作用过程

（一）景区城市化对城镇化农村演化作用过程

1. 景区城市化对城镇化农村演化作用过程的分类和构成

景区城市化的发展属于一种动态的变化，景区城市化对城镇化农村演化的作用也是一个动态变化的过程，其受到内外部多种因素的影响。作为一个变化的过程，必然会涉及到发展过程各个方面的内容。旅游城市化是城市化和旅游业相互作用的过程，其中景区城市化是指在景区景点的城市化过程中，农村人口不断转移到景区景点中。根据国内外研究重点，将西南民族地区景区城市化对城镇化农村演化作用的过程定义为：西南民族地区在景区城市化实施主体、实施动力、实施方式、实施保障的影响下，从整体上运用科学的方法对城镇化农村进行旅游规划，在建设发展景区城市化的基础上，充分考虑景区规模结构、景区资源集聚力、景区服务能力对城镇化农村的影响，从而实现对城镇化农村演化的促进作用，提高村镇的整体形象，维持西南民族地区城镇化农村的持续竞争力。

主动的西南民族地区景区城市化对城镇化农村的演化作用始于西南民族地区主动的协同作用行为。西南民族地区政府在主动追求合理的景区发展和城镇化农村合理建设的协同发展之后，在一个较长的时间内追求景区城市化科学合理的景区规模结构、资源集聚力、服务能力以取得良好的旅游效益，并且最终惠及西南民族地区城镇化农村的居民。当景区规模结构、景区资源集聚力和景区综合服务能力得到发展和提高后，提高城镇居民的生产生活方式、转变居民的思想观念、改变城乡景观形态，提高旅游服务区的服务质量和旅游吸引力，通过对景区进一步的改善来维持城镇化农村的发展。

被动的西南民族地区景区城市化对城镇化农村的演化作用的研究始于西南民族地区内外环境变化的压力，包括国家或地区政策、产业发展状况、农村发展的资源限制以及具体政策的实施状况，西南民族地区政府在感受到这一系列来自内外部的由于环境变化而引起的巨大压力时，根据本地景区城市化对城镇化农村演化作用的发展机

制，运用科学的评估方法对自身所处的环境和阶段进行评估，看是否能够适应内外部环境的变化。当西南民族地区的政府评估自身条件不能适应新的内外部变化环境时，就需要对景区城市化对城镇化农村的演化作用的影响因素进行选择和重新定义，并对原来的景区城市化的构成维度和城镇化农村的构成要素进行柔性的调整和匹配，并最终形成新的协同方式，从而实现对景区城市化构成维度和城镇化农村的构成要素协同作用机制的战略性创造，提高旅游服务区的服务质量和旅游吸引力，通过对景区进一步的改善来维持城镇化农村的发展。

根据演化观点，本书认为西南民族地区景区城市化对城镇化农村的演化作用是一个动态的生态演化过程，为了进一步清楚地描述出景区城市化对城镇化农村演化作用的过程，本书构建出了西南民族地区景区城市化对城镇化农村演化作用过程的理论模型（见图3－8）。

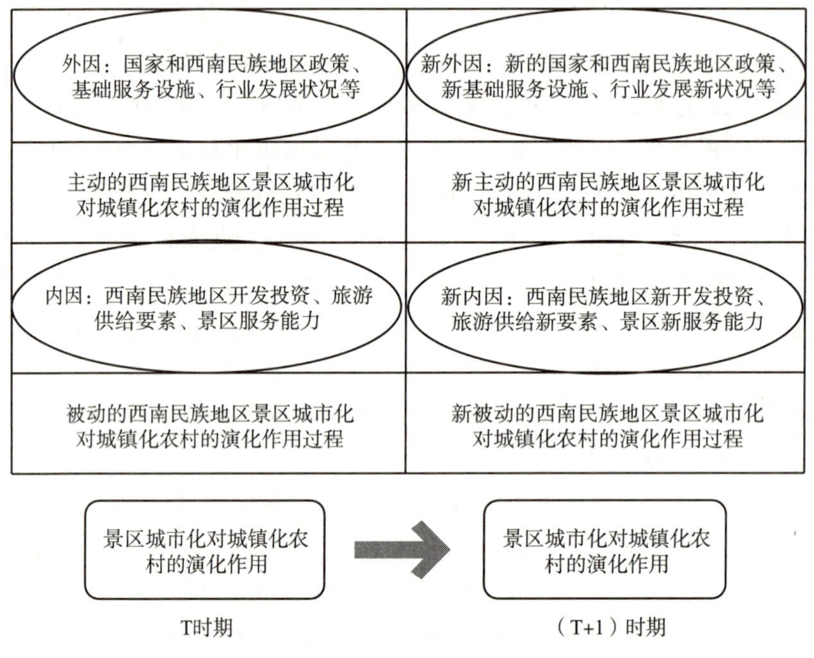

图3－8　景区城市化对城镇化农村演化作用过程理论模型

从图3－8可以看出，西南民族地区景区城市化对城镇化农村演化作用的过程由主动和被动的景区城市化对城镇化农村演化作用过程构成。主动和被动的两个过程是同时发展并且互为补充的，在西南民族地区景区城市化对城镇化农村演化作用的不同阶段，二者的作用点和作用类型是不一样的。虽然过程中有不同，但是两者都统一于景区城市化对城镇化农村演化作用的过程，都在这一个过程中起着举足轻重的作用。

在T时期，景区城市化对城镇化农村演化作用受西南民族地区开发投资力度、旅游供给要素、西南民族地区景区服务能力等诸多内部要素和来自国家和西南民族地区相关政策、景区城市化过程中景区的基础设施以及行业发展的水平等诸多外部的因素和条件的综合影响。在主动和被动的景区城市化对城镇化农村演化作用过程的共同作用下，逐渐演化发展成了新时期的景区城市化对城镇化农村演化作用，即（T+1）时期。

在（T+1）时期，伴随着新时期条件下主动和被动的景区城市化对城镇化农村演化的作用，西南民族地区在新的内外因的驱动下，景区城市化对城镇化农村演化作用也进入新的过程和阶段。在整个西南民族地区景区城市化对城镇化农村演化作用的协同作用机制下，其演化过程是从开始到结束贯穿到整个发生作用的过程，这个过程由主动和被动两个层面的演化过程共同构成，二者在不同的阶段扮演着不同的角色但同时作用于景区城市化对城镇化农村演化作用机制的过程。

2. 景区城市化对城镇化农村演化作用的内部影响因素

从景区城市化的实施主体、实施动力、实施方式以及实施保障出发，通过引进景区规模结构、资源集聚力、景区综合服务能力三项中介变量，研究景区城市化对城镇化农村居民的生产生活方式、居民思想观念以及城乡景观形态的演化作用，较为合理地模拟出景区城市化对城镇化农村的内部影响理论模型，见图3-9。

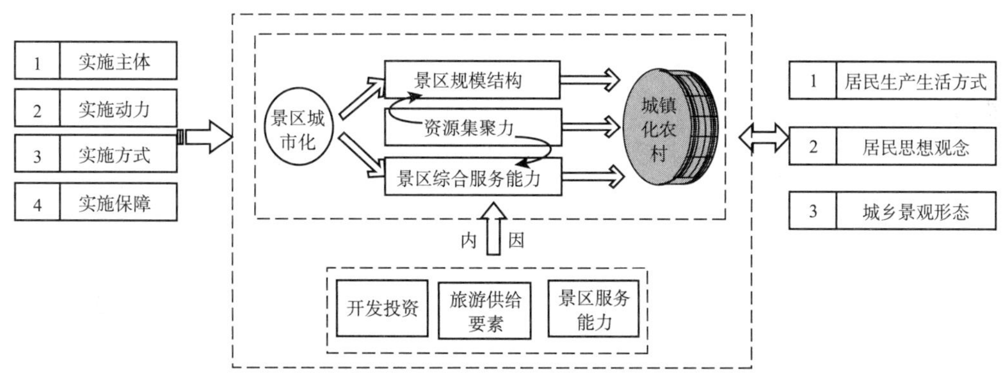

图3-9　景区城市化对城镇化农村演化的内部影响理论模型

由图3-9可知，影响景区城市化对城镇化农村演化作用的内部因素主要有三项：西南民族地区旅游开发投资、旅游供给要素、景区服务能力。

第一，西南民族地区的旅游开发和投资是首要内部影响因素。在西南民族地区景区城市化对城镇化农村演化作用的过程中，影响因素众多，其中外界对于景区的旅游开发和投资尤为重要。相对于其他大型的旅游项目，乡镇旅游的投入较小，但并不意味着不需要资金投入，旅游景区的规划、产业产品的开发、基础设施的完善、创新技术的引进都需要一定的开发资金支持。从国家层面来看，近年来，国家对城镇化农村投资的重视，使农民的收入增加，企业的投资环境也有所改善，原有融资渠道由不畅变为通畅，促进了城镇化农村旅游的转型升级。从地区政府的角度来看，由于旅游业的开发会给地区政府带来可观的收益，各地区调整产业结构，纷纷把旅游业放到重要地位，当作支柱产业，通过调整开发区政策来发展旅游业，形成了支持城镇化农村发展的良好环境。从单个投资者的角度来说，投资决策者行为决定了城镇旅游地的投资规模，大型完善的农村旅游地不仅要求高质量的环境，还需要高标准的餐饮、住宿等旅游设施，因此资金的投入尤为重要，小型的旅游景区例如“生态采摘园”旅游项目所消耗的资金就少得多，所以投资者的资金投入决定了景区景点的旅游建筑的规模，从而影响景区城市化对城镇化农村演化作用的过程。

第二，西南民族地区对景区景点的旅游供给要素是重要内部影响因素。实现景区城市化的旅游供给要素包括旅游交通、食宿房屋建设、信息技术等。首先，旅游交通是旅游活动完成的必要条件，是旅游产业的重要组成部分，交通的便利程度会直接影响旅游者的出行日程安排。如果没有便捷的交通设施，旅游资源便无法顺利开发，旅游者的出行安排将改变，旅游经济效益也会降低。因此，加强旅游地交通设施的建设能实现游客旅游需求的增加，交通条件的变化能加速城镇化农村地区旅游业的繁荣发展。其次，由于人民生活水平的提高，物质和精神需求也与日俱增，对生活的需要和质量有了新的选择和看法。因此，配套完善的旅游景点的住宿和饮食服务设施是保证旅游者得到满足感的必需品。加强旅游景区开发及配套的建设将促进城镇化农村旅游产业的发展，带动乡镇第三产业的振兴，丰富当地旅游市场，促进西南民族地区旅游线路的形成，增加地方财政收入，推动城镇化农村的居民朝着更有活力的社会迈进，满足社会可持续发展的要求。最后，信息已经成为现代产业发展的重要部分，旅游管理部门、旅游企业、游客可以通过媒体或者亲朋好友的信息做出关于旅游的决策，可以说，信息在旅游业发展的各个阶段都起到了重要的作用。旅游景区景点只有建设信息充足的旅游信息平台，实现信息技术的融合，做好旅游信息的及时发布和更新，才能满足旅游者对于信息多样化的需求，壮大旅游产业，促进城镇化农村旅游业的发展。

第三，西南民族地区的景区服务能力也是重要的内部影响因素。景区城市化的旅游业如果要发展，不仅要完善基础设施建设，还需要友好、高质量的景区服务水平。服务能力的提升需要建设一支高素质的乡村旅游服务队伍，围绕各景点的旅游产品的特点，不断地加强对旅游从业人员的培训，提升旅游从业队伍职业素质，树立城镇农村独特的旅游产品形象和良好的品牌形象。从业人员素质的提高有益于实现乡村旅游服务水平的提升，有利于提高旅游地区产业竞争力，展现地区传统文化，增强景区景点吸引力，为游客营造一个环境优美、生态良好的场所，促进城镇化农村的旅游业持续、快速、健康、和谐发展。

3. 景区城市化对城镇化农村演化作用的外部影响因素

从景区城市化的实施主体、实施动力、实施方式以及实施保障出发，通过引进景区规模结构、资源集聚力、景区综合服务能力三项中介变量，研究景区城市化对城镇化农村居民的生产生活方式、居民思想观念以及城乡景观形态的演化作用，较为合理地模拟出景区城市化对城镇化农村的外部影响理论模型，见图3-10。

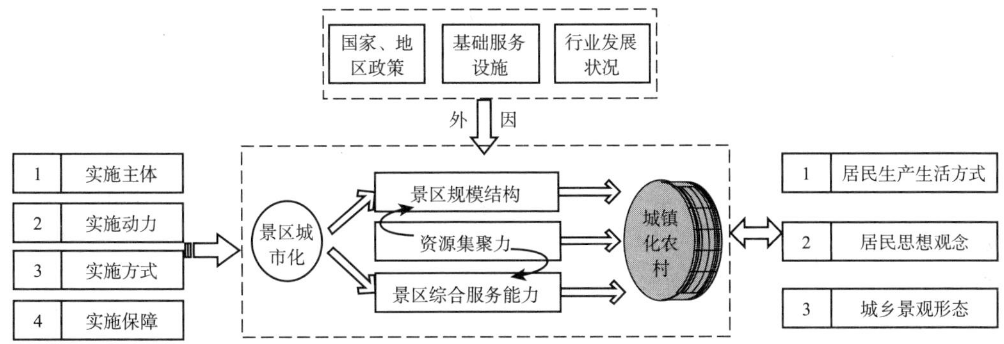

图3-10　景区城市化对城镇化农村演化的外部影响理论模型

由图3-10可知，影响景区城市化对城镇化农村演化作用的外部因素主要有三项：国家地区的政策、基础服务设施、行业发展状况。

第一，国家和西南民族地区的政策是首要的外部影响因素。国家和西南民族地区政策泛指国家和区域对于西南民族地区景区城市化对城镇农村化演化作用过程中所涉及到的所有法规、政策和指导方针。来自外部的国家和西南民族地区的政策方针对景区城市化进程中城镇化农村的演化具有指导性的作用，得到国家和地区政策的帮助后，城镇农村的旅游产业会在减小阻力的前提下稳步前行。国家和地区政府对于景区城市化的建设应按照当地的实际财政情况，提出相应的财政政策以及相关的金融措施，文化、旅游、税务、人事等各个部门应出台配合景区城市化背景下城镇化农村建设的相关政策，对符合条件的新兴文化企业给予税收减免的优惠，将文化产业和旅游产业经费列为区财政的经常性支出，制定合理的宏观指导政策。

第二，基础服务设施是重要的外部影响因素。随着旅游业的经济效益不断增长，乡村旅游配套的基础设施建设成为景区整体形象最直观的表现。旅游景区管理部门更新升级基础设施和配套设施建设，将基础设施融入风景名胜之中，能大大扩展旅游客源市场，提高整体发展水平。旅游基础设施内容包括旅游交通运输、旅游信息服务体系、旅游安全保障服务体系、旅游便民服务体系等方面内容。首先，通过公路、铁路等各种运输方式相互协调，建设布局合理的旅游交通运输网络，能完善运输体系，结合湖海等自然资源开发建设水路旅游通道，加快建设港口和铁路支持保障系统，同时通过景区旅游交通标志的建设为游客提供便利。其次，利用旅游信息化建设，可以形成景区电子信息化管理，实现管理的规范化。建设区域间的内部办公网、业务网，广泛利用网络进行宣传活动，加快旅游信息资源的产业化和市场化进程。最后，旅游公共服务平台的建设能推动农村信息化网向综合化、宽带化、个人化的方向发展，在汽车站、火车站、宾馆酒店等建立旅游咨询服务窗口、终端，发展完善乡村旅游基础设施的建设。

第三，行业发展状况也是重要的外部影响因素。行业发展状况的好坏决定着西南民族地区景区城市化对城镇化农村演化作用的过程，对行业发展状况的准确认知能够帮助西南民族地区在景区城市化对城镇化农村演化过程中，在激烈或相对平稳的市场中寻找自己的竞争优势和潜在市场。寻找产品和竞争企业产品间的差异，打造差异化品牌，开辟新的旅游市场和差异化路径，寻找自己与竞争对手运作方式不同但发展前景光明的实施策略，获得利润。因此，在西南民族地区景区城市化对城镇化农村演化作用的过程中，景区的基础服务设施、旅游产品的差异化及城镇化农村的旅游方式等构成要素都必须参照当前发展状况和竞争优势状况，只有准确地对行业状况进行评估和把握，西南民族地区景区城市化对城镇化农村协同作用机制才能实现演化。

（二）景区城市化对城郊化农村演化作用过程

1. 景区城市化对城郊化农村演化作用过程的分类和构成

景区城市化是一种动态的变化，景区城市化对城郊化农村演化的作用也是一个动态变化的过程，其受到内外部多种因素的影响。作为一个变化的过程，必然会涉及到发展过程的各个方面。旅游城市化是城市化和旅游业相互作用的过程，其中景区城市化是指在景区景点的城市化过程中，农村人口不断转移到景区景点中。根据国内外研究重点，将西南民族地区景区城市化对城郊化农村演化作用的过程定义为：西南民族地区在景区及周边农村政府的指导下，从整体上运用科学的方法对城郊化农村进行旅游规划，在建设发展景区城市化的基础上，充分考虑景区规模结构、景区旅游吸引力、景区服务能力对城郊化农村的影响，从而实现对城郊化农村演化的促进作用，提高村镇的整体形象，维持西南民族地区城郊化农村的持续竞争力。

主动的西南民族地区景区城市化对城郊化农村的演化作用始于西南民族地区主动的协同作用行为。西南民族地区政府在主动追求合理的景区发展和城郊化农村合理建设的协同发展之后，在一个较长的时间内追求景区城市化科学合理的景区规模结构、景区旅游吸引、景区服务能力以取得良好的旅游效益，并且最终惠及西南民族地区城郊化农村的居民。当景区规模结构、景区旅游吸引力和景区综合服务能力得到发展和提高后，提高城郊居民的生产生活方式、转变居民的思想观念、改变城乡景观形态，提高旅游服务区的服务质量和旅游吸引力，通过对景区进一步的改善来维持城郊化农村的发展。

被动的西南民族地区景区城市化对城郊化农村的演化作用的研究始于西南民族地区内外环境变化的压力，包括国家或地区政策、产业发展状况、农村发展的资源限制以及具体政策的实施状况，西南民族地区政府在感受到这一系列来自内外部的由于环境变化而引起的巨大压力时，根据本地景区城市化对城郊化农村演化作用的发展机制，运用科学的评估方法对自身所处的环境和阶段进行评估，看是否能够适应内外部环境的变化。当西南民族地区的政府评估自身条件不能适应新的内外部变化环境时，就需要对景区城市化对城郊化农村的演化作用的影响因素进行选择和重新定义，并对原来的景区城市化的构成维度和城郊化农村的构成要素进行柔性的调整和匹配，并最终形成新的协同方式，从而实现对景区城市化构成维度和城郊化农村的构成要素协同作用机制的战略性创造，提高旅游服务区的服务质量和旅游吸引力，通过对景区进一步的改善来维持城郊化农村的发展。

根据演化观点，本书认为西南民族地区景区城市化对城郊化农村的演化作用是一个动态的生态演化过程，为了进一步清楚地描述出景区城市化对城郊化农村演化作用的过程，本书构建出了西南民族地区景区城市化对城郊化农村演化作用过程的理论模型（见图3－11）。

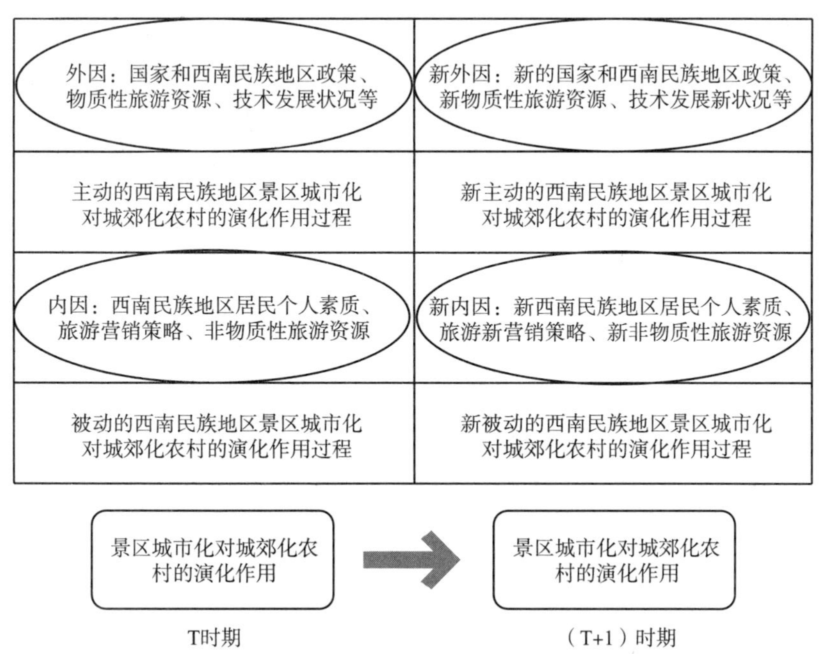

图3－11　景区城市化对城郊化农村演化作用过程理论模型

从图 3－11 可以看出，西南民族地区景区城市化对城郊化农村演化作用的过程由主动和被动的景区城市化对城郊化农村演化作用过程构成。主动和被动的两个过程是同时发展并且互为补充的，在西南民族地区景区城市化对城郊化农村演化作用的不同阶段，二者的作用点和作用类型是不一样的。虽然过程中有不同，但是两者都统一于景区城市化对城郊化农村演化作用的过程，都在这一个过程中起着举足轻重的作用。

在 T 时期，景区城市化对城郊化农村演化作用受西南民族地区城市居民的生活方式、旅游营销策略、非物质性旅游资源等诸多内部要素、国家和西南民族地区相关政策、景区城市化过程中景区的物质性旅游资源以及技术发展状况等诸多来自外部的因素和条件的综合影响。在主动和被动的景区城市化对城郊化农村演化作用过程的共同作用下，逐渐演化发展成了新时期的景区城市化对城郊化农村演化作用，即（T＋1）时期。

在（T＋1）时期，伴随着新时期条件下主动和被动的景区城市化对城郊化农村演化的作用，西南民族地区在新的内外因的驱动下景区城市化对城郊化农村演化作用也进入新的过程和阶段。在整个西南民族地区景区城市化对城郊化农村演化作用的协同作用机制下，其演化过程是从开始到结束贯穿到整个发生作用的过程，这个过程由主动和被动两个层面的演化过程共同构成，二者在不同的阶段扮演着不同的角色但同时作用于景区城市化对城郊化农村演化作用机制过程。

2. 景区城市化对城郊化农村演化作用的内部影响因素

从景区城市化的实施主体、实施动力、实施方式以及实施保障出发，通过引进景区规模结构、旅游吸引力、景区综合服务能力三项中介变量，研究景区城市化对城郊化农村居民的生产生活方式、居民思想观念以及城乡景观形态的演化作用，较为合理地模拟出景区城市化对城郊化农村的内部影响理论模型，见图 3－12。

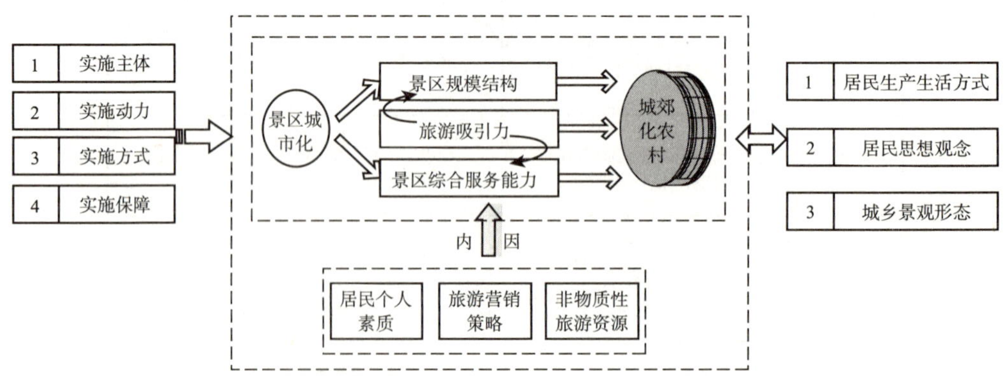

图 3－12　景区城市化对城郊化农村演化的内部影响理论模型

由图3－12可知，影响景区城市化对城郊化农村演化作用的内部因素主要有三项：居民个人素质、旅游营销策略、非物质性旅游资源。

第一，西南民族地区城市居民生活方式是首要的内部影响因素。现代居民生活方式的转变为城郊旅游的发展提供了有效的渠道，随着人们收入水平和闲暇时间的增加、文化素养的提高，我国居民旅游休闲观念开始改变，生活方式也与之前有所不同，尤其是城市里的人们，产生了休闲度假这种高层次的旅游需求。他们不再满足于风景类似却需要长途奔波的景区景点，也厌倦了赶集似的旅游形式，因此，介于远程观光游览和城市内的短暂休憩之间的城郊休闲旅游便成为城市居民旅游的首选方式。在他们看来，城郊安静雅致的乡村小屋远离城市的喧嚣，没有单调的城市景观、浮躁的生活节奏和生活中的压力，只有简单的自然生态景观，这种生活能够满足他们追求田园生活的愿望和追求闲暇享受的心理需求。因此，居民生活方式的转变将为城郊化农村旅游业带来经济效益，促进景区城市化的发展，加快城郊化农村演化进程。

第二，旅游营销策略是重要的内部影响因素。好的宣传策略往往能推动整个行业的发展，加快城郊化农村演化的速度。通过抢占市场先机、提炼景区特色主题可以吸引大批游客的关注，利用深厚的历史文化内涵可以提升旅游地的核心竞争力，对旅游地进行全面整合，可以把抽象的文化转化为可体验的旅游项目。旅游营销要以人为本，一切从游客出发，以消费意愿为核心，结合景区的主题创造出游客难忘的美好体验，要树立大旅游观念，与周边地区的旅游景点进行资源共享、产品互补，可以在全区域进行合理宣传，这样既避免了旅游地之间的恶意竞争，又保证了区域旅游业的繁荣。除了传统宣传，利用节庆活动、电视平台、网络宣传等宣传方式也可以对西南民族地区城郊乡村旅游进行系统营销，提高城郊旅游的知名度和美誉度，全方位推广乡村旅游，促进城郊化农村演化。

第三，非物质性旅游资源也是内部影响因素。非物质性旅游资源是指历史文化资源、乡村旅游文化资源等。乡村文化是中华文化的源头和重要组成部分，也是乡村旅游发展的基础。无论是农耕文化、民族建筑还是生活习俗、民间文艺，都蕴含着深厚的历史文化，体现着中国传统文明。通过展现历史文化资源，可以增加游客对于乡村文化的兴趣，是城郊旅游发展的主要吸引力。乡村旅游通过生产旅游产品为游客提供对乡村自然和人文环境的接触，提高旅游企业的经济效益，促进景区城市化的发展，加快城镇化农村演化进程。

3. 景区城市化对城郊化农村演化作用的外部影响因素

从景区城市化的实施主体、实施动力、实施方式以及实施保障出发，通过引进景区规模结构、旅游吸引力、景区综合服务能力三项中介变量，研究景区城市化对城郊化农村居民的生产生活方式、居民思想观念以及城乡景观形态的演化作用，较为合理地模拟出景区城市化对城郊化农村的外部影响理论模型，见图 3－13。

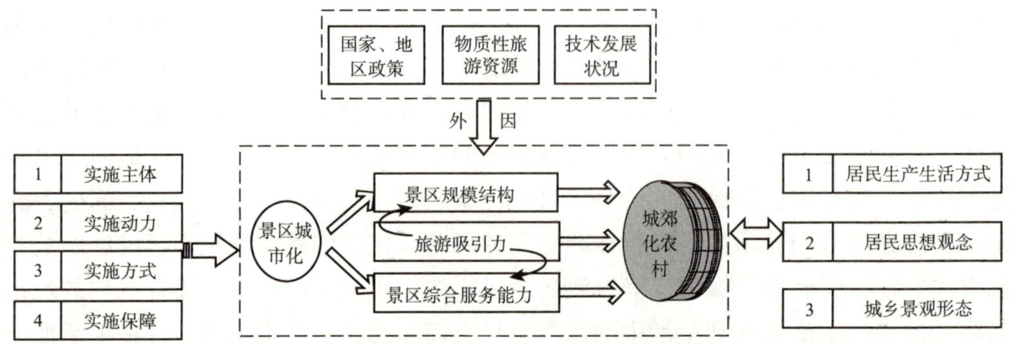

图 3－13　景区城市化对城郊化农村演化的外部影响理论模型

由图 3－13 可知，影响景区城市化对城郊化农村演化作用的外部因素主要有三项：国家地区政策、物质性旅游资源、技术发展状况。

第一，国家和西南民族地区政策是首要的外部影响因素。国家和西南民族地区政策泛指国家和区域对于西南民族地区景区城市化对城郊化农村演化作用过程中所涉及到的所有法规、政策和指导方针。由政府和地区相关部门科学制定各县市的乡村旅游发展规划，将乡村旅游的发展规划纳入西南民族地区的旅游发展规划、城市建设规划、国土资源规划，拟定颁布扶持城郊乡村旅游发展的优惠政策和激励机制，通过减免等措施对税收和财政补贴给予相应的支持，加快交通、水电、通讯等基础设施建设，这些规划和政策的制定为旅游业在乡村地区的顺利开展提供了重要的政策支持和法律保证，切实解决了城郊乡村旅游项目的障碍，发挥了政府的主导性作用。

第二，物质性资源是重要的外部影响因素。物质性资源是指自然景观、人造景观、旅游服务设施、交通基础设施、通信等物质性比较明显的旅游资源。游客前往郊区旅游的主要原因就是基于对城郊良好的生态环境需求才来到这里的，与城市相比，城郊生态环境相对来说较好，郊野空间开阔，空气较为新鲜，有江湖河海、参天树木等这些市区缺乏而又是人们向往的生活环境，许多城市周围还有历史文化圣地、寺庙、名人陵墓等景观。城郊旅游资源素质是产生旅游吸引的主要因素之一，也是决定城郊旅游开发选址的客观必要条件，改善物质性资源，能加快景区城市化对城郊化农村演化的进程。

第三，技术发展状况也是重要的外部影响因素。技术发展状况包括了技术发展、外部旅游技术源的可获得性以及技术人才的供给等。其中技术的发展是技术发展状况的核心内容。对于西南民族地区景区城市化对城郊化农村演化的过程而言，景区景点的服务能力、交通设施建设、高素质旅游专业人才等构成要素都是在当前技术的框架内进行并且受到当前技术的支持或制约，其演化历程也受到技术发展状况的推进或延缓。规范旅游企业的管理，加强对旅游服务的管理，强化行业服务意识，能形成有效的管理体系以推动城郊化农村的发展；发展乡村旅游最重要的是拥有畅通无阻的旅游交通线路和完善的基础服务设施[169]。西南地区各区县应该在规划的统一指导下加大对各类资源的资金投入，修整基础设施，完善和拓宽城郊主要线路的交通道路，实现西南地区与其他省市旅游线路的对接。同时，完善市场化人才配置机制，优化人才发展环境，可以促进旅游人才结构调整，搭建起人才发展平台，提高旅游人才的使用效能。

（三）景区城市化对新农村演化作用过程

1. 景区城市化对新农村演化作用过程的分类和构成

景区城市化是一种动态的变化，景区城市化对新农村演化的作用也是一个动态变化的过程，其受到内外部多种因素的影响。作为一个变化的过程，必然会涉及到发展过程的各个方面。旅游城市化是城市化和旅游业相互作用的过程，其中景区城市化是指在景区景点的城市化过程中，农村人口不断转移到景区景点中。根据国内外研究重点，将西南民族地区景区城市化对新农村演化作用的过程定义为：西南民族地区在景区及周边农村政府的指导下，从整体上运用科学的方法对新农村进行旅游规划，在建设发展景区城市化的基础上，充分考虑景区规模结构、民生环境、景区服务能力对城郊化农村的影响，从而实现对新农村演化的促进作用，提高村镇的整体形象，增加游客的满意度[170]，维持西南民族地区新农村的持续竞争力。

主动的西南民族地区景区城市化对新农村的演化作用始于西南民族地区主动的协同作用行为。西南民族地区政府在主动追求合理的景区发展和新农村合理建设的协同发展之后，在一个较长的时间内追求景区城市化科学合理的景区规模结构、民生环境、景区服务能力以取得良好的旅游效益并且最终惠及西南民族地区新农村的居民。当景区规模结构、民生环境和景区综合服务能力得到发展和提高后，提高城郊居民的生产生活方式、转变居民的思想观念、改变城乡景观形态，提高旅游服务区的服务质量和旅游吸引力，通过对景区环境进一步的改善来维持新农村的发展。

被动的西南民族地区景区城市化对新农村的演化作用的研究始于西南民族地区内外环境变化的压力，包括国家或地区政策、产业发展状况、农村发展的资源限制以及具体政策的实施状况，西南民族地区政府在感受到这一系列来自内外部的由于环境变化而引起的巨大压力时，根据本地景区城市化对新农村演化作用的发展机制，运用科学的评估方法对自身所处的环境和阶段进行评估，看是否能够适应内外部环境的变化。当西南民族地区的政府评估自身条件不能适应新的内外部变化环境时，就需要对景区城市化对新农村的演化作用的影响因素进行选择和重新定义，并对原来的景区城市化的构成维度和新农村的构成要素进行柔性的调整和匹配，并最终形成新的协同方式，从而实现对景区城市化构成维度和新农村的构成要素协同作用机制的战略性创造，提高旅游服务区的服务质量和旅游吸引力，通过对景区进一步的改善来维持新农村的发展。

根据演化观点，本书认为西南民族地区景区城市化对新农村的演化作用是一个动态的生态演化过程，为了进一步清楚地描述出景区城市化对新农村演化作用的过程，本书构建出了西南民族地区景区城市化对新农村演化作用过程的理论模型（见图3－14）。

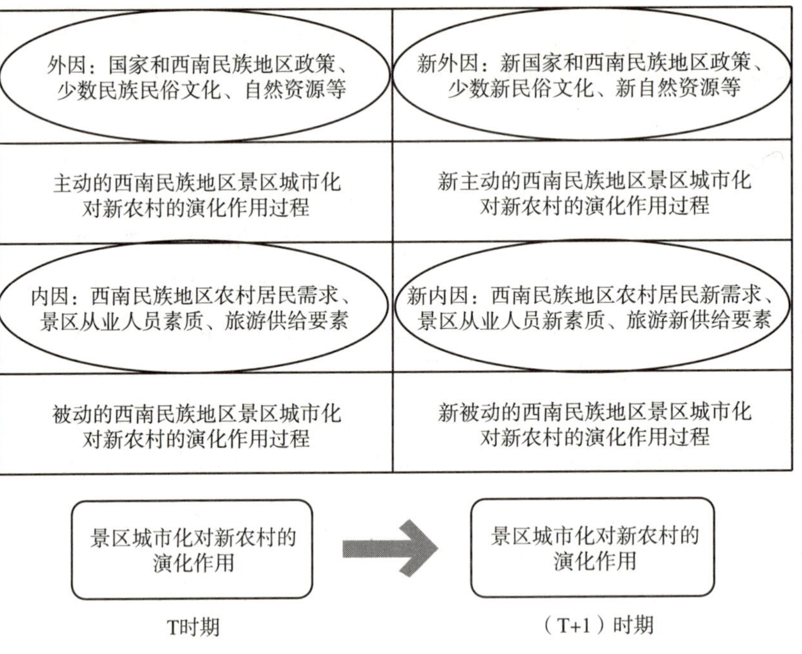

图3－14　景区城市化对新农村演化作用过程理论模型

从图3－14可以看出，西南民族地区景区城市化对新农村演化作用的过程由主动和被动的景区城市化对新农村演化作用过程构成。主动和被动的两个过程是同时发展并且互为补充的，在西南民族地区景区城市化对新农村演化作用的不同阶段，二者的作用点和作用类型是不一样的。虽然过程中有不同，但是两者都统一于景区城市化对新农村演化作用的过程，都在这一个过程中起着举足轻重的作用。

在T时期，景区城市化对新农村演化作用受西南民族地区农村居民的生活需求、景区从业人员素质、旅游供给要素等诸多内部要素、国家和西南民族地区相关政策、景区城市化过程中新农村的少数民族民俗文化以及自然资源等诸多来自外部的因素和条件的综合影响。在主动和被动的景区城市化对新农村演化作用过程的共同作用下，逐渐演化发展成了新时期的景区城市化对新农村演化作用，即（T+1）时期。

在（T+1）时期，伴随着新时期条件下主动和被动的景区城市化对新农村演化的作用，西南民族地区在新的内外因的驱动下景区城市化对新农村演化作用也进入新的过程和阶段。在整个西南民族地区景区城市化对新农村演化作用的协同作用机制下，其演化过程是从开始到结束贯穿到整个发生作用的过程，这个过程由主动和被动两个层面的演化过程共同构成，二者在不同的阶段扮演着不同的角色但同时作用于景区城市化对新农村演化作用机制过程。

2. 景区城市化对新农村演化作用的内部影响因素

从景区城市化的实施主体、实施动力、实施方式以及实施保障出发，通过引进景区规模结构、民生环境、景区综合服务能力三项中介变量，研究景区城市化对新农村农村居民的生产生活方式、居民思想观念以及城乡景观形态的演化作用，较为合理地模拟出景区城市化对新农村的内部影响理论模型，见图3－15。

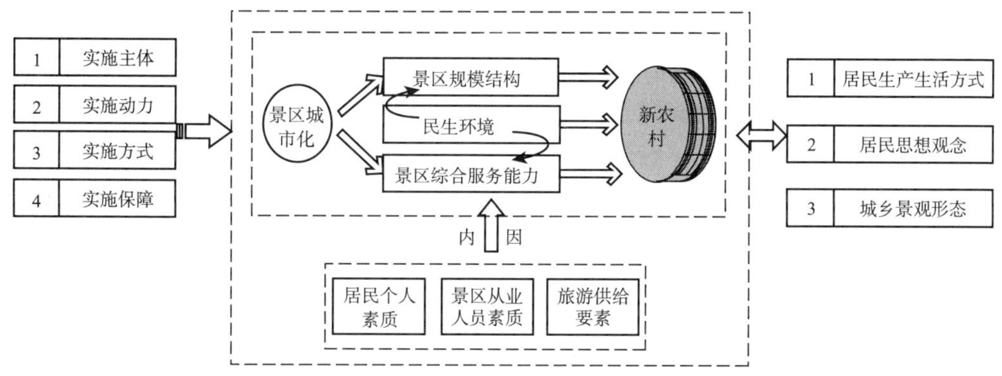

图3－15　景区城市化对新农村演化的内部影响理论模型

从图3－15可以看出，景区城市化对新农村演化作用的过程中内部影响因素主要有三项：西南民族地区农村居民需求、景区从业人员素质、旅游供给要素。

第一，西南民族地区农村居民需求是首要的内部影响因素。随着改革开放的不断深入和经济社会的快速发展，城乡居民的收入在不断地扩大，景区城市化的发展也让旅游业慢慢渗透到城市发展之中，打破农村原有的封闭状态。城中村中的居民不断接收到来自外界的信息，他们渴望与外界交流，接受更多的先进的文化知识，融入现代生活当中。因此，新农村居民的需求是促进景区城市化对新农村演化的一个重要内因。乡村旅游把城市的许多新信息、新理念带到农村，为居民树立良好的生活习惯和风尚带来深刻的影响。通过政府和旅游业开展的相关培训，居民开始学习普通话、外语和电脑，使学文化、学技术成了一些居民的自觉行动，全面提升了个人素质。通过参与乡村旅游的发展，居民的精神世界和文化生活得到丰富，提高了其生活水平和生活质量。通过打零工、办旅馆、摆小摊、开餐馆等方式，居民成为旅游从业者，增加个人收入以带动全村经济发展，同时也推动了景区城市化的全面发展，促进了新农村演化。

第二，西南民族地区的景区从业人员素质是重要的内部影响因素。乡村发展和旅游是相互依存、相互促进的关系，新农村发展越快，内部的经济、社会发展对旅游的保障作用越强，旅游行业越兴盛，对交通、餐饮业、住宿业的促进作用也就越强。一支思想素质、业务水平等各方面良好的旅游人才队伍，能促进城中村演化发展。通过加强旅游从业人员的文化素质、专业技术水平，能提高思想修养、职业道德，培养复合型旅游服务人才。对企业内在职的职工进行分期培训，能提高其文化水平和服务质量，加强旅游专业的人才对外交流的能力，推动区域间旅游业的共同发展，为新农村旅游发展培养更多的人才。构建专业人才队伍，培养先进的经营管理观念，提高从业人员的综合素质以及服务技能水平，能形成有效的管理体系，最终推动新农村建设和发展。

第三，西南民族地区景区景点的旅游基础服务设施也是重要的内部影响因素。发展乡村旅游最重要的是拥有畅通无阻的旅游交通线路和完善的基础服务设施。西南地区各区通过规划的统一指导，加大对各类资源的资金投入，修整基础设施，完善和拓宽城郊主要线路的交通道路，实现西南地区与其他省市旅游线路的对接，能加快景区城市化对新农村演化进程的发展。通过对旅游景点基础设施的不足予以改进，加强水利、电力、通信等基础设施的建设，保障居民和外来旅游者拥有良好的生活条件，增加停车场、加油站、公交车线路的数量，提高游客的满意度。在网络建设方面，利用信息技术可以实现旅游现代化，加大旅游网络建设力度，能引导旅游信息系统的广泛应用，加强区域间的信息对接，促进景区城市化建设。

3. 景区城市化对新农村演化作用的外部影响因素

从景区城市化的实施主体、实施动力、实施方式以及实施保障出发，通过引进景区规模结构、民生环境、景区综合服务能力三项中介变量，研究景区城市化对新农村居民的生产生活方式、居民思想观念以及城乡景观形态的演化作用，较为合理地模拟出景区城市化对新农村的外部影响理论模型，见图 3－16。

从图 3－16 可以看出，景区城市化对新农村演化作用的过程中外部影响因素主要有三项：国家和地区政策、少数民族文化、自然环境。

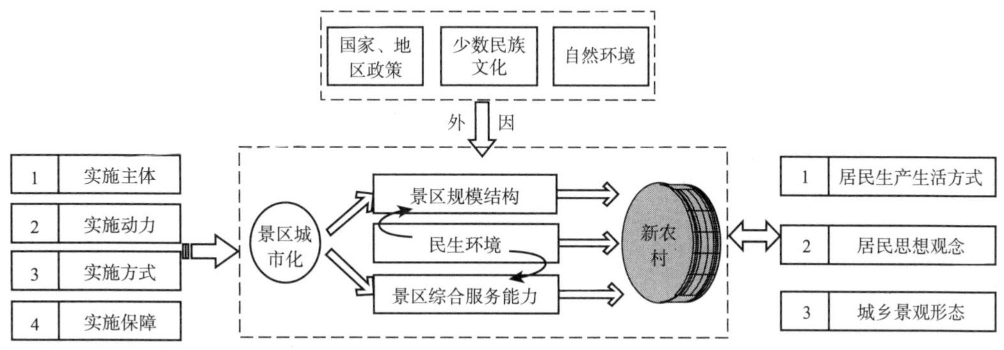

图3-16　景区城市化对新农村演化的外部影响理论模型

第一，国家和西南民族地区政策是首要的外部影响因素。国家和西南民族地区政策泛指国家和区域对于西南民族地区景区城市化对城郊化农村演化作用过程中所涉及到的所有法规、政策和指导方针。中央对农民税负的减免及补贴的增加为发展乡村旅游提供了资金支持。乡村发展乡村旅游的关键在于资金问题，政府下达的文件为农民解决了资金不足的问题，增加了农民的收入，提高了农民的生活水平。而农民作为乡村旅游的经营者主体之一，国家通过减免农民的税收，给农民提供资金的措施在很大程度上给了农民发挥的余地。这也使农民可以农商相结合，成为独立自主的经营商和供应商，推动了新农村旅游业的发展。

第二，西南地区少数民族文化是重要的外部影响因素。西南地区是我国民族自治区域分布最多、民族文化旅游资源最集中和民族文化旅游业起步较早的地区。少数民族众多，发展历史悠久[136]。各个民族风俗习惯各异，在长期的发展过程中逐步形成了自身独特的民族文化。西南地区生态环境和民族传统文化保存较好，吸引着国内外的众多游客。随着现代化水平的不断提升，人们对精神文化需求变得日趋强烈，对旅游的要求也开始发生变化，旅游活动由过去单一的观光活动变成一种深入的“慢旅游”活动，希望亲身体验和感受古老文化的巨大魅力。在这种背景下，将促进西南民族地区新农村的旅游发展，推动新农村在景区城市化进程下的演进。

第三，自然环境也是重要的外部影响因素。生态自然环境是新农村旅游发展的核心，由于西南地区拥有丰富的非物质遗产，山川河流一直以来受到城市居民的追捧，因此具有得天独厚的旅游优势。如果在开发乡村旅游的过程中，生态环境遭到污染或破坏，乡村旅游则会失去对游客的吸引力。抛弃传统观念，在开发旅游的时候注重对环境的保护，能改造和美化生态环境，实现新农村旅游的可持续发展[171]。通过落实可持续发展战略，强化旅游生态环境保护，在法律法规允许的范围内，合理进行开发，坚持人与自然的和谐统一，协调好经济、社会、环境三者的统一，能推动景区城市化发展，增加旅游业发展的潜力，保证新农村的可持续发展。

(四) 城市景区化对都市圈演化作用过程

1. 城市景区化对都市圈演化作用过程的分类和构成

城市景区化是一种动态的变化，城市景区化对都市圈演化的作用也是一个动态变化的过程，其受到内外部多种因素的影响。作为一个动态变化的过程，必然会涉及到发展过程中各个方面的内容。旅游城市化是城市化和旅游业相互作用的过程，其中城市景区化旨在促进旅游与城市化融合、完善提升城市旅游休闲功能、优化城市环境，在发挥旅游产业对城市全面、协调、可持续发展过程中起到拉动作用。根据国内外研究重点，将西南民族地区城市景区化对都市圈演化作用的过程定义为：西南民族地区在区域各市政府的指导下，从整体上运用科学的方法对都市圈进行旅游规划，在发展城市景区化的基础上，充分考虑可持续发展环境、景区联动、城市协作对都市圈的影响，从而实现对都市圈演化的促进作用，提高城市的整体形象，维持西南民族地区都市圈的持续竞争力。

主动的西南民族地区城市景区化对都市圈的演化作用始于西南民族地区主动的协同作用行为。西南民族地区政府在主动追求合理的景区发展和都市圈合理建设的协同发展之后，在一个较长的时间内追求城市景区化科学合理的可持续发展环境、景区联动、城市协作以及取得良好的旅游效益并且最终惠及西南民族地区都市圈的居民。当可持续发展环境、景区联动和城市协作都得到发展提高后，提升都市圈居民的生产生活方式、转变居民的思想观念、改变城乡景观形态，提高旅游服务区的服务质量，通过对景区进一步的改善来维持都市圈的发展。

被动的西南民族地区城市景区化对都市圈的演化作用的研究始于西南民族地区内外环境变化的压力，包括国家或地区政策、区域产业合作、行业发展状况、社会保障制度以及具体政策的实施状况，西南民族地区政府在感受到这一系列来自内外部的由于环境变化而引起的巨大压力时，根据区域间城市景区化对都市圈演化作用的发展机制，运用科学的评估方法对自身所处的环境和阶段进行评估，看是否能够适应内外部环境的变化。当西南民族地区的政府评估自身条件不能适应新的内外部变化环境时，就需要对城市景区化对都市圈的演化作用的影响因素进行选择和重新定义，并对原来的城市景区化的构成维度和都市圈的构成要素进行柔性的调整和匹配，并最终形成新的协同方式，从而实现对城市景区化构成维度和都市圈的构成要素协同作用机制的战略性创造，提高旅游服务区的服务质量，通过对城市景区进一步的改善来维持都市圈的发展。

根据演化观点，本书认为西南民族地区城市景区化对都市圈的演化作用是一个动态的生态演化过程，为了进一步清楚地描述出城市景区化对都市圈演化作用的过程，本书构建出了西南民族地区城市景区化对都市圈演化作用过程的理论模型（见图3－17）。

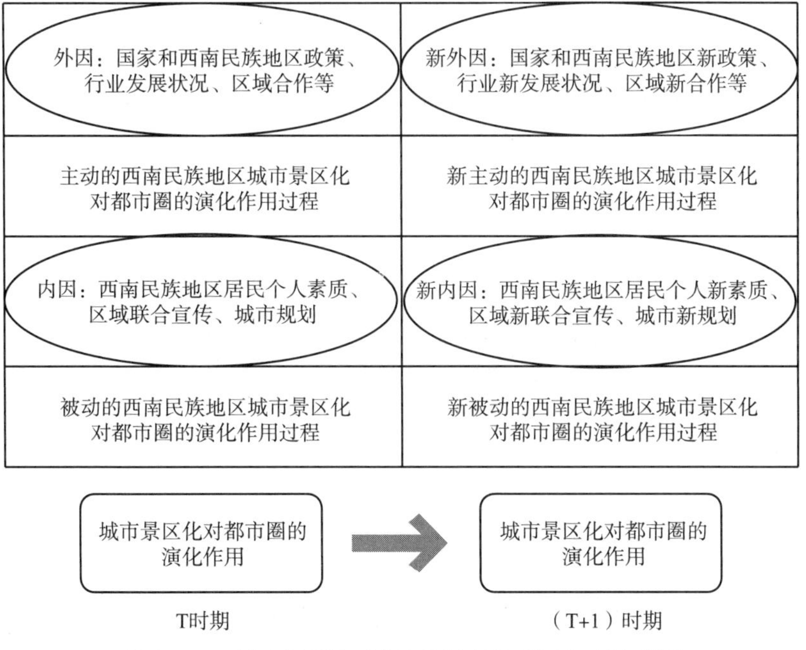

图3－17　城市景区化对都市圈演化作用过程理论模型

从图3－17可以看出，西南民族地区城市景区化对都市圈演化作用的过程由主动和被动的城市景区化对都市圈演化作用过程构成。主动和被动的两个过程是同时发展并且互为补充的，在西南民族地区城市景区化对都市圈演化作用的不同阶段，二者的作用点和作用类型是不一样的。虽然过程中有不同，但是两者都统一于城市景区化对都市圈演化作用的过程，都在这一个过程中起着举足轻重的作用。

在T时期，城市景区化对都市圈演化作用受西南民族地区农村居民的个人素质、区域联合宣传、城市规划等诸多内部要素和国家和西南民族地区相关政策、城市景区化过程中旅游行业发展状况以及区域合作等诸多来自外部的因素和条件的综合影响。在主动和被动的城市景区化对都市圈演化作用过程的共同作用下，逐渐演化发展成了新时期的城市景区化对都市圈演化作用，即（T＋1）时期。

在（T＋1）时期，伴随着新时期条件下主动和被动的城市景区化对都市圈演化的作用，西南民族地区在新的内外因的驱动下城市景区化对都市圈演化作用也进入新的过程和阶段。在整个西南民族地区城市景区化对都市圈演化作用的协同作用机制下，其演化过程是从开始到结束贯穿到整个发生作用的过程，这个过程由主动和被动两个层面的演化过程共同构成，二者在不同的阶段扮演着不同的角色但同时作用于城市景区化对都市圈演化作用机制过程。

2. 城市景区化对都市圈演化作用的内部影响因素

从城市景区化的实施主体、实施动力、实施方式以及实施保障出发，通过引进可持续发展环境、城市协作、景区联动三项中介变量，研究城市景区化对都市圈居民的生产生活方式、居民思想观念以及城乡景观形态的演化作用，较为合理地模拟出城市景区化对都市圈的内部影响理论模型，见图3－18。

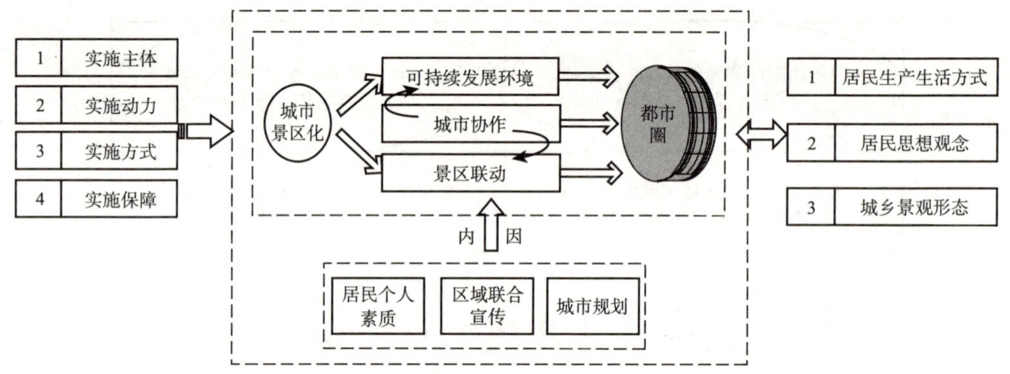

图3－18 城市景区化对都市圈演化的内部影响理论模型

从图3－18可以看出，城市景区化对都市圈演化作用的过程中内部影响因素主要有三项：西南民族地区居民个人素质、区域联合宣传、城市规划。

第一，西南民族地区城市居民个人素质是首要的内部因素。城市居民是外来游客首先接触的人员，良好的城市居民形象将为整个城市带来生命力。城市居民提高自身文明素质，重视思想道德教育，充分认识到个人形象在城市景区化发展中的重要性，可以提高都市圈的影响力，形成区域品牌优势，他们在日常生活中主动承担省、市"地域大使"的责任，提高对道德规范的认知，培养树立正确的道德观。充分利用城市社区的资源、网络资源，通过各种渠道宣传所在城市的景点，并适当加强传统文化特别是所属地区文化的学习力度，以便在遇到游客时能及时解答相关疑惑，在能力范围内学习外语，做到能与外国游客基本对话，提高城市的整体形象。除了个人素质，居民还可以参与对旅游经济决策的实施、旅游规划的制定以及环境保护政策的颁布，同时更应该重视环境保护及传统民族文化的维护与传承，对相关政策发表自己的看法，对规划提出自己的意见、表明自己的态度，激发其他居民的参与热情，促进旅游产业发展。

第二，区域联合宣传是重要的内部因素。随着旅游业的不断发展，旅游者对旅游目的地的选择越来越关注其整体旅游形象和品牌。为了适应旅游者的认知心理和市场品牌效应，西南民族地区旅游业也开始通过政府主导战略，打造区域旅游产品和旅游品牌，运用旅游节庆事件、微博营销、网站营销、电视广告及报刊杂志等形象宣传途径，统一推广区域旅游形象进行。另外，通过建立区域间的旅游信息平台，及时了解合作企业的最新动态，形成两地的旅游信息共享，可以同时向外宣传所有企业的最新信息，提升资源的利用率和影响力，促进城市景区化的发展。

第三，城市规划也是重要的内部因素。良好的城市规划能提高游客对城市的认识，促进城市整体形象的提升。发展区域旅游合作时，一个详细的、权威性的跨行政区的区域旅游规划能有效整合区域旅游经济资源，形成区域旅游特色，促进区域内部实现有序发展，并能避免出现恶意竞争的局面，实现区域整体发展。城市间道路交通的完善也能大大促进城市景区化的发展，区域交通网络发达，旅游景区的可进入性高，有利于产生长期规模化的经济效益。通过区域旅游交通和区域内的其他方面的基础设施的建设带动整个区域旅游产业的发展。

3. 城市景区化对都市圈演化作用的外部影响因素

从城市景区化的实施主体、实施动力、实施方式以及实施保障出发，通过引进可持续发展环境、城市协作、景区联动三项中介变量，研究城市景区化对都市圈居民的生产生活方式、居民思想观念以及城乡景观形态的演化作用，较为合理地模拟出城市景区化对都市圈的外部影响理论模型，见图 3－19。

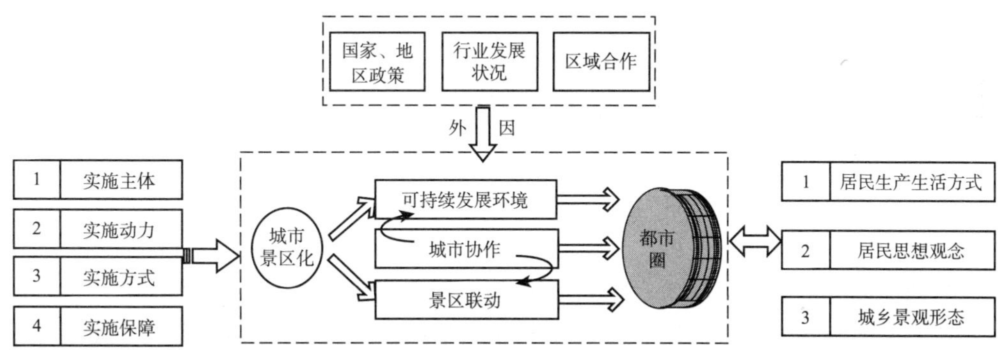

图 3－19　城市景区化对都市圈演化的外部影响理论模型

从图 3－19 可以看出，城市景区化对都市圈演化作用的过程中外部影响因素主要有三项：国家和西南民族地区的政策、行业发展状况、区域合作。

第一，国家和西南民族地区的政策是首要的外部影响因素。国家和西南民族地区的政策是影响城市景区化对都市圈演化作用的有形的手，对当地的经济发展、产业结构调整、区域规划具有重要的作用。西南民族地区政策的出台是为了实现一定的社会目标，为景区城市化对都市圈形成影响作用提供引导、促进、调整、保护、扶持等方面的支持。考虑到西南民族地区现有的经济基础条件较差，市场缺陷突出，国家和西南民族地区政府以加强城市协作、实现景区联动、实现可持续发展为手段，以城市景区化的发展促进都市圈居民生产生活方式、居民思想观念、城乡景观形态的改变，为城乡形态的演变提供强有力的外部影响。

第二，行业发展状况是重要的外部影响因素。行业发展状况包括行业发展的前景、挑战、优势以及饱和度等方面，识别行业发展状况是制定产业发展战略的首要重点。通过对城市景区化发展整体状况进行判断，有利于西南民族地区加强不同城市之间的城市协作，在城市协作中加强旅游产业的连接，实现景区联动，营造可持续发展环境，进而实现对都市圈居民生产生活方式、居民思想观念以及城乡景观形态的影响。

第三，区域合作也是重要的外部重要因素。西南民族的景区城市化在实现城市协作、景区联动、可持续发展环境中呈现出发展动力不足、基础力量薄弱、资源分配不均衡等相关问题。区域合作强度的大小对于西南民族地区城市的资源分配、优势力量的利用、生产效率的提高等方面都具有重要的影响。区域合作的加强有利于克服西南民族地区出现的问题，为未来城市景区化的发展提供动力。

（五）城市景区化对城中村演化作用过程

1. 城市景区化对城中村演化作用过程的分类和构成

城市景区化是一种动态的变化，城市景区化对城中村演化的作用也是一个动态变化的过程，其受到内外部多种因素的影响。作为一个变态的过程，必然会涉及到发展过程中各个方面的内容。旅游城市化是城市化和旅游业相互作用的过程，其中城市景区化旨在促进旅游与城市化融合、完善提升城市旅游休闲功能、优化城市环境，在发挥旅游产业对城市全面、协调、可持续发展过程中起到拉动作用。根据国内外研究重点，将西南民族地区城市景区化对城中村演化作用的过程定义为：西南民族地区在区域各市政府的指导下，从整体上运用科学的方法对城中村进行旅游规划，在发展城市景区化的基础上，充分考虑可持续发展环境、景区联动、城市面貌对都市圈的影响，从而实现对城中村演化的促进作用，改善现有城中村出现的一系列问题，促进城中村改造。

主动的西南民族地区城市景区化对城中村的演化作用始于西南民族地区主动的协同作用行为。西南民族地区政府在主动追求合理的景区发展和城中村合理建设的协同发展之后，在一个较长的时间内追求城市景区化科学合理的可持续发展环境、景区联动、城市面貌以及取得良好的旅游效益。当可持续发展环境、景区联动和城市面貌都得到发展提高后，将提升城中村居民的生产生活方式、转变居民的思想观念、改变城乡景观形态，提高旅游服务区的服务质量，通过对景区进一步的改善来进行城中村的改造。

被动的西南民族地区城市景区化对城中村的演化作用的研究始于西南民族地区内外环境变化的压力，包括国家或地区政策、区域产业合作、行业发展状况、社会保障制度以及具体政策的实施状况，西南民族地区政府在感受到这一系列来自内外部的由于环境变化而引起的巨大压力时，根据区域间城市景区化对城中村演化作用的发展机制，运用科学的评估方法对自身所处的环境和阶段进行评估，看是否能够适应内外部环境的变化。当西南民族地区的政府评估自身条件不能适应新的内外部变化环境时，就需要对城市景区化对城中村的演化作用的影响因素进行选择和重新定义，并对原来的城市景区化的构成维度和城中村的构成要素进行柔性的调整和匹配，并最终形成新的协同方式，从而实现对城市景区化构成维度和城中村的构成要素协同作用机制的战略性创造，提高旅游服务区的服务质量，通过对城市景区进一步的改善来维持城中村的发展。

根据演化观点，本书认为西南民族地区城市景区化对城中村的演化作用是一个动态的生态演化过程，为了进一步清楚地描述出城市景区化对城中村演化作用的过程，本书构建出了西南民族地区城市景区化对城中村演化作用过程的理论模型（见图 3－20）。

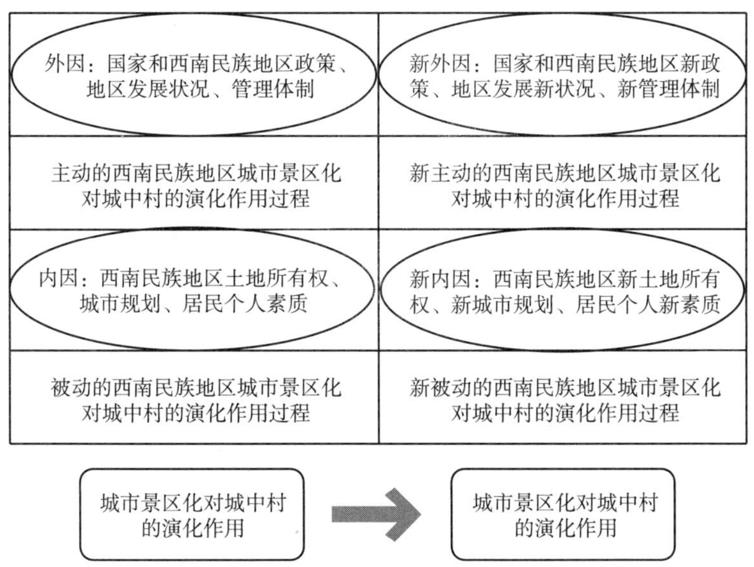

图 3－20　城市景区化对城中村演化作用过程理论模型

从图 3－20 可以看出，西南民族地区城市景区化对城中村演化作用的过程由主动和被动的城市景区化对城中村演化作用过程构成。主动和被动的两个过程是同时发展并且互为补充的，在西南民族地区城市景区化对城中村演化作用的不同阶段，二者的作用点和作用类型是不一样的。虽然过程中有不同，但是两者都统一于城市景区化对城中村演化作用的过程，都在这一个过程中起着举足轻重的作用。

在 T 时期，城市景区化对城中村演化作用受西南民族地区农村居民的个人素质、土地所有权、城市规划等诸多内部要素和国家和西南民族地区相关政策、城市景区化过程中地区发展状况以及管理体制等诸多来自外部的因素和条件的总和影响，在主动和被动的城市景区化对城中村演化作用过程的共同作用下，逐渐演化发展成了新时期的城市景区化对城中村演化作用，即（T+1）时期。

在（T+1）时期，伴随着新时期条件下主动和被动的城市景区化对城中村演化的作用，西南民族地区在新的内外因的驱动下城市景区化对城中村演化作用也进入新的过程和阶段。在整个西南民族地区城市景区化对城中村演化作用的协同作用机制下，其演化过程是从开始到结束贯穿到整个发生作用的过程，这个过程由主动和被动两个层面的演化过程共同构成，二者在不同的阶段扮演着不同的角色但同时作用于城市景区化对城中村演化作用机制过程。

2. 城市景区化对城中村演化作用的内部影响因素

从城市景区化的实施主体、实施动力、实施方式以及实施保障出发，通过引进可持续发展环境、城市面貌、景区联动三项中介变量，研究城市景区化对城中村居民的生产生活方式、居民思想观念以及城乡景观形态的演化作用，较为合理地模拟出城市景区化对城中村的内部影响理论模型，见图 3-21。

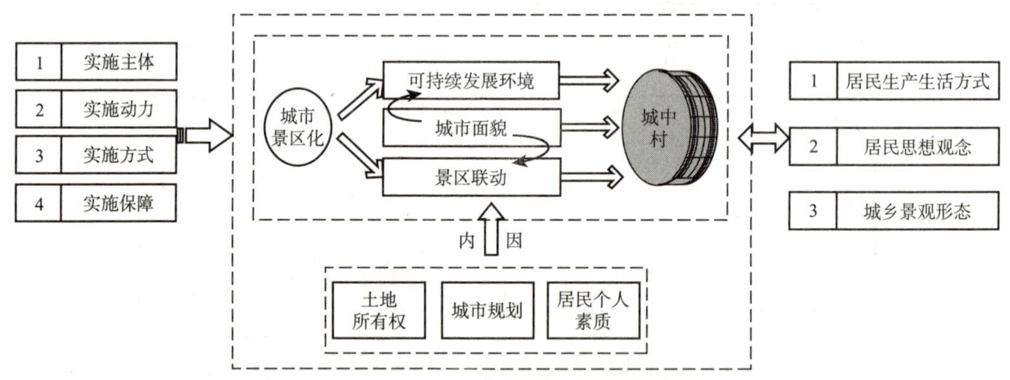

图 3-21　城市景区化对城中村演化的内部影响理论模型

从图 3-21 可以看出，城市景区化对城中村演化作用的过程中内部影响因素主要有三项：西南民族地区居民个人素质、土地所有权、城市规划。

第一，西南民族地区城市居民个人素质是首要的内部因素。居民是西南民族地区多样化民族风情的传承者和传递着，从某种意义上来说，居民本身就是文化资源的一部分。提高当地居民的个人素质可以提高西南民族地区文化资源的吸引力，在吸引游客中不断形成文化的扩散和传播，使得外来旅游者能够体验到西南民族地区多样化的民族风情和少数民族文化。同时，当地居民作为景区旅游的从业者，居民素质的高低与景区旅游经济的发展有直接的联系。西南民族地区的旅游业在发展中所呈现出来的一个突出问题就是旅游人才的匮乏，提升居民的个人素质有利于为旅游经济的发展提供人才力量。

第二，土地所有权是重要的内部因素。城乡土地的“二元”结构是形成城中村最根本的原因，城市的土地是归国家所有，农村的土地归集体所有，城中村属于城市中的乡村地带，具有城市和农村的双重特征。在土地的所有权上主要体现在两点上：一是土地大部分被征用，土地所有权部分属于国家所有，部分属于集体所有，但原农民未转为居民；二是城中村已列入城市框架范围，土地全部仍属于集体所有。对城中村的改造主要从土地的所有权出发，正确处理好城乡土地“二元”结构，才能从根本上进行城中村的改造。

第三，城市规划也是重要的内部因素。城市规划是西南民族地区城市在未来一定时期内关于城市发展的蓝图，包括研究城市的未来发展方向、城市的布局、城市各项工程的综合部署等方面的内容，是城市管理的重要部分，具有指导和规范城市建设的重要作用。西南民族地区的城市规划要根据当地的经济基础、人文地理环境、民族组成状况等客观条件，运用科学的规划和布局方法对城市的空间布局、土地利用、基础设施建设等进行综合部署和统筹安排，实现经济效益、社会效益、环境效益的共赢。

3. 城市景区化对城中村演化作用的外部影响因素

从城市景区化的实施主体、实施动力、实施方式以及实施保障出发，通过引进可持续发展环境、城市面貌、景区联动三项中介变量，研究城市景区化对城中村居民的生产生活方式、居民思想观念以及城乡景观形态的演化作用，较为合理地模拟出城市景区化对城中村的外部影响理论模型，见图 3－22。

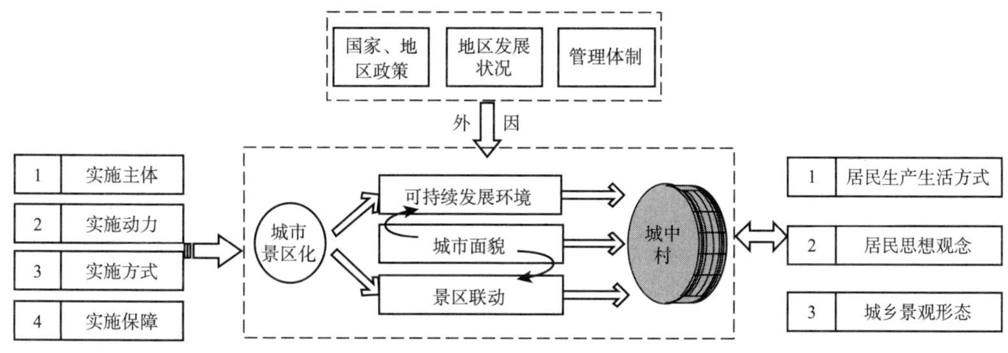

图 3－22　城市景区化对城中村演化的外部影响理论模型

从图 3 －22 可以看出，城市景区化对城中村演化作用的过程中外部影响因素主要有三项：国家和西南民族地区政策、地区发展状况、管理体制。

第一，国家和西南民族地区的政策是首要的外部影响因素。城中村是在城市化过程中，由于城市化快速推进但城市建设相对落后而形成的现象。西南民族地区的城中村经济发展步伐缓慢、居民生活水平低下、城市建设混乱、治安状况差，成为城市进一步发展的隐患。在这样的环境下，要进行城中村的改造必须依靠国家和西南民族地区政府的地方政策，政策的出台从根本上保证了城中村改造的合法性和重要性，为城中村改造提供了正确的方向，是西南民族地区进行城中村改造的根本力量。

第二，地区发展状况是重要的外部影响因素。地区发展状况主要包括西南民族地区的经济发展状况、环境保护状况、社会发展状况以及文化发展状况几个方面的内容。经济发展状况是西南民族地区城市的经济发展基础，经济基础决定着上层建筑，只有具备良好的经济基础，其社会发展才有经济基石。环境保护状况是西南民族地区发展旅游经济的重要内容，良好的自然条件和独特的地理位置都是西南民族地区城市景区化发展的自然基础。社会发展状况是进行城中村改造的衡量标准之一，包括各民族之间的和谐相处、团结、平等和共同繁荣，社会的大环境良好。文化发展状况是西南民族地区发展旅游经济和实现可持续发展的重要参照，文化是西南民族地区进行景区城市化和城中村改造的重要因素，也是维持城市可持续发展的力量。

第三，管理体制也是重要的外部重要因素。管理体制是指管理系统的结构和组成方式，管理体制决定着各机构间的相互协调程度，直接影响到管理的效率和效能，在地方管理上起着决定性的作用。西南民族地区景区城市化对城中村的演化作用受到西南民族地区管理系统的结构和组成方式的影响，包括以政府为主体的社会管理和以社会为主体的社会管理，政府管理指的是政府是社会管理的主导或唯一组织者、参加者与行动者，政府在社会主导中具有绝对的领导地位，社会管理强调社会的自治。良好的管理体制是西南民族地区实现景区联动、改造城市面貌、保护可持续发展环境的驱动因素，对景区城市化实现对城中村的演化作用有着不可替代的外部影响。

第四章

西南民族地区旅游城市化进程中新型城乡形态演化的研究假设及理论模型构建

一、景区城市化对城镇化农村演化的研究假设及理论模型构建

（一）景区城市化对城镇化农村演化的研究假设

1. 景区城市化进程的作用

景区城市化是在景区及周边发生的城市化进程，在这个过程中，人口不断由周边向景区及其周边集聚，形成新的城镇[173]。传统的以农业生产为主的生产活动也逐步被景区城市化进程中以旅游接待服务为主导的第三产业所取代，原有的乡村生活方式逐渐被城镇生活方式所取代，原来的“景区 + 乡村”景观形态逐渐发展形成以景区为中心的城镇景观形态。景区城市化进程对景区的改变是全方位的，其中，最重要也是最明显的表征就在于对景区规模结构产生的影响。首先，景区城市化对景区的规模提升能够产生十分显著的正向效果。如前所述，景区城市化进程中会伴随人口集聚[174]、生产方式转变、生活方式转变和景观形态改变等，在这个过程中，景区原有的空间规模显然无法承载由此带来的转变，因此景区空间规模会根据景区城市化进程的推进不断扩大，同样，景区的经济规模、人口规模[175]等均会有显著提升。其次，景区城市化对景区结构完善能够产生十分显著的正向效果。传统景区的承载能力十分有限，这与传统景区结构的不完善有很大的联系。随着景区城市化的推进，景区内部的人口结构、产业结构、空间结构等都有了很大的提升并不断完善[176]。总体来看，

景区城市化对景区规模结构中的空间规模、产业组织、服务经济和要素整合等重要组成部分都产生了显著的直接正向作用。因此，提出如下假设：

HA1：景区城市化进程对景区规模结构完善具有显著的直接正向作用。

景区城市化的进程是靠旅游发展推动的，在旅游发展过程中，景区是重要的载体。景区是客观存在的实体，并不能在旅游的过程中为前来观赏的游客提供具体的服务，要提升旅游发展的速度和质量，就必须对景区综合服务能力加以提升和改造[177]。景区城市化进程导致了快速的人口集聚，人口的生产方式多数由原来的农业生产开始转向以旅游接待服务为主导的第三产业，这个过程中，以旅游接待服务为主导的第三产业从总量上来看相较之前有了巨大的提升。随着景区城市化的不断推进，游客对旅游接待服务水平层次的不断提升，使旅游接待服务为主导的第三产业质量不断提升。除人口集聚导致的生产方式的改变[178]会对景区综合服务能力提升产生显著的直接正向作用外，景区城市化进程带来的生活方式转变也具有同样的效果[179]，景区城市化进程会使景区及周边农村、乡镇居民的生活方式由原来的乡村生活方式逐步转变为城镇生活方式，生活方式的改变能够使当地居民更好地和游客进行对接，能够消除因生活方式差异带来的矛盾和供求不匹配等问题，有效提升景区综合服务能力。因此，提出如下假设：

HA2：景区城市化进程对景区综合服务能力提升具有显著的直接正向作用。

景区城市化进程本身是城市化进程的一种特殊方式，它是依靠旅游发展作为动力来推动的一种城市化。在这个过程中，景区作为发展的载体，通过旅游发展的推动，不断对周边的农村和乡镇产生吸引作用，导致空间规模不断扩大，产业组织不断丰富，服务经济快速发展，要素整合快速提升。在这一系列因素的综合作用之下，景区及周边的农村乡镇逐步发展扩大，形成了以景区为中心，旅游接待服务为主导产业，人口具有一定规模，生产生活方式均城镇化了的城镇化农村。在景区城市化进程的推动下，原来偏僻、封闭、以农耕为主的农村不断演化成为与外界联系紧密、开放、以旅游为主的城镇化农村，不断积聚的要素和资源使得这些农村具有了较高的城镇化水平。因此，提出如下假设：

HA3：景区城市化进程对城镇化农村演化具有显著的直接正向作用。

2. 景区规模结构完善的作用

景区规模结构的完善主要集中在空间规模的提升、产业组织的发展、服务经济的增长和要素整合的加快等方面[180]。首先，空间规模的提升是对原有景区规模进行多方面的扩张，在此过程中，对资金、基础设施、旅游服务设施、景观打造等方面均有较大的需求，由此对资源集聚力的提升有十分显著的直接正向作用。其次，产业组织的发展涉及产业种类的增加和产业结构的合理配置，景区规模结构的提升需要多种多样的产业形态共同存在和发展，同时也要保证产业形态不趋同，因此产业结构的合理配置十分重要。产业种类的增加与产业结构的合理配置都对景区的资源集聚力提升产生了显著的直接正向作用。再次，服务经济的增长是推动景区规模结构完善的主要动力，服务经济由最初的摊贩形式出现到城镇化之后的旅游服务设施和旅游服务产业的形成，规模增长速度迅猛，在此过程中对景区资源集聚力的提升也产生了显著的直接正向作用。最后，要素整合的加快主要针对的是人口、资本、土地等要素[181]，对这些要素的整合能够使景区规模结构得到更好的完善，加快对人口、资本、土地等要素的整合速度对景区资源集聚力的提升产生了显著的直接正向作用。因此，提出如下假设：

HA4：景区规模结构完善对资源集聚力提升具有显著的直接正向作用。

景区规模结构完善对城镇化农村演化作用同样也是通过空间规模的提升、产业组织的发展、服务经济的增长和要素整合的加快等方面进行的。在景区城市化进程的影响下产生了景区空间规模的扩大趋势，景区空间规模的扩大对景区及周边农村的发展范围作了很大的拓展，这种拓展是景区及周边农村演化为城镇化农村的前提。产业组织的发展将原有的以农业生产为主的生产方式打破，以旅游接待服务为主导的第三产业和相辅助的工农业共同发展的生产方式逐步形成，由此带动的产业组织发展是景区及周边农村演化为城镇化农村的基石。服务经济的增长逐渐取代了景区及周边农村原有的农耕经济的增长，服务经济的形态也逐步由个体零散分布的家庭式经营转向了集聚的规模化企业经营，由此带来的服务规范化、服务水平提升[182]和服务经济总量增长成为了景区及周边农村演化为城镇化农村的主要动力。要素整合的加快能够将由景区城市化进程吸引来的人口、资金、土地等资源进行高效的合理配置，使人口、资金、土地等要素配置不被扭曲，尽可能地做到物尽其用。由此带来的高效要素整合水平成为景区及周边农村演化为城镇化农村的重要保障。因此，提出如下假设：

HA5：景区规模结构完善对城镇化农村演化具有显著的直接正向作用。

3. 景区综合服务能力提升的作用

景区综合服务能力提升主要涵盖三个方面的内容，分别是景区服务人员素质和能力的提升、景区服务设施水平的提升和景区组织管理水平的提升。首先，景区服务人员的素质和能力的提升是景区综合服务能力提升的一个方面，景区综合服务能力的提升是景区软实力的重要体现。因此，景区服务人员的素质和能力的提升能够在很大程度上决定景区的软实力，也为景区的传播和景区综合服务能力的提升做出了重要贡献，同时，由此带来的游客增加、旅游企业进驻、资金投入的增加等都对景区资源集聚力的提升具有显著的直接正向作用。其次，景区服务设施水平的提升能够对景区服务接待人数规模的增加、景区服务接待的规格提升和景区服务接待知名度的提升产生直接作用，其中，景区服务接待人数增加能够对景区资源集聚力的提升产生直接的正向作用，景区服务接待规格的提升对资源集聚提出较高的要求，这也从一个侧面对景区资源集聚力产生了作用，景区服务接待知名度的提升增大了景区发展的潜力，这对资源集聚力的提升提出了更高的要求。最后，景区组织管理水平的提升能够更加直接地作用于景区资源集聚力的提升上，景区组织管理水平的提升能够全面地把控景区的发展，对景区发展过程中的资源开发、运营模式、资本利用、土地规划等诸多方面都产生了决定性作用，由此不难看出，景区组织管理水平的提升对景区资源集聚力的提升能够产生显著的直接正向作用。因此，提出如下假设：

HA6：景区综合服务能力提升对资源集聚力提升具有显著的直接正向作用。

景区综合服务能力的提升，如前所述，是由景区服务人员素质和能力的提升、景区服务设施水平的提升和景区组织管理水平的提升三个方面组成。首先，景区服务人员大部分还是通过吸收景区周边农村或乡镇的村民来构成的，这部分服务人员从根本上来说属于农村居民。随着对景区服务人员的培训和在岗位上的工作经验的积累，素质得到大幅提升，一方面从入职之前的农业生产转变为了旅游接待，生产方式获得很大的改变，另一方面是接触的游客数量增加，居住的环境不断改善，生活方式日趋城镇化。这些对景区及周边农村演化成为城镇化农村具有显著的直接正向作用。其次，景区服务设施水平的提升主要是通过对原有自然景观进行声、光、电等效果的渲染，对景区及周边农村旅游接待服务场馆设施的建设和完善，对景区及周边农村的基础设施建设、公共服务产品投入的增加等方式进行的。景区服务设施水平的提升是支撑城镇化农村发展的重要物质前提，对城镇化农村演化作用明显。最后，景区组织管理水平的提升对景区和周边农村在资源开发、运营模式、资本利用、土地规划等多个方面的组织和管理都能够产生巨大的作用，对于城镇化农村的演化而言，科学的组织管理能够加快城镇化农村的演化速度，减少和避免很多城镇化农村演化过程中会遭遇的困难。由此景区组织管理水平的提升对景区及周边农村演化为城镇化农村具有显著的直接正向作用。因此，提出如下假设：

HA7：景区综合服务能力提升对城镇化农村演化具有显著的直接正向作用。

4. 资源集聚力提升的作用

资源集聚力主要针对自然资源和非自然资源这两个方面的资源产生集聚效应，更具体地来看，资源集聚力的应用可以扩展到诸如人口、资本、土地、技术等要素资源的集聚上。从自然资源集聚力的角度来看，景区土地资源的集聚能力是景区及周边农村形成城镇化农村的基本前提，对土地等自然资源集聚力的提升，能够夯实城镇化农村演化的基础。从非自然资源集聚力的角度来看，对景区的人口、资本、技术等要素的集聚能力属于非自然资源集聚力的范畴，景区人口要素资源集聚力的提升能够迅速提升景区及周边农村的人口规模，拓宽景区及周边农村的生产经营方式和生活方式，刺激景区及周边农村更快地向城镇化农村演化。景区资本要素资源集聚力的提升能够加快景区及周边农村旅游服务设施的建设、加快景区及周边农村产业组织结构的完善、推进景区及周边农村向城镇化农村的演化。景区技术要素资源集聚力[183][184][185]的提升能够快速提高景区及周边农村的发展效率，通过技术要素资源的集聚快速对接世界先进的旅游人才培训、先进的旅游服务接待流程、先进的旅游服务设施建设水平、先进的组织管理方式等，对景区及周边农村演化为城镇化农村产生显著的直接正向作用。因此提出如下假设：

HA8：资源集聚力提升对城镇化农村演化具有显著的直接正向作用。

（二）景区城市化对城镇化农村演化的理论模型构建

根据旅游城市化对新型城乡形态演化的分析框架，结合景区城市化对城镇化农村演化的研究假设，可以较好地识别出景区城市化对城镇化农村演化的作用路径。由此可以得出景区城市化对城镇化农村演化的理论模型（见图4-1）。

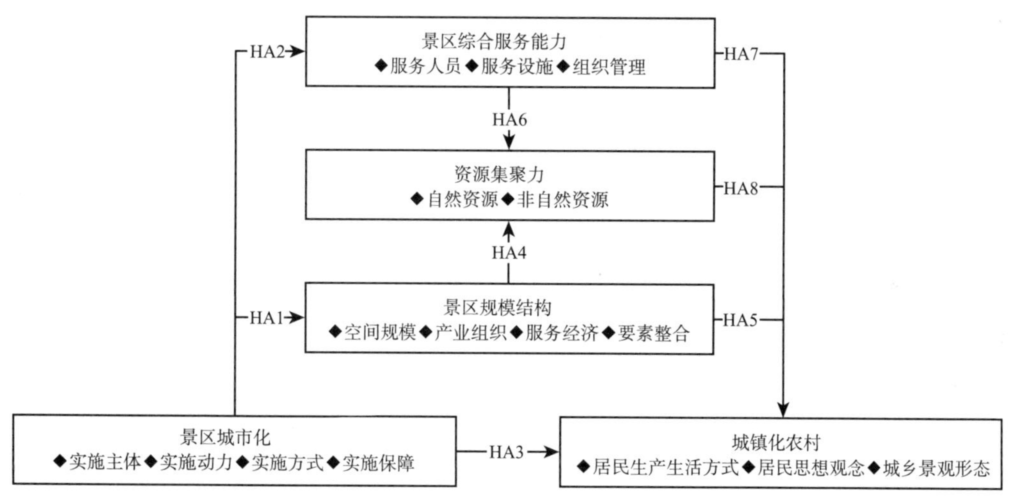

图4-1　景区城市化对城镇化农村演化的理论模型

在景区城市化对城镇化农村演化的理论模型中，存在五个主要的变量，它们分别是：景区城市化、景区规模结构、景区综合服务能力、资源集聚力和城镇化农村。其中，景区城市化由实施主体、实施动力、实施方式和实施保障四个维度构成，景区规模结构由空间规模、产业组织、服务经济和要素整合四个维度构成，景区综合服务能力由服务人员、服务设施和组织管理三个维度构成，资源集聚力由自然资源集聚力和非自然资源集聚力两个维度构成，城镇化农村由居民生产生活方式、居民思想观念和城乡景观形态三个维度构成。这五个主要变量之间的作用关系可以反映出景区城市化是如何对城镇化农村演化产生作用的。具体来看，景区城市化对城镇化农村演化的作用路径可以分为两种：一种是直接产生作用的路径，另一种是间接产生作用的路径。

直接产生作用的路径为景区城市化直接对城镇化农村演化产生作用的路径。间接产生作用的路径为景区城市化间接对城镇化农村演化产生作用的路径，这样的路径有四条，分别是：景区城市化通过景区规模结构作用于城镇化农村演化；景区城市化通过景区综合服务能力作用于城镇化农村；景区城市化作用于景区规模结构，景区规模结构作用于资源集聚力，资源集聚力作用于城镇化农村演化；景区城市化作用于景区综合服务能力，景区综合服务能力作用于资源集聚力，资源集聚力作用于城镇化农村演化。在图4－1中，每条路径上的字母数字代表的是之前所作出的研究假设，针对提出的研究假设，还需要作进一步的实证检验来加以验证。

二、景区城市化对城郊化农村演化的研究假设及理论模型构建

（一）景区城市化对城郊化农村演化的研究假设

景区城市化是旅游经济发展到一定阶段的必然趋势，具体表现为旅游经济的发展对周边地区城市化起到了加速作用，包括乡村城市化和由于旅游资源的不合理开发造成景区出现大量的旅馆、商业区等城市面貌的建筑物。景区城市化使得城郊化农村的建筑、产业及生活区域不断地扩张，整体空间规模不断地扩大。伴随着城郊化农村在地域范围上的延伸，景区内部原有的产业布局被打破，新型产业不断涌入，原有的产业组织结构不断地得到优化调整。同时，城郊化农村在城市处于距离中心区域较远的位置，相关旅游基础设施和旅游法规建设不够完善，旅游从业人员大都是附近的村民，服务经济未得到充分重视。为了进一步扩大旅游市场份额，服务经济得到充分重视，结合西南民族地区城郊化农村现状，服务经济的改变集中体现在健全旅游服务设施和提高旅游服务人员素质上。总体来看，景区城市化对景区规模结构中的空间规模、产业组织、服务经济和要素整合等重要组成部分都产生了显著的直接正向作用。因此，提出如下假设：

HB1：景区城市化进程对景区规模结构完善具有显著的直接正向作用。

随着产业集聚程度不断增加，大量的人口和资源也在不断地向城市地区涌入，城市和城镇的边缘逐渐地模糊，原有的城市规模在不断扩大，城镇和农村地区也逐渐在脱离原有的发展面貌，城镇化产生。城镇化包括了人口城镇化与土地城镇化，而人口城镇化是城镇化的重中之重，一个重要的表现就是将农民变成产业工人，使农民的专业技能得以提升，由原来的简单从事农业生产转变为专业的旅游从业人员。景区综合服务能力主要表现在服务人员、服务设施和组织管理三个方面，从这个角度来讲，景区城市化对景区的服务人员产生着重要的影响作用。因此，提出如下假设：

HB2：景区城市化进程对景区综合服务能力提升具有显著的直接正向作用。

景区城市化进程本身是城市化进程的一种特殊方式，它是依靠旅游发展作为动力来推动的一种城市化。在这个过程中，景区作为发展的载体，通过旅游发展的推动，不断使邻近城市的农村出现集聚，导致空间规模不断扩大，产业组织不断丰富，服务经济快速发展，要素整合快速提升。在这一系列因素的综合作用之下，邻近城市的农村逐步发展扩大，形成了以邻近城市的农村为中心，旅游接待服务为主导产业，人口具有一定规模，生产生活方式均城镇化、与城市连接的城郊化农村。在景区城市化进程的推动下，原来隔离、封闭、以农耕为主的农村不断演化成为与城市联系紧密、开放、以旅游为主的城镇化农村，不断积聚的要素和资源使得这些邻近城市的农村具有了较高的城镇化水平，逐渐演化成为城郊化农村。因此，提出如下假设：

HB3：景区城市化进程对城郊化农村演化具有显著的直接正向作用。

景区结构规模包括空间规模、产业组织、服务经济和要素整合四个重要内容。空间规模是影响西南民族地区城郊化农村景区规模结构中的重要因素之一。空间规模对城镇化与区域旅游产业的结合具有重要的影响作用，影响着城郊化农村资源、生产要素、各产业在空间地域上的流动、转移或重新组合的配置与再配置的结果。当资源、人力、政策等相关资本向某一个区域进行集中转移时，旅游产业的六大要素部门，即餐饮、住宿、交通、景区、商店、娱乐会在一定程度上形成集聚效应，旅游产业的规模化集中度对产业技术效率有较强的积极影响[12]，进而通过提高产业技术效率进一步提升西南民族地区城郊化农村的旅游吸引力。因此，提出如下假设：

HB4：景区规模结构完善对旅游吸引水平提升具有显著的直接正向作用。

产业组织是影响西南民族地区城郊化农村景区规模结构的重要因素之一。当城郊化农村的产业发展一定阶段时，产业集聚成为必经之路，从产业链条的延伸出发，产业的高度集聚会带动相关人力、物力、资源以及技术的集中，不同的产业类型和资源类型在高度的集中中将进行进一步的优势组合，形成优势互补。在这样的产业生产环境中，资源利用率得到提高，新生产业也在反复的合作与分工中逐渐形成，产业链条得到进一步延伸。产业链的延伸为城郊化农村经济增长提供了新的发展动力和支撑力量，为城郊化农村在新的产业条件下的产业组织结构、人口特征和环境形成起到了积极的推动作用。因此，提出如下假设：

HB5：景区规模结构完善对城郊化农村演化具有显著的直接正向作用。

景区服务人员素质和能力的提升是影响景区综合服务能力提升的重要方面。景区服务人员处于接待工作的第一线，直接为宾客提供服务。他们的言谈举止、行为规范代表着旅游企业的形象，他们的水平及工作质量直接影响着旅游企业的服务效果，而接待人员的工作质量取决于他们自身的素质。旅游接待人员应具备良好的业务技术素质，这对于提高旅游业的服务质量和工作效率，降低成本，增强竞争力，提高宾客满意度有着重要作用。包括专业操作技能、良好的沟通能力、礼节礼貌修养、文化素质和心理素质等方面。人才素质的高低是影响行业发展的关键力量，旅游吸引力作为旅游行业发展的生命力源泉，旅游从业人员的素质对旅游吸引力有着重要的影响。从这个角度来看，景区综合服务能力对旅游吸引力水平起着不可忽视的作用。因此，提出如下假设：

HB6：景区综合服务能力提升对旅游吸引水平提升具有显著的直接正向作用。

景区服务设施水平是构成景区综合服务能力的重要内容，景区服务设施水平的提升是支撑城郊化农村发展的重要物质前提，对城郊化农村演化作用明显。旅游设施是指旅游目的地旅游行业的人员向游客提供服务时依托的各项物质设施和设备，包括交通运输设施、食宿接待设施，游览娱乐设施和旅游购物设施等。景区服务设施水平的提高将直接关系到城郊化农村综合接待能力，将更多的资金投入到景区服务设施建设上，加大乡村旅游基础设施建设的同时，合理确定旅游服务设施的总量、结构、布局和建设时序安排，提高西南民族地区城郊化农村景区接待能力。由此景区组织管理水平的提升对邻近城市的农村演化为城郊化农村具有显著的直接正向作用。因此，提出如下假设：

HB7：景区综合服务能力提升对城郊化农村演化具有显著的直接正向作用。

旅游吸引主要分为物质性旅游吸引和非物质性旅游吸引，其中，物质性旅游吸引主要是依托自然景观、人造景观、旅游服务设施、交通基础设施、通信等物质性比较明显的旅游吸引物来吸引旅游者。通过物质性旅游吸引的方式，可以让邻近城市的农村突出其自身的特色，挖掘城市所不具备的物质性旅游吸引物，吸引城市及周边城镇游客来进行游览[186]，从而带动邻近城市的农村在城镇化建设和公共服务产品获得方面快速提升，推动城郊化农村的演化。非物质性旅游吸引则是把具有一定的历史文化传承[187]、民族风情等融入在当地人民的生活当中的旅游吸引，这种旅游吸引在游客已逐步对物质性旅游吸引产生审美疲劳的时候显得十分具有吸引力，由此带动的游客和集聚效应会极大地推动邻近城市的农村向城郊化农村进行演化。因此，提出如下假设：

HB8：旅游吸引水平提升对城郊化农村演化具有显著的直接正向作用。

（二）景区城市化对城郊化农村的理论模型构建

根据旅游城市化对新型城乡形态演化的分析框架，结合景区城市化对城郊化农村演化的研究假设，可以较好地识别出景区城市化对城郊化农村演化的作用路径。由此可以得出景区城市化对城郊化农村演化的理论模型（见图4－2）。

在景区城市化对城郊化农村演化的理论模型中，存在五个主要的变量，它们分别是：景区城市化、景区规模结构、景区综合服务能力、旅游吸引和城郊化农村。其中，景区城市化由实施主体、实施动力、实施方式和实施保障四个维度构成，景区规模结构由空间规模、产业组织、服务经济和要素整合四个维度构成，景区综合服务能

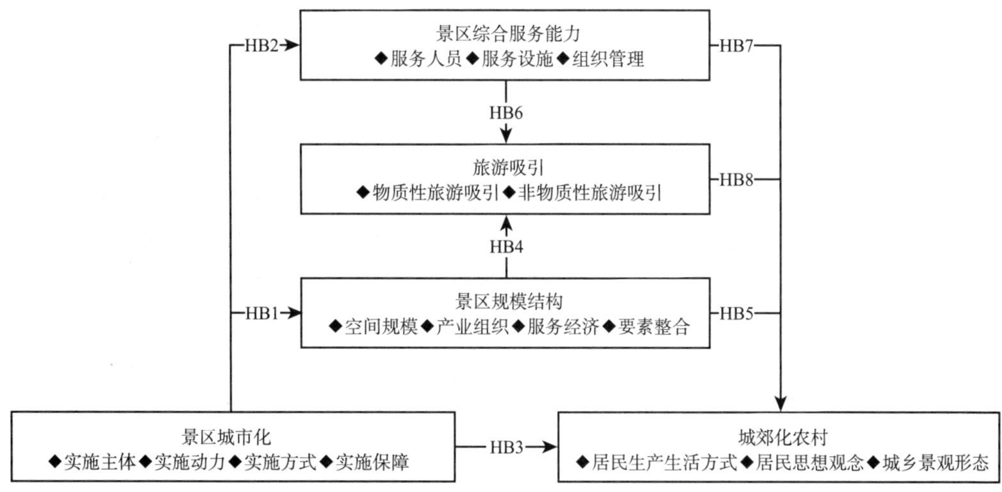

图 4－2　景区城市化对城郊化农村演化的理论模型

力由服务人员、服务设施和组织管理三个维度构成，旅游吸引由物质性旅游吸引和非物质性旅游吸引两个维度构成，城郊化农村由居民生产生活方式、居民思想观念和城乡景观形态三个维度构成。这五个主要变量之间的作用关系可以反映出景区城市化是如何对城郊化农村演化产生作用的。具体来看，景区城市化对城郊化农村演化的作用路径可以分为两种：一种是直接产生作用的路径，另一种是间接产生作用的路径。直接产生作用的路径为景区城市化直接对城郊化农村演化产生作用的路径。间接产生作用的路径为景区城市化间接对城郊化农村演化产生作用的路径，这样的路径有四条，分别是：景区城市化通过景区规模结构作用于城郊化农村演化；景区城市化通过景区综合服务能力作用于城郊化农村；景区城市化作用于景区规模结构，景区规模结构作用于旅游吸引，旅游吸引作用于城郊化农村演化；景区城市化作用于景区综合服务能力，景区综合服务能力作用于旅游吸引，旅游吸引作用于城郊化农村演化。在图 4－2 中，每条路径上的字母数字代表的是之前所作出的研究假设，针对提出的研究假设，还需要作进一步的实证检验来加以验证。

三、景区城市化对新农村演化的研究假设及理论模型构建

（一）景区城市化对新农村演化的研究假设

景区城市化既是旅游产品不断更新、旅游服务不断进步和旅游产业不断转型升级的过程，也是促进新农村生产发展、农村素质提升和农村建设的重要路径。新农村包

括5个方面，即新房舍、新设备、新环境、新农民、新风尚。这五者缺一不可，共同构成小康社会新农村的范畴。西南民族地区新农村凭借优势旅游资源，逐渐突破了传统的农业生产，在新的政策支持下积极发展旅游产业，将旅游产品与农业生产、旅游服务与村民素质、旅游基础设施与新农村建设紧密地结合在了一起。景区城市化将旅游发展与新农村建设结合在了一起，为了满足游客住宿需求，新农村将修建新房舍作为首要，将原本破旧的房屋进行重新装修，为游客营造一个良好的居住环境。为了更新旅游资源和打造良好的旅游环境，新农村建设将重点放在新设备引进和使用上，不断创造出新的旅游环境。同时为了提升旅游从业人员素质，新农村建设将村民素质提升作为一项重要内容，提高农民的从业素质和个人素质，使得新农村焕然一新，出现新风尚。从这个角度来说，景区城市化对新房舍、新设备、新环境、新农民、新风尚都具有积极的促进作用，共同作用于新农村建设，对新农村的规模结构产生着重要影响。因此，提出如下假设：

HC1：景区城市化进程对景区规模结构完善具有显著的正向作用。

为了加快城镇化建设的步伐和实现区域内城乡一体化发展，景区城市化建设将带动区域内的基础设施建设，对城市的基础设施数量、规模、种类等多方面都将提出更高的要求。因此，景区城市化建设将在很大程度上带动城市基础设施建设和区域服务一体化发展，而基础设施作为旅游吸引物系统的重要组成部分，对新农村服务质量和景区建设都产生着重要的影响。景区综合服务能力主要表现在服务人员、服务设施和组织管理三个方面，从这个角度来讲，景区城市化对景区的服务设施产生着重要的影响作用。因此，提出如下假设：

HC2：景区城市化进程对景区综合服务能力提升具有显著的直接正向作用。

景区城市化进程本身是城市化进程的一种特殊方式，它是依靠旅游发展作为动力来推动的一种城市化。在这个过程中，景区作为发展的载体，通过旅游发展的推动，不断使新农村自身不断完善提升，开始出现空间规模不断扩大，产业组织不断丰富，服务经济快速发展，要素整合快速提升、村容村貌不断改善的现象。在这一系列因素的综合作用之下，新农村逐步发展提升，形成了以新农村为中心，旅游接待服务为主导产业[188][189]，人口具有一定规模，生产生活方式逐步城镇化、村容村貌整洁的新农村。在景区城市化进程的推动下，原来闭塞、隔离、以农耕为主的农村不断演化成为与外界联系紧密、开放、自身旅游景点化的新农村，不断积聚的要素和资源使得这些农村具有了较高的城镇化水平，经过景区城市化的不断驱动，逐渐演化成为新农村。因此，提出如下假设：

HC3：景区城市化进程对新农村演化具有显著的直接正向作用。

服务经济的增长和要素整合的加快是景区规模结构完善的重要部分。服务经济是以人力资本基本生产要素形成的经济结构、增长方式和社会形态，相较于工业化发展，现代服务经济是依托信息技术和现代管理理念而发展起来的。一方面，服务经济的产生减少了工业经济发展所带来的环境污染，使得居民的生存环境更为良好。另一方面，服务经济具有参与度高、灵活度高的特点，新农村居民可以通过从事服务经济获取一定的经济收入，不断提高生存质量。要素整合的加快主要针对的是人口、资本、土地等要素，对这些要素的整合能够使景区规模结构得到更好地完善，加快对人口、资本、土地等要素的整合速度对景区民生环境的改善产生了显著的直接正向作用。因此，提出如下假设：

HC4：景区规模结构完善对民生环境改善具有显著的直接正向作用。

服务经济的增长和要素整合的加快方面是景区规模结构完善的两个重要方面。景区城市化坚持以人为本，牢固树立人本思想，创造良好的人本环境，注重提升公共服务，形成良好的人本气氛，使得城镇建设不仅仅是硬件设施的建设，而是从人的需求出发，将城镇打造成为真正的宜居之所，这就为服务经济发展创造了良好的条件。在西南民族地区新农村的形成和发展中，诸多要素都被紧密地联系在一起，人口、环境、土地、资源、技术等都是影响城市和产业发展的重要因素。景区规模结构的完善为诸多要素的重新整合和排序提供了一个较好的平台，使得新农村的产业发展与人口增长、环境保护及资源利用相适应，推动着新农村向着更为健康、合理的道路发展。从这个角度来看，景区规模结构对新农村的演化具有重要的推动作用。因此，提出如下假设：

HC5：景区规模结构完善对新农村演化具有显著的直接正向作用。

景区综合服务能力提升主要涵盖三个方面的内容，分别是景区服务人员素质和能力的提升、景区服务设施水平的提升和景区组织管理水平的提升。人作为旅游产业发展中最根本的要素，服务人员素质和能力的提升有利于为旅游者营造一个更为和谐、友好的环境氛围，打造出一个更具有人文情怀的旅游目的地。景区服务设施既是影响旅游产业发展的基础，也是西南民族地区建设新农村的重中之重，直接影响着居民的生活环境。景区组织管理水平是新农村发展的重要软件，合理的管理体制是使新农村保持发展活力的重要力量，使居民生活在一个宽松、公正、有序的管理体制中，促进民生环境改善。由此不难看出，景区组织管理水平的提升对景区民生环境的改善能够产生显著的直接正向作用。因此，提出如下假设：

HC6：景区综合服务能力提升对民生环境改善具有显著的直接正向作用。

西南民族地区新农村建设包括新房舍、新设施、新环境、新农民和新风尚五个方面的内容，景区综合服务能力的提高将对新农村建设起到重要的作用。首先，从业人员素质是景区综合服务能力的重要内容，当景区服务人员素质提升时，新农村也有了具备现代化素质的新农民。其次，景区服务设施作为景区综合服务能力的重要内容，景区服务设施包括新房舍和新环境两个方面，因地制宜地建设各具民族和地域风情的居住房，完善基础设施，道路、水电、广播、通讯、电信等配套设施俱全，为新农村建设提供助力。最后，景区管理水平的提升有利于提倡科学、文明、法治的生活观，加强农村的社会主义精神文明建设。由此可见，景区综合服务的提升对新农村演化具有积极的推动作用。因此，提出如下假设：

HC7：景区综合服务能力提升对新农村演化具有显著的直接正向作用。

民生环境主要体现在物质环境和精神环境两个方面。物质环境主要是指农村居民的生产环境、生活环境和整体的村容村貌等方面，要实现民生环境的改善，就必须从最基础的物质环境着手，改善农村村民的生产环境，可以通过投资建设现代化的生产场地、购进现代化的生产工具、提供现代化的生产技术等方式进行。改善农村村民的生活环境，可以通过危旧房改造、引导农民就业、落实农村居民的社会保险和医疗保险制度等方式进行。改善村容村貌，需要根据国家政策进行新农村建设。通过“组合拳”的形式推进物质环境改善。精神环境是建立在物质环境基础之上的更高层次的环境追求。当农村村民物质环境得到改善之后，就会对精神环境的改善产生需求，一方面通过书本、媒体等媒介了解和掌握自身所喜好的信息，另一方面则是通过思考消化获取信息，从思想观念上发生大的转变。随着物质环境和精神环境的不断提升和完善，农村的民生环境都将不再是传统农村形态下的民生环境，而是逐步演化成为新农村的民生环境[190]。因此，提出如下假设：

HC8：民生环境改善对新农村演化具有显著的直接正向作用。

（二）景区城市化对新农村演化的理论模型构建

根据旅游城市化对新型城乡形态演化的分析框架，结合景区城市化对新农村演化的研究假设，可以较好地识别出景区城市化对新农村演化的作用路径。由此可以得出景区城市化对新农村演化的理论模型（见图4－3）。

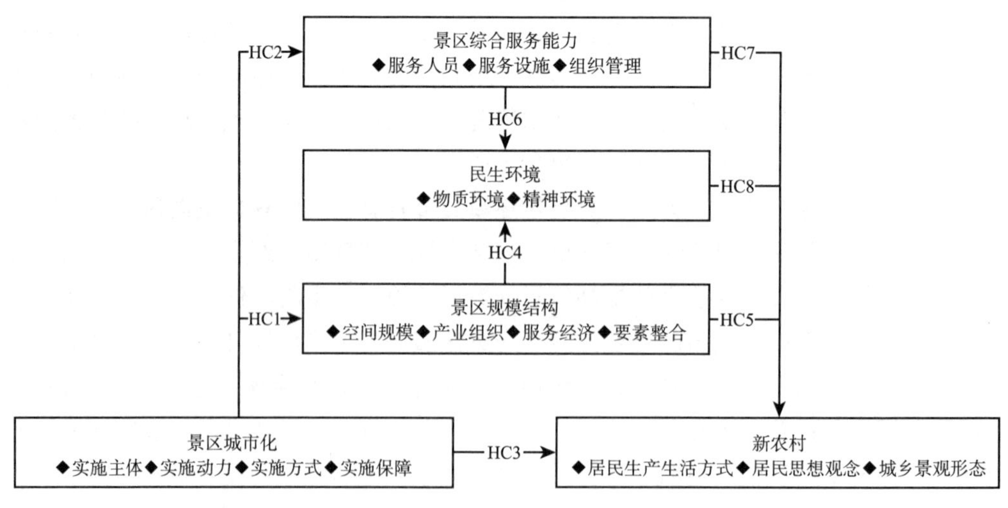

图4－3　景区城市化对新农村演化的理论模型

在景区城市化对新农村演化的理论模型中，存在五个主要的变量，它们分别是：景区城市化、景区规模结构、景区综合服务能力、民生环境和新农村。其中，景区城市化由实施主体、实施动力、实施方式和实施保障四个维度构成，景区规模结构由空间规模、产业组织、服务经济和要素整合四个维度构成，景区综合服务能力由服务人员、服务设施和组织管理三个维度构成，民生环境由物质环境和精神环境两个维度构成，新农村由居民生产生活方式、居民思想观念和城乡景观形态三个维度构成。这五个主要变量之间的作用关系可以反映出景区城市化是如何对新农村演化产生作用的。具体来看，景区城市化对新农村演化的作用路径可以分为两种：一种是直接产生作用的路径，另一种是间接产生作用的路径。直接产生作用的路径为景区城市化直接对新农村演化产生作用的路径。间接产生作用的路径为景区城市化间接对新农村演化产生作用的路径，这样的路径有四条，分别是：景区城市化通过景区规模结构作用于新农村演化；景区城市化通过景区综合服务能力作用于新农村；景区城市化作用于景区规模结构，景区规模结构作用于民生环境，民生环境作用于新农村演化；景区城市化作用于景区综合服务能力，景区综合服务能力作用于民生环境，民生环境作用于新农村演化。在图 4 - 3 中，每条路径上的字母数字代表的是之前所作出的研究假设，针对提出的研究假设，还需要作进一步的实证检验来加以验证。

四、城市景区化对都市圈演化的研究假设及理论模型构建

（一）城市景区化对都市圈演化的研究假设

城市景区化是促使城市化进程推进与旅游发展相结合，不断优化城市的旅游发展环境，将城市逐步建设成为旅游休闲目的地的过程。城市在人口集聚和产业集聚上已经具备了较好的基础，但在城市软实力的打造、城市空间的扩张重构以及城市转型和功能改变等进一步加快城市发展、提升城市竞争力方面，还需要依赖于旅游发展的带动。旅游带动下的城市景区化过程会催生一批依托现有自然景观开发的景区和人为建设的景区，这些景区的开发形成，对原有城市经济发展、社会发展、生态环境、文化发展等诸多方面的要求不断提升。城市景区化的推进，有利于带动城市形象改善[191]，促成城市转型，由此吸引的外部资金投入和产业发展都将对城市经济发展提供促进作用。城市景区化的推进会吸引大量的游客将城市作为旅游目的地，由此促使城市社会得到快速发展。在城市景区化进程中，城市逐步成为供游客游玩休憩的目的地，生态环境作为旅游目的地选择的重要指标不容忽视，因此城市景区化进程也将大

幅促进城市生态环境改善。城市景区化进程不单单是依托城市的硬件设施，城市文化同样不容忽视，旅游发展中文化是重要的组成部分，因此在城市景区化进程会不断推进城市文化的发展[192]。综合来看，城市景区化进程能够对城市经济、社会、生态环境、文化等构成城市可持续发展环境因素的改善产生十分显著的直接正向作用。因此，提出如下假设：

HD1：城市景区化进程对可持续发展环境改善具有显著的直接正向作用。

城市景区化进程是靠旅游带动的城市发展，城市作为城市景区化发展的载体，一方面需要打造符合自身条件的城市景区及相关的配套设施，另一方面需要在城市内部景区间和周边城市景区间进行互通互动，避免城市景区化进程中出现城市景区趋同和不良竞争的状况。为使城市景区化进程中城市自身和城市间的城市景区更好地发展，就必须对城市景区在市场、资源和产品三个方面进行联动协调。从旅游市场来看，城市旅游市场随着城市景区化进程的推进不断扩大[193]，随着旅游景区在城市景区化进程中的不断增加，不可能存在一个或少数几个景区占有整个城市旅游市场的情况，因此，为了保证城市旅游市场能够长期健康的发展，就必须让所有的城市景区共享市场。城市景区化进程会给城市旅游市场发展带来更多的资源[194]，游客、人口、资本、土地、技术等都将成为城市旅游市场发展的红利不断增长。同样，这些资源也不可能仅被少量城市景区所占有，因此城市景区化进程促进了城市资源的共享。城市景区化进程催生的城市景区会通过不同的旅游景观和旅游产品来吸引游客，为了避免出现城市旅游出现趋同和不良竞争，就要引导不同的城市景区根据其自身的特点设计具有差异性的旅游产品[195]，一方面满足不同需求的游客，一方面避免相互竞争。综合来看，城市景区化进程能够从市场、资源和产品等角度使城市景区联动更加密切，对城市景区联动产生直接的正向作用。因此，提出如下假设：

HD2：城市景区化进程对景区联动密切具有显著的直接正向作用。

城市景区化进程不仅仅限于某一个城市的范围内，它的形成和发展往往具有带动效应和示范效应。城市景区化进程通过旅游发展带动城市软实力提升、城市空间规模扩张、城市功能转变和城市转型，这符合当下我国城市化发展的趋势。以工业发展为主导的传统城市发展模式逐渐转变成为以第三产业发展为主导的现代城市发展模式，在这个时代背景和历史趋势影响下，具有发展条件的城市都开始尝试旅游带动的第三产业主导的城市发展路径。城市景区化进程首先推动城市内部进行景区化改造，提升城市软实力、扩大城市空间规模、促使城市功能转变和城市转型，随着城市景区化进程的不断推进，城市发展速度加快，城市竞争力不断提升。在一定范围内的多个城市同时在城市景区化进程的推动下，就会形成在一定范围内的城市群落，这种群落随着城市景区化进程推进不断延伸基础设施[196]和公共服务产品[197]，最终相互连接，形成互联互通的都市圈。都市圈经济已成为经济活动空间组织及运行的一种形式，是基于社会分工深化、市场深度扩张、要素高度空间聚集而演化出来的区域经济形态城市[198]。景区化是通过旅游发展来带动城市景区发展，城市景区发展带动城市整体发展，进而在一定阶段形成都市圈的联动发展。城市景区化进程对都市圈演化产生了积极的推动作用。因此，提出如下假设：

HD3：城市景区化进程对都市圈演化具有显著的直接正向作用。

城市可持续发展环境的改善主要表现在城市经济发展[199]、城市社会发展[200]、城市生态环境[201]和城市文化发展[202]等方面的提升和完善上。首先，城市经济发展是城市可持续发展环境的组成部分，也是城市发展的重要推动力。城市经济发展中最重要的组成部分是产业发展，不同产业的协调发展成为推动城市经济发展的重点，同时，产业发展不仅需要产业间的协作，还需要不同城市间进行产业协作，由此带动城市间的经济发展协作。由此，城市经济发展会促进城市经济协作。其次，城市社会发展是城市发展的根本保证，社会发展能够促进城市和谐发展，社会保障的不断完善能够促进居民不受城市限制，通过人口流动带动城市社会发展协作[203]。再次，生态环境的不断改善是城市景区化进程的关键，随着雾霾等自然环境恶化标志的出现，生态环境保护意识逐渐被唤醒，整个生态系统的统一性使得单一城市对生态环境治理不可能成功，生态环境的改善必须通过城市协作来共同完成[204]，因此，城市生态环境的改善会促进城市间生态环境保护的协作。最后，城市文化发展主要以当地文化背景、生活传统、节庆活动作为依托，不同的城市之间具有不同的文化，文化在发展的过程中需要不断吸收和融合外来文化，这就促进了城市间的文化协作。综合来看，城市可持续发展环境改善能够对城市协作水平的提升产生显著的直接正向作用。因此，提出如下假设：

HD4：可持续发展环境改善对城市协作水平提升具有显著的直接正向作用。

城市可持续发展环境的改善，如前所述，主要表现在城市经济发展、城市社会发展、城市生态环境和城市文化发展四个方面的提升和完善上。城市可持续发展环境对都市圈演化作用与城市可持续发展环境对城市协作的作用相似。城市经济发展推动城市快速发展，在发展的过程中，城市空间规模结构和城市职能结构在不断改变，随着城市空间规模结构和城市职能结构的转变，一定范围内的城市开始出现协同发展，进一步演化形成了都市圈。城市社会发展通过推动人民生活，改革社会保障制度，使不同城市和农村间的人民生活水平不断提升[205]，社会保障实现联网，推进了从单个城市分散发展演化为都市圈形态发展。城市生态环境的改善需要靠城市及其周边区域的协同推进，通过设定生态环境保护的总体目标来推动人才、技术、资金等多个方面的交流，形成单个城市分散发展演化为都市圈形态发展。城市文化发展依托当地文化背景、生活传统、节庆活动等，不断提升和推广，同时不断吸收和融入外来优秀文化，在一定范围能形成文化认同，推动了都市圈的演化形成。综合来看，城市可持续发展环境能够对都市圈演化产生显著的直接正向作用。因此，提出如下假设：

HD5：可持续发展环境改善对都市圈演化具有显著的直接正向作用。

景区联动主要体现在市场共享[206]、资源共享和产品差异三个方面。首先，市场共享是体现在旅游市场乃至整个市场的共享，随着城市景区的不断增加，少数景区在旅游市场上的垄断地位已被打破，不同的城市景区会依托自身优势满足具有不同喜好的旅游者的需求，市场贡献不仅是发展的趋势，也能够使景区联动更为密切。由于有些旅游者在一次旅游的过程中不只选择一个城市作为旅游目的地，由此产生的跨城市的景区联动及市场共享就会促进城市协作的不断深入。其次，景区联动的资源共享主要是体现在游客、人口、资本、土地、技术等多个方面。随着城市旅游市场的不断增长，资源也在不断扩张，为保持整个城市旅游市场的良性可持续发展，避免因争夺资源而产生的恶意竞争，城市景区联动对旅游市场资源实行共享，通过实现资源共享推动城市协作水平提升。最后，景区联动的产品差异是保持城市景区避免趋同而导致在旅游市场和旅游资源上的争夺，在城市景区发展中保持产品差异能够推进景区之间的联动互补，让游客有更丰富的体验，通过对不同产品的体验，能够带动城市景区，进而带动城市协作水平的显著提升。综合来看，景区联动密切能够对城市协作水平提升产生显著的直接正向作用。因此，提出如下假设：

HD6：景区联动密切对城市协作水平提升具有显著的直接正向作用。

景区联动主要建立在市场共享、资源共享和产品差异这三方面的基础上，景区联动的密切程度反映在市场共享程度、资源共享程度和产品的差异化程度上。市场共享主要反映的是景区所在的旅游市场的共享，提升市场共享程度可以消除市场垄断力量，因此，加快构建和扩大城市景区数量和规模能够有效降低市场垄断，提升市场共享程度。市场共享程度的提升会逐步缩短景区间的通达时间，完善景区间的联动机制，带动整个旅游市场的快速融合发展，旅游市场的快速发展能够推进都市圈联系紧密，进而加快都市圈的演化。资源共享则主要表现为游客、人口、资本、土地、技术等多方面资源的共享，旅游市场在不断扩大，资源也在不断丰富，通过共享旅游资源能够更快地提升景区联动的紧密程度，进而对都市圈演化产生影响。综合来看，景区联动密切对都市圈演化具有显著的直接正向作用。因此，提出如下假设：

HD7：景区联动密切对都市圈演化具有显著的直接正向作用。

城市协作主要体现在协作基础和协作动力两个方面。协作基础是指在文化认同、基础设施和景观差异等方面，要实现城市协作，就需要首先从协作的基础着手。首先，挖掘共享的文化传承、共同的生活习俗、共有的节庆活动等方式，增强城市间居民的文化认同程度，推动都市圈的演化。其次，完善城市间的基础设施建设，基础设施是沟通城市与城市的桥梁，便捷的基础设施能够有效地缩短城市间的通达时间，提高发展效率，有效保障城市协作的产生，推动都市圈的演化。最后，城市间景观差异是产生城市协作的重要基础，根据城市的空间位置、气候条件、生态环境、地形地貌等特点，科学地打造与周边城市有差异的景观设施，能够极大地降低因城市趋同发展带来的城市恶性竞争，为城市协作进而推动都市圈演化奠定了良好的基础。协作动力则主要来源于在市场、资源等方面，一方面，市场的不断发展给城市发展添加了动力，市场的竞争压力也给城市发展增添了变数，加强城市协作能够有效获取市场收益并规避市场风险，有效推动都市圈的演化。另一方面，资源在市场的发展中会有所增长，但对于城市发展而言，对资源的渴求是无止境的，为避免对资源的不良竞争，寻求资源共享是城市协作的基本动力，也是推动都市圈演化的动力。综合来看，城市协作水平的提升能够对都市圈演化产生显著的直接正向作用。因此，提出如下假设：

HD8：城市协作水平提升对都市圈演化具有显著的直接正向作用。

（二）城市景区化对都市圈演化的理论模型构建

根据旅游城市化对新型城乡形态演化的分析框架，结合城市景区化对都市圈演化的研究假设，可以较好地识别出城市景区化对都市圈演化的作用路径。由此可以得出城市景区化对都市圈演化的理论模型（见图4－4）。

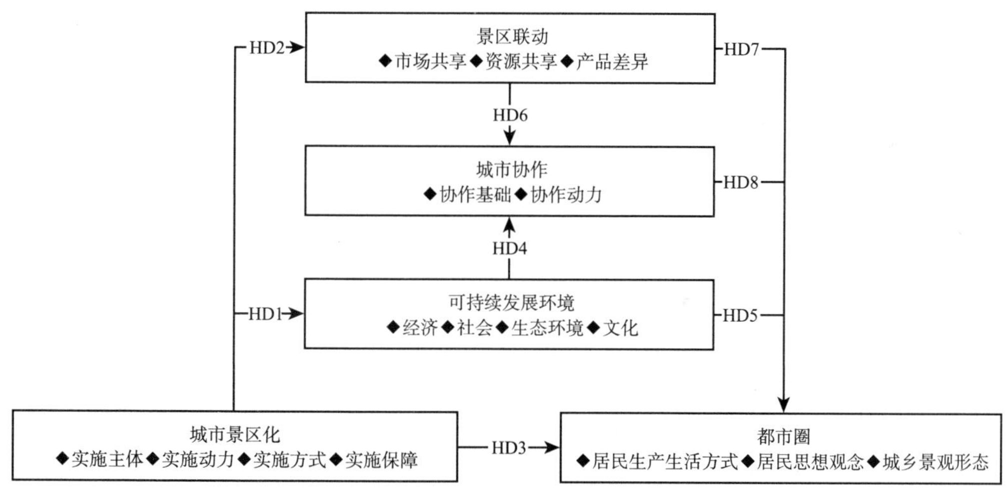

图4－4　城市景区化对都市圈演化的理论模型

在城市景区化对都市圈演化的理论模型中，存在五个主要的变量，它们分别是：城市景区化、可持续发展环境、景区联动、城市协作和都市圈。其中，城市景区化由实施主体、实施动力、实施方式和实施保障四个维度构成，可持续发展环境由经济、社会、生态环境和文化四个维度构成，景区联动由市场共享、资源共享和产品差异三个维度构成，城市协作由协作基础和协作动力两个维度构成，都市圈由居民生产生活方式、居民思想观念和城乡景观形态三个维度构成。这五个主要变量之间的作用关系可以反映出城市景区化是如何对都市圈演化产生作用的。具体来看，城市景区化对都市圈演化的作用路径可以分为两种：一种是直接产生作用的路径，另一种是间接产生作用的路径。直接产生作用的路径为城市景区化直接对都市圈演化产生作用的路径。间接产生作用的路径为城市景区化间接对都市圈演化产生作用的路径，这样的路径有四条，分别是：城市景区化通过可持续发展环境作用于都市圈演化；城市景区化通过景区联动作用于都市圈；城市景区化作用于可持续发展环境，可持续发展环境作用于城市协作，城市协作作用于都市圈演化；城市景区化作用于景区联动，景区联动作用于城市协作，城市协作作用于都市圈演化。在图4－4中，每条路径上的字母数字代表的是之前所作出的研究假设，针对提出的研究假设，还需要做进一步的实证检验来加以验证。

五、城市景区化对城中村演化的研究假设及理论模型构建

（一）城市景区化对城中村演化的研究假设

城市景区化是指由于旅游的发展使得城市内部景区数量不断增多、规模不断扩大、水平不断提高，城市自身环境逐渐改善、美化的发展趋势。相对于工业城市化，以旅游为主导的城市化进程更加关注景观空间的文化内涵和异质性，且更关注生活质量的城市化水平，而不是土地和物质空间的城市化。城市景区化强调在城市发展中注重旅游景区的地位，关注自然环境和人文环境建设，使区域城市化呈现出平稳、和谐、可持续的发展状态。从这个角度来说，城市景区化有利于城市环境的建设，因此，提出如下假设：

HE1：城市景区化进程对可持续发展环境改善具有显著的直接正向作用。

为使城市景区化进程中能够更好地使城市自身和城市间的景区更好地发展，就必须对市场、资源和产品三个方面进行联动协调。从旅游市场来看，随着旅游景区在城市景区化进程中的不断增加，为了保证城市旅游市场能够长期健康的发展，就必须让所有的城市景区共享市场。从旅游资源来看，城市景区化进程会给城市旅游市场发展带来更多的资源，游客、人口、资本、土地、技术等都将成为城市旅游市场发展的红利。从旅游产品来看，城市景区化进程催生的城市景区会通过不同的旅游景观和旅游产品来吸引游客，引导景区根据其自身的特点设计具有差异性的旅游产品，通过产品差异化形成自身优势，不断获得市场份额。综合来看，城市景区化进程能够从市场、资源和产品等角度使城市景区联动更加密切，对城市景区联动产生直接的正向作用。因此，提出如下假设：

HE2：城市景区化进程对景区联动密切具有显著的直接正向作用。

在城市景区化发展进程中，人口向经济更为发达的区域流动，资本和物质等生产力要素向旅游依托地区积聚和扩散，从而带动城市地域的不断推进和延伸。城市景区化进程首先推动城市内部进行景区化改造，提升城市软实力、扩大城市空间规模、促使城市功能转变和城市转型。随着城市景区化进程的不断推进，城市发展速度加快，城市竞争力不断提升。原有在城市发展过程中被城市所包围的农村在城市基础设施建设和城市公共服务产品推广的过程中，逐步演化形成了城中村。城市景区化是通过旅游发展来带动城市景区发展，城市景区发展带动城市整体发展，进而在一定阶段演化形成城中村。城市景区化进程对城中村演化产生了积极的推动作用。因此，提出如下假设：

HE3：城市景区化进程对城中村演化具有显著的直接正向作用。

城市可持续发展环境的改善主要表现在城市经济发展、城市社会发展、城市生态环境和城市文化发展等方面的提升和完善上。城市经济发展能够从城市建设、城市服务、城市宣传、城市景区等多个方面对城市面貌转变产生直接效果。城市社会发展则是通过改善人民生活水平、完善社会保障制度等提升城市“软实力”的方式来使城市面貌得到改变。城市生态环境保护则是在我国很多地区生态环境遭到破坏的背景下转变城市面貌的有效途径。城市文化发展可以通过挖掘城市文化底蕴、塑造城市文化品牌等方式来打造城市文化形象，对城市面貌的提升和转变有很深远的意义。综合来看，城市可持续发展环境改善能够对城市面貌转变产生显著的直接正向作用。因此，提出如下假设：

HE4：可持续发展环境改善对城市面貌转变具有显著的直接正向作用。

城市可持续发展环境的改善，如前所述，主要表现在城市经济发展、城市社会发展、城市生态环境保护和城市文化发展四个方面的提升和完善上。城市经济发展能够提升产业发展水平、提供更多的就业岗位，更多的人口开始向城市集聚。由于城市居住成本过高，因经济发展集聚的外来人口很多选择在就近的城中村居住，提升了城中村居民的收入。此外，由于城市经济发展，会对城市整体规划中存在的城中村进行改造或拆迁重建，城市经济发展产生的这些效果都促进了城中村的演化。城市社会发展对人民生活水平的提升、社会保障的完善都产生了很大的作用，城中村居民在长期的城市生活中也逐步市民化。由于生产方式的逐步转变，生活水平不断提升，随着社会保障覆盖范围的扩大，城中村居民获得的保障也不断增加。城市社会发展对城中村演化也产生了积极的作用。城市生态环境保护对城中村中的卫生环境提出了更高的要求，将城中村纳入城市生态环境保护的整体范围中，一方面增加城中村生态环境保护的人员，另一方面对城中村居民进行宣传教育，从“标”和“本”两方面提升城中村的生态环境保护水平。城市文化发展针对城中村的任务主要在于对城中村特色文化的保护和使城中村居民对城市文化产生认同感。由于城中村之前是城市周边的农村，一些具有传统文化特色的乡俗乡貌需要得到保护，同时城中村已经成为城市的一部分，需要对城市文化产生认同感。这也是推动城中村演化的重要动力。综合来看，可持续发展环境对城中村演化具有直接正向作用。因此，提出如下假设：

HE5：可持续发展环境改善对城中村演化具有显著的直接正向作用。

景区联动主要建立在市场共享、资源共享和产品差异这三方面的基础上，景区联动的密切程度反映在市场共享程度、资源共享程度和产品的差异化程度上。首先，旅游市场共享有利于城市加强自身景区的特色建设，随着城市景区的快速发展，景区周边的城市景观也会受到景区景观或旅游服务设施建设风貌的影响。不同景区带动下的城市景观整体提升对城市面貌的转变有很大的推动作用。其次，城市旅游资源共享会促进城市景区之间在基础设施、游客服务等方面更好的联动协作，这种联动一方面可以美化城市道路，形成城市旅游特色景观，另一方面可以提升景区服务人员素质，提升城市形象。从这个角度出发，对城市面貌的转变具有很好的推动作用。最后，旅游产品差异是在旅游发展过程中形成的，这种差异的产生是需要进行规划的，以避免旅游产品趋同现象的出现。旅游产品的差异能够吸引旅游者对不同城市景区进行关注，由此对城市印象的提升隐性地带动了城市的面貌转变。综合来看，景区联动密切显著改变了城市面貌。因此，提出如下假设：

HE6：景区联动密切对城市面貌转变具有显著的直接正向作用。

景区联动是由市场共享、资源共享和产品差异三方面共同组成的，景区联动的密切程度反映在市场共享程度、资源共享程度和产品的差异化程度上。旅游市场共享会推进城市旅游整体环境的提升，在此过程中，城中村将发生很大程度的演化。一方面，旅游发展的推动会使城市对城中村进行集中改造或拆迁重建，以改善城市整体旅游形象；另一方面，针对城中村居民进行宣传和定期组织学习，以此提升城中村居民的整体素质水平。景区联动密切主要通过其中的旅游市场共享来对城中村演化产生作用。因此，提出如下假设：

HE7：景区联动密切对城中村演化具有显著的直接正向作用。

城市面貌主要包含城市景观建设和城市旅游氛围营造两个方面。城市景观建设是指城市在发展过程中，城市中的景区、住宅区等具有城市景观特色的建筑，这类建筑的建设要在城市规划的框架下实施，以保障城市发展的有序进行。城市景观建设能够很好地体现一个城市的城市面貌，成为城市发展的名片。因此，对于在城市快速发展过程中存在的包围在城市中的农村，城市规划也会将其列入城市景观建设的范畴中来，对这样的农村实施与城市景观建设相协调的改造或拆迁重建，这个过程推动了城中村的演化。在旅游发展带动下，城市逐步成为游客旅游的目的地，这就需要对城市的旅游氛围进行营造[207]。一方面，不断提升城市生态环境保护程度，加强对市民的宣传力度，提升市民的整体素质。另一方面，对城市旅游景区和城市发展的落后地区进行提升和改造。由此，在城市发展过程中被纳入城市范围的农村此时受到城市旅游氛围营造的影响，一方面村民素质不断提升，生态环境保护意识增强，另一方面受到城市专项建设的帮扶，逐渐演化形成具有城市特征的城中村。综合来看，城市面貌的转变对城中村演化具有显著的直接正向作用。因此，提出如下假设：

HE8：城市面貌转变对城中村演化具有显著的直接正向作用。

（二）城市景区化对城中村演化的理论模型构建

根据旅游城市化对新型城乡形态演化的分析框架，结合城市景区化对城中村演化的研究假设，可以较好地识别出城市景区化对城中村演化的作用路径。由此可以得出城市景区化对城中村演化的理论模型（见图4-5）。

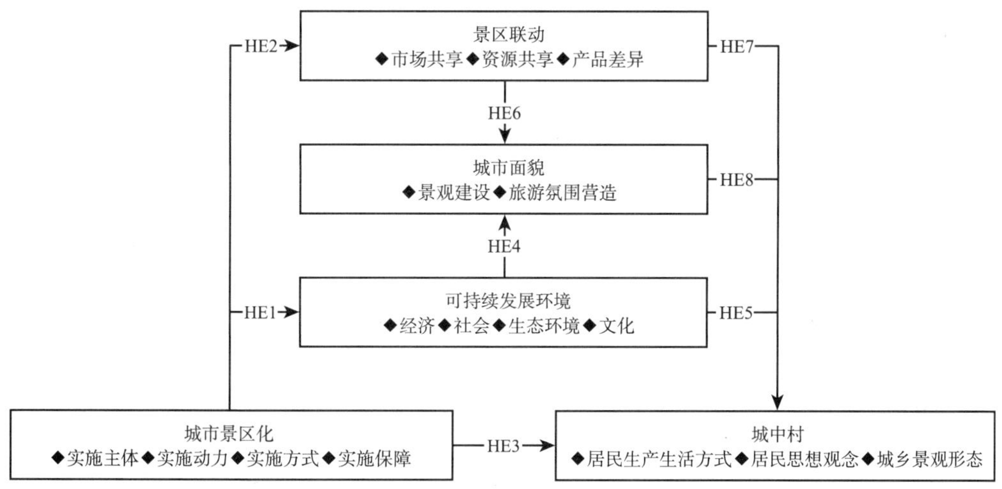

图4-5　城市景区化对城中村演化的理论模型

在城市景区化对城中村演化的理论模型中，存在五个主要的变量，它们分别是：城市景区化、可持续发展环境、景区联动、城市面貌和城中村。其中，城市景区化由实施主体、实施动力、实施方式和实施保障四个维度构成，可持续发展环境由经济、社会、生态环境和文化四个维度构成，景区联动由市场共享、资源共享和产品差异三个维度构成，城市面貌由景观建设和旅游氛围营造两个维度构成，城中村由居民生产生活方式、居民思想观念和城乡景观形态三个维度构成。这五个主要变量之间的作用关系可以反映出城市景区化是如何对城中村演化产生作用的。具体来看，城市景区化对城中村演化的作用路径可以分为两种：一种是直接产生作用的路径，另一种是间接产生作用的路径。直接产生作用的路径为城市景区化直接对城中村演化产生作用的路径。间接产生作用的路径为城市景区化间接对城中村演化产生作用的路径，这样的路径有四条，分别是：城市景区化通过可持续发展环境作用于城中村演化；城市景区化通过景区联动作用于城中村；城市景区化作用于可持续发展环境，可持续发展环境作用于城市面貌，城市面貌作用于城中村演化；城市景区化作用于景区联动，景区联动作用于城市面貌，城市面貌作用于城中村演化。在图 4 - 5 中，每条路径上的字母数字代表的是之前所作出的研究假设，针对提出的研究假设，还需要作进一步的实证检验来加以验证。

第五章

西南民族地区旅游城市化进程中新型城乡形态演化作用的实证研究

一、调查问卷设计与数据收集

（一）预调研

预调研的目的是获得西南民族地区旅游城市化进程中新型城乡形态演化的基本情况和现实问题，对原定问卷题项、表述以及与现实相冲突的内容进行修改，为第二阶段的正式调研展开做好相关的安排和奠定基础[208]。具体来说是了解西南民族地区景区城市化对城镇化农村、景区城市化对城郊化农村、景区城市化对新农村、城市景区化对都市圈、城市景区化对城中村演化是否具有影响作用，其作用是通过什么路径来实现的，具体的作用强度是多少等相关内容。

预调研的理论基础包括经济学、旅游学、社会学、民族学等学科在城市化和城乡发展等方面的研究。综观这些理论，关于城市化发展的理论、发展模式的理论、协调发展的理论等，都对研究西南民族地区旅游城市化进程中新型城乡形态演化具有参考作用。在对西南民族地区旅游城市化进程中新型城乡形态演化研究时，不同的理论均可以从理论上对研究产生一定的指导作用，如新兴古典城镇化理论、城镇化过程曲线等对城镇化发展的规律进行了揭示，有利于指导旅游城市化发展和确定发展所处的阶段。非均衡增长理论、土地资源与人口承载力理论、区域均衡协调发展理论阐释了城乡发展的内在规律，为更好地研究城乡关系发展，形成更有利于城乡发展的新型城乡形态提供了理论依据。集聚经济理论、田园城市理论、区域规划理论、中心区位理论、城市群理论、卫星城市理论等都是为西南民族地区旅游城市化进程中新型城乡形态演化提供发展演化方向的选择，这些理论的存在能够使得符合相应发展条件的地区能够快速进入成熟的发展轨道，节省了在道路摸索方面的时间和资源。

预调研的程序主要包括准备阶段、实施阶段、结果处理阶段以及具体的日程时间安排[209]。在准备阶段，确定调研问题，设计调研方案及原始调查问卷；在实施阶段，根据调研要求，采取多种形式，对调研人员进行分组安排，由小组成员广泛收集与调查活动有关的信息；在结果处理阶段，将收集的信息进行汇总、归纳、整理和分析，并将调研结果以书面报告的形式表述出来。预调研的开始时间为 2013 年 7 月，结束时间为 2014 年 7 月，地点是云南、广西、贵阳三省内的丽江市及其周边城镇农村、桂林至阳朔区间的城郊化农村、广西龙胜龙脊村、云南昆玉旅游文化产业经济带、贵阳花溪区五个地点，具体的日程安排如下：

表 5－1　　预调研的程序安排

<table>
<tr><th>时间</th><th>工作内容</th><th>调研地点</th></tr>
<tr><td>7 月 8 日 ~8 月 15 日</td><td>调研方案、问卷的设计</td><td rowspan="8">丽江市及其周边城镇农村、桂林至阳朔区间的城郊化农村、广西龙胜龙脊村、云南昆玉旅游文化产业经济带、贵阳花溪区</td></tr>
<tr><td>8 月 16 日 ~9 月 20 日</td><td>调研方案、问卷的修改、确认</td></tr>
<tr><td>9 月 21 日 ~10 月 25 日</td><td>项目准备阶段</td></tr>
<tr><td>10 月 26 日 ~11 月 18 日</td><td>实施调查阶段</td></tr>
<tr><td>11 月 19 日 ~11 月 31 日</td><td>数据预处理阶段</td></tr>
<tr><td>12 月 1 日 ~12 月 31 日</td><td>数据统计分析阶段</td></tr>
<tr><td>1 月 1 日 ~3 月 27 日</td><td>调研报告撰写阶段</td></tr>
<tr><td>3 月 28 日 ~7 月 3 日</td><td>论证阶段</td></tr>
</table>

由表 5－1 可以看出，预调研的时间从 2013 年 7 月开始到 2014 年 7 月结束，进行了长达一年时间的预调研，主要的原因可以从以下几个方面来进行说明：一是西南民族地区具有典型的民族性和地域特殊性，在调研的过程中需要将理论与调研地的实际情况进行有机的结合，以目标导向为原则进行数据采集。二是西南民族地区的新型城乡形态呈现出一定的模糊性，不同形态之间的边界线较为模糊，为了取得有价值的数据，在预调研的过程中需要花费一定的时间和人力进行新型城乡形态的判断。三是在原始数据的初步处理和数据统计分析上遇到了一些障碍，在坚持数据真实性的原则下，研究展开多种数据处理方法，在进行结果判断的基础上择优选取，提高数据的可操作性。

预调研的内容主要包括问卷和典型个体访谈。为了保证实地调研数据真实性，调查问卷主要采取现场发放的形式，同时安排小组人员进行专业指导，辅助被访问人员顺利完成调查问卷的填写。典型个体访谈主要包括对当地居民和政府人员进行访谈，将访谈对象分为村民和政府人员两部分的主要原因在于，居民和政府是西南民族地区旅游城市化进程中新型城乡形态演化关系最为密切的人群，通过对他们进行访谈，有利于获得西南民族地区旅游城市化进程中新型城乡形态演化最真实的情况。同时，为了进一步展开访谈，达到本书实际调研的目的，调研小组在进行访谈时运用一定的询问技巧，制定访谈话术，针对西南民族地区旅游城市化进程中新型城乡形态演化研究现状拟定访谈提纲（访谈提纲详见附录）。

（二）调查问卷设计

在对预调研的结果进行整理统计分析的基础上，研究开展新一轮的正式调研，时间为2014年8月到2016年8月，主要的调研地点主要包括西南民族地区三省，即广西壮族自治区、云南省、贵州省。正式调研是在预调研的基础上进行有针对性的数据采集，结合在西南民族地区的预调研中所遇到一些现实的问题和困难，为了取得西南民族地区旅游城市化进程中新型城乡形态演化的数据，本书在对问卷的设计中充分考虑了相关的内容。

从调查问卷设计的题设方面来看，为保证调查问卷问题设计的科学性、合理性和可操作性，遵循以下三项原则对调查问卷的问题进行设计：一是在问题设计过程中采用国内外学者之前在调查类似问题过程中运用并被证实科学有效，在学科领域内被广泛采纳使用的问题设计；二是在成熟的问卷设计量表的基础上，针对现有调查目的和面临的实际情况，在请教咨询领域内权威专家后，认为能够符合科学性、合理性和可操作性原则的问题设计；三是在没有成熟的问卷设计量表的情况下，通过对国内外相关领域文献和相关理论进行梳理甄别，结合现有调查目的和面临的实际情况，请教咨询领域内权威专家后，认为能够符合科学性、合理性和可操作性原则的问题设计。

从调查问卷设计的度量方面来看，采用主观感知的方法来测度受访对象对题设中问题的感知结果，获取相关数据，为进行相关实证评估分析进行数据准备。在此过程中，运用里克特五星量表这一相对成熟的形式，1分、2分、3分、4分、5分分别对应由“最不好”过渡到“最好”的感知程度。要求受访对象在接受问卷调查的过程中，遵循自我的真实感知情况，对相关问题进行打分。

从调查问卷设计的反馈率方面来看，为保证调查问卷能够既保证问卷内容的丰富性，又保证成功反馈，必须做好以下两个方面：一是必须保证调查问卷问题的涵盖面，达到研究所需的基本题设项目；二是为保证反馈率，不能够将调查问卷设计得过于冗长，这样会降低受访者的积极性。因此，考虑以上两个方面的问题和本领域内成熟的调研问卷设计经验，采用在调查问卷的五个部分中，每个部分设计2~3项题设，整个调查问卷的题设数量共有42个（调查问卷详见附录）。问卷设计在遵循总体设计要求的基础上，各部分结合自身的实证要求进行相应的问卷设计，具体如下：

一是景区城市化对城镇化农村演化作用的调查问卷设计。实证研究景区城市化对城镇化农村演化作用中所需数据的获得主要通过发放和收集调查问卷的形式。由此，要保障获取数据的有效性、科学性和可靠性，必须科学合理地设计《景区城市化对城镇化农村演化作用调查问卷》（简称“调查问卷”）。从调查问卷设计的目的方面来看，必须重点把握景区城市化、景区综合服务能力、景区规模结构、资源集聚力以及城镇化农村五个方面的情况，通过对这五个方面的情况加以具体化、条理化和可操作化的处理，以形成一系列能够被科学观测的指标或变量，为最终分析景区城市化对城镇化农村演化的作用路径和作用程度获取第一手的实证分析数据。从调查问卷设计的结构方面来看，依据设计调查问卷目的的五个方面，针对性地设计为五个部分。分别是：第一部分“景区城市化状况的调查”；第二部分“景区综合服务能力状况的调查”；第三部分“景区规模结构状况的调查”；第四部分“资源集聚力状况的调查”；第五部分“城镇化农村状况的调查”。

二是景区城市化对城郊化农村演化作用的调查问卷设计。实证研究景区城市化对城郊化农村演化作用中所需数据的获得主要通过发放和收集调查问卷的形式。由此，要保障获取数据的有效性、科学性和可靠性，必须科学合理地设计《景区城市化对城郊化农村演化作用调查问卷》（简称“调查问卷”）。从调查问卷设计的目的方面来看，必须重点把握景区城市化、景区综合服务能力、景区规模结构、旅游吸引以及城郊化农村五个方面的情况，通过对这五个方面的情况加以具体化、条理化和可操作化的处理，以形成一系列能够被科学观测的指标或变量，为最终分析景区城市化对城郊化农村演化的作用路径和作用程度获取第一手的实证分析数据。从调查问卷设计的结构方面来看，依据设计调查问卷目的的五个方面，针对性地设计为五个部分。分别是：第一部分“景区城市化状况的调查”；第二部分“景区综合服务能力状况的调查”；第三部分“景区规模结构状况的调查”；第四部分“旅游吸引状况的调查”；第五部分“城郊化农村状况的调查”。

三是景区城市化对新农村演化作用的调查问卷设计。实证研究景区城市化对新农村演化作用中所需数据的获得主要通过发放和收集调查问卷的形式。由此，要保障获取数据的有效性、科学性和可靠性，必须科学合理地设计《景区城市化对新农村演化作用调查问卷》（简称“调查问卷”）。从调查问卷设计的目的方面来看，必须重点把握景区城市化、景区综合服务能力、景区规模结构、民生环境以及新农村五个方面的情况，通过对这五个方面的情况加以具体化、条理化和可操作化的处理，以形成一系列能够被科学观测的指标或变量，为最终分析景区城市化对新农村演化的作用路径和作用程度获取第一手的实证分析数据。从调查问卷设计的结构方面来看，依据设计调查问卷目的的五个方面，针对性地设计为五个部分。分别是：第一部分“景区城市化状况的调查”；第二部分“景区综合服务能力状况的调查”；第三部分“景区规模结构状况的调查”；第四部分“民生环境状况的调查”；第五部分“新农村状况的调查”。

四是城市景区化对都市圈演化作用的调查问卷设计。实证研究城市景区化对都市圈演化作用中所需数据的获得主要通过发放和收集调查问卷的形式。由此，要保障获取数据的有效性、科学性和可靠性，必须科学合理地设计《城市景区化对都市圈演化作用调查问卷》（简称“调查问卷”）。从调查问卷设计的目的方面来看，必须重点把握城市景区化、景区联动、可持续发展环境、民生环境以及都市圈五个方面的情况，通过对这五个方面的情况加以具体化、条理化和可操作化的处理，以形成一系列能够被科学观测的指标或变量，为最终分析城市景区化对都市圈演化的作用路径和作用程度获取第一手的实证分析数据。从调查问卷设计的结构方面来看，依据设计调查问卷目的的五个方面，针对性地设计为五个部分。分别是：第一部分“城市景区化状况的调查”；第二部分“景区联动状况的调查”；第三部分“可持续发展环境状况的调查”；第四部分“民生环境状况的调查”；第五部分“都市圈状况的调查”。

五是城市景区化对城中村演化作用的调查问卷。实证研究城市景区化对城中村演化作用中所需数据的获得主要通过发放和收集调查问卷的形式。由此，要保障获取数据的有效性、科学性和可靠性，必须科学合理地设计《城市景区化对城中村演化作用调查问卷》（简称“调查问卷”）。从调查问卷设计的目的方面来看，必须重点把握城市景区化、景区联动、可持续发展环境、民生环境以及城中村五个方面的情况，通过对这五个方面的情况加以具体化、条理化和可操作化的处理，以形成一系列能够被科学观测的指标或变量，为最终分析城市景区化对城中村演化的作用路径和作用程度获取第一手的实证分析数据。从调查问卷设计的结构方面来看，依据设计调查问卷目的的五个方面，针对性地设计为五个部分。分别是：第一部分“城市景区化状况的调查”；第二部分“景区联动状况的调查”；第三部分“可持续发展环境状况的调查”；第四部分“民生环境状况的调查”；第五部分“城中村状况的调查”。

（三）数据收集

数据收集是通过收集受访者填写后调查问卷并获取数据的过程。在数据收集的过程中，必须把握两个方面，分别是选取合适的调查对象和选择恰当的调查形式。

合适的调查对象。在挑选合适的调查对象方面，本次研究的地域范围主要分布在西南民族地区，其中选择广西、云南和贵州三省区部分具有特色和代表性的地区作为调查目的地。调查的对象主要是当地居住的居民。选择当地居民是因为在对调查目的地景区城市化、景区综合服务能力、景区规模结构、资源集聚力和城镇化农村的感知方面，他们具有更直观和深刻的认识和感受。

恰当的调查形式。在调查的过程中，采取随机发放调查问卷形式，并在回收调查问卷后对目的地的居民进行一定的访谈，通过访谈修正因调查对象理解偏差或调查问卷不够全面所带来的相应问题。在发放调查问卷给调查对象填写后收回，保证调查问卷在填写之后的回收率。

《景区城市化对城镇化农村演化作用调查问卷》共发放调查问卷 300 份，回收 290 份，回收率为 96.7%，回收调查问卷中的有效问卷数量为 263 份，占回收调查问卷总数的 90.7%。调查问卷数量在样本容量上符合结构方程模型要求的数量。回收过程中产生的无效问卷主要产生于游客因时间原因导致的填写不认真或填写不完整。但在排除无效问卷干扰后，剩余的 263 份调查问卷在数量上仍符合要求，为进一步进行实证分析研究做好了数据准备。

《景区城市化对城郊化农村演化作用调查问卷》共发放调查问卷 300 份，回收 287 份，回收率为 95.7%，回收调查问卷中的有效问卷数量为 260 份，占回收调查问卷总数的 90.6%。调查问卷数量在样本容量上符合结构方程模型要求的数量。回收过程中产生的无效问卷主要产生于游客因时间原因导致的填写不认真或填写不完整。但在排除无效问卷干扰后，剩余的 265 份调查问卷在数量上仍符合要求，为进一步进行实证分析研究做好了数据准备。

《景区城市化对新农村演化作用调查问卷》共发放调查问卷 300 份，回收 287 份，回收率为 95.7%，回收调查问卷中的有效问卷数量为 267 份，占回收调查问卷总数的 93.0%。调查问卷数量在样本容量上符合结构方程模型要求的数量。回收过程中产生的无效问卷主要产生于游客因时间原因导致的填写不认真或填写不完整。但在排除无效问卷干扰后，剩余的 265 份调查问卷在数量上仍符合要求，为进一步进行实证分析研究做好了数据准备。

《城市景区化对都市圈演化作用调查问卷》共发放调查问卷 300 份，回收 276 份，回收率为 92.0%，回收调查问卷中的有效问卷数量为 261 份，占回收调查问卷总数的 94.6%。调查问卷数量在样本容量上符合结构方程模型要求的数量。回收过程中产生的无效问卷主要产生于游客因时间原因导致的填写不认真或填写不完整。但在排除无效问卷干扰后，剩余的 265 份调查问卷在数量上仍符合要求，为进一步进行实证分析研究做好了数据准备。

《城市景区化对城中村演化作用调查问卷》共发放调查问卷 300 份，回收 268 份，回收率为 89.3%，回收调查问卷中的有效问卷数量为 255 份，占回收调查问卷总数的 95.1%。调查问卷数量在样本容量上符合结构方程模型要求的数量。回收过程中产生的无效问卷主要产生于游客因时间原因导致的填写不认真或填写不完整。但在排除无效问卷干扰后，剩余的 265 份调查问卷在数量上仍符合要求，为进一步进行实证分析研究做好了数据准备。

二、景区城市化对城镇化农村演化作用的实证分析

（一）变量的度量

在景区城市化对城镇化农村演化作用的研究中，景区城市化是解释变量。针对景区城市化设计了 9 个题设，分别从实施主体、实施动力、实施方式和实施保障四个方面对景区城市化进行测度（见表 5－2）。

表 5－2　景区城市化（SUA）指标量表

实施主体（SUA1）	SUA11	景区城市化实施主体与景区资源状况符合城镇化农村演化的要求程度
	SUA12	景区城市化实施主体与景区发展状况符合城镇化农村演化的要求程度
实施动力（SUA2）	SUA21	景区城市化进程中旅游资源的推动符合城镇化农村演化的要求程度
	SUA22	景区城市化进程中旅游服务的推动符合城镇化农村演化的要求程度
	SUA23	景区城市化进程中旅游管理的推动符合城镇化农村演化的要求程度
实施方式（SUA3）	SUA31	景区城市化进程中实施路径的选择符合城镇化农村演化的要求程度
	SUA32	景区城市化进程中路径的稳健性符合城镇化农村演化的要求程度
实施保障（SUA4）	SUA41	景区城市化进程中实施保障的能力符合城镇化农村演化的要求程度
	SUA42	景区城市化进程中实施保障的措施符合城镇化农村演化的要求程度

在景区城市化对城镇化农村演化作用的研究中，被解释变量有四个，分别是：景区综合服务能力、景区规模结构、资源集聚力和城镇化农村。其中，景区综合服务能力指标的测度采用了 9 个题设，分别从服务人员、服务设施、组织管理三个角度对景区综合服务能力进行测度（见表 5－3）。

表 5－3　景区综合服务能力（NLA）指标量表

服务人员（NLA1）	NLA11	景区服务人员的总体数量符合城镇化农村演化要求的程度
	NLA12	景区服务人员的服务态度符合城镇化农村演化要求的程度
	NLA13	景区服务人员的服务水平达到城镇化农村演化要求的程度

续表

服务设施（NLA2）	NLA21	景区服务设施的承载水平符合城镇化农村演化要求的程度
	NLA22	景区服务设施的齐备程度符合城镇化农村演化要求的程度
	NLA23	景区服务设施的分布范围符合城镇化农村演化要求的程度
组织管理（NLA3）	NLA31	景区组织管理的能力符合城镇化农村演化要求的程度
	NLA32	景区组织管理的效率符合城镇化农村演化要求的程度
	NLA33	景区组织管理的制度安排符合城镇化农村演化要求的程度

景区规模结构指标的测度采用了 11 个题设，分别从空间规模、产业组织、服务经济、要素整合四个角度对景区规模结构进行测度（见表 5 -4）。

表 5 -4　　景区规模结构（JGA）指标量表

空间规模（JGA1）	JGA11	景区空间规模范围符合城镇化农村演化要求的程度
	JGA12	景区空间规模结构符合城镇化农村演化要求的程度
	JGA13	景区空间规模发展符合城镇化农村演化要求的程度
产业组织（JGA2）	JGA21	景区产业组织构成符合城镇化农村演化要求的程度
	JGA22	景区产业组织效益符合城镇化农村演化要求的程度
服务经济（JGA3）	JGA31	景区服务经济定位符合城镇化农村演化要求的程度
	JGA32	景区服务经济结构符合城镇化农村演化要求的程度
	JGA33	景区服务经济利润符合城镇化农村演化要求的程度
要素整合（JGA4）	JGA41	景区劳动力要素整合符合城镇化农村演化要求的程度
	JGA42	景区资本要素整合符合城镇化农村演化要求的程度
	JGA43	景区土地要素整合符合城镇化农村演化要求的程度

资源集聚力指标的测度采用了 4 个题设，分别从自然资源、非自然资源两个角度对资源集聚力进行测度（见表 5 -5）。

表 5 -5　　资源集聚力（JJL）指标量表

自然资源（JJL1）	JJL11	景区自然资源集聚能力符合城镇化农村演化要求的程度
	JJL12	景区自然资源开发水平符合城镇化农村演化要求的程度
非自然资源（JJL2）	JJL21	景区非自然资源集聚能力符合城镇化农村演化要求的程度
	JJL22	景区非自然资源开发水平符合城镇化农村演化要求的程度

城镇化农村指标的测度采用了9个题设，分别从居民生产生活方式、居民思想观念、城乡景观形态三个角度对城镇化农村进行测度（见表5－6）。

表5－6　　城镇化农村（CZH）指标量表

居民生产生活方式（CZH1）	CZH11	景区居民生产方式符合城镇化农村演化要求的程度
	CZH12	景区居民生活方式符合城镇化农村演化要求的程度
	CZH13	景区居民生产生活方式转变方向符合城镇化农村演化要求的程度
居民思想观念（CZH2）	CZH21	景区居民思想高度符合城镇化农村演化要求的程度
	CZH22	景区居民观念水平符合城镇化农村演化要求的程度
	CZH23	景区居民思想观念转变方向符合城镇化农村演化要求的程度
城乡景观形态（CZH3）	CZH31	城乡景观建设符合城镇化农村演化要求的程度
	CZH32	城乡景观风貌符合城镇化农村演化要求的程度
	CZH33	城乡景观形态改变方向符合城镇化农村演化要求的程度

（二）样本数据分析

在进行景区城市化对城镇化农村演化作用的研究过程中，仅仅考虑通过科学、合理、可操作的调查问卷量表来获取准确、科学的研究结论是不够的，还需要对调查问卷获得的数据进行信度分析和效度分析。只有保证了调查问卷获取数据的信度和效度，才能够在接下来进行的实证研究中获得准确、科学的结论，掌握景区城市化对城镇化农村演化的作用路径。因此，在实证分析之前，对通过调查问卷获得的数据进行信度检验和效度检验是保证获得准确、科学的景区城市化对城镇化农村演化作用的有力保障。

描述性统计是指对研究数据的整体数字性规律进行归纳和描述，不仅对其分布的整体分布情况通过均值等指标进行描述，而且对其分布的离散程度通过标准差等指标进行描述。研究通过运用SPSS 19软件对景区城市化对城镇化农村演化作用调查获取的数据进行统计性描述，计算各指标的均值和标准差，直观地了解数据分布的整体分布情况和分布的离散情况。

均值的计算能够直观地看出景区城市化对城镇化农村演化作用研究中各个变量数据分布的平均程度和集中程度，能够很好地反映各指标数据的整体趋势。标准差的计算则是直观观测景区城市化对城镇化农村演化作用研究中各变量离散程度的指标，通过标准差的计算，变量数据的标准差越大，则表示该变量数据的分布离散程度越强，越发散；反之，若变量数据的标准差越小，则表示该变量数据的分布离散程度越低，越收敛。

因此，运用均值和标准差两个指标对景区城市化对城镇化农村演化作用中各变量指标进行描述性统计分析，可以很直观地获得景区城市化、景区综合服务能力、景区规模结构、资源集聚力、城镇化农村的均值和标准差（见表5－7）。

表5－7　　　　　　　　　　　各指标的均值和标准差

指标		均值	标准差
实施主体（SUA1）	SUA11	3.69	0.668
	SUA12	3.72	0.701
实施动力（SUA2）	SUA21	3.65	0.771
	SUA22	3.59	0.814
	SUA23	3.66	0.824
实施方式（SUA3）	SUA31	3.58	0.776
	SUA32	3.57	0.742
实施保障（SUA4）	SUA41	3.64	0.797
	SUA42	3.61	0.773
空间规模（JGA1）	JGA11	3.16	0.702
	JGA12	3.24	0.720
	JGA13	3.15	0.673
产业组织（JGA2）	JGA21	3.29	0.671
	JGA22	3.19	0.732
服务经济（JGA3）	JGA31	3.21	0.794
	JGA32	3.17	0.764
	JGA33	3.10	0.729
要素整合（JGA4）	JGA41	3.38	0.776
	JGA42	3.16	0.692
	JGA43	3.20	0.735
服务人员（NLA1）	NLA11	3.27	0.745
	NLA12	3.22	0.673
	NLA13	3.02	0.672
服务设施（NLA2）	NLA21	3.33	0.708
	NLA22	3.07	0.713
	NLA23	3.14	0.678
组织管理（NLA3）	NLA31	3.21	0.735
	NLA32	3.11	0.719
	NLA33	3.19	0.725
自然资源（JJL1）	JJL11	3.38	0.741
	JJL12	3.39	0.783
非自然资源（JJL2）	JJL21	3.43	0.792
	JJL22	3.33	0.776
居民生产生活方式（CZH1）	CZH11	3.59	0.702
	CZH12	3.57	0.731
	CZH13	3.57	0.742
居民思想观念（CZH2）	CZH21	3.60	0.73
	CZH22	3.63	0.7907
	CZH23	3.67	0.745
城乡景观形态（CZH3）	CZH31	3.58	0.816
	CZH32	3.66	0.743
	CZH33	3.69	0.773

信度（Reliability）是指通过同一种方法对相同的对象多次重复测量之后，得到

一致性结果的程度高低[211]。信度通常依靠相关系数的形式来表示，表示的方式大体可以分为三种：等值系数（跨形式的一致性）、平稳系数（跨时间的一致性）和内部一致性系数（跨项目的一致性）。信度高低依靠信度系数进行衡量，信度系数越高，表明调查问卷测度的可信度越高，反之则越低[212]。

在测度景区城市化对城镇化农村演化作用的过程中，保证实证研究的样本数据的可靠度是十分重要的。在测度信度的方法上，选择能够考察跨项目一致性的内部一致性系数。内部一致性系数能够有效测量样本数据的内部一致性程度。样本数据只有通过内部一致性检验，才能够被证明是有效的样本数据。常用的测度方法有：折半信度、克朗巴哈信度（Cronbach's α 信度）、评分者信度（θ 信度或 Ω 信度）等。在这些测量方法中，目前相对成熟和常用的方法是克朗巴哈信度[213]。但在克朗巴哈信度基本假设中，存在与事实明显冲突的部分，即潜在变量对任何项目的载荷值均相等，若不相等，则系数会被严重低估[214]。由此，这种测度方式正逐步被组合信度所取代[215]。组合信度的测量能够有效避免克朗巴哈信度测量过程中存在的问题[216]，测量结果更具有说服力。

组合信度的测量模型可以表示为：

$$组合信度 = \rho_c = (\sum \lambda)^2 / [(\sum \lambda)^2 + \sum \theta]$$

$$= (\sum 因素载荷量)^2 / [(\sum 因素载荷量)^2 + \sum 测量误差变异量]$$

其中，ρ_c 为组合信度；λ 为观测变量针对潜在变量的标准化参数，即因素载荷量；θ 为指标变量测量误差变异量，即 ε 变异量或 δ 变异量。

在组合信度系数测量值的评判方面，有多种标准。Bagozzi 和 Yi[217]、Diamantopoulos 和 Siguaw[218]分别在 1988 年和 2000 年提出类似的观点，认为组合信度高于 0.6 表示潜在变量的组合信度较好。而有些学者则提出更低标准，认为组合信度高于 0.5 即可被接受[219]。但绝大多数学者均认可 Kline 的判别标准[220]：组合信度系数高于 0.9 为最佳（excellent）；0.8 左右为很好（very good）；0.7 左右为适中；高于 0.5 为最低可接受值；低于 0.5，则表示不能接受（见表 5－8）。

表 5－8　　组合信度检验标准

组合信度系数 ρ_c 值	接受程度
$\rho_c \geq 0.90$	最佳
$\rho_c \in [0.80, 0.90)$	很好
$\rho_c \in [0.60, 0.80)$	适中
$\rho_c < 0.50$	不可接受

在对景区城市化对城镇化农村演化作用研究的信度检验中，运用组合信度的方法，并采用 Kline 的判别标准作为信度检验参照的标准。根据对景区城市化对城镇化农村演化作用中各变量进行信度检验，得到各变量的组合信度系数值（见表 5－9），各系数值均通过了组合信度检验，达到最佳和很好的标准。

表 5－9　景区城市化对城镇化农村演化作用各变量组合信度检验系数

变量名	组合信度系数 ρ_c 值	接受程度
景区城市化	0.959	最佳
景区综合服务能力	0.861	很好
景区规模结构	0.901	最佳
资源集聚力	0.849	很好
城镇化农村	0.929	最佳

效度（Validity）是指测量的有效程度，即获取的样本数据在反映研究问题的真实性上体现出的程度高低。效度检验是保证样本数据在进行实证研究过程中科学性和有效性的必备环节[221]。效度检验过程中，必须对研究的目的和对象进行明确，对研究内容的特征、性质等重要环节全面考虑，核对实际研究内容与研究目的的匹配性，进而确定研究结果真实反映研究内容的真实性和准确性程度。效度可以分为内容效度（Face Validity）、准则效度（Criterion Validity）、架构效度（Construct Validity）三种类型，效度检验分析的方法种类则呈现多样性，结果也反映效度的不同方面。效度检验在调查问卷实践中主要运用的方法有单项总和关联效度分析、准则效度分析和架构效度分析。其中，架构效度分析反映的是存在于样本数据中某些结构与测度值之间的对应程度[222]。这种对应程度的高低能够很好地反映出通过样本数据获得的解释说明和研究结论的有效程度[223]。

景区城市化对城镇化农村演化作用的研究采用因子分析的方法对架构效度进行检验分析，目的是核验通过调查问卷量表获得的数据能否科学地反映出测度变量的真实架构，是否满足假设条件。在通常情况下，因子载荷量越高，通过调查问卷量表获取的样本数据的架构效度也越高。进行因子分析操作之前，必须通过 KMO 检验（Kaiser－Meyer－Olkin Test）和 Bartlett's 球型检验两种方法评估因子分析的合适性。KMO 值越大，表明越适合进行因子分析；Bartlett's 球型检验过程中卡方值的显著性概率小于或等于显著性水平值时，表明适合进行因子分析（见表 5－10）。

KMO 检验和 Bartlett's 球型检验通过后，进行因子分析，首先对因子进行提取，然后运用 Promax 法进行旋转因子，提取特征值大于 1，通过架构效度检验的标准为指标的因子载荷均大于 0.50，累计方差高于 50%。

表5-10　效度检验标准

KMO 值	能否进行因子分析	Bartlett's 球型检验	能否进行因子分析
KMO > 0.90	最好	$p < 0.05$	可以
KMO ∈ [0.80, 0.90)	比较好		
KMO ∈ [0.70, 0.80)	中等水平		
KMO ∈ [0.60, 0.70)	比较差	$p > 0.05$	不可以
KMO < 0.50	不可以		

根据上述方法和标准，对景区城市化对城镇化农村演化作用的各项指标进行效度检验，发现各项指标均适合进行因子分析，并全部通过了架构效度检验（见表5-11）。

表5-11　各变量的效度检验值

变量名	KMO 值	Bartlett 卡方值	因子负载				累计方差解释率（%）	显著性水平
景区城市化（SUA）	0.940	2342.527	SUA11	0.908	SUA31	0.887	79.786	0.000
			SUA12	0.902	SUA32	0.909		
			SUA21	0.915	SUA41	0.888		
			SUA22	0.879	SUA42	0.877		
			SUA23	0.883				
景区规模结构（JGA）	0.935	1230.024	JGA11	0.681	JGA32	0.741	50.465	0.000
			JGA12	0.692	JGA33	0.703		
			JGA13	0.734	JGA41	0.606		
			JGA21	0.756	JGA42	0.692		
			JGA22	0.806	JGA43	0.719		
			JGA31	0.686				
景区综合服务能力（NLA）	0.908	745.745	NLA11	0.711	NLA23	0.683	47.567	0.000
			NLA12	0.635	NLA31	0.735		
			NLA13	0.703	NLA32	0.680		
			NLA21	0.669	NLA33	0.695		
			NLA22	0.682				
资源集聚力（JJL）	0.781	441.004	JJL11	0.786	JJL21	0.830	69.028	0.000
			JJL12	0.838	JJL22	0.863		

续表

变量名	KMO 值	Bartlett 卡方值	因子负载				累计方差解释率（%）	显著性水平
城镇化农村（CZH）	0. 942	1464. 162	CZH11	0. 779	CZH23	0. 814	64. 173	0. 000
			CZH12	0. 769	CZH31	0. 846		
			CZH13	0. 753	CZH32	0. 820		
			CZH21	0. 791	CZH33	0. 775		
			CZH22	0. 841				

（三）结构方程模型分析

结构方程模型（Structural Equation Modeling）也可称为潜变量模型、线性结构关系模型、协方差结构分析、潜变量分析、验证性因素分析、简单的 LISREL 分析等。结构方程模型是一种集因子分析和路径分析于一身的多变量统计分析方法，能够同时对显变量、潜变量、干扰变量等关系进行验证，由此获取因变量受自变量的直接影响（direct effects）、间接影响（indirect effects）和总影响（total effects）。

针对结构方程模型的功能和基本特性，选取结构方程模型对景区城市化对城镇化农村演化作用研究进行实证分析是契合的。

结构方程模型中存在显变量和潜变量，显变量是能够直接观察到的变量，而潜变量则无法直接观测[224]。在景区城市化对城镇化农村演化作用的研究中，通过调查问卷进行调查获得的样本数据信息即可直接观测的显变量，在结构方程模型图示中，用椭圆形图标来表示；无法通过调查问卷直接获取的变量称为潜变量，只能通过间接推测的方式获得，在结构方程模型图示中，用长方形图标来表示。在景区城市化对城镇化农村演化作用的理论模型中，景区城市化、景区综合服务能力、景区规模结构、资源集聚力、城镇化农村五个变量均是无法直接观测的潜变量。除了这五个潜变量之外，各项残差值也均为潜变量。同时，显变量和潜变量中均存在内生变量和外生变量。内生变量是“因果”关系中的“因”变量，外生变量是“因果”关系中的“果”变量，还有一种中介变量，是既可作“因”又可作“果”的变量。

根据变量性质的确定标准，可以将景区城市化对城镇化农村演化作用中的各项变量进行归类。其中，景区城市化是内生变量，景区综合服务能力、景区规模结构和资源集聚力是中介变量，城镇化农村则是外生变量。根据景区城市化对城镇化农村演化作用的结构方程模型的因果路径图示（见图 5－1），箭头方向指示了变量之间的因果关系，指向由“因”变量向“果”变量。单向箭头表示前一变量与后一变量存在因果关系，双向箭头则表示前一变量和后一变量之间互相存在因果关系。每一个有箭头指向的线都表示一条因果关系路径，对应存在一个回归权重系数。图 5－1 展示了景区城市化对城镇化农村演化作用的原始结构方程模型。

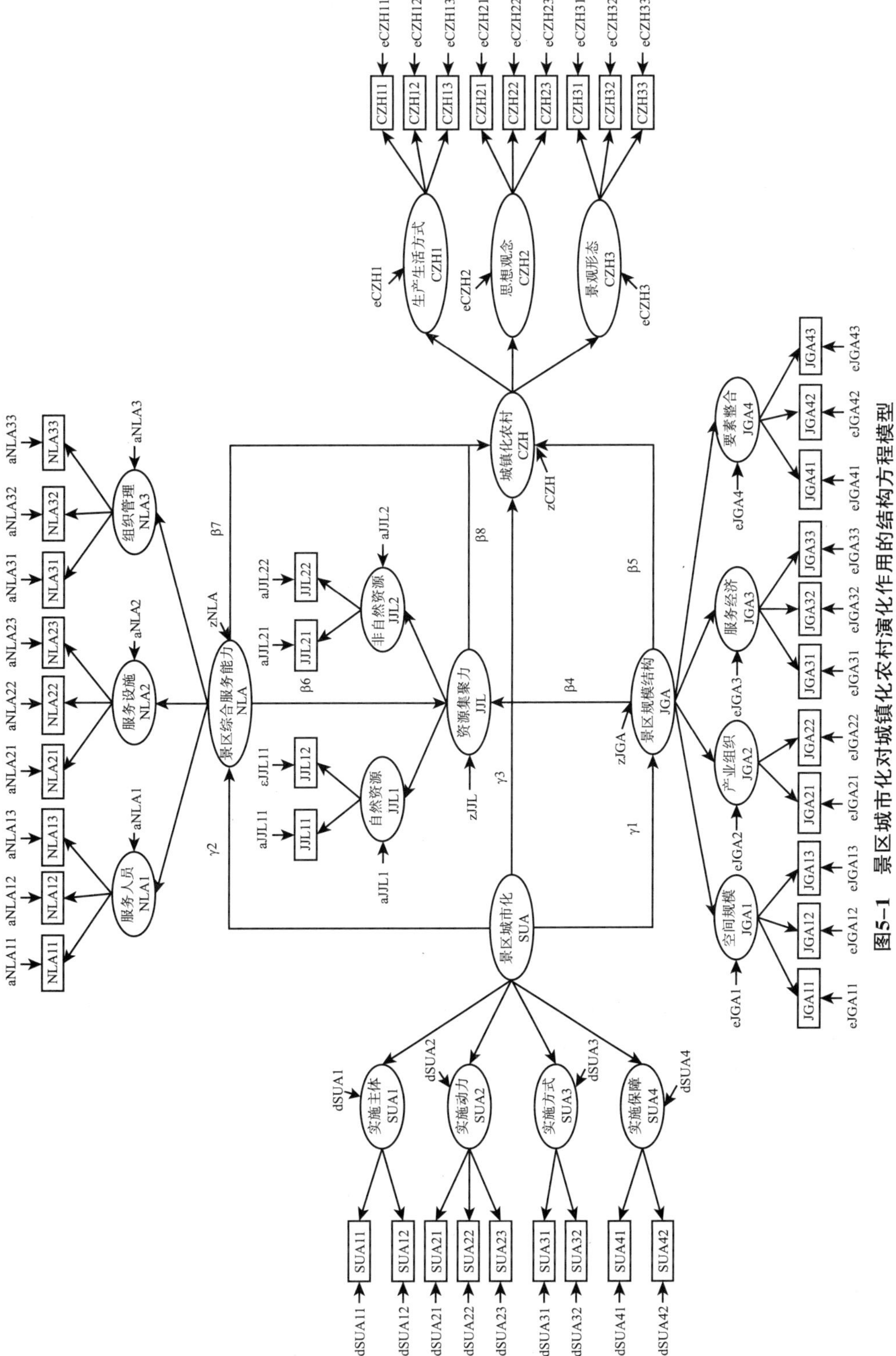

图5-1 景区城市化对城镇化农村演化作用的结构方程模型

根据图 5 -1 显示的情况，构建的景区城市化对城镇化农村演化作用的原始结构方程模型中，存在内生显变量 33 项、外生显变量 9 项、内生潜变量 16 项、外生潜变量 5 项。具体表现为：

内生显变量 33 项：NLA11、NLA12、NLA13、NLA21、NLA22、NLA23、NLA31、NLA32、NLA33、JGA11、JGA12、JGA13、JGA21、JGA22、JGA31、JGA32、JGA33、JGA41、JGA42、JGA43、JJL11、JJL12、JJL21、JJL22、CZH11、CZH12、CZH13、CZH21、CZH22、CZH23、CZH31、CZH32、CZH33。

外生显变量 9 项：SUA11、SUA12、SUA21、SUA22、SUA23、SUA31、SUA32、SUA41、SUA42。

内生潜变量 16 项：旅游文化（SUA1）、旅游景观（SUA2）、旅游参与（SUA3）、旅游保障（SUA4）、服务人员（NLA1）、服务设施（NLA2）、组织管理（NLA3）、空间规模（JGA1）、产业组织（JGA2）、服务经济（JGA3）、要素整合（JGA4）、自然资源（JJL1）、非自然资源（JJL2）、居民生产生活方式（CZH1）、居民思想观念（CZH2）、城乡景观形态（CZH3）。

外生潜变量 5 项：景区城市化（SUA）、景区综合服务能力（NLA）、景区规模结构（JGA）、资源集聚力（JJL）、城镇化农村（CZH）。

测量模型和结构模型是组成结构方程模型的重要部分，因此必须对这两个模型进行逐个构建。

测量模型的构建。根据测量模型的一般形式：

$$\begin{cases} X = \Lambda_X \xi + \delta \\ Y = \Lambda_Y \eta + \varepsilon \end{cases}$$

其中，X 代表外生显变量，Y 表示内生显变量，ξ 代表外生潜变量，η 代表内生潜变量。ε 与 δ 均代表显变量的误差项，X 的潜变量 ξ 与自己的误差项 δ 和 Y 的误差项 ε 均无关，Y 的潜变量 η 与自己的误差项 ε 和 X 的误差项 δ 也均无关。Λ_X 是显变量 X 的因子载荷，Λ_Y 是显变量 Y 的因子载荷。

景区城市化对城镇化农村演化作用的测量模型构建中，景区城市化（SUA）、旅游文化（SUA1）、旅游景观（SUA2）、旅游参与（SUA3）、旅游保障（SUA4）是外生潜变量，用 ξ_{SUA}、ξ_{SUA1}、ξ_{SUA2}、ξ_{SUA3} 和 ξ_{SUA4} 来分别表示。景区综合服务能力（NLA）、景区规模结构（JGA）、资源集聚力（JJL）、城镇化农村（CZH）、服务人员（NLA1）、服务设施（NLA2）、组织管理（NLA3）、空间规模（JGA1）、产业组织（JGA2）、服务经济（JGA3）、要素整合（JGA4）、自然资源（JJL1）、非自然资源（JJL2）、居民生产生活方式（CZH1）、居民思想观念（CZH2）、城乡景观形态（CZH3）是内生潜变量，用 η_{NLA}、η_{JGA}、η_{JJL}、η_{CZH}、η_{NLA1}、η_{NLA2}、η_{NLA3}、η_{JGA1}、η_{JGA2}、η_{JGA3}、η_{JGA4}、η_{JJL1}、η_{JJL2}、η_{CZH1}、η_{CZH2}、η_{CZH3}来分别表示。根据上述变量的设定，构建观测模型的方程式表达如下：

$$\begin{cases}
X_{SUA1}=\lambda_{SUA1}\xi_{SUA}+\delta_{SUA1} & X_{SUA2}=\lambda_{SUA2}\xi_{SUA}+\delta_{SUA2} & X_{SUA3}=\lambda_{SUA3}\xi_{SUA}+\delta_{SUA3} & X_{SUA4}=\lambda_{SUA4}\xi_{SUA}+\delta_{SUA4} \\
X_{SUA11}=\lambda_{SUA11}\xi_{SUA1}+\delta_{SUA11} & X_{SUA12}=\lambda_{SUA12}\xi_{SUA1}+\delta_{SUA12} & & \\
X_{SUA21}=\lambda_{SUA21}\xi_{SUA2}+\delta_{SUA21} & X_{SUA22}=\lambda_{SUA22}\xi_{SUA2}+\delta_{SUA22} & X_{SUA23}=\lambda_{SUA23}\xi_{SUA2}+\delta_{SUA23} & \\
X_{SUA31}=\lambda_{SUA31}\xi_{SUA3}+\delta_{SUA31} & X_{SUA32}=\lambda_{SUA32}\xi_{SUA3}+\delta_{SUA32} & & \\
X_{SUA41}=\lambda_{SUA41}\xi_{SUA4}+\delta_{SUA41} & X_{SUA42}=\lambda_{SUA42}\xi_{SUA4}+\delta_{SUA42} & & \\
X_{NLA1}=\lambda_{NLA1}\xi_{NLA}+\delta_{NLA1} & X_{NLA2}=\lambda_{NLA2}\xi_{NLA}+\delta_{NLA2} & X_{NLA3}=\lambda_{NLA3}\xi_{NLA}+\delta_{NLA3} & \\
X_{NLA11}=\lambda_{NLA11}\xi_{NLA1}+\delta_{NLA11} & X_{NLA12}=\lambda_{NLA12}\xi_{NLA1}+\delta_{NLA12} & X_{NLA13}=\lambda_{NLA13}\xi_{NLA1}+\delta_{NLA13} & \\
X_{NLA21}=\lambda_{NLA21}\xi_{NLA2}+\delta_{NLA21} & X_{NLA22}=\lambda_{NLA22}\xi_{NLA2}+\delta_{NLA22} & X_{NLA23}=\lambda_{NLA23}\xi_{NLA2}+\delta_{NLA23} & \\
X_{NLA31}=\lambda_{NLA31}\xi_{NLA3}+\delta_{NLA31} & X_{NLA32}=\lambda_{NLA32}\xi_{NLA3}+\delta_{NLA32} & X_{NLA33}=\lambda_{NLA33}\xi_{NLA3}+\delta_{NLA33} & \\
X_{JGA1}=\lambda_{JGA1}\xi_{JGA}+\delta_{JGA1} & X_{JGA2}=\lambda_{JGA2}\xi_{JGA}+\delta_{JGA2} & X_{JGA3}=\lambda_{JGA3}\xi_{JGA}+\delta_{JGA3} & X_{JGA4}=\lambda_{JGA4}\xi_{JGA}+\delta_{JGA4} \\
X_{JGA11}=\lambda_{JGA11}\xi_{JGA1}+\delta_{JGA11} & X_{JGA12}=\lambda_{JGA12}\xi_{JGA1}+\delta_{JGA12} & X_{JGA13}=\lambda_{JGA13}\xi_{JGA1}+\delta_{JGA13} & \\
X_{JGA21}=\lambda_{JGA21}\xi_{JGA2}+\delta_{JGA21} & X_{JGA22}=\lambda_{JGA22}\xi_{JGA2}+\delta_{JGA22} & & \\
X_{JGA31}=\lambda_{JGA31}\xi_{JGA3}+\delta_{JGA31} & X_{JGA32}=\lambda_{JGA32}\xi_{JGA3}+\delta_{JGA32} & X_{JGA33}=\lambda_{JGA33}\xi_{JGA3}+\delta_{JGA33} & \\
X_{JGA41}=\lambda_{JGA41}\xi_{JGA4}+\delta_{JGA41} & X_{JGA42}=\lambda_{JGA42}\xi_{JGA4}+\delta_{JGA42} & X_{JGA43}=\lambda_{JGA43}\xi_{JGA4}+\delta_{JGA43} & \\
X_{JJL1}=\lambda_{JJL1}\xi_{JJL}+\delta_{JJL1} & X_{JJL2}=\lambda_{JJL2}\xi_{JJL}+\delta_{JJL2} & & \\
X_{JJL11}=\lambda_{JJL11}\xi_{JJL1}+\delta_{JJL11} & X_{JJL12}=\lambda_{JJL12}\xi_{JJL1}+\delta_{JJL12} & & \\
X_{JJL21}=\lambda_{JJL21}\xi_{JJL2}+\delta_{JJL21} & X_{JJL22}=\lambda_{JJL22}\xi_{JJL2}+\delta_{JJL22} & & \\
X_{CZH1}=\lambda_{CZH1}\xi_{CZH}+\delta_{CZH1} & X_{CZH2}=\lambda_{CZH2}\xi_{CZH}+\delta_{CZH2} & X_{CZH3}=\lambda_{CZH3}\xi_{CZH}+\delta_{CZH3} & \\
X_{CZH11}=\lambda_{CZH11}\xi_{CZH1}+\delta_{CZH11} & X_{CZH12}=\lambda_{CZH12}\xi_{CZH1}+\delta_{CZH12} & X_{CZH13}=\lambda_{CZH13}\xi_{CZH1}+\delta_{CZH13} & \\
X_{CZH21}=\lambda_{CZH21}\xi_{CZH2}+\delta_{CZH21} & X_{CZH22}=\lambda_{CZH22}\xi_{CZH2}+\delta_{CZH22} & X_{CZH23}=\lambda_{CZH23}\xi_{CZH2}+\delta_{CZH23} & \\
X_{CZH31}=\lambda_{CZH31}\xi_{CZH3}+\delta_{CZH31} & X_{CZH32}=\lambda_{CZH32}\xi_{CZH3}+\delta_{CZH32} & X_{CZH33}=\lambda_{CZH33}\xi_{CZH3}+\delta_{CZH33} &
\end{cases}$$

结构模型的构建。根据结构模型的一般形式：

$$\eta=\beta\eta+\Gamma\xi+\zeta$$

其中，η 代表内生潜变量，β 代表内生潜变量之间的关系系数，Γ 代表内生潜变量受外生潜变量的影响系数，ξ 代表外生潜变量，ζ 代表残差项。

景区城市化对城镇化农村演化作用的结构模型构建中，用 γ_1、γ_2 和 γ_3 来分别表示景区城市化对景区综合服务能力、景区规模结构和城镇化农村的影响作用；用 β_4 和 β_5 来分别表示景区规模结构对资源集聚力和城镇化农村的影响作用；用 β_6 和 β_7 来分别表示景区综合服务能力对资源集聚力和城镇化农村的影响作用；用 β_8 来表示资源集聚力对城镇化农村的影响作用。

根据上述变量的设定，构建结构模型的方程式表达如下：

$$\begin{cases}
\eta_{JGA}=\gamma_1\xi_{SUA}+\zeta_{JGA} \\
\eta_{NLA}=\gamma_2\xi_{SUA}+\zeta_{NLA} \\
\eta_{JJL}=\beta_4\eta_{JGA}+\beta_6\eta_{NLA}+\zeta_{JJL} \\
\eta_{CZH}=\beta_5\eta_{JGA}+\beta_7\eta_{NLA}+\beta_8\eta_{JJL}+\gamma_3\xi_{SUA}+\zeta_{CZH}
\end{cases}$$

对结构方程模型的测量模型和结构模型构建完成后，还存在检验拟合指标、检验参数和决定系数等是否合适，通过不同评价方法对上述指标进行检验，进而判断构建的景区城市化对城镇化农村演化作用原始模型是否需要进行修正。

拟合指标的检验。判断原始模型是否与现实情况相符，可以通过对拟合指标的测度来加以评判，拟合指标的值高于满足拟合条件的临界值时，说明真实情况与原始模型构建相符，反之则不相符。拟合指标检验的方法有很多种，但最常用的主要是八种拟合指标检验方法，分别为 χ^2/df、CFI、IFI、TLI、AGFI、PNFI、RMSEA、RMR。

第一种拟合指标是 χ^2/df，即卡方与自由度的比值。χ^2（卡方值）在整体模型的适配度指标中是绝对适配统计量，其主要功能是对实际的样本数据和构建模型设计的因果路径进行拟合度的检验。检验结果的值越小，表示实际的样本数据和构建模型设计的因果路径之间的拟合度越高，反之则越低。然而，样本容量的规模会对 χ^2 产生很强的影响，样本容量与 χ^2 往往呈正向关系，即样本容量越大，χ^2 也越大，模型被拒绝的可能性也越大。为避免这种情况的发生，可以通过引入 df（自由度）来对 χ^2 进行勘偏，获得两者之间的比值，即 χ^2/df，可称为规范卡方。规范卡方值越小，表明实际的样本数据和构建模型中的协方差矩阵之间适配度越高。在取值上，经验做法认为规范卡方值小于 2.0 时构建模型的适配度较好，可接受的适配度为规范卡方值小于 3.0[225]。

第二种拟合指标是 CFI，即比较适配指标。CFI 在整体模型的适配度指标中是增值适配统计量，属于相对拟合指数。是对传统的规范适配指标（NFI）的一种改良指数。CFI 的主要功能是测度非集中参数在约束度最高的模型状态到饱和度最高的模型状态变化过程中的改善状况，定义方式采用非集中参数及其卡方分布。CFI 的取值范围为 0 ~ 1，CFI 取值越靠近 1，表明实际的样本数据和构建模型之间的适配度越高，反之则越低。通常认为 CFI 取值高于 0.90 时，适配度较好。

第三种拟合指标是 IFI，即递增拟合指数，又称 Δ2 指标。IFI 在整体模型的适配度指标中是增值适配统计量，属于相对拟合指数。IFI 的主要功能是测度依假设构建的模型与虚无的真实模型之间的适配度。IFI 的取值范围在 0 到 1 之间，IFI 取值越接近于 1，表明依假设构建的模型与虚无的真实模型之间的适配度越高，反之则越低。通常情况下，认为 IFI 取值高于 0.90 时，适配度较好。

第四种拟合指标是 TLI，即非规范适配指标，又称 Tucker - Lewis 指标或 NNFI 指标。TLI 在整体模型的适配度指标中是增值适配统计量，属于相对拟合指数。TLI 的主要功能是在修正 NFI 的基础上测度依假设构建的模型与虚无的真实模型之间的适配度。TLI 的取值范围为 0 ~ 1，TLI 取值越接近于 1，表明依假设构建的模型与虚无的真实模型之间的适配度越高，反之则越低。通常情况下，认为 TLI 取值高于 0.90 时，适配度较好。

第五种拟合指标是 AGFI，即调整后的适配度指标。AGFI 在整体模型的适配度指标中是绝对适配统计量。AGFI 的主要功能是比照依假设构建模型的自由度和模型变量项数之间的比值来指导修正适配度指标（GFI），让 AGFI 不会受到单位因素的影响。AGFI 的取值范围为 0 ~ 1，AGFI 的取值与 GFI 的取值呈正相关关系，即 GFI 取值越高，AGFI 取值也越高，反之越低。AGFI 取值越高，说明依假设构建的模型与虚无的真实模型之间的适配度越高，反之则越低。通常认为当 AGFI 高于 0.80 时，适配度较好[226]。

第六种拟合指标是 PNFI，即简约调整规范适配指标。PNFI 在整体模型的适配度指标中是简约适配统计量，属于简约调整指数。PNFI 的主要功能是测度依假设构建模型的精简程度，这是由于 PNFI 在考虑预期获取的适配度时加入了自由度的数量。PNFI 适用的领域主要在于对自由度不同的模型进行比较。PNFI 的取值越高，模型的适配度越好。通常认为 PNFI 的取值高于 0.50 是依假设构建模型可以被接受的临界值。

第七种拟合指标是 RMSEA，即近似误差的均方根。RMSEA 在整体模型的适配度指标中是绝对适配统计量，是无须基准线模型的绝对适配指标。RMSEA 的主要功能是通过考察依假设构建模型中每一个自由度之间的差异来测度适配度。RMSEA 的取值越小，说明依假设构建模型的适配度越高，越容易被接受。通常来说，RMSEA 的取值低于 0.05 被认为是适配度较好的模型，取值低于 0.08 被认为是模型被接收的临界条件。

第八种拟合指标是 RMR，即误差均方和平方根。RMR 在整体模型的适配度指标中是绝对适配统计量，其值为适配误差、方差、协方差、平均值的平方根。要使得依假设构建模型能够被接受，从适配误差值的角度来看，RMR 的取值越低越好。通常来看，RMR 的取值低于 0.05 是保证依假设构建模型被接受的临界条件。

将图 5 - 1 中的景区城市化对城镇化农村演化作用的原始结构方程模型录入 AMOS 17.0 中，通过计算和对相关参数进行估计，获得了景区城市化对城镇化农村演化作用原始结构方程模型中各项反映拟合关系的拟合指标值（见表 5 - 12）。

表 5 - 12　景区城市化对城镇化农村演化作用原始结构方程模型适配度检验结果

拟合指标	χ^2/df	CFI	IFI	TLI	AGFI	PNFI	RMSEA	RMR
观测值	1.431	0.952	0.952	0.948	0.811	0.791	0.041	0.028
拟合标准	<3.00	>0.90	>0.90	>0.90	>0.80	>0.50	<0.08	<0.05

表 5 - 12 表明，将景区城市化对城镇化农村演化作用原始结构方程中各项拟合指标的观测值和拟合标准进行对比后，所有观测值均达到了拟合标准。说明景区城市化对城镇化农村演化作用的原始模型能够较好地与通过调查问卷获得的样本数据拟合。

在完成景区城市化对城镇化农村演化作用原始结构方程模型适配度检验后，对原始结构方程中各路径的系数进行测度（见表5－13）。

表5－13　　景区城市化对城镇化农村演化作用原始模型的路径估计

路径	结构方程模型路径	标准化路径系数	C. R.	p
γ_1	JGA←SUA	0.644	10.970	***
γ_2	NLA←SUA	0.558	8.946	***
γ_3	CZH←SUA	0.222	2.576	0.010
β_4	JJL←JGA	0.535	5.006	***
β_5	CZH←JGA	0.121	1.071	0.284
β_6	JJL←NLA	0.380	3.144	0.002
β_7	CZH←NLA	0.343	3.041	0.002
β_8	CZH←JJL	0.217	2.464	0.014

注：*** 表示 $p<0.001$。

根据表5－13可以看出，在景区城市化对城镇化农村演化作用的原始结构方程模型构建过程中，JGA 对 CZH 的这条路径未能通过显著性检验，也就意味着 JGA 对 CZH 没有产生显著的作用。尽管如此，但由于绝大多数路径均通过了路径显著性检验，所以并不能对之前构造的原始结构方程模型全盘否定。从结果上看，景区城市化对城镇化农村影响作用的原始结构方程模型的构造思路基本正确，但其中的部分关系需要调整后进行重新测度，才能满足研究的目的。

根据之前表5－13中测度的路径估计结果中了解到景区城市化、景区综合服务能力、景区规模结构和资源集聚力对城镇化农村的对应路径系数都比较小，因此要使其能够更好地拟合和测度结构方程模型，就必须对原始的景区城市化对城镇化农村演化作用结构方程模型进行适当的调整。通过对文献的梳理查找，发现在现有的城镇化农村相关的文献中，研究获得的结论可以主要概括为：城镇化农村的形成主要依靠当地居民自身的城镇化转变、产业发展带动以及集聚资源能力的提升。在景区城市化的大背景下，促成当地居民自身城镇化转变、产业带动和集聚资源能力的直接推动力是景区综合服务能力、景区规模结构和资源集聚力，景区城市化则作为大背景间接影响。因此，在景区城市化对城镇化农村演化作用的原始结构方程调整过程中，剔除景区规模结构对城镇化农村的直接作用路径。由此获得景区城市化对城镇化农村演化作用调整后的结构方程模型（见图5－2）。

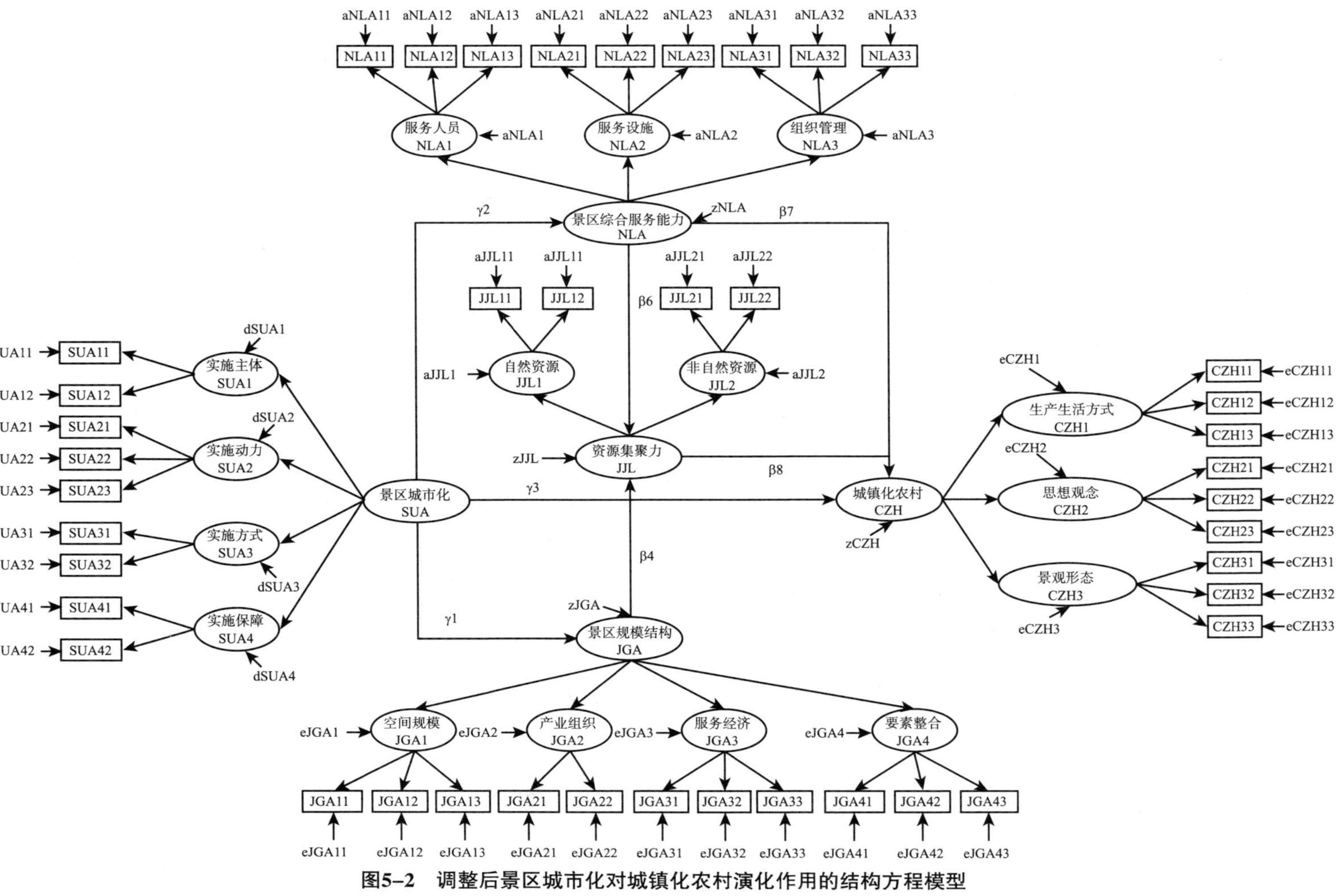

图5-2 调整后景区城市化对城镇化农村演化作用的结构方程模型

图5－2表明，与景区城市化对城镇化农村演化作用的原始结构方程模型相比，调整后的结构方程模型将景区城市化对城镇化农村的直接路径剔除了。将调整后的结构方程模型再次放入AMOS 17.0软件中进行计算和对作用路径的参数估计，得到调整后的结构方程模型中反映模型拟合程度的多项拟合指标值（见表5－14）。

表5－14　景区城市化对城镇化农村演化作用调整后结构方程模型适配度检验结果

拟合指标	χ^2/df	CFI	IFI	TLI	AGFI	PNFI	RMSEA	RMR
观测值	1.431	0.952	0.952	0.948	0.811	0.792	0.041	0.028
拟合标准	<3.00	>0.90	>0.90	>0.90	>0.80	>0.50	<0.08	<0.05

对表5－14中的拟合指标观测值与拟合标准进行对比后发现，景区城市化对城镇化农村演化作用调整后的模型中各项拟合指标值都达到了拟合标准范围，因此，认为整体上景区城市化对城镇化农村演化作用调整后的模型通过了模型拟合度检验。

景区城市化对城镇化农村演化作用调整后模型通过模型拟合度检验后，需要再次对调整后的模型进行结构方程模型各作用路径的系数测量（见表5－15）。

表5－15　景区城市化对城镇化农村演化作用调整后模型的路径估计

路径	结构方程模型路径	标准化路径系数	C. R.	p
γ_1	JGA←SUA	0.646	10.986	***
γ_2	NLA←SUA	0.558	8.953	***
γ_3	CZH←SUA	0.272	3.668	***
β_4	JJL←JGA	0.544	5.088	***
β_6	JJL←NLA	0.369	3.071	0.002
β_7	CZH←NLA	0.353	3.126	0.002
β_8	CZH←JJL	0.262	3.223	0.001

注：*** 表示 $p<0.001$。

表5－15显示，景区城市化对城镇化农村演化作用调整后模型中的各项路径的作用系数都通过了显著性检验，其中绝大多数都达到了0.001的显著性水平。同时，根据标准化路径系数的测度标准确定的高于0.50为效果明显、0.10～0.50为效果适中、低于0.10为效果较小，可以确定景区城市化对城镇化农村演化作用调整后的结构方程模型中所有的路径作用效果都在适中和明显的级别上，由此可以判定调整后的结构方程模型为最终的景区城市化对城镇化农村演化作用的结构方程模型（见图5－3）。

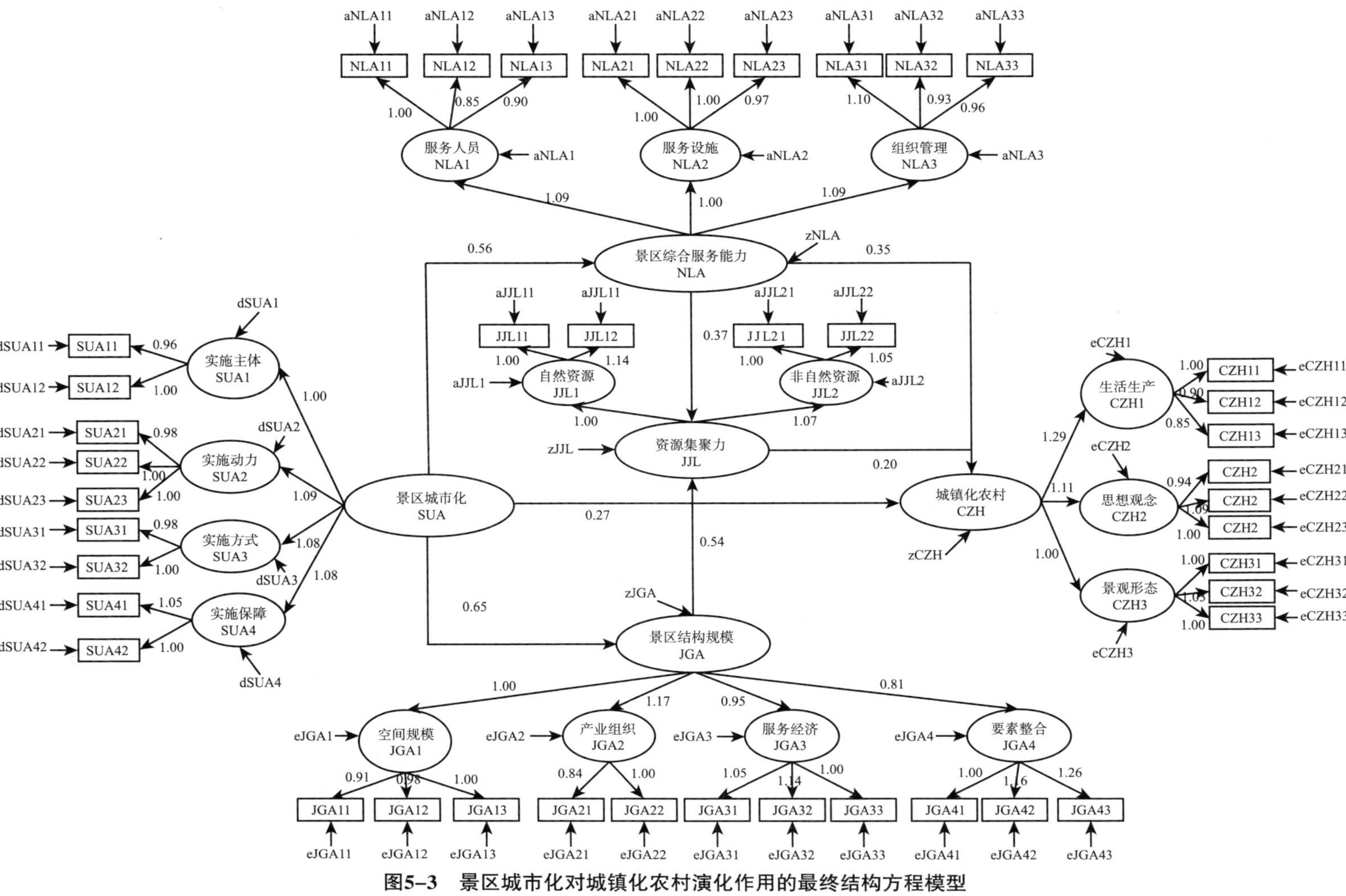

图5-3 景区城市化对城镇化农村演化作用的最终结构方程模型

由于最终的景区城市化对城镇化农村演化作用的结构方程模型图形过于复杂，为研究的直观方便，将最终结构方程模型的主体部分提出，得到最终的景区城市化对城镇化农村演化作用的结构方程模型简化形式（见图5－4）。

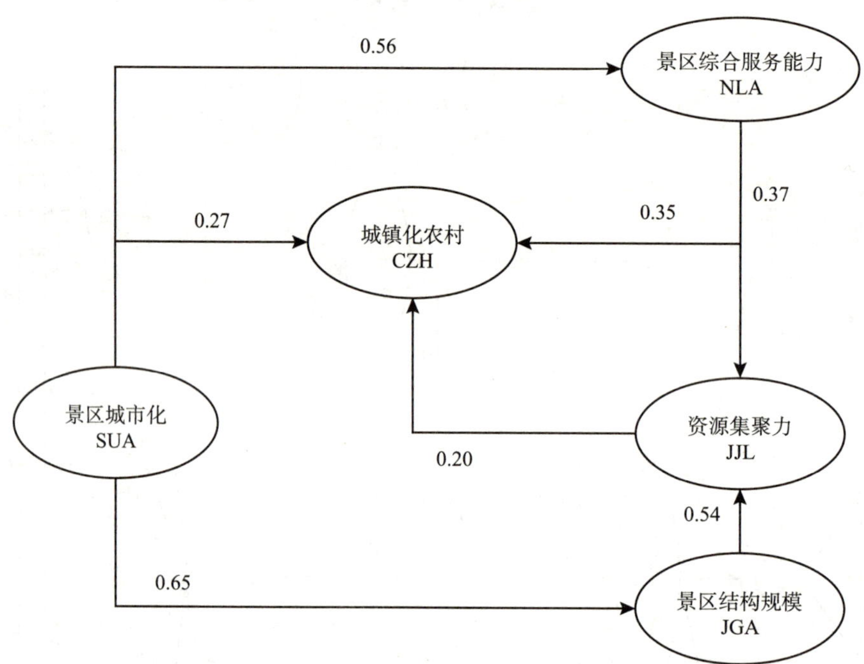

图5－4　景区城市化对城镇化农村演化作用的最终结构方程模型简图

在确定最终的景区城市化对城镇化农村演化作用的结构方程模型及其简化形式之后，还需要对其包含的各种效应进行分解，从而最终确定模型的各个变量之间的确切作用方向和作用强度。对结构方程模型进行效应分解就是对结构方程模型中各个变量之间存在的直接效应和间接效应以及他们之间的作用方向和作用强度进行准确的测定。其中，直接效应表示作为原因的变量直接对作为结果的变量作用而产生的影响，其影响程度的测度依靠直接效应的路径系数来衡量；间接效应表示作为原因的变量不直接作用作为结果的变量，而是通过其他作为中介的变量来间接地对作为结果的变量产生影响。间接效应的作用路径系数值为间接效应发生过程中每一个阶段路径系数之积，两变量之间的作用总效应为其二者间直接效应和间接效应之和。为了使景区城市化对城镇化农村演化作用的主要变量能够被有效测度，需要对景区城市化、景区综合服务能力、景区规模结构和资源集聚力四个变量作用于城镇化农村的效应进行分解（见表5－16）。

表5－16显示，对城镇化农村的直接效应最大的是景区综合服务能力，效应强度为0.35。景区规模结构是对城镇化农村直接效应仅次于景区综合服务能力，效应强

度为0.27。资源集聚力对城镇化农村的直接效应强度为0.20。作为原因的变量景区城市化未对城镇化农村产生直接效应，但其对资源集聚力产生了效应强度为0.54的直接作用效应，是效应强度最大的直接作用路径。同时，景区城市化对城镇化农村也产生着间接作用，其间接作用路径可以分为三条，效应强度分别为0.196、0.070和0.041，总的间接效应达到0.307，高于直接效应路径。

表5-16 景区城市化对城镇化农村演化作用模型的原因变量效应分解

变量作用关系	直接效应	间接效应	总效应
JGA→CZH	0.27		0.27
NLA→CZH	0.35		0.35
JJL→CZH	0.20		0.20
SUA→NLA→CZH	0.196（0.56×0.35）		0.307
SUA→JGA→JJL→CZH	0.070（0.65×0.54×0.20）		
SUA→NLA→JJL→CZH	0.041（0.56×0.37×0.20）		

（四）假设检验和结果讨论

根据统计的显著性分析，运用标准化后的路径系数来对每条作用路径的作用强度进行估计，以此作为对每一条因果路径的评价，经过标准化处理之后，路径系数的数值都在-1~1的范围内。针对西南民族地区调研获取的样本数据支持了理论分析部分提出的大部分假设。表5-17将景区城市化对城镇化农村演化作用的假设验证和构建模型的路径系数情况进行了总结归纳。

表5-17 景区城市化对城镇化农村演化作用结构方程模型的路径系数与假设检验

路径	变量间关系	路径系数	显著性水平	对应假设	检验结果
γ_1	SUA→JGA	0.646	***	假设1	支持
γ_2	SUA→NLA	0.558	***	假设2	支持
γ_3	SUA→CZH	0.272	***	假设3	支持
β_4	JGA→JJL	0.544	***	假设4	支持
β_5	JGA→CZH			假设5	不支持
β_6	NLA→JJL	0.369	0.002	假设6	支持
β_7	NLA→CZH	0.353	0.002	假设7	支持
β_8	JJL→CZH	0.262	0.001	假设8	支持

注：*** 表示 $p<0.001$。

表5－17表明，景区城市化到景区规模结构的路径及其系数为$\gamma_1=0.646$，$p<0.001$，通过了显著性检验，由此，可以验证“景区城市化进程对景区规模结构完善具有显著的直接正向作用”的假设，检验的结果支持了原假设HA1。

景区城市化到景区综合服务能力的路径及其系数为$\gamma_2=0.558$，$p<0.001$，通过了显著性检验，由此，可以验证“景区城市化进程对景区综合服务能力提升具有显著的直接正向作用”的假设，检验的结果支持了原假设HA2。

景区城市化到城镇化农村的路径及其系数为$\gamma_3=0.272$，$p<0.001$，通过了显著性检验，由此，可以验证“景区城市化进程对城镇化农村演化具有显著的直接正向作用”的假设，检验的结果支持了原假设HA3。

景区规模结构到资源集聚力的路径及其系数为$\beta_4=0.544$，$p<0.001$，通过了显著性检验，由此，可以验证“景区规模结构完善对资源集聚力提升具有显著的直接正向作用”的假设，检验的结果支持了原假设HA4。

景区规模结构到城镇化农村的路径未能通过显著性检验，由此，可以判定“景区规模结构完善对城镇化农村演化具有显著的直接正向作用”的假设不成立，检验的结果拒绝了原假设HA5。

景区综合服务能力到资源集聚力的路径及其系数为$\beta_6=0.369$，$p<0.05$，通过了显著性检验，由此，可以验证“景区综合服务能力提升对资源集聚力提升具有显著的直接正向作用”的假设，检验的结果支持了原假设HA6。

景区综合服务能力到城镇化农村的路径及其系数为$\beta_7=0.353$，$p<0.05$，通过了显著性检验，由此，可以验证“景区综合服务能力提升对城镇化农村演化具有显著的直接正向作用”的假设，检验的结果支持了原假设HA7。

资源集聚力到城镇化农村的路径及其系数为$\beta_8=0.262$，$p<0.01$，通过了显著性检验，由此，可以验证“资源集聚力提升对城镇化农村演化具有显著的直接正向作用”的假设，检验的结果支持了原假设HA8。

通过景区城市化对城镇化农村演化作用的研究，得到景区城市化、景区综合服务能力和资源集聚力对城镇化农村显著的直接正向作用，景区规模结构对资源集聚力具有重要的直接作用路径，这表明景区规模结构、景区综合服务能力和资源集聚力都是影响城镇化农村演化的重要因素，也证明了景区城市化的实施主体、实施动力、实施方式和实施保障这四个构成维度在识别城镇化农村演化过程时的合理性。与此同时，景区规模结构的完善、景区综合服务能力的提升以及资源集聚力的增强在对城镇化农村演化的过程中所起的作用相近，这反映了景区规模结构的完善、景区综合服务能力的提升和资源集聚力的增强这三个中介变量皆是对城镇化农村产生重要影响的因素。

在对研究结果的梳理分析中不难发现一个重要问题：景区城市化对城镇化农村没有显著的直接正向作用，而它在完善景区规模结构、提升景区综合服务能力等方面都表现出了十分显著的直接正向作用，其作用路径的系数值分别是0.239和

0.243。除此之外，还通过景区规模结构的完善和景区综合服务能力的提升对城镇化农村演化产生间接的正向作用。然而景区规模结构的完善、景区综合服务能力的提升以及资源集聚力的增强对于城镇化农村演化又起着十分显著的直接正向作用，由此可以判定：景区城市化是通过作用于完善景区规模结构、提升景区综合服务能力和增强资源集聚力的方式来实现对城镇化农村间接的正向作用，这种间接的正向作用效应强度为0.654，表明景区城市化对城镇化农村演化的正向作用效果是非常明显的。

因此针对西南民族地区来说，根据以上结论可以获得两个十分重要的启示：第一，必须更加全面深刻地认识景区城市化进程，将景区城市化从城市化的大背景中剥离出来单独研究，实施针对性的重点研究。同时也必须把握好景区城市化进程和城市化进程之间的同步性和协调性，不能完全脱离城市化进程的大环境。第二，必须对景区城市化的推进进行具体的方案设定和有效的监管，应该通过加快景区规模结构完善、景区综合服务能力提升和资源集聚力增强来促进城镇化农村演化。

综上所述，景区城市化是通过加快景区规模结构完善、景区综合服务能力提升和资源集聚力增强这三个中介变量来对城镇化农村演化产生正向作用的，并且在这个过程中的成效非常大。根据景区城市化的实施主体、实施动力、实施方式和实施保障四个构成维度，合理地引入景区规模结构、景区综合服务能力和资源集聚力三项中介变量，很好地构建起了景区城市化对城镇化农村演化作用的模型，通过实证分析获得的研究结论在景区城市化进程的推进、景区规模结构的完善、景区综合服务能力的提升和资源集聚力的增强方面对理论和实践都产生了巨大的影响，具有重大意义。

三、景区城市化对城郊化农村演化作用的实证分析

（一）变量的度量

在景区城市化对城郊化农村演化作用的研究中，景区城市化是解释变量。针对景区城市化设计了9个题设，分别从实施主体、实施动力、实施方式和实施保障四个方面对景区城市化进行测度（见表5－18）。

表 5-18　　景区城市化（SUB）指标量表

实施主体（SUB1）	SUB11	景区城市化实施主体与景区资源状况符合城郊化农村演化的要求程度
	SUB12	景区城市化实施主体与景区发展状况符合城郊化农村演化的要求程度
实施动力（SUB2）	SUB21	景区城市化进程中旅游资源的推动符合城郊化农村演化的要求程度
	SUB22	景区城市化进程中旅游服务的推动符合城郊化农村演化的要求程度
	SUB23	景区城市化进程中旅游管理的推动符合城郊化农村演化的要求程度
实施方式（SUB3）	SUB31	景区城市化进程中实施路径的选择符合城郊化农村演化的要求程度
	SUB32	景区城市化进程中路径的稳健性符合城郊化农村演化的要求程度
实施保障（SUB4）	SUB41	景区城市化进程中实施保障的能力符合城郊化农村演化的要求程度
	SUB42	景区城市化进程中实施保障的措施符合城郊化农村演化的要求程度

在景区城市化对城郊化农村演化作用的研究中，被解释变量有四个，分别是：景区综合服务能力、景区规模结构、旅游吸引和城郊化农村。

其中，景区综合服务能力指标的测度采用了9个题设，分别从服务人员、服务设施、组织管理三个角度对景区综合服务能力进行测度（见表5-19）。

表 5-19　　景区综合服务能力（NLB）指标量表

服务人员（NLB1）	NLB11	景区服务人员的总体数量符合城郊化农村演化要求的程度
	NLB12	景区服务人员的服务态度符合城郊化农村演化要求的程度
	NLB13	景区服务人员的服务水平达到城郊化农村演化要求的程度
服务设施（NLB2）	NLB21	景区服务设施的承载水平符合城郊化农村演化要求的程度
	NLB22	景区服务设施的齐备程度符合城郊化农村演化要求的程度
	NLB23	景区服务设施的分布范围符合城郊化农村演化要求的程度
组织管理（NLB3）	NLB31	景区组织管理的能力符合城郊化农村演化要求的程度
	NLB32	景区组织管理的效率符合城郊化农村演化要求的程度
	NLB33	景区组织管理的制度安排符合城郊化农村演化要求的程度

景区规模结构指标的测度采用了11个题设，分别从空间规模、产业组织、服务经济、要素整合四个角度对景区规模结构进行测度（见表5-20）。

表 5 - 20　　景区规模结构（JGB）指标量表

空间规模（JGB1）	JGB11	景区空间规模范围符合城郊化农村演化要求的程度
	JGB12	景区空间规模结构符合城郊化农村演化要求的程度
	JGB13	景区空间规模发展符合城郊化农村演化要求的程度
产业组织（JGB2）	JGB21	景区产业组织构成符合城郊化农村演化要求的程度
	JGB22	景区产业组织效益符合城郊化农村演化要求的程度
服务经济（JGB3）	JGB31	景区服务经济定位符合城郊化农村演化要求的程度
	JGB32	景区服务经济结构符合城郊化农村演化要求的程度
	JGB33	景区服务经济利润符合城郊化农村演化要求的程度
要素整合（JGB4）	JGB41	景区劳动力要素整合符合城郊化农村演化要求的程度
	JGB42	景区资本要素整合符合城郊化农村演化要求的程度
	JGB43	景区土地要素整合符合城郊化农村演化要求的程度

旅游吸引指标的测度采用了 4 个题设，分别从物质性旅游吸引、非物质性旅游吸引两个角度对旅游吸引进行测度（见表 5 - 21）。

表 5 - 21　　旅游吸引（XY）指标量表

物质性旅游吸引（XY1）	XY11	景区物质性旅游吸引规模符合城郊化农村演化要求的程度
	XY12	景区物质性旅游吸引能力符合城郊化农村演化要求的程度
非物质性旅游吸引（XY2）	XY21	景区非物质性旅游吸引规模符合城郊化农村演化要求的程度
	XY22	景区非物质性旅游吸引能力符合城郊化农村演化要求的程度

城郊化农村指标的测度采用了 9 个题设，分别从居民生产生活方式、居民思想观念、城乡景观形态三个角度对城郊化农村进行测度（见表 5 - 22）。

表 5 - 22　　城郊化农村（CJH）指标量表

居民生产生活方式（CJH1）	CJH11	景区居民生产方式符合城郊化农村演化要求的程度
	CJH12	景区居民生活方式符合城郊化农村演化要求的程度
	CJH13	景区居民生产生活方式转变方向符合城郊化农村演化要求的程度
居民思想观念（CJH2）	CJH21	景区居民思想高度符合城郊化农村演化要求的程度
	CJH22	景区居民观念水平符合城郊化农村演化要求的程度
	CJH23	景区居民思想观念转变方向符合城郊化农村演化要求的程度

续表

城乡景观形态（CJH3）	CJH31	城乡景观建设符合城郊化农村演化要求的程度
	CJH32	城乡景观风貌符合城郊化农村演化要求的程度
	CJH33	城乡景观形态改变方向符合城郊化农村演化要求的程度

（二）样本数据分析

运用均值和标准差两个指标对景区城市化对城郊化农村演化作用中各变量指标进行描述性统计分析，可以很直观地获得景区城市化、景区综合服务能力、景区规模结构、旅游吸引、城郊化农村的均值和标准差（见表5－23）。

表5－23　各指标的均值和标准差

指标		均值	标准差
实施主体（SUB1）	SUB11	3.66	0.696
	SUB12	3.71	0.725
实施动力（SUB2）	SUB21	3.66	0.743
	SUB22	3.60	0.823
	SUB23	3.62	0.794
实施方式（SUB3）	SUB31	3.55	0.791
	SUB32	3.56	0.752
实施保障（SUB4）	SUB41	3.62	0.820
	SUB42	3.57	0.762
空间规模（JGB1）	JGB11	3.17	0.713
	JGB12	3.25	0.730
	JGB13	3.15	0.707
产业组织（JGB2）	JGB21	3.32	0.720
	JGB22	3.23	0.783
服务经济（JGB3）	JGB31	3.15	0.809
	JGB32	3.15	0.783
	JGB33	3.10	0.739
要素整合（JGB4）	JGB41	3.39	0.784
	JGB42	3.18	0.714
	JGB43	3.21	0.755
服务人员（NLB1）	NLB11	3.26	0.744
	NLB12	3.20	0.723
	NLB13	3.03	0.675
服务设施（NLB2）	NLB21	3.31	0.736
	NLB22	3.10	0.751
	NLB23	3.13	0.725
组织管理（NLB3）	NLB31	3.22	0.763
	NLB32	3.07	0.751
	NLB33	3.15	0.720
物质性旅游吸引（XY1）	XY11	3.35	0.820
	XY12	3.40	0.857
非物质性旅游吸引（XY2）	XY21	3.42	0.804
	XY22	3.30	0.750
居民生产生活方式（CJH1）	CJH11	3.63	0.743
	CJH12	3.60	0.801
	CJH13	3.61	0.806
居民思想观念（CJH2）	CJH21	3.62	0.739
	CJH22	3.64	0.791
	CJH23	3.70	0.740
城乡景观形态（CJH3）	CJH31	3.58	0.814
	CJH32	3.66	0.753
	CJH33	3.72	0.766

在对景区城市化对城郊化农村演化作用研究的信度检验中，运用组合信度的方法，并采用 Kline 的判别标准作为信度检验参照的标准。根据对景区城市化对城郊化农村演化作用中各变量进行信度检验，得到各变量的组合信度系数值（见表 5－24），均通过了组合信度检验，达到最佳和很好的标准。

表 5－24　　景区城市化对城郊化农村演化作用各变量组合信度检验系数

变量名	组合信度系数 ρ_c 值	接受程度
景区城市化	0.963	很好
景区综合服务能力	0.851	很好
景区规模结构	0.901	最佳
旅游吸引	0.859	最佳
城郊化农村	0.940	最佳

在信度检验的基础上，对景区城市化对城郊化农村演化作用的各项指标进行效度检验，发现各项指标均适合进行因子分析，并全部通过了架构效度检验（见表 5－25）。

表 5－25　　各变量的效度检验值

变量名	KMO 值	Bartlett 卡方值	因子负载				累计方差解释率（%）	显著性水平
景区城市化（SUB）	0.957	2239.598	SUB11	0.732	SUB31	0.718	45.567	0.000
			SUB12	0.730	SUB32	0.799		
			SUB21	0.771	SUB41	0.725		
			SUB22	0.737	SUB42	0.693		
			SUB23	0.719				
景区规模结构（JGB）	0.943	1107.873	JGB11	0.523	JGB32	0.628	51.140	0.000
			JGB12	0.527	JGB33	0.595		
			JGB13	0.564	JGB41	0.446		
			JGB21	0.661	JGB42	0.596		
			JGB22	0.724	JGB43	0.646		
			JGB31	0.583				

续表

变量名	KMO值	Bartlett卡方值	因子负载				累计方差解释率（%）	显著性水平
景区综合服务能力（NLB）	0.899	644.684	NLB11	0.568	NLB23	0.600	55.592	0.000
			NLB12	0.433	NLB31	0.631		
			NLB13	0.571	NLB32	0.581		
			NLB21	0.577	NLB33	0.437		
			NLB22	0.610				
旅游吸引（XY）	0.812	423.901	XY11	0.706	XY21	0.673	59.621	0.000
			XY12	0.758	XY22	0.643		
城郊化农村（CJH）	0.950	1562.767	CJH11	0.661	CJH23	0.694	62.795	0.000
			CJH12	0.647	CJH31	0.712		
			CJH13	0.734	CJH32	0.750		
			CJH21	0.750	CJH33	0.660		
			CJH22	0.751				

（三）结构方程模型分析

根据变量性质的确定标准，可以将景区城市化对城郊化农村演化作用中的各项变量进行归类。其中，景区城市化是内生变量，景区综合服务能力、景区规模结构和旅游吸引是中介变量，城郊化农村则是外生变量。根据景区城市化对城郊化农村演化作用的结构方程模型的因果路径图示（见图6－1），箭头方向指示了变量之间的因果关系，指向由“因”变量向“果”变量。单向箭头表示前一变量与后一变量存在因果关系，双向箭头则表示前一变量和后一变量之间互相存在因果关系。每一个有箭头指向的线都表示一条因果关系路径，对应存在一个回归权重系数。图5－5展示了景区城市化对城郊化农村演化作用的原始结构方程模型。

根据图5－5显示的情况，构建的景区城市化对城郊化农村演化作用的原始结构方程模型中，存在内生显变量33项、外生显变量9项、内生潜变量16项、外生潜变量5项。具体表现为：

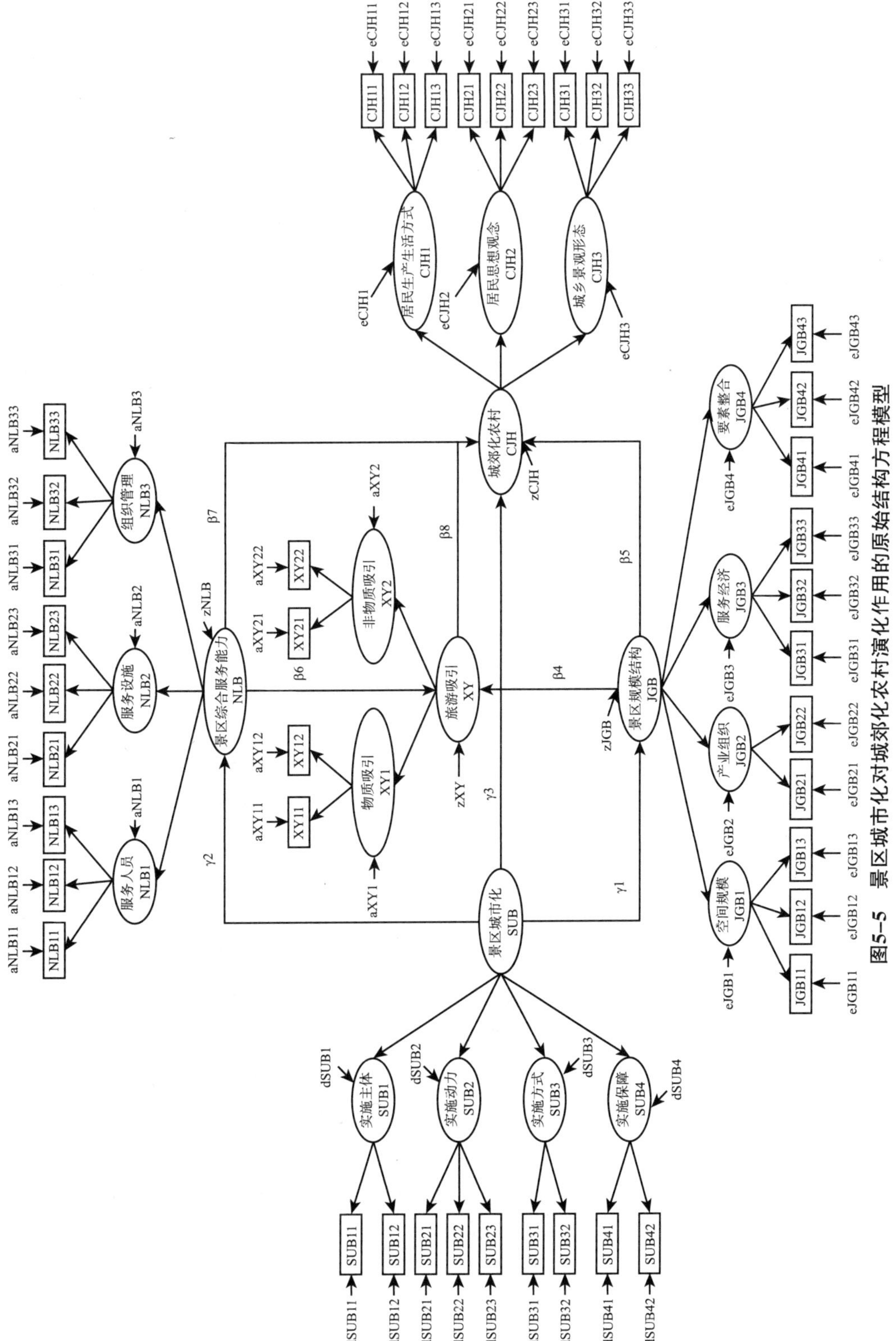

图5-5 景区城市化对城郊化农村演化作用的原始结构方程模型

内生显变量 33 项：NLB11、NLB12、NLB13、NLB21、NLB22、NLB23、NLB31、NLB32、NLB33、JGB11、JGB12、JGB13、JGB21、JGB22、JGB31、JGB32、JGB33、JGB41、JGB42、JGB43、XY11、XY12、XY21、XY22、CJH11、CJH12、CJH13、CJH21、CJH22、CJH23、CJH31、CJH32、CJH33。

外生显变量 9 项：SUB11、SUB12、SUB21、SUB22、SUB23、SUB31、SUB32、SUB41、SUB42。

内生潜变量 16 项：旅游文化（SUB1）、旅游景观（SUB2）、旅游参与（SUB3）、旅游保障（SUB4）、服务人员（NLB1）、服务设施（NLB2）、组织管理（NLB3）、空间规模（JGB1）、产业组织（JGB2）、服务经济（JGB3）、要素整合（JGB4）、物质性旅游吸引（XY1）、非物质性旅游吸引（XY2）、居民生产生活方式（CJH1）、居民思想观念（CJH2）、城乡景观形态（CJH3）。

外生潜变量 5 项：景区城市化（SUB）、景区综合服务能力（NLB）、景区规模结构（JGB）、旅游吸引（XY）、城郊化农村（CJH）。

测量模型和结构模型是组成结构方程模型的重要部分，因此必须对这两个模型进行逐个构建。

测量模型的构建。根据测量模型的一般形式：

$$\begin{cases} X = \Lambda_X \xi + \delta \\ Y = \Lambda_Y \eta + \varepsilon \end{cases}$$

其中，X 代表外生显变量，Y 表示内生显变量，ξ 代表外生潜变量，η 代表内生潜变量。ε 与 δ 均代表显变量的误差项，X 的潜变量 ξ 与自己的误差项 δ 和 Y 的误差项 ε 均无关，Y 的潜变量 η 与自己的误差项 ε 和 X 的误差项 δ 也均无关。Λ_X 是显变量 X 的因子载荷，Λ_Y 是显变量 Y 的因子载荷。

景区城市化对城郊化农村演化作用的测量模型构建中，景区城市化（SUB）、旅游文化（SUB1）、旅游景观（SUB2）、旅游参与（SUB3）、旅游保障（SUB4）是外生潜变量，用 ξ_{SUB}、ξ_{SUB1}、ξ_{SUB2}、ξ_{SUB3} 和 ξ_{SUB4} 来分别表示。景区综合服务能力（NLB）、景区规模结构（JGB）、旅游吸引（XY）、城郊化农村（CJH）、服务人员（NLB1）、服务设施（NLB2）、组织管理（NLB3）、空间规模（JGB1）、产业组织（JGB2）、服务经济（JGB3）、要素整合（JGB4）、物质性旅游吸引（XY1）、非物质性旅游吸引（XY2）、居民生产生活方式（CJH1）、居民思想观念（CJH2）、城乡景观形态（CJH3）是内生潜变量，用 η_{NLB}、η_{JGB}、η_{XY}、η_{CJH}、η_{NLB1}、η_{NLB2}、η_{NLB3}、η_{JGB1}、η_{JGB2}、η_{JGB3}、η_{JGB4}、η_{XY1}、η_{XY2}、η_{CJH1}、η_{CJH2}、η_{CJH3} 来分别表示。根据上述变量的设定，构建观测模型的方程式表达如下：

$$\begin{cases}
X_{SUB1}=\lambda_{SUB1}\xi_{SUB}+\delta_{SUB1} & X_{SUB2}=\lambda_{SUB2}\xi_{SUB}+\delta_{SUB2} & X_{SUB3}=\lambda_{SUB3}\xi_{SUB}+\delta_{SUB3} & X_{SUB4}=\lambda_{SUB4}\xi_{SUB}+\delta_{SUB4}\\
X_{SUB11}=\lambda_{SUB11}\xi_{SUB1}+\delta_{SUB11} & X_{SUB12}=\lambda_{SUB12}\xi_{SUB1}+\delta_{SUB12} & & \\
X_{SUB21}=\lambda_{SUB21}\xi_{SUB2}+\delta_{SUB21} & X_{SUB22}=\lambda_{SUB22}\xi_{SUB2}+\delta_{SUB22} & X_{SUB23}=\lambda_{SUB23}\xi_{SUB2}+\delta_{SUB23} & \\
X_{SUB31}=\lambda_{SUB31}\xi_{SUB3}+\delta_{SUB31} & X_{SUB32}=\lambda_{SUB32}\xi_{SUB3}+\delta_{SUB32} & & \\
X_{SUB41}=\lambda_{SUB41}\xi_{SUB4}+\delta_{SUB41} & X_{SUB42}=\lambda_{SUB42}\xi_{SUB4}+\delta_{SUB42} & & \\
X_{NLB1}=\lambda_{NLB1}\xi_{NLB}+\delta_{NLB1} & X_{NLB2}=\lambda_{NLB2}\xi_{NLB}+\delta_{NLB2} & X_{NLB3}=\lambda_{NLB3}\xi_{NLB}+\delta_{NLB3} & \\
X_{NLB11}=\lambda_{NLB11}\xi_{NLB1}+\delta_{NLB11} & X_{NLB12}=\lambda_{NLB12}\xi_{NLB1}+\delta_{NLB12} & X_{NLB13}=\lambda_{NLB13}\xi_{NLB1}+\delta_{NLB13} & \\
X_{NLB21}=\lambda_{NLB21}\xi_{NLB2}+\delta_{NLB21} & X_{NLB22}=\lambda_{NLB22}\xi_{NLB2}+\delta_{NLB22} & X_{NLB23}=\lambda_{NLB23}\xi_{NLB2}+\delta_{NLB23} & \\
X_{NLB31}=\lambda_{NLB31}\xi_{NLB3}+\delta_{NLB31} & X_{NLB32}=\lambda_{NLB32}\xi_{NLB3}+\delta_{NLB32} & X_{NLB33}=\lambda_{NLB33}\xi_{NLB3}+\delta_{NLB33} & \\
X_{JGB1}=\lambda_{JGB1}\xi_{JGB}+\delta_{JGB1} & X_{JGB2}=\lambda_{JGB2}\xi_{JGB}+\delta_{JGB2} & X_{JGB3}=\lambda_{JGB3}\xi_{JGB}+\delta_{JGB3} & X_{JGB4}=\lambda_{JGB4}\xi_{JGB}+\delta_{JGB4}\\
X_{JGB11}=\lambda_{JGB11}\xi_{JGB1}+\delta_{JGB11} & X_{JGB12}=\lambda_{JGB12}\xi_{JGB1}+\delta_{JGB12} & X_{JGB13}=\lambda_{JGB13}\xi_{JGB1}+\delta_{JGB13} & \\
X_{JGB21}=\lambda_{JGB21}\xi_{JGB2}+\delta_{JGB21} & X_{JGB22}=\lambda_{JGB22}\xi_{JGB2}+\delta_{JGB22} & & \\
X_{JGB31}=\lambda_{JGB31}\xi_{JGB3}+\delta_{JGB31} & X_{JGB32}=\lambda_{JGB32}\xi_{JGB3}+\delta_{JGB32} & X_{JGB33}=\lambda_{JGB33}\xi_{JGB3}+\delta_{JGB33} & \\
X_{JGB41}=\lambda_{JGB41}\xi_{JGB4}+\delta_{JGB41} & X_{JGB42}=\lambda_{JGB42}\xi_{JGB4}+\delta_{JGB42} & X_{JGB43}=\lambda_{JGB43}\xi_{JGB4}+\delta_{JGB43} & \\
X_{XY1}=\lambda_{XY1}\xi_{XY}+\delta_{XY1} & X_{XY2}=\lambda_{XY2}\xi_{XY}+\delta_{XY2} & & \\
X_{XY11}=\lambda_{XY11}\xi_{XY1}+\delta_{XY11} & X_{XY12}=\lambda_{XY12}\xi_{XY1}+\delta_{XY12} & & \\
X_{XY21}=\lambda_{XY21}\xi_{XY2}+\delta_{XY21} & X_{XY22}=\lambda_{XY22}\xi_{XY2}+\delta_{XY22} & & \\
X_{CJH1}=\lambda_{CJH1}\xi_{CJH}+\delta_{CJH1} & X_{CJH2}=\lambda_{CJH2}\xi_{CJH}+\delta_{CJH2} & X_{CJH3}=\lambda_{CJH3}\xi_{CJH}+\delta_{CJH3} & \\
X_{CJH11}=\lambda_{CJH11}\xi_{CJH1}+\delta_{CJH11} & X_{CJH12}=\lambda_{CJH12}\xi_{CJH1}+\delta_{CJH12} & X_{CJH13}=\lambda_{CJH13}\xi_{CJH1}+\delta_{CJH13} & \\
X_{CJH21}=\lambda_{CJH21}\xi_{CJH2}+\delta_{CJH21} & X_{CJH22}=\lambda_{CJH22}\xi_{CJH2}+\delta_{CJH22} & X_{CJH23}=\lambda_{CJH23}\xi_{CJH2}+\delta_{CJH23} & \\
X_{CJH31}=\lambda_{CJH31}\xi_{CJH3}+\delta_{CJH31} & X_{CJH32}=\lambda_{CJH32}\xi_{CJH3}+\delta_{CJH32} & X_{CJH33}=\lambda_{CJH33}\xi_{CJH3}+\delta_{CJH33} &
\end{cases}$$

结构模型的构建。根据结构模型的一般形式：

$$\eta=\beta\eta+\Gamma\xi+\zeta$$

其中，η 代表内生潜变量，β 代表内生潜变量之间的关系系数，Γ 代表内生潜变量受外生潜变量的影响系数，ξ 代表外生潜变量，ζ 代表残差项。

景区城市化对城郊化农村演化作用的结构模型构建中，用 γ_1、γ_2 和 γ_3 来分别表示景区城市化对景区综合服务能力、景区规模结构和城郊化农村的影响作用；用 β_4 和 β_5 来分别表示景区规模结构对旅游吸引和城郊化农村的影响作用；用 β_6 和 β_7 来分别表示景区综合服务能力对旅游吸引和城郊化农村的影响作用；用 β_8 来表示旅游吸引对城郊化农村的影响作用。

根据上述变量的设定，构建结构模型的方程式表达如下：

$$\begin{cases}
\eta_{JGB}=\gamma_1\xi_{SUB}+\zeta_{JGB}\\
\eta_{NLB}=\gamma_2\xi_{SUB}+\zeta_{NLB}\\
\eta_{XY}=\beta_4\eta_{JGB}+\beta_6\eta_{NLB}+\zeta_{XY}\\
\eta_{CJH}=\beta_5\eta_{JGB}+\beta_7\eta_{NLB}+\beta_8\eta_{XY}+\gamma_3\xi_{SUB}+\zeta_{CJH}
\end{cases}$$

对结构方程模型的测量模型和结构模型构建完成后，还存在检验拟合指标、检验参数和决定系数等是否合适，通过不同评价方法对上述指标进行检验，进而判断构建的景区城市化对城郊化农村演化作用原始模型是否需要进行修正。判断原始模型是否与现实情况相符，可以通过对拟合指标的测度来加以评判，拟合指标的值高于满足拟合条件的临界值时，说明真实情况与原始模型构建相符，反之则不相符。拟合指标检验的方法有很多种，但最常用的主要是八种拟合指标检验方法，分别为 χ^2/df、CFI、IFI、TLI、AGFI、PNFI、RMSEA、RMR。

将图 5－1 中的景区城市化对城郊化农村演化作用的原始结构方程模型录入 AMOS 17.0 中，通过计算和对相关参数进行估计，获得了景区城市化对城郊化农村演化作用原始结构方程模型中各项反映拟合关系的拟合指标值（见表 5－26）。

表 5－26　景区城市化对城郊化农村演化作用原始结构方程模型适配度检验结果

拟合指标	χ^2/df	CFI	IFI	TLI	AGFI	PNFI	RMSEA	RMR
观测值	1.369	0.957	0.958	0.954	0.809	0.793	0.039	0.029
拟合标准	<3.00	>0.90	>0.90	>0.90	>0.80	>0.50	<0.08	<0.05

表 5－26 表明，将景区城市化对城郊化农村演化作用原始结构方程中各项拟合指标的观测值和拟合标准进行对比后，所有观测值均达到了拟合标准。说明景区城市化对城郊化农村演化作用的原始模型能够较好地与通过调查问卷获得的样本数据拟合。

在完成景区城市化对城郊化农村演化作用原始结构方程模型适配度检验后，对原始结构方程中各路径的系数进行测度（见表 5－27）。

表 5－27　景区城市化对城郊化农村演化作用原始模型的路径估计

路径	结构方程模型路径	标准化路径系数	C. R.	p
γ_1	JGB←SUB	0.641	10.861	***
γ_2	NLB←SUB	0.535	8.561	***
γ_3	CJH←SUB	0.309	3.125	0.002
β_4	XY←JGB	0.588	4.885	***

续表

路径	结构方程模型路径	标准化路径系数	C. R.	p
β_5	CJH←JGB	0. 042	0. 313	0. 754
β_6	XY←NLB	0. 526	3. 778	***
β_7	CJH←NLB	0. 370	2. 742	0. 006
β_8	CJH←XY	0. 311	3. 339	***

注：*** 表示 $p<0.001$。

根据表5－27可以看出，在景区城市化对城郊化农村演化作用的原始结构方程模型构建过程中，JGB对CJH的这条路径未能通过显著性检验，也就意味着JGB对CJH没有产生显著的作用。尽管如此，但由于绝大多数路径均通过了路径显著性检验，所以并不能对之前构造的原始结构方程模型全盘否定。从结果上看，景区城市化对城郊化农村影响作用的原始结构方程模型的构造思路基本正确，但其中的部分关系需要调整后进行重新测度，才能满足研究的目的。

根据之前测度的路径估计结果中了解到景区城市化、景区综合服务能力、景区规模结构和旅游吸引对城郊化农村的对应路径系数都比较小，因此要使其能够更好地拟合和测度结构方程模型，就必须对原始的景区城市化对城郊化农村演化作用结构方程模型进行适当的调整。通过对文献的梳理查找，发现在现有的城郊化农村相关的文献中，研究获得的结论可以主要概括为：在景区城市化的大背景下，促成城郊化农村形成的直接推动力是景区综合服务能力、景区规模结构和旅游吸引，景区城市化则作为大背景间接影响。因此，在景区城市化对城郊化农村演化作用的原始结构方程调整过程中，应当保留景区综合服务能力、景区规模结构和旅游吸引对城郊化农村的直接作用路径，剔除景区城市化对城郊化农村的直接作用路径。由此获得景区城市化对城郊化农村演化作用调整后的结构方程模型（见图5－6）。

图5－6表明，与景区城市化对城郊化农村演化作用的原始结构方程模型相比，调整后的结构方程模型将景区城市化对城郊化农村的直接路径剔除了。将调整后的结构方程模型再次放入AMOS17.0软件中进行计算和对作用路径的参数进行估计，得到调整后的结构方程模型中反映模型拟合程度的多项拟合指标值（见表5－28）。

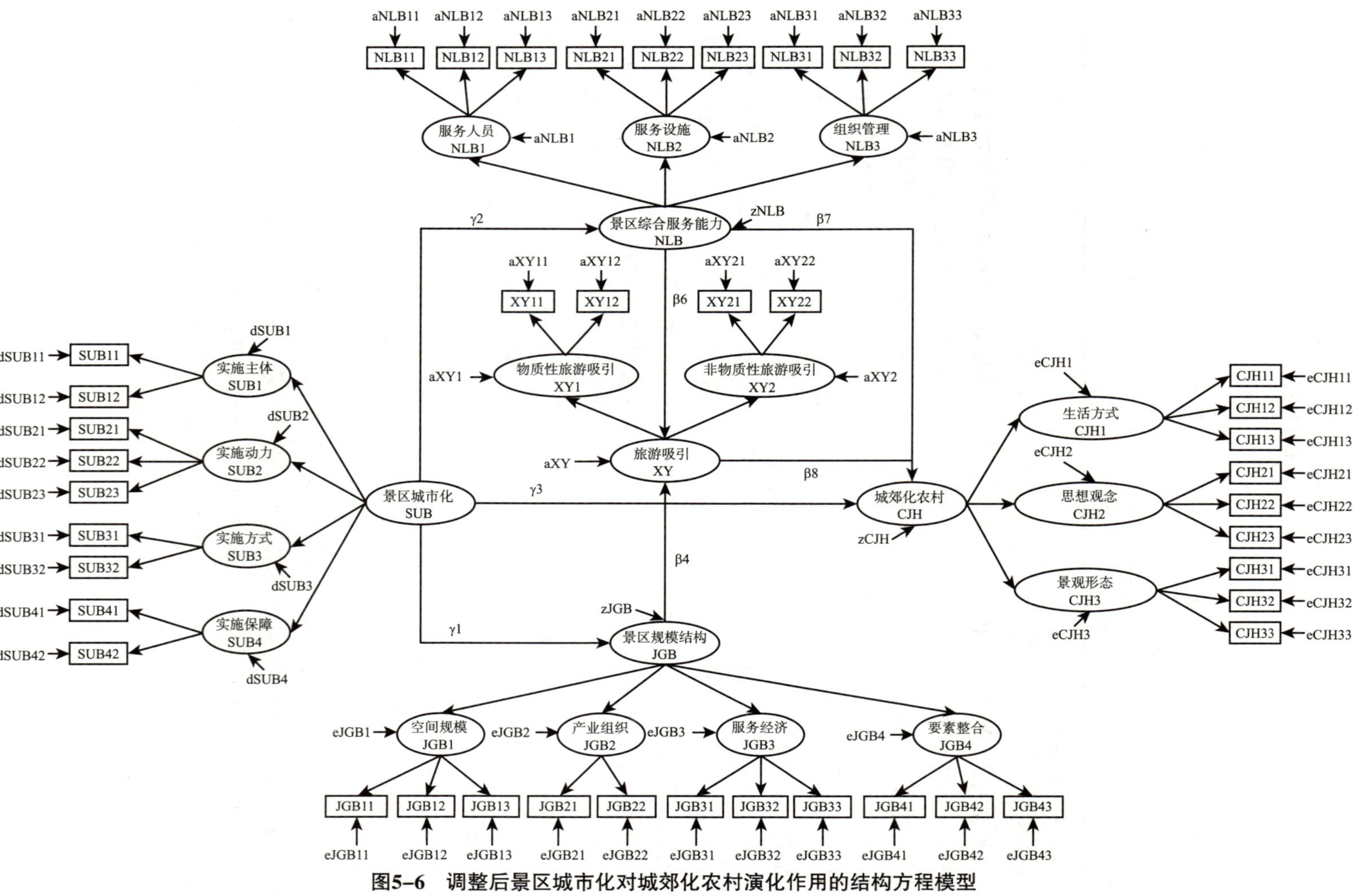

图5-6 调整后景区城市化对城郊化农村演化作用的结构方程模型

表 5－28 景区城市化对城郊化农村演化作用调整后结构方程模型适配度的检验结果

拟合指标	χ^2/df	CFI	IFI	TLI	AGFI	PNFI	RMSEA	RMR
观测值	1.367	0.957	0.958	0.954	0.809	0.794	0.039	0.029
拟合标准	<3.00	>0.90	>0.90	>0.90	>0.80	>0.50	<0.08	<0.05

对表 5－28 中的拟合指标观测值与拟合标准进行对比后发现，景区城市化对城郊化农村演化作用调整后的模型中各项拟合指标值都达到了拟合标准范围，因此，认为整体上景区城市化对城郊化农村演化作用调整后的模型通过了模型拟合度检验。

景区城市化对城郊化农村演化作用调整后模型通过模型拟合度检验后，需要再次对调整后的模型进行结构方程模型各作用路径的系数测量（见表 5－29）。

表 5－29 景区城市化对城郊化农村演化作用调整后模型的路径估计

路径	结构方程模型路径	标准化路径系数	C. R.	p
γ_1	JGB←SUB	0.641	10.858	***
γ_2	NLB←SUB	0.535	8.560	***
β_4	XY←SUB	0.327	4.000	***
β_5	CJH←JGB	0.591	4.926	***
β_6	XY←NLB	0.523	3.769	***
β_7	CJH←NLB	0.372	2.764	0.006
β_8	CJH←XY	0.324	3.820	***

注：*** 表示 $p<0.001$。

表 5－29 显示，景区城市化对城郊化农村演化作用调整后模型中的各项路径的作用系数都通过了显著性检验，其中绝大多数都达到了 0.001 的显著性水平。同时，根据标准化路径系数的测度标准确定的高于 0.50 为效果明显、0.10～0.50 为效果适中、低于 0.10 为效果较小，可以确定景区城市化对城郊化农村演化作用调整后的结构方程模型中所有的路径作用效果都在适中和明显的级别上，由此可以判定调整后的结构方程模型为最终的景区城市化对城郊化农村演化作用的结构方程模型（见图 5－7）。

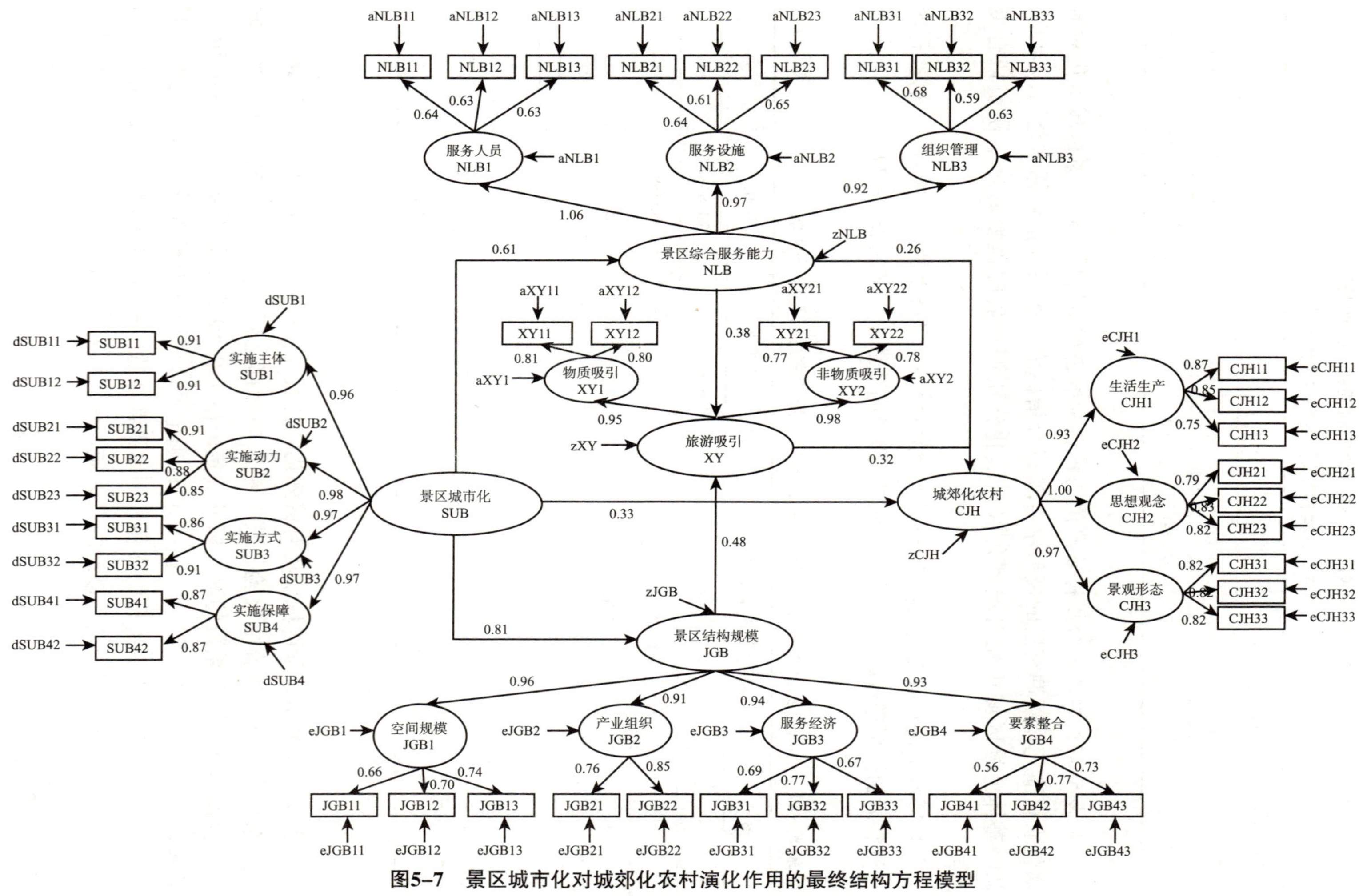

图5-7 景区城市化对城郊化农村演化作用的最终结构方程模型

由于最终的景区城市化对城郊化农村演化作用的结构方程模型图形过于复杂，为研究的直观方便，将最终结构方程模型的主体部分提出，得到最终的景区城市化对城郊化农村演化作用的结构方程模型简化形式（见图5－8）。

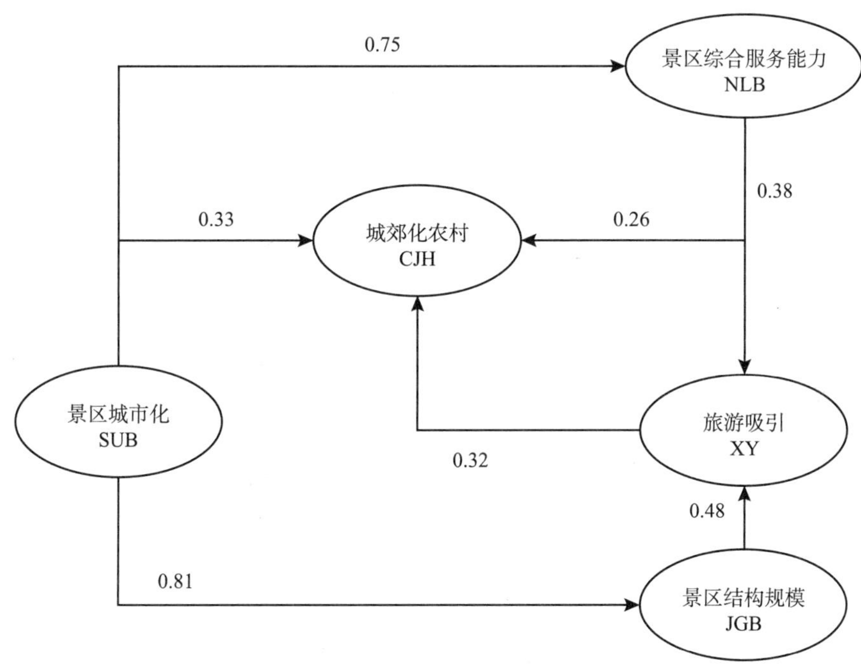

图5－8　景区城市化对城郊化农村演化作用的最终结构方程模型简图

在确定最终的景区城市化对城郊化农村演化作用的结构方程模型及其简化形式之后，还需要对其包含的各种效应进行分解，从而最终确定模型的各个变量之间的确切作用方向和作用强度。对结构方程模型进行效应分解就是对结构方程模型中各个变量之间存在的直接效应和间接效应以及他们之间的作用方向和作用强度进行准确的测定。其中，直接效应表示作为原因的变量直接对作为结果的变量作用而产生的影响，其影响程度的测度依靠直接效应的路径系数来衡量；间接效应表示作为原因的变量不直接作用作为结果的变量，而是通过其他作为中介的变量来间接地对作为结果的变量产生影响。间接效应的作用路径系数值为间接效应发生过程中每一个阶段路径系数之积，两变量之间的作用总效应为其二者间直接效应和间接效应之和。为了使景区城市化对城郊化农村演化作用的主要变量能够被有效测度，需要对景区城市化、景区综合服务能力、景区规模结构和旅游吸引四个变量作用于城郊化农村的效应进行分解（见表5－30）。

表 5－30　　景区城市化对城郊化农村演化作用模型的原因变量效应分解

<table>
<tr><th>变量作用关系</th><th>直接效应</th><th>间接效应</th><th>总效应</th></tr>
<tr><td>JGB→CJH</td><td>0. 33</td><td></td><td>0. 33</td></tr>
<tr><td>NLB→CJH</td><td>0. 26</td><td></td><td>0. 26</td></tr>
<tr><td>XY→CJH</td><td>0. 32</td><td></td><td>0. 32</td></tr>
<tr><td>SUB→NLB→CJH</td><td colspan="2">0. 195（0. 75 ×0. 26）</td><td rowspan="3">0. 41</td></tr>
<tr><td>SUB→JGB→XY→CJH</td><td colspan="2">0. 124（0. 81 ×0. 48 ×0. 32）</td></tr>
<tr><td>SUB→NLB→XY→CJH</td><td colspan="2">0. 091（0. 75 ×0. 38 ×0. 32）</td></tr>
</table>

表 5－30 显示，对城郊化农村的直接效应最大的是景区综合服务能力，效应强度为 0. 488。景区规模结构对城郊化农村直接效应仅次于景区综合服务能力，效应强度为 0. 321。旅游吸引对城郊化农村的直接效应强度为 0. 320。三个中介变量对城郊化农村作用的直接效应均在 0. 30 左右。作为原因的变量景区城市化未对城郊化农村产生直接效应，其通过四条间接路径作用于城郊化农村，间接效应的总效应强度为 0. 732，超过了任意一个中介变量对城郊化农村产生的直接效应。其中，通过景区规模结构对城郊化农村产生的间接效应为 0. 196，通过景区综合服务能力对城郊化农村产生的间接效应为 0. 357，通过景区规模结构、旅游吸引对城郊化农村产生的间接效应为 0. 104，通过景区综合服务能力、旅游吸引对城郊化农村产生的间接效应为 0. 075。综上所述，在对城郊化农村的作用效应来看，景区城市化产生的影响是最大的。

（四）假设检验与结果讨论

根据统计的显著性分析，运用标准化后的路径系数来对每条作用路径的作用强度进行估计，以此作为对每一条因果路径的评价，经过标准化处理之后，路径系数的数值都在 －1 ~1 的范围内。针对西南民族地区调研获取的样本数据支持了理论分析部分提出的大部分假设。表 5－31 将景区城市化对城郊化农村演化作用的假设验证和构建模型的路径系数情况进行了总结归纳。

表 5－31　　景区城市化对城郊化农村演化作用结构方程模型的路径系数与假设检验

路径	变量间关系	路径系数	显著性水平	对应假设	检验结果
γ_1	SUB→JGB	0. 641	***	假设 1	支持
γ_2	SUB→NLB	0. 535	***	假设 2	支持
γ_3	SUB→CJH	0. 327		假设 3	支持
β_4	JGB→XY	0. 591	***	假设 4	支持

续表

路径	变量间关系	路径系数	显著性水平	对应假设	检验结果
β_5	JGB→CJH			假设 5	不支持
β_6	NLB→XY	0. 523	***	假设 6	支持
β_7	NLB→CJH	0. 372	0. 006	假设 7	支持
β_8	XY→CJH	0. 324	***	假设 8	支持

注：*** 表示 $p<0.001$。

表 5 -31 表明，景区城市化到景区规模结构的路径及其系数为 $\gamma_1=0.641$，$p<0.001$，通过了显著性检验，由此，可以验证“景区城市化进程对景区规模结构完善具有显著的直接正向作用”的假设，检验的结果支持了原假设 HB1。

景区城市化到景区综合服务能力的路径及其系数为 $\gamma_2=0.535$，$p<0.001$，通过了显著性检验，由此，可以验证“景区城市化进程对景区综合服务能力提升具有显著的直接正向作用”的假设，检验的结果支持了原假设 HB2。

景区城市化到城郊化农村的路径及其路径系数 $\gamma_3=0.327$，$p<0.001$，通过了显著性检验，可以验证“景区城市化进程对城郊化农村演化具有显著的直接正向作用”的假设成立，检验的结果支持了原假设 HB3。

景区规模结构到旅游吸引的路径及其系数为 $\beta_4=0.591$，$p<0.01$，通过了显著性检验，由此，可以验证“景区规模结构完善对旅游吸引增强具有显著的直接正向作用”的假设，检验的结果支持了原假设 HB4。

景区规模结构到城郊化农村的路径未能通过显著性检验，由此，可以判定“景区规模结构完善对城郊化农村演化具有显著的直接正向作用”的假设不成立，检验的结果拒绝了原假设 HB5。

景区综合服务能力到旅游吸引的路径及其系数为 $\beta_6=0.523$，$p<0.001$，通过了显著性检验，由此，可以验证“景区综合服务能力提升对旅游吸引增强具有显著的直接正向作用”的假设，检验的结果支持了原假设 HB6。

景区综合服务能力到城郊化农村的路径及其系数为 $\beta_7=0.372$，$p<0.001$，通过了显著性检验，由此，可以验证“景区综合服务能力提升对城郊化农村演化具有显著的直接正向作用”的假设，检验的结果支持了原假设 HB7。

旅游吸引到城郊化农村的路径及其系数为 $\beta_8=0.324$，$p<0.001$，通过了显著性检验，由此，可以验证“旅游吸引增强对城郊化农村演化具有显著的直接正向作用”的假设，检验的结果支持了原假设 HB8。

根据以上研究结果，针对西南民族地区来说，根据以上结论可以获得两个十分重要的启示：第一，必须更加全面深刻地认识景区城市化进程，将景区城市化从城市化的大背景中剥离出来单独研究，实施针对性的重点研究。同时也必须把握好景区城市化进程和城市化进程之间的同步性和协调性，不能完全脱离城市化进程的大环境。第二，必须对景区城市化的推进进行具体的方案设定和有效的监管，应该通过加快景区规模结构完善、景区综合服务能力提升和旅游吸引增强来促进城郊化农村演化。

综上所述，景区城市化是通过加快景区规模结构完善、景区综合服务能力提升和旅游吸引增强这三个中介变量来对城郊化农村演化产生正向作用的，并且在这个过程中的成效非常大。根据景区城市化的实施主体、实施动力、实施方式和实施保障四个构成维度，合理地引入景区规模结构、景区综合服务能力和旅游吸引三项中介变量，很好地构建起了景区城市化对城郊化农村演化作用的模型，通过实证分析获得的研究结论在景区城市化进程的推进、景区规模结构的完善、景区综合服务能力的提升和旅游吸引的增强方面对理论和实践都产生了巨大的影响，具有重大意义。

四、景区城市化对新农村演化作用的实证分析

（一）变量的度量

在景区城市化对新农村演化作用的研究中，景区城市化是解释变量。针对景区城市化设计了9个题设，分别从实施主体、实施动力、实施方式和实施保障四个方面对景区城市化进行测度（见表5－32）。

表5－32　　景区城市化（SUC）指标量表

维度	题项	内容
实施主体（SUC1）	SUC11	景区城市化的实施主体与景区资源状况符合新农村演化的要求程度
	SUC12	景区城市化的实施主体与景区发展状况符合新农村演化的要求程度
实施动力（SUC2）	SUC21	景区城市化进程中旅游资源的推动符合新农村演化的要求程度
	SUC22	景区城市化进程中旅游服务的推动符合新农村演化的要求程度
	SUC23	景区城市化进程中旅游管理的推动符合新农村演化的要求程度
实施方式（SUC3）	SUC31	景区城市化进程中实施路径的选择符合新农村演化的要求程度
	SUC32	景区城市化进程中路径的稳健性符合新农村演化的要求程度
实施保障（SUC4）	SUC41	景区城市化进程中实施保障的能力符合新农村演化的要求程度
	SUC42	景区城市化进程中实施保障的措施符合新农村演化的要求程度

在景区城市化对新农村演化作用的研究中，被解释变量有四个，分别是：景区综合服务能力、景区规模结构、民生环境和新农村。其中，景区综合服务能力指标的测度采用了9个题设，分别从服务人员、服务设施、组织管理三个角度对景区综合服务能力进行测度（见表5-33）。

表5-33 景区综合服务能力（NLC）指标量表

服务人员（NLC1）	NLC11	景区服务人员的总体数量符合新农村演化要求的程度
	NLC12	景区服务人员的服务态度符合新农村演化要求的程度
	NLC13	景区服务人员的服务水平达到新农村演化要求的程度
服务设施（NLC2）	NLC21	景区服务设施的承载水平符合新农村演化要求的程度
	NLC22	景区服务设施的齐备程度符合新农村演化要求的程度
	NLC23	景区服务设施的分布范围符合新农村演化要求的程度
组织管理（NLC3）	NLC31	景区组织管理的能力符合新农村演化要求的程度
	NLC32	景区组织管理的效率符合新农村演化要求的程度
	NLC33	景区组织管理的制度安排符合新农村演化要求的程度

景区规模结构指标的测度采用了11个题设，分别从空间规模、产业组织、服务经济、要素整合四个角度对服务经济结构进行测度（见表5-34）。

表5-34 景区规模结构（JGC）指标量表

空间规模（JGC1）	JGC11	景区空间规模范围符合新农村演化要求的程度
	JGC12	景区空间规模结构符合新农村演化要求的程度
	JGC13	景区空间规模发展符合新农村演化要求的程度
产业组织（JGC2）	JGC21	景区产业组织构成符合新农村演化要求的程度
	JGC22	景区产业组织效益符合新农村演化要求的程度
服务经济（JGC3）	JGC31	景区服务经济定位符合新农村演化要求的程度
	JGC32	景区服务经济结构符合新农村演化要求的程度
	JGC33	景区服务经济利润符合新农村演化要求的程度
要素整合（JGC4）	JGC41	景区劳动力要素整合符合新农村演化要求的程度
	JGC42	景区资本要素整合符合新农村演化要求的程度
	JGC43	景区土地要素整合符合新农村演化要求的程度

民生环境指标的测度采用了4个题设，分别从物质环境、精神环境两个角度对民生环境进行测度（见表5-35）。

表 5-35　　民生环境（HJ）指标量表

物质环境（HJ1）	HJ11	生活水平的提升符合新农村演化要求的程度
	HJ12	村容村貌的改善符合新农村演化要求的程度
精神环境（HJ2）	HJ21	媒体读物的供给符合新农村演化要求的程度
	HJ22	思想观念的转变符合新农村演化要求的程度

新农村指标的测度采用了 9 个题设，分别从居民生产生活方式、居民思想观念、城乡景观形态三个角度对新农村进行测度（见表 5-36）。

表 5-36　　新农村（XNC）指标量表

居民生产生活方式（XNC1）	XNC11	景区居民生产方式符合新农村演化要求的程度
	XNC12	景区居民生活方式符合新农村演化要求的程度
	XNC13	景区居民生产生活方式转变方向符合新农村演化要求的程度
居民思想观念（XNC2）	XNC21	景区居民思想高度符合新农村演化要求的程度
	XNC22	景区居民观念水平符合新农村演化要求的程度
	XNC23	景区居民思想观念转变方向符合新农村演化要求的程度
城乡景观形态（XNC3）	XNC31	城乡景观建设符合新农村演化要求的程度
	XNC32	城乡景观风貌符合新农村演化要求的程度
	XNC33	城乡景观形态改变方向符合新农村演化要求的程度

（二）样本数据分析

运用均值和标准差两个指标对景区城市化对新农村演化作用中各变量指标进行描述性统计分析，可以很直观地获得景区城市化、景区综合服务能力、景区规模结构、民生环境、新农村的均值和标准差（见表 5-37）。

在对景区城市化对新农村演化作用研究的信度检验中，运用组合信度的方法，并采用 Kline 的判别标准作为信度检验参照的标准。根据对景区城市化对新农村演化作用中各变量进行信度检验，得到各变量的组合信度系数值（见表 5-38），均通过了组合信度检验，达到最佳和很好的标准。

在信度检验的基础上，对景区城市化对新农村演化作用的各项指标进行效度检验，发现各项指标均适合进行因子分析，并全部通过了架构效度检验（见表 5-39）。

表 5－37　　各指标的均值和标准差

指标		均值	标准差	指标		均值	标准差
实施主体（USA1）	USA11	3.70	0.694	资源共享（LDA2）	LDA21	3.35	0.766
	USA12	3.69	0.715		LDA22	3.15	0.787
实施动力（USA2）	USA21	3.65	0.749		LDA23	3.16	0.731
	USA22	3.58	0.836	产品差异（LDA3）	LDA31	3.19	0.775
	USA23	3.62	0.805		LDA32	3.07	0.762
实施方式（USA3）	USA31	3.58	0.820		LDA33	3.16	0.756
	USA32	3.57	0.731	协作基础（XZ1）	XZ11	3.36	0.779
实施保障（USA4）	USA41	3.59	0.814		XZ12	3.43	0.863
	USA42	3.56	0.767	协作动力（XZ2）	XZ21	3.44	0.761
经济（FZA1）	FZA11	3.12	0.726		XZ22	3.32	0.777
	FZA12	3.23	0.788	居民生产生活方式（DSQ1）	DSQ11	3.63	0.774
	FZA13	3.17	0.701		DSQ12	3.66	0.770
社会（FZA2）	FZA21	3.36	0.756		DSQ13	3.62	0.782
	FZA22	3.27	0.785	居民思想观念（DSQ2）	DSQ21	3.61	0.783
生态环境（FZA3）	FZA31	3.15	0.832		DSQ22	3.62	0.837
	FZA32	3.19	0.814		DSQ23	3.71	0.752
	FZA33	3.13	0.767	城乡景观形态（DSQ3）	DSQ31	3.62	0.810
文化（FZA4）	FZA41	3.38	0.799		DSQ32	3.63	0.746
	FZA42	3.20	0.732		DSQ33	3.73	0.773
	FZA43	3.23	0.748				
市场共享（LDA1）	LDA11	3.30	0.761				
	LDA12	3.25	0.678				
	LDA13	3.05	0.697				

表 5－38　　景区城市化对新农村演化作用各变量组合信度检验系数

变量名	组合信度系数 ρ_c 值	接受程度
景区城市化	0.956	最佳
景区综合服务能力	0.822	很好
景区规模结构	0.890	最佳
民生环境	0.855	很好
新农村	0.941	最佳

表 5-39　　各变量的效度检验值

变量名	KMO 值	Bartlett 卡方值	因子负载				累计方差解释率（%）	显著性水平
城市景区化（USA）	0.942	1964.056	USA11	0.681	USA31	0.714	43.848	0.000
			USA12	0.683	USA32	0.765		
			USA21	0.766	USA41	0.731		
			USA22	0.759	USA42	0.712		
			USA23	0.754				
可持续发展环境（FZA）	0.935	974.697	FZA11	0.422	FZA32	0.544	63.133	0.000
			FZA12	0.519	FZA33	0.618		
			FZA13	0.450	FZA41	0.525		
			FZA21	0.586	FZA42	0.677		
			FZA22	0.623	FZA43	0.602		
			FZA31	0.587				
景区联动（LDA）	0.894	486.787	LDA11	0.721	LDA23	0.659	49.322	0.000
			LDA12	0.664	LDA31	0.719		
			LDA13	0.717	LDA32	0.740		
			LDA21	0.785	LDA33	0.655		
			LDA22	0.767				
城市协作（XZ）	0.809	397.679	XZ11	0.653	XZ21	0.554	60.736	0.000
			XZ12	0.770	XZ22	0.729		
都市圈（DSQ）	0.943	1257.407	DSQ11	0.458	DSQ23	0.501	54.281	0.000
			DSQ12	0.436	DSQ31	0.612		
			DSQ13	0.518	DSQ32	0.517		
			DSQ21	0.643	DSQ33	0.523		
			DSQ22	0.634				

（三）结构方程模型分析

根据变量性质的确定标准，可以将景区城市化对新农村演化作用中的各项变量进行归类。其中，景区城市化是内生变量，景区综合服务能力、景区规模结构和民生环境是中介变量，新农村则是外生变量。根据景区城市化对新农村演化作用的结构方程模型的因果路径图示，箭头方向指示了变量之间的因果关系，指向由“因”变量向“果”变量。单向箭头表示前一变量与后一变量存在因果关系，双向箭头则表示前一变量和后一变量之间互相存在因果关系。每一个有箭头指向的线都表示一条因果关系路径，对应存在一个回归权重系数。图 5-9 展示了景区城市化对新农村演化作用的原始结构方程模型。

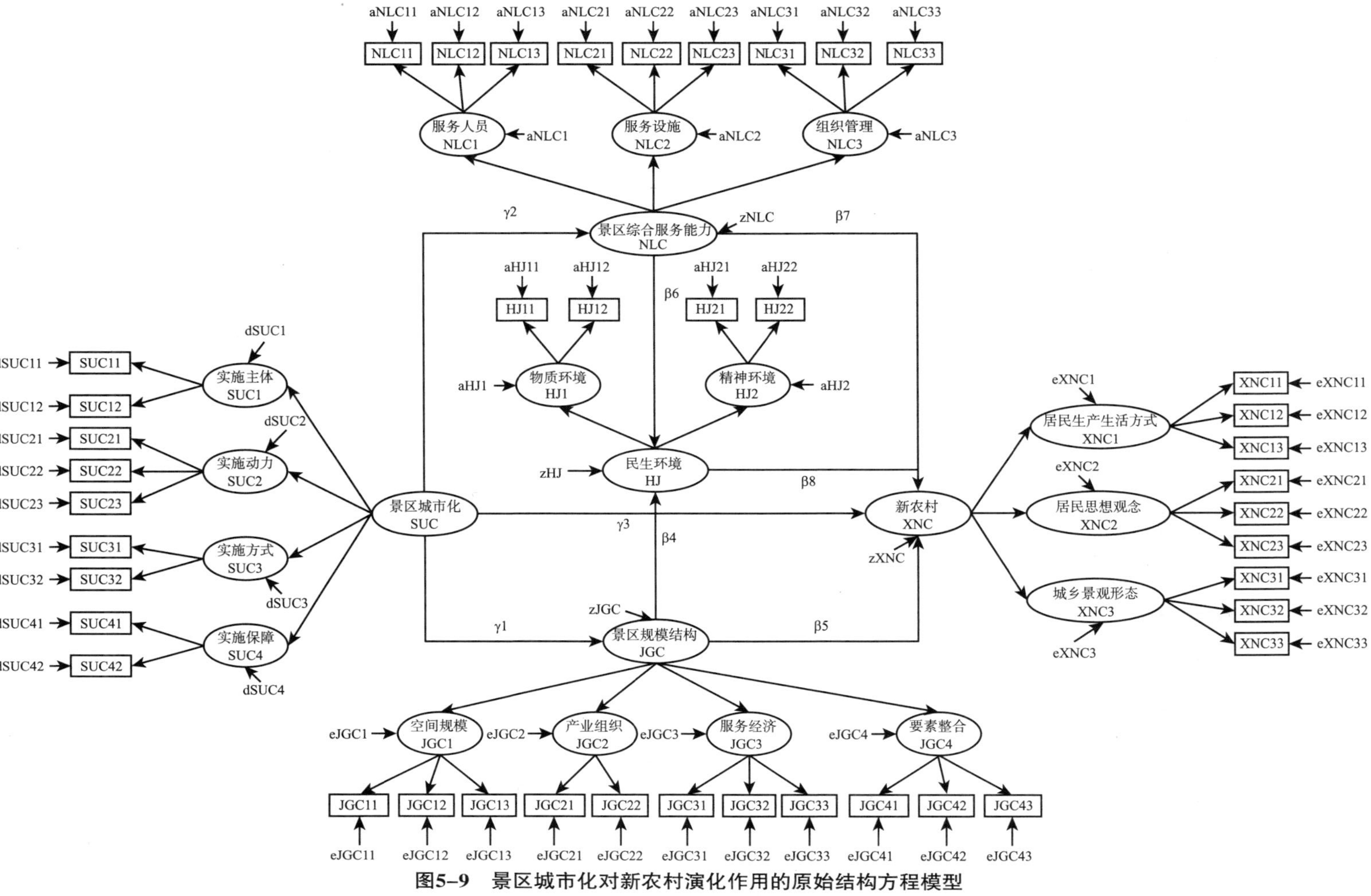

图5-9　景区城市化对新农村演化作用的原始结构方程模型

根据图5-9显示的情况，构建的景区城市化对新农村演化作用的原始结构方程模型中，存在内生显变量33项、外生显变量9项、内生潜变量16项、外生潜变量5项。具体表现为：

内生显变量33项：NLC11、NLC12、NLC13、NLC21、NLC22、NLC23、NLC31、NLC32、NLC33、JGC11、JGC12、JGC13、JGC21、JGC22、JGC31、JGC32、JGC33、JGC41、JGC42、JGC43、HJ11、HJ12、HJ21、HJ22、XNC11、XNC12、XNC13、XNC21、XNC22、XNC23、XNC31、XNC32、XNC33。

外生显变量9项：SUC11、SUC12、SUC21、SUC22、SUC23、SUC31、SUC32、SUC41、SUC42。

内生潜变量16项：旅游文化（SUC1）、旅游景观（SUC2）、旅游参与（SUC3）、旅游保障（SUC4）、服务人员（NLC1）、服务设施（NLC2）、组织管理（NLC3）、空间规模（JGC1）、产业组织（JGC2）、服务经济（JGC3）、要素整合（JGC4）、物质环境（HJ1）、精神环境（HJ2）、居民生产生活方式（XNC1）、居民思想观念（XNC2）、城乡景观形态（XNC3）。

外生潜变量5项：景区城市化（SUC）、景区综合服务能力（NLC）、景区规模结构（JGC）、民生环境（HJ）、新农村（XNC）。

测量模型和结构模型是组成结构方程模型的重要部分，因此必须对这两个模型进行逐个构建。

测量模型的构建。根据测量模型的一般形式：

$$\begin{cases} X = \Lambda_X \xi + \delta \\ Y = \Lambda_Y \eta + \varepsilon \end{cases}$$

其中，X代表外生显变量，Y表示内生显变量，ξ代表外生潜变量，η代表内生潜变量。ε与δ均代表显变量的误差项，X的潜变量ξ与自己的误差项δ和Y的误差项ε均无关，Y的潜变量η与自己的误差项ε和X的误差项δ也均无关。Λ_X是显变量X的因子载荷，Λ_Y是显变量Y的因子载荷。

景区城市化对新农村演化作用的测量模型构建中，景区城市化（SUC）、旅游文化（SUC1）、旅游景观（SUC2）、旅游参与（SUC3）、旅游保障（SUC4）是外生潜变量，用ξ_{SUC}、ξ_{SUC1}、ξ_{SUC2}、ξ_{SUC3}和ξ_{SUC4}来分别表示。景区综合服务能力（NLC）、景区规模结构（JGC）、民生环境（HJ）、新农村（XNC）、服务人员（NLC1）、服务设施（NLC2）、组织管理（NLC3）、空间规模（JGC1）、产业组织（JGC2）、服务经济（JGC3）、要素整合（JGC4）、物质环境（HJ1）、精神环境（HJ2）、居民生产生活方式（XNC1）、居民思想观念（XNC2）、城乡景观形态（XNC3）是内生潜变量，用η_{NLC}、η_{JGC}、η_{HJ}、η_{XNC}、η_{NLC1}、η_{NLC2}、η_{NLC3}、η_{JGC1}、η_{JGC2}、η_{JGC3}、η_{JGC4}、η_{HJ1}、η_{HJ2}、η_{XNC1}、η_{XNC2}、η_{XNC3}分别表示。根据上述变量的设定，构建观测模型的方程式表达如下：

$$
\begin{cases}
X_{SUC1}=\lambda_{SUC1}\xi_{SUC}+\delta_{SUC1} & X_{SUC2}=\lambda_{SUC2}\xi_{SUC}+\delta_{SUC2} & X_{SUC3}=\lambda_{SUC3}\xi_{SUC}+\delta_{SUC3} & X_{SUC4}=\lambda_{SUC4}\xi_{SUC}+\delta_{SUC4} \\
X_{SUC11}=\lambda_{SUC11}\xi_{SUC1}+\delta_{SUC11} & X_{SUC12}=\lambda_{SUC12}\xi_{SUC1}+\delta_{SUC12} \\
X_{SUC21}=\lambda_{SUC21}\xi_{SUC2}+\delta_{SUC21} & X_{SUC22}=\lambda_{SUC22}\xi_{SUC2}+\delta_{SUC22} & X_{SUC23}=\lambda_{SUC23}\xi_{SUC2}+\delta_{SUC23} \\
X_{SUC31}=\lambda_{SUC31}\xi_{SUC3}+\delta_{SUC31} & X_{SUC32}=\lambda_{SUC32}\xi_{SUC3}+\delta_{SUC32} \\
X_{SUC41}=\lambda_{SUC41}\xi_{SUC4}+\delta_{SUC41} & X_{SUC42}=\lambda_{SUC42}\xi_{SUC4}+\delta_{SUC42} \\
X_{NLC1}=\lambda_{NLC1}\xi_{NLC}+\delta_{NLC1} & X_{NLC2}=\lambda_{NLC2}\xi_{NLC}+\delta_{NLC2} & X_{NLC3}=\lambda_{NLC3}\xi_{NLC}+\delta_{NLC3} \\
X_{NLC11}=\lambda_{NLC11}\xi_{NLC1}+\delta_{NLC11} & X_{NLC12}=\lambda_{NLC12}\xi_{NLC1}+\delta_{NLC12} & X_{NLC13}=\lambda_{NLC13}\xi_{NLC1}+\delta_{NLC13} \\
X_{NLC21}=\lambda_{NLC21}\xi_{NLC2}+\delta_{NLC21} & X_{NLC22}=\lambda_{NLC22}\xi_{NLC2}+\delta_{NLC22} & X_{NLC23}=\lambda_{NLC23}\xi_{NLC2}+\delta_{NLC23} \\
X_{NLC31}=\lambda_{NLC31}\xi_{NLC3}+\delta_{NLC31} & X_{NLC32}=\lambda_{NLC32}\xi_{NLC3}+\delta_{NLC32} & X_{NLC33}=\lambda_{NLC33}\xi_{NLC3}+\delta_{NLC33} \\
X_{JGC1}=\lambda_{JGC1}\xi_{JGC}+\delta_{JGC1} & X_{JGC2}=\lambda_{JGC2}\xi_{JGC}+\delta_{JGC2} & X_{JGC3}=\lambda_{JGC3}\xi_{JGC}+\delta_{JGC3} & X_{JGC4}=\lambda_{JGC4}\xi_{JGC}+\delta_{JGC4} \\
X_{JGC11}=\lambda_{JGC11}\xi_{JGC1}+\delta_{JGC11} & X_{JGC12}=\lambda_{JGC12}\xi_{JGC1}+\delta_{JGC12} & X_{JGC13}=\lambda_{JGC13}\xi_{JGC1}+\delta_{JGC13} \\
X_{JGC21}=\lambda_{JGC21}\xi_{JGC2}+\delta_{JGC21} & X_{JGC22}=\lambda_{JGC22}\xi_{JGC2}+\delta_{JGC22} \\
X_{JGC31}=\lambda_{JGC31}\xi_{JGC3}+\delta_{JGC31} & X_{JGC32}=\lambda_{JGC32}\xi_{JGC3}+\delta_{JGC32} & X_{JGC33}=\lambda_{JGC33}\xi_{JGC3}+\delta_{JGC33} \\
X_{JGC41}=\lambda_{JGC41}\xi_{JGC4}+\delta_{JGC41} & X_{JGC42}=\lambda_{JGC42}\xi_{JGC4}+\delta_{JGC42} & X_{JGC43}=\lambda_{JGC43}\xi_{JGC4}+\delta_{JGC43} \\
X_{HJ1}=\lambda_{HJ1}\xi_{HJ}+\delta_{HJ1} & X_{HJ2}=\lambda_{HJ2}\xi_{HJ}+\delta_{HJ2} \\
X_{HJ11}=\lambda_{HJ11}\xi_{HJ1}+\delta_{HJ11} & X_{HJ12}=\lambda_{HJ12}\xi_{HJ1}+\delta_{HJ12} \\
X_{HJ21}=\lambda_{HJ21}\xi_{HJ2}+\delta_{HJ21} & X_{HJ22}=\lambda_{HJ22}\xi_{HJ2}+\delta_{HJ22} \\
X_{XNC1}=\lambda_{XNC1}\xi_{XNC}+\delta_{XNC1} & X_{XNC2}=\lambda_{XNC2}\xi_{XNC}+\delta_{XNC2} & X_{XNC3}=\lambda_{XNC3}\xi_{XNC}+\delta_{XNC3} \\
X_{XNC11}=\lambda_{XNC11}\xi_{XNC1}+\delta_{XNC11} & X_{XNC12}=\lambda_{XNC12}\xi_{XNC1}+\delta_{XNC12} & X_{XNC13}=\lambda_{XNC13}\xi_{XNC1}+\delta_{XNC13} \\
X_{XNC21}=\lambda_{XNC21}\xi_{XNC2}+\delta_{XNC21} & X_{XNC22}=\lambda_{XNC22}\xi_{XNC2}+\delta_{XNC22} & X_{XNC23}=\lambda_{XNC23}\xi_{XNC2}+\delta_{XNC23} \\
X_{XNC31}=\lambda_{XNC31}\xi_{XNC3}+\delta_{XNC31} & X_{XNC32}=\lambda_{XNC32}\xi_{XNC3}+\delta_{XNC32} & X_{XNC33}=\lambda_{XNC33}\xi_{XNC3}+\delta_{XNC33}
\end{cases}
$$

结构模型的构建。根据结构模型的一般形式：

$$\eta=\beta\eta+\Gamma\xi+\zeta$$

其中，η 代表内生潜变量，β 代表内生潜变量之间的关系系数，Γ 代表内生潜变量受外生潜变量的影响系数，ξ 代表外生潜变量，ζ 代表残差项。

景区城市化对新农村演化作用的结构模型构建中，用 γ_1、γ_2 和 γ_3 来分别表示景区城市化对景区综合服务能力、景区规模结构和新农村的影响作用；用 β_4 和 β_5 来分别表示景区规模结构对民生环境和新农村的影响作用；用 β_6 和 β_7 来分别表示景区综合服务能力对民生环境和新农村的影响作用；用 β_8 来表示民生环境对新农村的影响作用。

根据上述变量的设定，构建结构模型的方程式表达如下：

$$
\begin{cases}
\eta_{JGC}=\gamma_1\xi_{SUC}+\zeta_{JGC} \\
\eta_{NLC}=\gamma_2\xi_{SUC}+\zeta_{NLC} \\
\eta_{HJ}=\beta_4\eta_{JGC}+\beta_6\eta_{NLC}+\zeta_{HJ} \\
\eta_{XNC}=\beta_5\eta_{JGC}+\beta_7\eta_{NLC}+\beta_8\eta_{HJ}+\gamma_3\xi_{SUC}+\zeta_{XNC}
\end{cases}
$$

对结构方程模型的测量模型和结构模型构建完成后，还存在检验拟合指标、检验参数和决定系数等是否合适，通过不同评价方法对上述指标进行检验，进而判断构建的景区城市化对新农村演化作用原始模型是否需要进行修正。判断原始模型是否与现实情况相符，可以通过对拟合指标的测度来加以评判，拟合指标的值高于满足拟合条件的临界值时，说明真实情况与原始模型构建相符，反之则不相符。拟合指标检验的方法有很多种，但最常用的主要是八种拟合指标检验方法，分别为 χ^2/df、CFI、IFI、TLI、AGFI、PNFI、RMSEA、RMR。

将图 5－9 中的景区城市化对新农村演化作用的原始结构方程模型录入 AMOS 17.0 中，通过计算和对相关参数进行估计，获得了景区城市化对新农村演化作用原始结构方程模型中各项反映拟合关系的拟合指标值（见表 5－40）。

表 5－40　景区城市化对新农村演化作用原始结构方程模型适配度检验结果

拟合指标	χ^2/df	CFI	IFI	TLI	AGFI	PNFI	RMSEA	RMR
观测值	1.383	0.951	0.951	0.947	0.795	0.779	0.041	0.031
拟合标准	<3.00	>0.90	>0.90	>0.90	>0.80	>0.50	<0.08	<0.05

表 5－40 表明，将景区城市化对新农村演化作用原始结构方程中各项拟合指标的观测值和拟合标准进行对比后，所有观测值均达到了拟合标准。说明景区城市化对新农村演化作用的原始模型能够较好地与通过调查问卷获得的样本数据拟合。

在完成景区城市化对新农村演化作用原始结构方程模型适配度检验后，对原始结构方程中各路径的系数进行测度（见表 5－41）。

表 5－41　景区城市化对新农村演化作用原始模型的路径估计

路径	结构方程模型路径	标准化路径系数	C. R.	p
γ_1	JGC←SUC	0.661	10.527	***
γ_2	NLC←SUC	0.518	7.574	***
γ_3	XNC←SUC	0.390	3.959	***
β_4	HJ←JGC	0.555	4.579	***

续表

路径	结构方程模型路径	标准化路径系数	C. R.	p
β_5	XNC←JGC	0.006	0.045	0.964
β_6	HJ←NLC	0.580	3.675	***
β_7	XNC←NLC	0.301	2.149	0.032
β_8	XNC←HJ	0.194	2.080	0.038

注：*** 表示 $p<0.001$。

根据表 5-41 可以看出，在景区城市化对新农村演化作用的原始结构方程模型构建过程中，JGC 对 XNC 的这条路径未能通过显著性检验，也就意味着 JGC 对 XNC 没有产生显著的作用。尽管如此，但由于绝大多数路径均通过了路径显著性检验，所以并不能对之前构造的原始结构方程模型全盘否定。从结果上看，景区城市化对新农村影响作用的原始结构方程模型的构造思路基本正确，但其中的部分关系需要调整后进行重新测度，才能满足研究的目的。

根据之前测度的路径估计结果中了解到景区城市化、景区综合服务能力、景区规模结构和民生环境对新农村的对应路径系数都比较小，因此要使其能够更好地拟合和测度结构方程模型，就必须对原始的景区城市化对新农村演化作用结构方程模型进行适当的调整。通过对文献的梳理查找，发现在现有的新农村相关的文献中，研究获得的结论可以主要概括为：在景区城市化的大背景下，促成新农村形成的直接推动力是景区综合服务能力、景区规模结构和民生环境，景区城市化则作为大背景间接影响。因此，在景区城市化对新农村演化作用的原始结构方程调整过程中，应当保留景区综合服务能力、景区城市化和民生环境对新农村的直接作用路径，剔除景区规模结构对新农村的直接作用路径。由此获得景区城市化对新农村演化作用调整后的结构方程模型（见图 5-10）。

图 5-10 表明，与景区结构规模对新农村演化作用的原始结构方程模型相比，调整后的结构方程模型将景区城市化对新农村的直接路径剔除了。将调整后的结构方程模型再次放入 AMOS 17.0 软件中进行计算和对作用路径的参数估计，得到调整后的结构方程模型中反映模型拟合程度的多项拟合指标值（见表 5-42）。

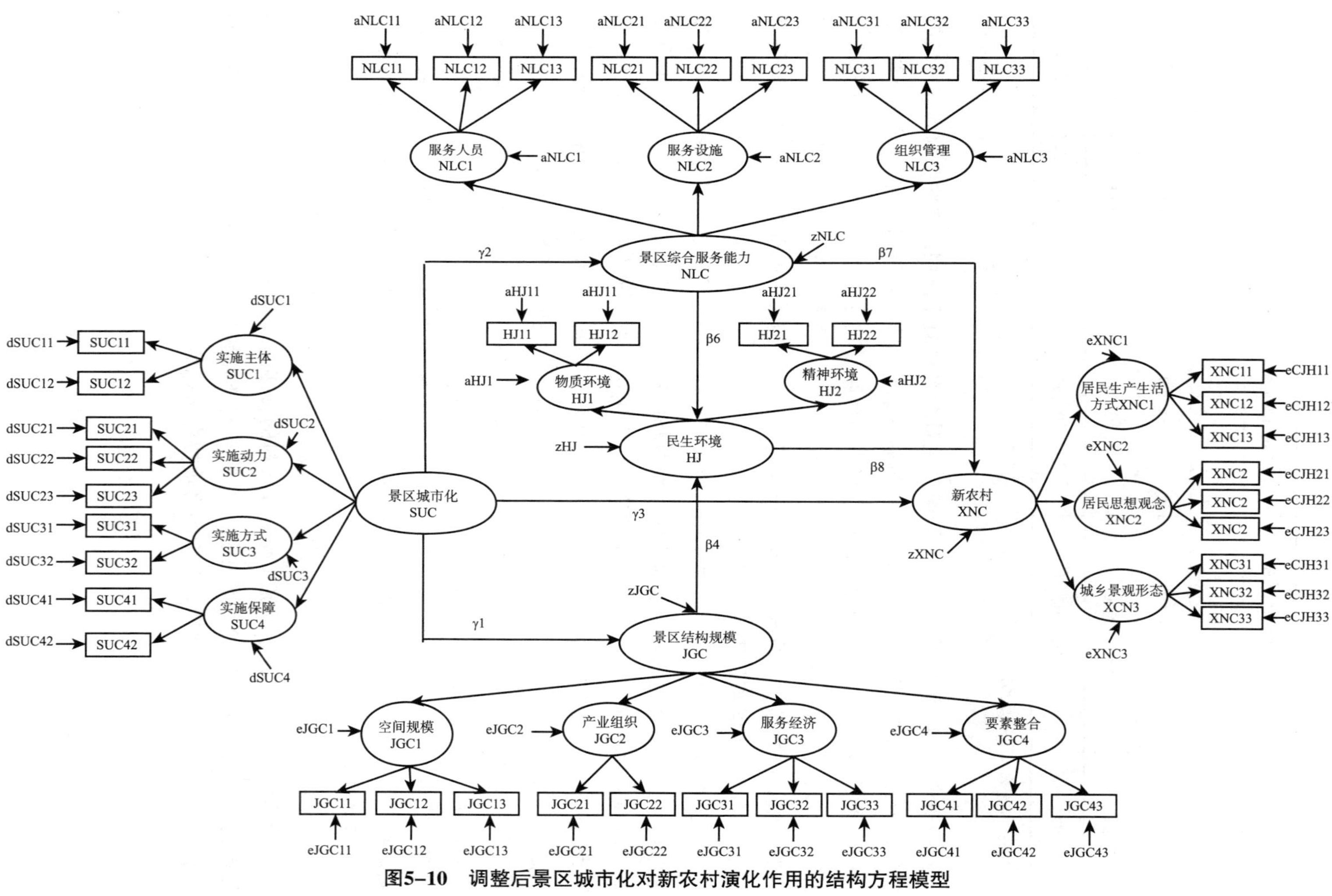

图5-10 调整后景区城市化对新农村演化作用的结构方程模型

表 5-42　景区城市化对新农村演化作用调整后结构方程模型适配度检验结果

拟合指标	χ^2/df	CFI	IFI	TLI	AGFI	PNFI	RMSEA	RMR
观测值	1.381	0.951	0.951	0.947	0.796	0.780	0.041	0.031
拟合标准	<3.00	>0.90	>0.90	>0.90	>0.80	>0.50	<0.08	<0.05

对表 5-42 中的拟合指标观测值与拟合标准进行对比后发现，景区城市化对新农村演化作用调整后的模型中各项拟合指标值都达到了拟合标准范围，因此，认为整体上景区城市化对新农村演化作用调整后的模型通过了模型拟合度检验。景区城市化对新农村演化作用调整后模型通过模型拟合度检验后，需要再次对调整后的模型进行结构方程模型各作用路径的系数测量（见表 5-43）。

表 5-43　景区城市化对新农村演化作用调整后模型的路径估计

路径	结构方程模型路径	标准化路径系数	C. R.	p
γ_1	JGC←SUC	0.661	10.527	***
γ_2	NLC←SUC	0.518	7.575	***
γ_3	XNC←SUC	0.393	4.879	***
β_4	HJ←JGC	0.555	4.593	***
β_6	HJ←NLC	0.579	3.681	***
β_7	XNC←NLC	0.301	2.150	0.032
β_8	XNC←HJ	0.196	2.353	0.019

注：*** 表示 $p<0.001$。

表 5-43 显示，景区城市化对新农村演化作用调整后模型中的各项路径的作用系数都通过了显著性检验，其中绝大多数都达到了 0.001 的显著性水平。同时，根据标准化路径系数的测度标准确定的高于 0.50 为效果明显、0.10～0.50 为效果适中、低于 0.10 为效果较小，可以确定景区城市化对新农村演化作用调整后的结构方程模型中所有的路径作用效果都在适中和明显的级别上，由此可以判定调整后的结构方程模型为最终的景区城市化对新农村演化作用的结构方程模型（见图 5-11）。

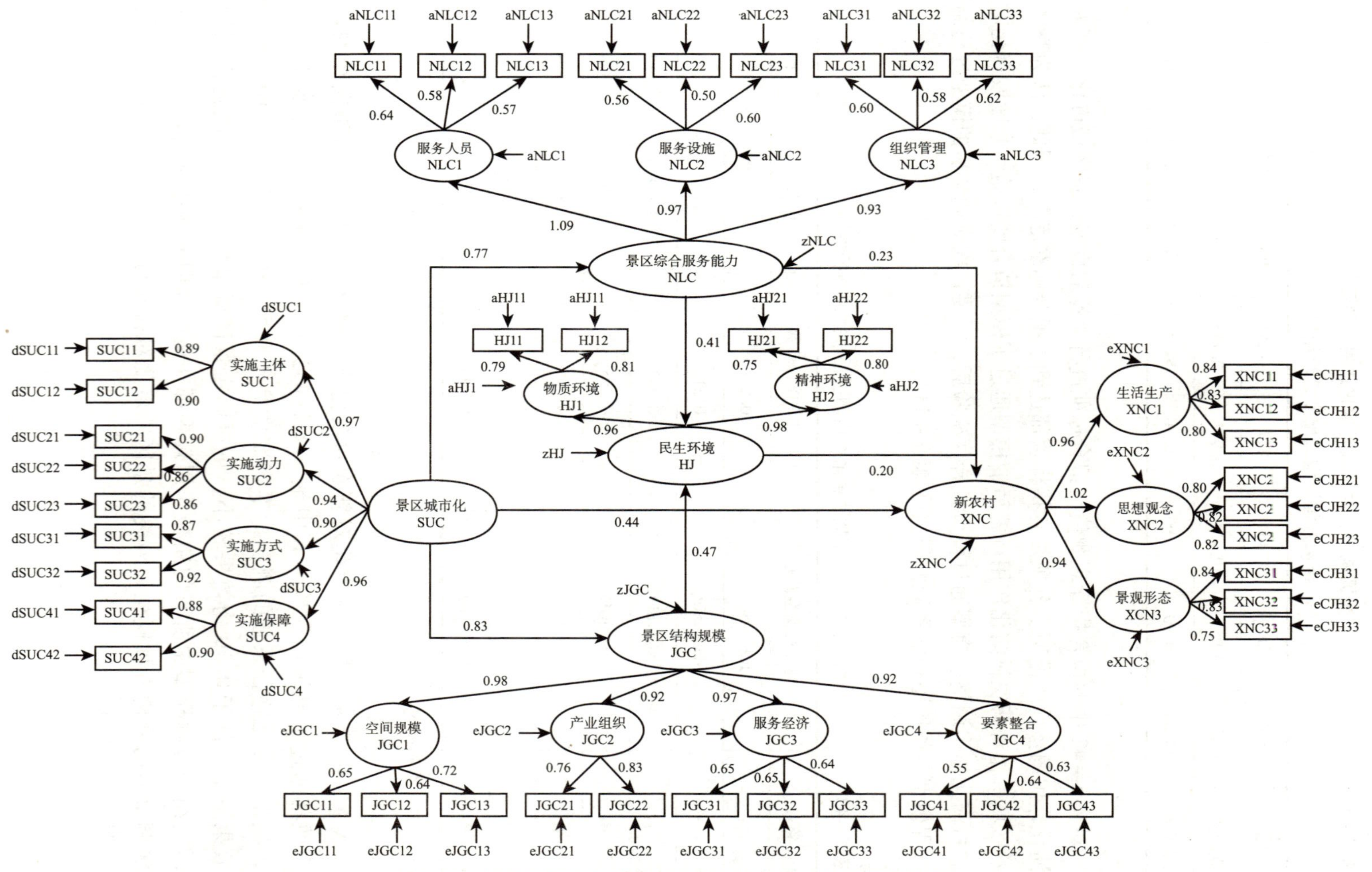

图5-11 景区城市化对新农村演化作用的最终结构方程模型

由于最终的景区城市化对新农村演化作用的结构方程模型图形过于复杂，为研究的直观方便，将最终结构方程模型的主体部分提出，得到最终的景区城市化对新农村演化作用的结构方程模型简化形式（见图5－12）。

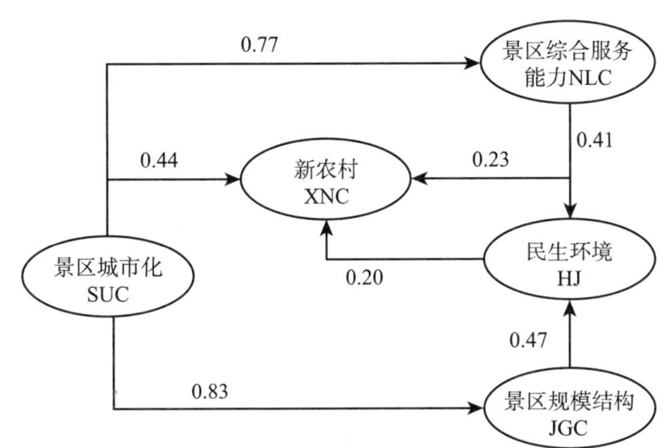

图5－12　景区城市化对新农村演化作用的最终结构方程模型简图

在确定最终的景区城市化对新农村演化作用的结构方程模型及其简化形式之后，还需要对其包含的各种效应进行分解，从而最终确定模型的各个变量之间的确切作用方向和作用强度。对结构方程模型进行效应分解就是对结构方程模型中各个变量之间存在的直接效应和间接效应以及他们之间的作用方向和作用强度进行准确的测定。其中，直接效应表示作为原因的变量直接对作为结果的变量作用而产生的影响，其影响程度的测度依靠直接效应的路径系数来衡量；间接效应表示作为原因的变量不直接作用作为结果的变量，而是通过其他作为中介的变量来间接地对作为结果的变量产生影响。间接效应的作用路径系数值为间接效应发生过程中每一个阶段路径系数之积，两变量之间的作用总效应为其二者间直接效应和间接效应之和。为了使景区城市化对新农村演化作用的主要变量能够被有效测度，需要对景区城市化、景区综合服务能力、景区规模结构和民生环境四个变量作用于新农村的效应进行分解（见表5－44）。

表5－44　景区城市化对新农村演化作用模型的原因变量效应分解

变量作用关系	直接效应	间接效应	总效应
SUC→XNC	0.44		0.44
NLC→XNC	0.23		0.23
HJ→XNC	0.20		0.20

续表

变量作用关系	直接效应	间接效应	总效应
SUC→NLC→XNC	0. 177（0. 77 ×0. 23）		0. 318
SUC→NLC→HJ→XNC	0. 063（0. 77 ×0. 41 ×0. 20）		
SUC→JGC→HJ→XNC	0. 078（0. 83 ×0. 47 ×0. 20）		

表 5 –44 显示，对新农村的直接效应最大的是景区城市化，效应强度为 0. 370。民生环境是对新农村直接效应仅次于景区城市化，效应强度为 0. 350。景区综合服务能力对新农村的直接效应强度为 0. 160。景区结构规模通过民生环境对新农村产生间接的影响效应，其效应强度为 0. 196。

（四）假设检验与结果讨论

根据统计的显著性分析，运用标准化后的路径系数来对每条作用路径的作用强度进行估计，以此作为对每一条因果路径的评价，经过标准化处理之后，路径系数的数值都在 –1 ~1 的范围内。针对西南民族地区调研获取的样本数据支持了理论分析部分提出的大部分假设。表 5 –45 将景区城市化对新农村演化作用的假设验证和构建模型的路径系数情况进行了总结归纳。

表 5 –45　　景区城市化对新农村演化作用结构方程模型的路径系数与假设检验

路径	变量间关系	路径系数	显著性水平	对应假设	检验结果
γ_1	SUC→JGC	0. 661	***	假设 1	支持
γ_2	SUC→NLC	0. 518	***	假设 2	支持
γ_3	SUC→XNC	0. 393	***	假设 3	支持
β_4	JGC→HJ	0. 555	***	建设 4	支持
β_5	JGC→XNC			假设 5	不支持
β_6	NLC→HJ	0. 579	***	假设 6	支持
β_7	NLC→XNC	0. 301	0. 032	假设 7	支持
β_8	HJ→XNC	0. 196	0. 019	假设 8	支持

注：*** 表示 $p < 0.001$。

表 5 –45 表明，景区城市化到景区规模结构的路径及其系数为 $\gamma_1 = 0.661$，$p < 0.001$，通过了显著性检验，由此，可以验证“景区城市化进程对景区规模结构完善具有显著的直接正向作用”的假设，检验的结果支持了原假设 HC1。

景区城市化到景区综合服务能力的路径及其系数为 $\gamma_2 = 0.518$，$p < 0.001$，通过了显著性检验，由此，可以验证“景区城市化进程对景区综合服务能力提升具有显著的直接正向作用”的假设，检验的结果支持了原假设 HC2。

景区城市化到新农村的路径及其系数为 $\gamma_3 = 0.393$，$p < 0.001$，通过了显著性检验，由此，可以验证“景区城市化对新农村演化具有显著的直接正向作用”的假设，检验的结果支持了原假设 HC3。

景区规模结构到民生环境的路径及其系数为 $\beta_4 = 0.555$，$p < 0.001$，通过了显著性检验，由此，可以验证“景区规模结构完善对民生环境改善具有显著的直接正向作用”的假设，检验的结果支持了原假设 HC4。

景区规模结构到新农村的路径未能通过显著性检验，由此，可以判定“景区规模结构对新农村演化具有显著的直接正向作用”的假设不成立，检验的结果拒绝了原假设 HC5。

景区综合服务能力到民生环境的路径及其系数为 $\beta_6 = 0.579$，$p < 0.001$，通过了显著性检验，由此，可以验证“景区综合服务能力提升对民生环境改善具有显著的直接正向作用”的假设，检验的结果支持了原假设 HC6。

景区综合服务能力到新农村的路径及其系数为 $\beta_7 = 0.301$，通过了显著性检验，由此，可以验证“景区综合服务能力提升对新农村演化具有显著的直接正向作用”的假设，检验的结果支持了原假设 HC7。

民生环境到新农村的路径及其系数为 $\beta_8 = 0.196$，$p < 0.001$，通过了显著性检验，由此，可以验证“民生环境改善对新农村演化具有显著的直接正向作用”的假设，检验的结果支持了原假设 HC8。

根据以上研究结果，针对西南民族地区来说，根据以上结论可以获得两个十分重要的启示：第一，必须更加全面深刻地认识景区城市化进程，将景区城市化从城市化的大背景中剥离出来单独研究，实施针对性的重点研究。同时也必须把握好景区城市化进程和城市化进程之间的同步性和协调性，不能完全脱离城市化进程的大环境。第二，必须对景区城市化的推进进行具体的方案设定和有效的监管，应该通过加快景区规模结构完善、景区综合服务能力提升和民生环境增强来促进新农村演化。

综上所述，景区城市化是通过加快景区规模结构完善、景区综合服务能力提升和民生环境增强这三个中介变量来对新农村演化产生正向作用的，并且在这个过程中的成效非常大。根据景区城市化的实施主体、实施动力、实施方式和实施保障四个构成维度，合理地引入景区规模结构、景区综合服务能力和民生环境三项中介变量，很好地构建起了景区城市化对新农村演化作用的模型，通过实证分析获得的研究结论在景区城市化进程的推进、景区规模结构的完善、景区综合服务能力的提升和民生环境的增强方面对理论和实践都产生了巨大的影响，具有重大意义。

五、城市景区化对都市圈演化作用的实证分析

（一）变量的度量

在城市景区化对都市圈演化作用的研究中，城市景区化是解释变量。针对城市景区化设计了9个题设，分别从实施主体、实施动力、实施方式和实施保障四个方面对城市景区化进行测度（见表5-46）。

表5-46　城市景区化（USA）指标量表

实施主体（USA1）	USA11	城市景区化的实施主体与城市资源状况符合都市圈演化的要求程度
	USA12	城市景区化的实施主体与城市发展状况符合都市圈演化的要求程度
实施动力（USA2）	USA21	城市景区化进程中旅游资源的推动符合都市圈演化的要求程度
	USA22	城市景区化进程中旅游服务的推动符合都市圈演化的要求程度
	USA23	城市景区化进程中旅游管理的推动符合都市圈演化的要求程度
实施方式（USA3）	USA31	城市景区化进程中实施路径的选择符合都市圈演化的要求程度
	USA32	城市景区化进程中路径的稳健性符合都市圈演化的要求程度
实施保障（USA4）	USA41	城市景区化进程中实施保障的能力符合都市圈演化的要求程度
	USA42	城市景区化进程中实施保障的措施符合都市圈演化的要求程度

在城市景区化对都市圈演化作用的研究中，被解释变量有四个，分别是：景区联动、可持续发展环境、城市协作和都市圈。其中，景区联动指标的测度采用了9个题设，分别从市场共享、资源共享、产品差异三个角度对景区联动进行测度（见表5-47）。

表5-47　景区联动（LDA）指标量表

市场共享（LDA1）	LDA11	城市旅游市场共享符合都市圈演化要求的程度
	LDA12	城市商品市场共享符合都市圈演化要求的程度
	LDA13	城市服务市场共享符合都市圈演化要求的程度

续表

资源共享（LDA2）	LDA21	城市旅游文化资源共享符合都市圈演化要求的程度
	LDA22	城市经济社会资源共享符合都市圈演化要求的程度
	LDA23	城市基础设施资源共享符合都市圈演化要求的程度
产品差异（LDA3）	LDA31	城市旅游产品差异符合都市圈演化要求的程度
	LDA32	城市公共产品差异符合都市圈演化要求的程度
	LDA33	城市服务产品差异符合都市圈演化要求的程度

可持续发展环境指标的测度采用了11个题设，分别从经济发展、社会发展、生态环境、文化发展四个角度对可持续发展环境进行测度（见表5－48）。

表5－48　　可持续发展环境（FZA）指标量表

经济发展（FZA1）	FZA11	城市经济发展水平符合都市圈演化要求的程度
	FZA12	城市经济发展动力符合都市圈演化要求的程度
	FZA13	城市经济发展潜力符合都市圈演化要求的程度
社会发展（FZA2）	FZA21	城市社会发展水平符合都市圈演化要求的程度
	FZA22	城市社会发展动力符合都市圈演化要求的程度
生态环境（FZA3）	FZA31	城市生态环境保护符合都市圈演化要求的程度
	FZA32	城市生态环境发展符合都市圈演化要求的程度
	FZA33	城市生态环境治理符合都市圈演化要求的程度
文化发展（FZA4）	FZA41	城市文化发展水平符合都市圈演化要求的程度
	FZA42	城市文化发展动力符合都市圈演化要求的程度
	FZA43	城市文化融合发展符合都市圈演化要求的程度

城市协作指标的测度采用了4个题设，分别从协作基础、协作动力两个角度对城市协作进行测度（见表5－49）。

表5－49　　城市协作（XZ）指标量表

协作基础（XZ1）	XZ11	城市经济社会文化发展符合都市圈演化要求的程度
	XZ12	城市景点和基础设施符合都市圈演化要求的程度
协作动力（XZ2）	XZ21	旅游市场差异符合都市圈演化要求的程度
	XZ22	旅游市场规模符合都市圈演化要求的程度

都市圈指标的测度采用了9个题设，分别从居民生产生活方式、居民思想观念、城乡景观形态三个角度对都市圈进行测度（见表5-50）。

表5-50　　都市圈（DSQ）指标量表

居民生产生活方式（DSQ1）	DSQ11	城市居民生产方式符合都市圈演化要求的程度
	DSQ12	城市居民生活方式符合都市圈演化要求的程度
	DSQ13	城市居民生产生活方式转变方向符合都市圈演化要求的程度
居民思想观念（DSQ2）	DSQ21	城市居民思想高度符合都市圈演化要求的程度
	DSQ22	城市居民观念水平符合都市圈演化要求的程度
	DSQ23	城市居民思想观念转变方向符合都市圈演化要求的程度
城乡景观形态（DSQ3）	DSQ31	城乡景观建设符合都市圈演化要求的程度
	DSQ32	城乡景观风貌符合都市圈演化要求的程度
	DSQ33	城乡景观形态改变方向符合都市圈演化要求的程度

（二）样本数据分析

运用均值和标准差两个指标对城市景区化对都市圈演化作用中各变量指标进行描述性统计分析，可以很直观地获得城市景区化、景区联动、可持续发展环境、城市协作、都市圈的均值和标准差（见表5-51）。

表5-51　　各指标的均值和标准差

指标		均值	标准差	指标		均值	标准差
实施主体（USA1）	USA11	3.69	0.681	市场共享（LDA1）	LDA11	3.26	0.733
	USA12	3.72	0.712		LDA12	3.21	0.656
实施动力（USA2）	USA21	3.68	0.734		LDA13	3.00	0.654
	USA22	3.60	0.794	资源共享（LDA2）	LDA21	3.30	0.723
	USA23	3.65	0.791		LDA22	3.07	0.732
实施方式（USA3）	USA31	3.58	0.786		LDA23	3.12	0.693
	USA32	3.58	0.741	产品差异（LDA3）	LDA31	3.22	0.734
实施保障（USA4）	USA41	3.64	0.807		LDA32	3.11	0.692
	USA42	3.62	0.761		LDA33	3.18	0.722

续表

指标		均值	标准差	指标		均值	标准差
经济（FZA1）	FZA11	3.16	0.681	协作动力（XZ2）	XZ21	3.40	0.754
	FZA12	3.26	0.710		XZ22	3.28	0.728
	FZA13	3.15	0.655	居民生产生活方式（DSQ1）	DSQ11	3.62	0.735
社会（FZA2）	FZA21	3.27	0.657		DSQ12	3.60	0.763
	FZA22	3.21	0.726		DSQ13	3.58	0.786
生态环境（FZA3）	FZA31	3.19	0.780	居民思想观念（DSQ2）	DSQ21	3.62	0.735
	FZA32	3.13	0.735		DSQ22	3.63	0.770
	FZA33	3.07	0.699		DSQ23	3.70	0.749
文化（FZA4）	FZA41	3.39	0.762	城乡景观形态（DSQ3）	DSQ31	3.59	0.805
	FZA42	3.19	0.682		DSQ32	3.66	0.738
	FZA43	3.22	0.722		DSQ33	3.70	0.770
协作基础（XZ1）	XZ11	3.38	0.771				
	XZ12	3.39	0.812				

在对城市景区化对都市圈演化作用研究的信度检验中，运用组合信度的方法，并采用 Kline 的判别标准作为信度检验参照的标准。根据对城市景区化对都市圈演化作用中各变量进行信度检验，得到各变量的组合信度系数值（见表 5－52），均通过了组合信度检验，达到最佳和很好的标准。

表 5－52　　城市景区化对都市圈演化作用各变量组合信度检验系数

变量名	组合信度系数 ρ_c 值	接受程度
城市景区化	0.965	最佳
景区联动	0.862	很好
可持续发展环境	0.901	很好
城市协作	0.862	很好
都市圈	0.941	最佳

在信度检验的基础上，将城市景区化对都市圈演化作用的各项指标进行效度检验，发现各项指标均适合进行因子分析，并全部通过了架构效度检验（见表 5－53）。

表 5－53　　各变量的效度检验值

变量名	KMO 值	Bartlett 卡方值	因子负载				累计方差解释率（%）	显著性水平
城市景区化（USA）	0.957	2481.156	USA11	0.892	USA31	0.871	78.329	0.000
			USA12	0.890	USA32	0.903		
			USA21	0.910	USA41	0.884		
			USA22	0.871	USA42	0.877		
			USA23	0.865				
可持续发展环境（FZA）	0.940	1209.064	FZA11	0.651	FZA32	0.755	50.749	0.000
			FZA12	0.728	FZA33	0.665		
			FZA13	0.727	FZA41	0.652		
			FZA21	0.761	FZA42	0.678		
			FZA22	0.806	FZA43	0.706		
			FZA31	0.689				
景区联动（LDA）	0.910	747.330	LDA11	0.706	LDA23	0.710	47.507	0.000
			LDA12	0.630	LDA31	0.747		
			LDA13	0.686	LDA32	0.662		
			LDA21	0.685	LDA33	0.683		
			LDA22	0.688				
城市协作（XZ）	0.796	483.640	XZ11	0.815	XZ21	0.819	70.824	0.000
			XZ12	0.885	XZ22	0.845		
都市圈（DSQ）	0.949	1685.430	DSQ11	0.822	DSQ23	0.826	67.995	0.000
			DSQ12	0.825	DSQ31	0.827		
			DSQ13	0.845	DSQ32	0.829		
			DSQ21	0.819	DSQ33	0.763		
			DSQ22	0.861				

（三）结构方程模型分析

根据变量性质的确定标准，可以将城市景区化对都市圈演化作用中的各项变量进行归类。其中，城市景区化是内生变量，景区联动、可持续发展环境和城市协作是中介变量，都市圈则是外生变量。根据城市景区化对都市圈演化作用的结构方程模型的因果路径要求，箭头方向指示了变量之间的因果关系，指向由“因”变量向“果”变量。单向箭头表示前一变量与后一变量存在因果关系，双向箭头则表示前一变量和后一变量之间互相存在因果关系。每一个有箭头指向的线都表示一条因果关系路径，对应存在一个回归权重系数。图 5－13 展示了城市景区化对都市圈演化作用的原始结构方程模型。

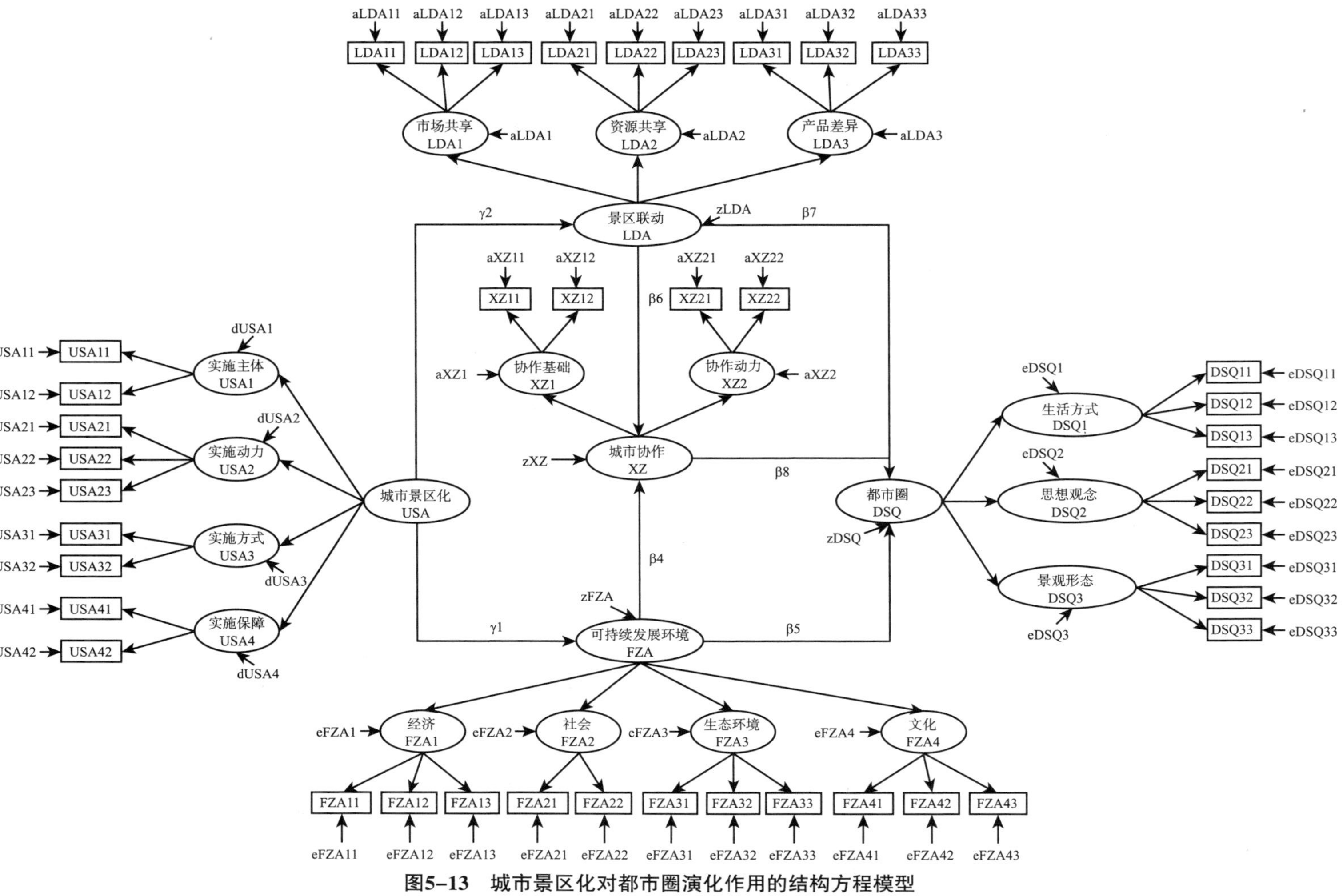

图5-13　城市景区化对都市圈演化作用的结构方程模型

根据图 5－13 显示的情况，构建的城市景区化对都市圈演化作用的原始结构方程模型中，存在内生显变量 33 项、外生显变量 9 项、内生潜变量 16 项、外生潜变量 5 项。具体表现为：

内生显变量 33 项：LDA11、LDA12、LDA13、LDA21、LDA22、LDA23、LDA31、LDA32、LDA33、FZA11、FZA12、FZA13、FZA21、FZA22、FZA31、FZA32、FZA33、FZA41、FZA42、FZA43、XZ11、XZ12、XZ21、XZ22、DSQ11、DSQ12、DSQ13、DSQ21、DSQ22、DSQ23、DSQ31、DSQ32、DSQ33。

外生显变量 9 项：USA11、USA12、USA21、USA22、USA23、USA31、USA32、USA41、USA42。

内生潜变量 16 项：旅游文化（USA1）、旅游景观（USA2）、旅游参与（USA3）、旅游保障（USA4）、市场共享（LDA1）、资源共享（LDA2）、产品差异（LDA3）、经济发展（FZA1）、社会发展（FZA2）、生态环境（FZA3）、文化发展（FZA4）、协作基础（XZ1）、协作动力（XZ2）、居民生产生活方式（DSQ1）、居民思想观念（DSQ2）、城乡景观形态（DSQ3）。

外生潜变量 5 项：城市景区化（USA）、景区联动（LDA）、可持续发展环境（FZA）、城市协作（XZ）、都市圈（DSQ）。

测量模型和结构模型是组成结构方程模型的重要部分，因此必须对这两个模型进行逐个构建。

测量模型的构建。根据测量模型的一般形式：

$$\begin{cases} X = \Lambda_X \xi + \delta \\ Y = \Lambda_Y \eta + \varepsilon \end{cases}$$

其中，X 代表外生显变量，Y 表示内生显变量，ξ 代表外生潜变量，η 代表内生潜变量。ε 与 δ 均代表显变量的误差项，X 的潜变量 ξ 与自己的误差项 δ 和 Y 的误差项 ε 均无关，Y 的潜变量 η 与自己的误差项 ε 和 X 的误差项 δ 也均无关。Λ_X 是显变量 X 的因子载荷，Λ_Y 是显变量 Y 的因子载荷。

城市景区化对都市圈演化作用的测量模型构建中，城市景区化（USA）、旅游文化（USA1）、旅游景观（USA2）、旅游参与（USA3）、旅游保障（USA4）是外生潜变量，用 ξ_{SUA}、ξ_{SUA1}、ξ_{SUA2}、ξ_{SUA3}和 ξ_{SUA4}来分别表示。景区联动（LDA）、可持续发展环境（FZA）、城市协作（XZ）、都市圈（DSQ）、市场共享（LDA1）、资源共享（LDA2）、产品差异（LDA3）、经济发展（FZA1）、社会发展（FZA2）、生态环境（FZA3）、文化发展（FZA4）、协作基础（XZ1）、协作动力（XZ2）、居民生产生活方式（DSQ1）、居民思想观念（DSQ2）、城乡景观形态（DSQ3）是内生潜变量，用 η_{LDA}、η_{FZA}、η_{XZ}、η_{DSQ}、η_{LDA1}、η_{LDA2}、η_{LDA3}、η_{FZA1}、η_{FZA2}、η_{FZA3}、η_{FZA4}、η_{XZ1}、η_{XZ2}、η_{DSQ1}、η_{DSQ2}、η_{DSQ3}来分别表示。根据上述变量的设定，构建观测模型的方程式表达如下：

$$\left\{\begin{array}{llll}
X_{SUA1}=\lambda_{SUA1}\xi_{SUA}+\delta_{SUA1} & X_{SUA2}=\lambda_{SUA2}\xi_{SUA}+\delta_{SUA2} & X_{SUA3}=\lambda_{SUA3}\xi_{SUA}+\delta_{SUA3} & X_{SUA4}=\lambda_{SUA4}\xi_{SUA}+\delta_{SUA4} \\
X_{SUA11}=\lambda_{SUA11}\xi_{SUA1}+\delta_{SUA11} & X_{SUA12}=\lambda_{SUA12}\xi_{SUA1}+\delta_{SUA12} & & \\
X_{SUA21}=\lambda_{SUA21}\xi_{SUA2}+\delta_{SUA21} & X_{SUA22}=\lambda_{SUA22}\xi_{SUA2}+\delta_{SUA22} & X_{SUA23}=\lambda_{SUA23}\xi_{SUA2}+\delta_{SUA23} & \\
X_{SUA31}=\lambda_{SUA31}\xi_{SUA3}+\delta_{SUA31} & X_{SUA32}=\lambda_{SUA32}\xi_{SUA3}+\delta_{SUA32} & & \\
X_{SUA41}=\lambda_{SUA41}\xi_{SUA4}+\delta_{SUA41} & X_{SUA42}=\lambda_{SUA42}\xi_{SUA4}+\delta_{SUA42} & & \\
X_{LDA1}=\lambda_{LDA1}\xi_{LDA}+\delta_{LDA1} & X_{LDA2}=\lambda_{LDA2}\xi_{LDA}+\delta_{LDA2} & X_{LDA3}=\lambda_{LDA3}\xi_{LDA}+\delta_{LDA3} & \\
X_{LDA11}=\lambda_{LDA11}\xi_{LDA1}+\delta_{LDA11} & X_{LDA12}=\lambda_{LDA12}\xi_{LDA1}+\delta_{LDA12} & X_{LDA13}=\lambda_{LDA13}\xi_{LDA1}+\delta_{LDA13} & \\
X_{LDA21}=\lambda_{LDA21}\xi_{LDA2}+\delta_{LDA21} & X_{LDA22}=\lambda_{LDA22}\xi_{LDA2}+\delta_{LDA22} & X_{LDA23}=\lambda_{LDA23}\xi_{LDA2}+\delta_{LDA23} & \\
X_{LDA31}=\lambda_{LDA31}\xi_{LDA3}+\delta_{LDA31} & X_{LDA32}=\lambda_{LDA32}\xi_{LDA3}+\delta_{LDA32} & X_{LDA33}=\lambda_{LDA33}\xi_{LDA3}+\delta_{LDA33} & \\
X_{FZA1}=\lambda_{FZA1}\xi_{FZA}+\delta_{FZA1} & X_{FZA2}=\lambda_{FZA2}\xi_{FZA}+\delta_{FZA2} & X_{FZA3}=\lambda_{FZA3}\xi_{FZA}+\delta_{FZA3} & X_{FZA4}=\lambda_{FZA4}\xi_{FZA}+\delta_{FZA4} \\
X_{FZA11}=\lambda_{FZA11}\xi_{FZA1}+\delta_{FZA11} & X_{FZA12}=\lambda_{FZA12}\xi_{FZA1}+\delta_{FZA12} & X_{FZA13}=\lambda_{FZA13}\xi_{FZA1}+\delta_{FZA13} & \\
X_{FZA21}=\lambda_{FZA21}\xi_{FZA2}+\delta_{FZA21} & X_{FZA22}=\lambda_{FZA22}\xi_{FZA2}+\delta_{FZA22} & & \\
X_{FZA31}=\lambda_{FZA31}\xi_{FZA3}+\delta_{FZA31} & X_{FZA32}=\lambda_{FZA32}\xi_{FZA3}+\delta_{FZA32} & X_{FZA33}=\lambda_{FZA33}\xi_{FZA3}+\delta_{FZA33} & \\
X_{FZA41}=\lambda_{FZA41}\xi_{FZA4}+\delta_{FZA41} & X_{FZA42}=\lambda_{FZA42}\xi_{FZA4}+\delta_{FZA42} & X_{FZA43}=\lambda_{FZA43}\xi_{FZA4}+\delta_{FZA43} & \\
X_{XZ1}=\lambda_{XZ1}\xi_{XZ}+\delta_{XZ1} & X_{XZ2}=\lambda_{XZ2}\xi_{XZ}+\delta_{XZ2} & & \\
X_{XZ11}=\lambda_{XZ11}\xi_{XZ1}+\delta_{XZ11} & X_{XZ12}=\lambda_{XZ12}\xi_{XZ1}+\delta_{XZ12} & & \\
X_{XZ21}=\lambda_{XZ21}\xi_{XZ2}+\delta_{XZ21} & X_{XZ22}=\lambda_{XZ22}\xi_{XZ2}+\delta_{XZ22} & & \\
X_{DSQ1}=\lambda_{DSQ1}\xi_{DSQ}+\delta_{DSQ1} & X_{DSQ2}=\lambda_{DSQ2}\xi_{DSQ}+\delta_{DSQ2} & X_{DSQ3}=\lambda_{DSQ3}\xi_{DSQ}+\delta_{DSQ3} & \\
X_{DSQ11}=\lambda_{DSQ11}\xi_{DSQ1}+\delta_{DSQ11} & X_{DSQ12}=\lambda_{DSQ12}\xi_{DSQ1}+\delta_{DSQ12} & X_{DSQ13}=\lambda_{DSQ13}\xi_{DSQ1}+\delta_{DSQ13} & \\
X_{DSQ21}=\lambda_{DSQ21}\xi_{DSQ2}+\delta_{DSQ21} & X_{DSQ22}=\lambda_{DSQ22}\xi_{DSQ2}+\delta_{DSQ22} & X_{DSQ23}=\lambda_{DSQ23}\xi_{DSQ2}+\delta_{DSQ23} & \\
X_{DSQ31}=\lambda_{DSQ31}\xi_{DSQ3}+\delta_{DSQ31} & X_{DSQ32}=\lambda_{DSQ32}\xi_{DSQ3}+\delta_{DSQ32} & X_{DSQ33}=\lambda_{DSQ33}\xi_{DSQ3}+\delta_{DSQ33} &
\end{array}\right.$$

结构模型的构建。根据结构模型的一般形式：

$$\eta=\beta\eta+\Gamma\xi+\zeta$$

其中，η 代表内生潜变量，β 代表内生潜变量之间的关系系数，Γ 代表内生潜变量受外生潜变量的影响系数，ξ 代表外生潜变量，ζ 代表残差项。

城市景区化对都市圈演化作用的结构模型构建中，用 γ_1、γ_2 和 γ_3 来分别表示城市景区化对景区联动、可持续发展环境和都市圈的影响作用；用 β_4 和 β_5 来分别表示可持续发展环境对城市协作和都市圈的影响作用；用 β_6 和 β_7 来分别表示景区联动对城市协作和都市圈的影响作用；用 β_8 来表示城市协作对都市圈的影响作用。

根据上述变量的设定，构建结构模型的方程式表达如下：

$$\left\{\begin{array}{l}
\eta_{FZA}=\gamma_1\xi_{SUA}+\zeta_{FZA} \\
\eta_{LDA}=\gamma_2\xi_{SUA}+\zeta_{LDA} \\
\eta_{XZ}=\beta_4\eta_{FZA}+\beta_6\eta_{LDA}+\zeta_{XZ} \\
\eta_{DSQ}=\beta_5\eta_{FZA}+\beta_7\eta_{LDA}+\beta_8\eta_{XZ}+\gamma_3\xi_{SUA}+\zeta_{DSQ}
\end{array}\right.$$

对结构方程模型的测量模型和结构模型构建完成后，还存在检验拟合指标、检验参数和决定系数等是否合适，通过不同评价方法对上述指标进行检验，进而判断构建的城市景区化对都市圈演化作用原始模型是否需要进行修正。判断原始模型是否与现实情况相符，可以通过对拟合指标的测度来加以评判，拟合指标的值高于满足拟合条件的临界值时，说明真实情况与原始模型构建相符，反之则不相符。拟合指标检验的方法有很多种，但最常用的主要是八种拟合指标检验方法，分别为 χ^2/df、CFI、IFI、TLI、AGFI、PNFI、RMSEA、RMR。

将图 5－13 中的城市景区化对都市圈演化作用的原始结构方程模型录入 AMOS 17.0 中，通过计算和对相关参数进行估计，获得了城市景区化对都市圈演化作用原始结构方程模型中各项反映拟合关系的拟合指标值（见表 5－54）。

表 5－54　城市景区化对都市圈演化作用原始结构方程模型适配度检验结果

拟合指标	χ^2/df	CFI	IFI	TLI	AGFI	PNFI	RMSEA	RMR
观测值	1.484	0.949	0.950	0.945	0.810	0.794	0.043	0.027
拟合标准	<3.00	>0.90	>0.90	>0.90	>0.80	>0.50	<0.08	<0.05

表 5－54 表明，将城市景区化对都市圈演化作用原始结构方程中各项拟合指标的观测值和拟合标准进行对比后，所有观测值均达到了拟合标准。说明城市景区化对都市圈演化作用的原始模型能够较好地与通过调查问卷获得的样本数据拟合。

在完成城市景区化对都市圈演化作用原始结构方程模型适配度检验后，对原始结构方程中各路径的系数进行测度（见表 5－55）。

表 5－55　城市景区化对都市圈演化作用原始模型的路径估计

路径	结构方程模型路径	标准化路径系数	C. R.	p
γ_1	FZA←USA	0.604	11.371	***
γ_2	LDA←USA	0.500	8.618	***
γ_3	DSQ←USA	0.233	3.038	0.002
β_4	XZ←FZA	0.569	5.890	***

续表

路径	结构方程模型路径	标准化路径系数	C. R.	p
β_5	DSQ←FZA	0. 205	1. 766	0. 077
β_6	XZ←LDA	0. 491	4. 427	***
β_7	DSQ←LDA	0. 240	2. 307	0. 021
β_8	DSQ←XZ	0. 236	2. 518	0. 012

注：*** 表示 $p < 0.001$。

根据表 5 - 55 可以看出，在城市景区化对都市圈演化作用的原始结构方程模型构建过程中，USA 对 DSQ 的这条路径未能通过显著性检验，也就意味着 USA 对 DSQ 没有产生显著的作用。尽管如此，但由于绝大多数路径均通过了路径显著性检验，所以并不能对之前构造的原始结构方程模型全盘否定。从结果上看，城市景区化对都市圈影响作用的原始结构方程模型的构造思路基本正确，但其中的部分关系需要调整后进行重新测度，才能满足研究的目的。

根据之前测度的路径估计结果中了解到城市景区化、景区联动、可持续发展环境和城市协作对都市圈的对应路径系数都比较小，因此要使其能够更好地拟合和测度结构方程模型，就必须对原始的城市景区化对都市圈演化作用结构方程模型进行适当地调整。通过对文献的梳理查找，发现在现有的都市圈相关的文献中，研究获得的结论可以主要概括为：在城市景区化的大背景下，促成都市圈形成的直接推动力是景区联动、可持续发展环境和城市协作，城市景区化则作为大背景间接影响。因此，在城市景区化对都市圈演化作用的原始结构方程调整过程中，应当保留景区联动、可持续发展环境和城市协作对都市圈的直接作用路径，剔除城市景区化对都市圈的直接作用路径。由此获得城市景区化对都市圈演化作用调整后的结构方程模型（见图 5 - 14）。

图 5 - 14 表明，与城市景区化对都市圈演化作用的原始结构方程模型相比，调整后的结构方程模型将城市景区化对都市圈的直接路径剔除了。将调整后的结构方程模型再次放入 AMOS 17. 0 软件中进行计算和对作用路径的参数进行估计，得到调整后的结构方程模型中反映模型拟合程度的多项拟合指标值（见表 5 - 56）。

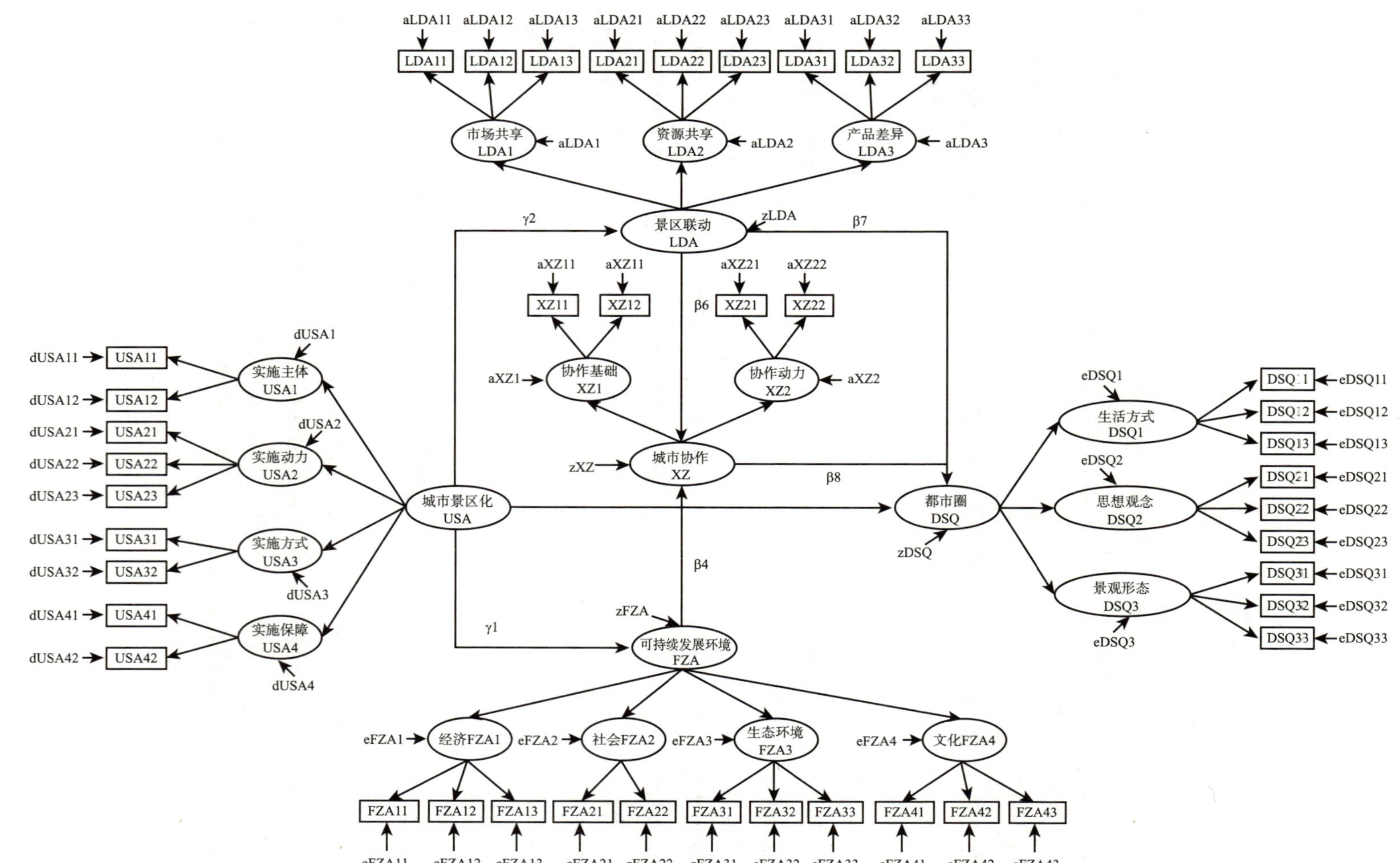

图5-14 调整后城市景区化对都市圈演化作用的结构方程模型

表 5－56 城市景区化对都市圈演化作用调整后结构方程模型适配度检验结果

拟合指标	χ^2/df	CFI	IFI	TLI	AGFI	PNFI	RMSEA	RMR
观测值	1.486	0.949	0.949	0.945	0.809	0.795	0.043	0.028
拟合标准	<3.00	>0.90	>0.90	>0.90	>0.80	>0.50	<0.08	<0.05

对表 5－56 中的拟合指标观测值与拟合标准进行对比后发现，城市景区化对都市圈演化作用调整后的模型中各项拟合指标值都达到了拟合标准范围，因此，认为整体上城市景区化对都市圈演化作用调整后的模型通过了模型拟合度检验。

城市景区化对都市圈演化作用调整后模型通过模型拟合度检验后，需要再次对调整后的模型进行结构方程模型各作用路径的系数测量（见表 5－57）。

表 5－57 城市景区化对都市圈演化作用调整后模型的路径估计

路径	结构方程模型路径	标准化路径系数	C. R.	p
γ_1	FZA←USA	0.604	11.367	***
γ_2	LDA←USA	0.500	8.615	***
β_4	XZ←FZA	0.309	4.709	***
β_5	DSQ←FZA	0.612	6.038	***
β_6	XZ←LDA	0.477	4.350	***
β_7	DSQ←LDA	0.230	2.181	0.029
β_8	DSQ←XZ	0.326	3.765	***

注：*** 表示 $p<0.001$。

表 5－57 显示，城市景区化对都市圈演化作用调整后模型中的各项路径的作用系数都通过了显著性检验，其中绝大多数都达到了 0.001 的显著性水平。同时，根据标准化路径系数的测度标准确定的高于 0.50 为效果明显、0.10～0.50 为效果适中、低于 0.10 为效果较小，可以确定城市景区化对都市圈演化作用调整后的结构方程模型中所有的路径作用效果都在适中和明显的级别上，由此可以判定调整后的结构方程模型为最终的城市景区化对都市圈演化作用的结构方程模型（见图 5－15）。

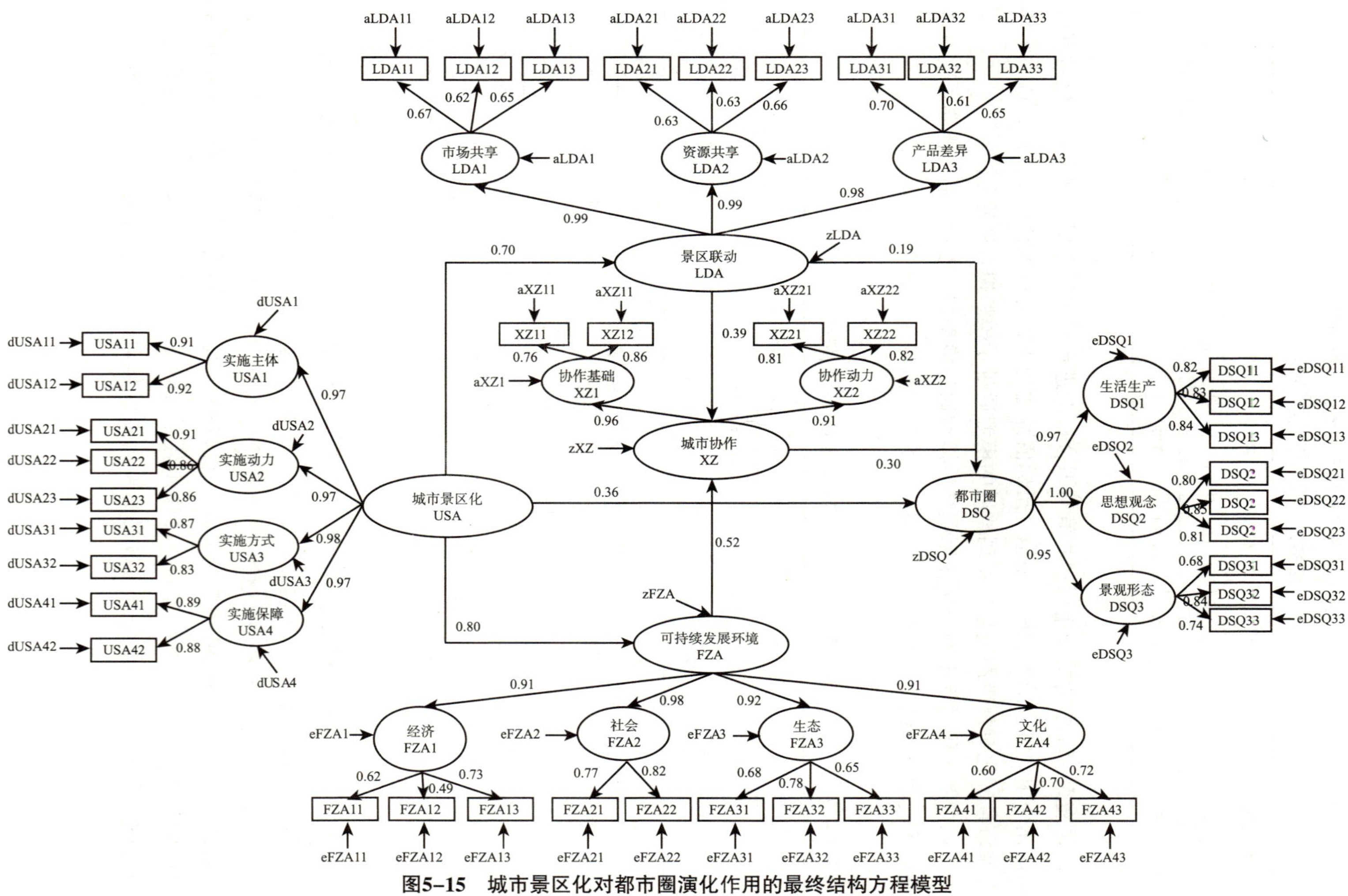

图5-15 城市景区化对都市圈演化作用的最终结构方程模型

由于最终的城市景区化对都市圈演化作用的结构方程模型图形过于复杂，为研究的直观方便，将最终结构方程模型的主体部分提出，得到最终的城市景区化对都市圈演化作用的结构方程模型简化形式（见图5－16）。

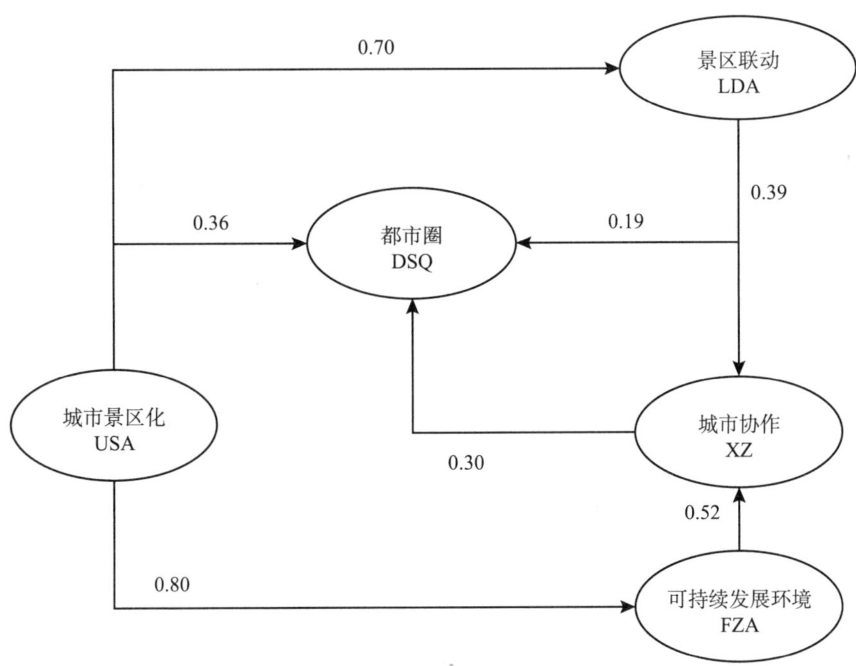

图5－16　城市景区化对都市圈演化作用的最终结构方程模型简图

在确定最终的城市景区化对都市圈演化作用的结构方程模型及其简化形式之后，还需要对其包含的各种效应进行分解，从而最终确定模型的各个变量之间的确切作用方向和作用强度。对结构方程模型进行效应分解就是对结构方程模型中各个变量之间存在的直接效应和间接效应以及他们之间的作用方向和作用强度进行准确地测定。其中，直接效应表示作为原因的变量直接对作为结果的变量作用而产生的影响，其影响程度的测度依靠直接效应的路径系数来衡量；间接效应表示作为原因的变量不直接作用作为结果的变量，而是通过其他作为中介的变量来间接地对作为结果的变量产生影响。间接效应的作用路径系数值为间接效应发生过程中每一个阶段路径系数之积，两变量之间的作用总效应为其二者间直接效应和间接效应之和。为了使城市景区化对都市圈演化作用的主要变量能够被有效测度，需要对城市景区化、景区联动、可持续发展环境和城市协作四个变量作用于都市圈的效应进行分解（见表5－58）。

表 5 – 58　　城市景区化对都市圈演化作用模型的原因变量效应分解

变量作用关系	直接效应	间接效应	总效应
FZA→DSQ	0.36		0.36
LDA→DSQ	0.19		0.19
XZ→DSQ	0.30		0.30
USA→LDA→DSQ	0.133（0.70×0.19）		0.34
USA→FZA→XZ→DSQ	0.125（0.80×0.52×0.30）		
USA→LDA→XZ→DSQ	0.082（0.70×0.39×0.30）		

表5–58显示，对都市圈的直接效应最大的是城市景区化，效应强度为0.36。城市协作对都市圈直接效应仅次于城市景区化，效应强度为0.30。景区联动对都市圈的直接效应强度为0.19。作为原因的变量可持续发展环境未对都市圈产生直接效应，但对城市协作产生了效应强度为0.52的直接作用。城市景区化不仅对都市圈产生直接的作用路径，其也通过三条间接路径作用于都市圈，间接效应的总效应强度为0.34。

（四）假设检验与结果讨论

根据统计的显著性分析，运用标准化后的路径系数来对每条作用路径的作用强度进行估计，以此作为对每一条因果路径的评价，经过标准化处理之后，路径系数的数值都在–1~1的范围内。针对西南民族地区调研获取的样本数据支持了理论分析部分提出的大部分假设。表5–59将城市景区化对都市圈演化作用的假设验证和构建模型的路径系数情况进行了总结归纳。

表 5 – 59　　城市景区化对都市圈演化作用结构方程模型的路径系数与假设检验

路径	变量间关系	路径系数	显著性水平	对应假设	检验结果
γ_1	USA→FZA	0.604	***	假设1	支持
γ_2	USA→LDA	0.500	***	假设2	支持
γ_3	USA→DSQ	0.309		假设3	支持
β_4	FZA→XZ	0.612	***	假设4	支持
β_5	FZA→DSQ		***	假设5	不支持
β_6	LDA→XZ	0.477	***	假设6	支持
β_7	LDA→DSQ	0.230	0.029	假设7	支持
β_8	XZ→DSQ	0.326	***	假设8	支持

注：*** 表示 $p<0.001$。

表5－59表明，城市景区化到可持续发展环境的路径及其系数为$\gamma_1=0.604$，$p<0.001$，通过了显著性检验，由此，可以验证“城市景区化进程对可持续发展环境改善具有显著的直接正向作用”的假设，检验的结果支持了原假设HD1。

城市景区化到景区联动的路径及其系数为$\gamma_2=0.500$，$p<0.001$，通过了显著性检验，由此，可以验证“城市景区化进程对景区联动密切具有显著的直接正向作用”的假设，检验的结果支持了原假设HD2。

城市景区化到都市圈的路径及其系数为$\gamma_3=0.309$，$p<0.001$，通过了显著性检验，由此，可以验证“城市景区化进程对都市圈演化具有显著的直接正向作用”的假设，检验的结果支持了原假设HD3。

可持续发展环境到城市协作的路径及其系数为$\beta_4=0.612$，$p<0.001$，通过了显著性检验，由此，可以验证“可持续发展环境改善对城市协作水平提升具有显著的直接正向作用”的假设，检验的结果支持了原假设HD4。

可持续发展环境到都市圈的路径未能通过，由此，可以判定“可持续发展环境改善对都市圈演化具有显著的直接正向作用”的假设不成立，检验的结果拒绝了原假设HD5。

景区联动到城市协作的路径及其系数为$\beta_6=0.477$，$p<0.001$，通过了显著性检验，由此，可以验证“景区联动密切对城市协作水平提升具有显著的直接正向作用”的假设，检验的结果支持了原假设HD6。

景区联动到都市圈的路径及其系数为$\beta_7=0.230$，$p<0.1$，通过了显著性检验，由此，可以验证“景区联动密切对都市圈演化具有显著的直接正向作用”的假设，检验的结果支持了原假设HD7。

城市协作到都市圈的路径及其系数为$\beta_8=0.326$，$p<0.01$，通过了显著性检验，由此，可以验证“城市协作水平提升对都市圈演化具有显著的直接正向作用”的假设，检验的结果支持了原假设HD8。

通过城市景区化对都市圈演化作用的研究，得到城市景区化不仅对都市圈有直接作用效应，也可以通过可持续发展环境、景区联动和城市协作产生间接的作用效应。表明可持续发展环境、景区联动和城市协作都是影响都市圈演化的重要因素，也证明了城市景区化的实施主体、实施动力、实施方式和实施保障这四个构成维度在识别都市圈演化过程时的合理性。

在对研究结果的梳理分析中不难发现一个重要问题：城市景区化对都市圈没有显著的直接正向作用，而它在完善可持续发展环境、提升景区联动等方面都表现出了十分显著的直接正向作用，其作用路径的系数值分别是0.804和0.742。除此之外，还通过可持续发展环境的完善和景区联动的提升对都市圈演化产生间接的正向作用。然而可持续发展环境的完善、景区联动的提升以及城市协作的增强对于都市圈演化又起着十分显著的直接正向作用，由此可以判定：城市景区化是通过作用于完善可持续发展环境、提升景区联动和增强城市协作的方式来实现对都市圈间接的正向作用，这种间接的正向作用效应强度为 0. 717，表明城市景区化对都市圈演化的正向作用效果是非常明显的。

因此针对西南民族地区来说，根据以上结论可以获得两个十分重要的启示：第一，必须更加全面深刻地认识城市景区化进程，将城市景区化从城市化的大背景中剥离出来单独研究，实施针对性的重点研究。同时也必须把握好城市景区化进程和城市化进程之间的同步性和协调性，不能完全脱离城市化进程的大环境。第二，必须对城市景区化的推进进行具体的方案设定和有效的监管，应该通过加快可持续发展环境完善、景区联动提升和城市协作增强来促进都市圈演化。

综上所述，城市景区化是通过加快可持续发展环境完善、景区联动提升和城市协作增强这三个中介变量来对都市圈演化产生正向作用的，并且在这个过程中的成效非常大。根据城市景区化的实施主体、实施动力、实施方式和实施保障四个构成维度，合理地引入可持续发展环境、景区联动和城市协作三项中介变量，很好地构建起了城市景区化对都市圈演化作用的模型，通过实证分析获得的研究结论在城市景区化进程的推进、可持续发展环境的完善、景区联动的提升和城市协作的增强方面对理论和实践都产生了巨大的影响，具有重大意义。

六、城市景区化对城中村演化作用的实证分析

（一）变量的度量

对城市景区化对城中村演化作用的研究中，城市景区化是解释变量。针对城市景区化设计了 9 个题设，分别从实施主体、实施动力、实施方式和实施保障四个方面对城市景区化进行测度（见表 5 –60）。

表 5 –60　　城市景区化（USB）指标量表

实施主体（USB1）	USB11	城市景区化的实施主体与城市资源状况符合城中村演化的要求程度
	USB12	城市景区化的实施主体与城市发展状况符合城中村演化的要求程度
实施动力（USB2）	USB21	城市景区化进程中旅游资源的推动符合城中村演化的要求程度
	USB22	城市景区化进程中旅游服务的推动符合城中村演化的要求程度
	USB23	城市景区化进程中旅游管理的推动符合城中村演化的要求程度

续表

实施方式（USB3）	USB31	城市景区化进程中实施路径的选择符合城中村演化的要求程度
	USB32	城市景区化进程中路径的稳健性符合城中村演化的要求程度
实施保障（USB4）	USB41	城市景区化进程中实施保障的能力符合城中村演化的要求程度
	USB42	城市景区化进程中实施保障的措施符合城中村演化的要求程度

对城市景区化对城中村演化作用的研究中，被解释变量有四个，分别是：景区联动、可持续发展环境、城市面貌和城中村。其中，景区联动指标的测度采用了9个题设，分别从市场共享、资源共享、产品差异三个角度对景区联动进行测度（见表5－61）。

表5－61　景区联动（LDB）指标量表

市场共享（LDB1）	LDB11	城市旅游市场共享符合城中村演化要求的程度
	LDB12	城市商品市场共享符合城中村演化要求的程度
	LDB13	城市服务市场共享符合城中村演化要求的程度
资源共享（LDB2）	LDB21	城市旅游文化资源共享符合城中村演化要求的程度
	LDB22	城市经济社会资源共享符合城中村演化要求的程度
	LDB23	城市基础设施资源共享符合城中村演化要求的程度
产品差异（LDB3）	LDB31	城市旅游产品差异符合城中村演化要求的程度
	LDB32	城市公共产品差异符合城中村演化要求的程度
	LDB33	城市服务产品差异符合城中村演化要求的程度

可持续发展环境指标的测度采用了11个题设，分别从经济发展、社会发展、生态环境、文化发展四个角度对可持续发展环境进行测度（见表5－62）。

表5－62　可持续发展环境（FZB）指标量表

经济发展（FZB1）	FZB11	城市经济发展水平符合城中村演化要求的程度
	FZB12	城市经济发展动力符合城中村演化要求的程度
	FZB13	城市经济发展潜力符合城中村演化要求的程度
社会发展（FZB2）	FZB21	城市社会发展水平符合城中村演化要求的程度
	FZB22	城市社会发展动力符合城中村演化要求的程度
生态环境（FZB3）	FZB31	城市生态环境保护符合城中村演化要求的程度
	FZB32	城市生态环境发展符合城中村演化要求的程度
	FZB33	城市生态环境治理符合城中村演化要求的程度

续表

文化发展（FZB4）	FZB41	城市文化发展水平符合城中村演化要求的程度
	FZB42	城市文化发展动力符合城中村演化要求的程度
	FZB43	城市文化融合发展符合城中村演化要求的程度

城市面貌指标的测度采用了4个题设，分别从景观建设、旅游氛围营造两个角度对城市面貌进行测度（见表5－63）。

表5－63　　城市面貌（XZ）指标量表

景观建设（XZ1）	XZ11	城市自然景观建设符合城中村演化要求的程度
	XZ12	城市人工景观建设符合城中村演化要求的程度
旅游氛围营造（XZ2）	XZ21	城市旅游氛围营造定位符合城中村演化要求的程度
	XZ22	城市旅游氛围营造措施符合城中村演化要求的程度

城中村指标的测度采用了9个题设，分别从居民生产生活方式、居民思想观念和城乡景观形态三个角度对城中村进行测度（见表5－64）。

表5－64　　城中村（CZC）指标量表

居民生产生活方式（CZC1）	CZC11	城市居民生产方式符合城中村演化要求的程度
	CZC12	城市居民生活方式符合城中村演化要求的程度
	CZC13	城市居民生产生活方式转变方向符合城中村演化要求的程度
居民思想观念（CZC2）	CZC21	城市居民思想高度符合城中村演化要求的程度
	CZC22	城市居民观念水平符合城中村演化要求的程度
	CZC23	城市居民思想观念转变方向符合城中村演化要求的程度
城乡景观形态（CZC3）	CZC31	城乡景观建设符合城中村演化要求的程度
	CZC32	城乡景观风貌符合城中村演化要求的程度
	CZC33	城乡景观形态改变方向符合城中村演化要求的程度

（二）样本数据分析

运用均值和标准差两个指标对城市景区化对城中村演化作用中各变量指标进行描述性统计分析，可以很直观地获得城市景区化、景区联动、可持续发展环境、城市面貌、城中村的均值和标准差（见表5－65）。

表 5－65　　各指标的均值和标准差

指标		均值	标准差	指标		均值	标准差
实施主体（USB1）	USB11	3.67	0.689	资源共享（LDB2）	LDB21	3.28	0.776
	USB12	3.69	0.726		LDB22	3.05	0.777
实施动力（USB2）	USB21	3.64	0.754		LDB23	3.12	0.703
	USB22	3.56	0.826	产品差异（LDB3）	LDB31	3.22	0.756
	USB23	3.60	0.822		LDB32	3.08	0.704
实施方式（USB3）	USB31	3.53	0.822		LDB33	3.17	0.731
	USB32	3.58	0.793	景观建设（MM1）	MM11	3.38	0.783
实施保障（USB4）	USB41	3.63	0.869		MM12	3.36	0.840
	USB42	3.60	0.792	旅游氛围营造（MM2）	MM21	3.40	0.776
经济（FZB1）	FZB11	3.16	0.689		MM22	3.29	0.764
	FZB12	3.25	0.724	居民生产生活方式（CZC1）	CZC11	3.61	0.754
	FZB13	3.18	0.683		CZC12	3.61	0.753
社会（FZB2）	FZB21	3.29	0.692		CZC13	3.59	0.803
	FZB22	3.23	0.755	居民思想观念（CZC2）	CZC21	3.62	0.748
生态环境（FZB3）	FZB31	3.17	0.796		CZC22	3.64	0.816
	FZB32	3.10	0.772		CZC23	3.69	0.764
	FZB33	3.07	0.733	城乡景观形态（CZC3）	CZC31	3.58	0.808
文化（FZB4）	FZB41	3.37	0.787		CZC32	3.66	0.749
	FZB42	3.18	0.697		CZC33	3.71	0.775
	FZB43	3.22	0.741				
市场共享（LDB1）	LDB11	3.24	0.739				
	LDB12	3.19	0.691				
	LDB13	3.00	0.680				

在对城市景区化对城中村演化作用研究的信度检验中，运用组合信度的方法，并采用 Kline 的判别标准作为信度检验参照的标准。根据对城市景区化对城中村演化作用中各变量进行信度检验，得到各变量的组合信度系数值（见表 5－66），均通过了组合信度检验，达到最佳和很好的标准。

表 5－66　　城市景区化对城中村演化作用各变量组合信度检验系数

变量名	组合信度系数 ρ_c 值	接受程度
城市景区化	0.950	最佳
景区联动	0.854	很好
可持续发展环境	0.896	很好

续表

变量名	组合信度系数 ρ_c 值	接受程度
城市面貌	0.834	很好
城中村	0.936	最佳

在信度检验的基础上，对城市景区化对城中村演化作用的各项指标进行效度检验，发现各项指标均适合进行因子分析，并全部通过了架构效度检验（见表5－67）。

表5－67　各变量的效度检验值

变量名	KMO值	Bartlett卡方值	因子负载				累计方差解释率（%）	显著性水平
城市景区化（USB）	0.948	1929.709	USB11	0.879	USB31	0.811	71.437	0.000
			USB12	0.886	USB32	0.864		
			USB21	0.849	USB41	0.845		
			USB22	0.808	USB42	0.863		
			USB23	0.820				
可持续发展环境（FZB）	0.932	1109.019	FZB11	0.629	FZB32	0.745	49.252	0.000
			FZB12	0.720	FZB33	0.663		
			FZB13	0.733	FZB41	0.653		
			FZB21	0.734	FZB42	0.660		
			FZB22	0.779	FZB43	0.705		
			FZB31	0.680				
景区联动（LDB）	0.904	684.932	LDB11	0.706	LDB23	0.714	46.333	0.000
			LDB12	0.635	LDB31	0.724		
			LDB13	0.675	LDB32	0.637		
			LDB21	0.652	LDB33	0.687		
			LDB22	0.684				
城市面貌（XZ）	0.784	382.040	MM11	0.784	MM21	0.801	67.048	0.000
			MM12	0.861	MM22	0.821		
城中村（CZC）	0.946	1525.166	CZC11	0.813	CZC23	0.838	66.236	0.000
			CZC12	0.799	CZC31	0.827		
			CZC13	0.825	CZC32	0.826		
			CZC21	0.791	CZC33	0.762		
			CZC22	0.836				

(三) 结构方程模型分析

根据变量性质的确定标准，可以将城市景区化对城中村演化作用中的各项变量进行归类。其中，城市景区化是内生变量，景区联动、可持续发展环境和城市面貌是中介变量，城中村则是外生变量。根据城市景区化对城中村演化作用的结构方程模型的因果路径，箭头方向指示了变量之间的因果关系，指向由“因”变量向“果”变量。单向箭头表示前一变量与后一变量存在因果关系，双向箭头则表示前一变量和后一变量之间互相存在因果关系。每一个有箭头指向的线都表示一条因果关系路径，对应存在一个回归权重系数。图 5 - 17 展示了城市景区化对城中村演化作用的原始结构方程模型。

根据图 5 - 17 显示的情况，构建的城市景区化对城中村演化作用的原始结构方程模型中，存在内生显变量 33 项、外生显变量 9 项、内生潜变量 16 项、外生潜变量 5 项。具体表现为：

内生显变量 33 项：LDB11、LDB12、LDB13、LDB21、LDB22、LDB23、LDB31、LDB32、LDB33、FZB11、FZB12、FZB13、FZB21、FZB22、FZB31、FZB32、FZB33、FZB41、FZB42、FZB43、XZ11、XZ12、XZ21、XZ22、CZC11、CZC12、CZC13、CZC21、CZC22、CZC23、CZC31、CZC32、CZC33。

外生显变量 9 项：USB11、USB12、USB21、USB22、USB23、USB31、USB32、USB41、USB42。

内生潜变量 16 项：旅游文化（USB1）、旅游景观（USB2）、旅游参与（USB3）、旅游保障（USB4）、市场共享（LDB1）、资源共享（LDB2）、产品差异（LDB3）、经济发展（FZB1）、社会发展（FZB2）、生态环境（FZB3）、文化发展（FZB4）、景观建设（XZ1）、旅游氛围营造（XZ2）、居民生产生活方式（CZC1）、居民思想观念（CZC2）、城乡景观形态（CZC3）。

外生潜变量 5 项：城市景区化（USB）、景区联动（LDB）、可持续发展环境（FZB）、城市面貌（XZ）、城中村（CZC）。

测量模型和结构模型是组成结构方程模型的重要部分，因此必须对这两个模型进行逐个构建。

测量模型的构建。根据测量模型的一般形式：

$$\begin{cases} X = \Lambda_X \xi + \delta \\ Y = \Lambda_Y \eta + \varepsilon \end{cases}$$

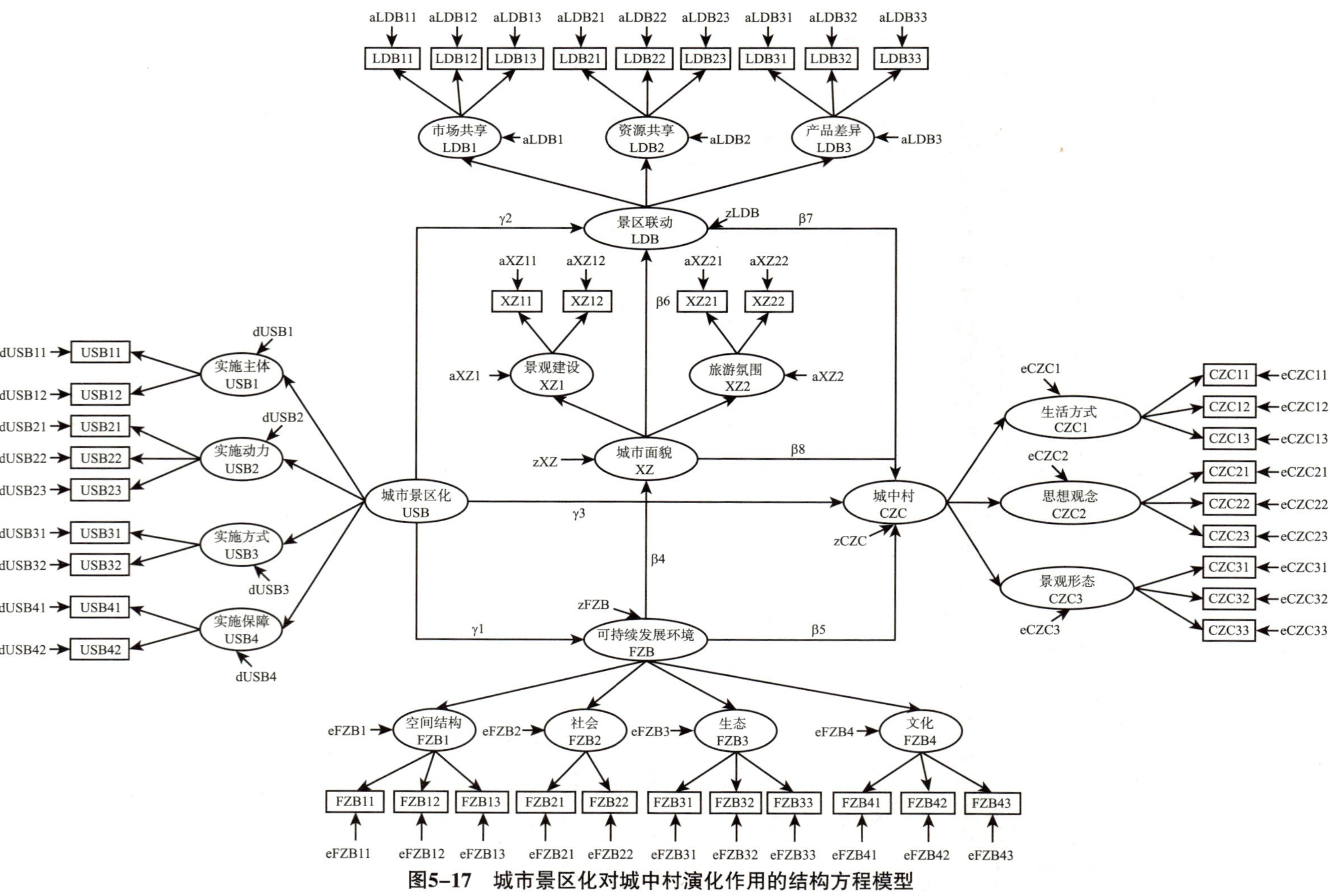

图5-17 城市景区化对城中村演化作用的结构方程模型

其中，X 代表外生显变量，Y 表示内生显变量，ξ 代表外生潜变量，η 代表内生潜变量。ε 与 δ 均代表显变量的误差项，X 的潜变量 ξ 与自己的误差项 δ 和 Y 的误差项 ε 均无关，Y 的潜变量 η 与自己的误差项 ε 和 X 的误差项 δ 也均无关。Λ_X 是显变量 X 的因子载荷，Λ_Y 是显变量 Y 的因子载荷。

城市景区化对城中村演化作用的测量模型构建中，城市景区化（USB）、旅游文化（USB1）、旅游景观（USB2）、旅游参与（USB3）、旅游保障（USB4）是外生潜变量，用 ξ_{SUB}、ξ_{SUB1}、ξ_{SUB2}、ξ_{SUB3}和 ξ_{SUB4}来分别表示。景区联动（LDB）、可持续发展环境（FZB）、城市面貌（XZ）、城中村（CZC）、市场共享（LDB1）、资源共享（LDB2）、产品差异（LDB3）、经济发展（FZB1）、社会发展（FZB2）、生态环境（FZB3）、文化发展（FZB4）、景观建设（XZ1）、旅游氛围营造（XZ2）、居民生产生活方式（CZC1）、居民思想观念（CZC2）、城乡景观形态（CZC3）是内生潜变量，用 η_{LDB}、η_{FZB}、η_{MM}、η_{CZC}、η_{LDB1}、η_{LDB2}、η_{LDB3}、η_{FZB1}、η_{FZB2}、η_{FZB3}、η_{FZB4}、η_{MM1}、η_{MM2}、η_{CZC1}、η_{CZC2}、η_{CZC3}来分别表示。根据上述变量的设定，构建观测模型的方程式表达如下：

$$
\begin{cases}
X_{USB1}=\lambda_{USB1}\xi_{USB}+\delta_{USB1} \quad X_{USB2}=\lambda_{USB2}\xi_{USB}+\delta_{USB2} \quad X_{USB3}=\lambda_{USB3}\xi_{USB}+\delta_{USB3} \quad X_{USB4}=\lambda_{USB4}\xi_{USB}+\delta_{USB4} \\
X_{USB11}=\lambda_{USB11}\xi_{USB1}+\delta_{USB11} \quad X_{USB12}=\lambda_{USB12}\xi_{USB1}+\delta_{USB12} \\
X_{USB21}=\lambda_{USB21}\xi_{USB2}+\delta_{USB21} \quad X_{USB22}=\lambda_{USB22}\xi_{USB2}+\delta_{USB22} \quad X_{USB23}=\lambda_{USB23}\xi_{USB2}+\delta_{USB23} \\
X_{USB31}=\lambda_{USB31}\xi_{USB3}+\delta_{USB31} \quad X_{USB32}=\lambda_{USB32}\xi_{USB3}+\delta_{USB32} \\
X_{USB41}=\lambda_{USB41}\xi_{USB4}+\delta_{USB41} \quad X_{USB42}=\lambda_{USB42}\xi_{USB4}+\delta_{USB42} \\
X_{LDB1}=\lambda_{LDB1}\xi_{LDB}+\delta_{LDB1} \quad X_{LDB2}=\lambda_{LDB2}\xi_{LDB}+\delta_{LDB2} \quad X_{LDB3}=\lambda_{LDB3}\xi_{LDB}+\delta_{LDB3} \\
X_{LDB11}=\lambda_{LDB11}\xi_{LDB1}+\delta_{LDB11} \quad X_{LDB12}=\lambda_{LDB12}\xi_{LDB1}+\delta_{LDB12} \quad X_{LDB13}=\lambda_{LDB13}\xi_{LDB1}+\delta_{LDB13} \\
X_{LDB21}=\lambda_{LDB21}\xi_{LDB2}+\delta_{LDB21} \quad X_{LDB22}=\lambda_{LDB22}\xi_{LDB2}+\delta_{LDB22} \quad X_{LDB23}=\lambda_{LDB23}\xi_{LDB2}+\delta_{LDB23} \\
X_{LDB31}=\lambda_{LDB31}\xi_{LDB3}+\delta_{LDB31} \quad X_{LDB32}=\lambda_{LDB32}\xi_{LDB3}+\delta_{LDB32} \quad X_{LDB33}=\lambda_{LDB33}\xi_{LDB3}+\delta_{LDB33} \\
X_{FZB1}=\lambda_{FZB1}\xi_{FZB}+\delta_{FZB1} \quad X_{FZB2}=\lambda_{FZB2}\xi_{FZB}+\delta_{FZB2} \quad X_{FZB3}=\lambda_{FZB3}\xi_{FZB}+\delta_{FZB3} \quad X_{FZB4}=\lambda_{FZB4}\xi_{FZB}+\delta_{FZB4} \\
X_{FZB11}=\lambda_{FZB11}\xi_{FZB1}+\delta_{FZB11} \quad X_{FZB12}=\lambda_{FZB12}\xi_{FZB1}+\delta_{FZB12} \quad X_{FZB13}=\lambda_{FZB13}\xi_{FZB1}+\delta_{FZB13} \\
X_{FZB21}=\lambda_{FZB21}\xi_{FZB2}+\delta_{FZB21} \quad X_{FZB22}=\lambda_{FZB22}\xi_{FZB2}+\delta_{FZB22} \\
X_{FZB31}=\lambda_{FZB31}\xi_{FZB3}+\delta_{FZB31} \quad X_{FZB32}=\lambda_{FZB32}\xi_{FZB3}+\delta_{FZB32} \quad X_{FZB33}=\lambda_{FZB33}\xi_{FZB3}+\delta_{FZB33} \\
X_{FZB41}=\lambda_{FZB41}\xi_{FZB4}+\delta_{FZB41} \quad X_{FZB42}=\lambda_{FZB42}\xi_{FZB4}+\delta_{FZB42} \quad X_{FZB43}=\lambda_{FZB43}\xi_{FZB4}+\delta_{FZB43} \\
X_{MM1}=\lambda_{MM1}\xi_{MM}+\delta_{MM1} \quad X_{MM2}=\lambda_{MM2}\xi_{MM}+\delta_{MM2} \\
X_{MM11}=\lambda_{MM11}\xi_{MM1}+\delta_{MM11} \quad X_{MM12}=\lambda_{MM12}\xi_{MM1}+\delta_{MM12} \\
X_{MM21}=\lambda_{MM21}\xi_{MM2}+\delta_{MM21} \quad X_{MM22}=\lambda_{MM22}\xi_{MM2}+\delta_{MM22} \\
X_{CZC1}=\lambda_{CZC1}\xi_{CZC}+\delta_{CZC1} \quad X_{CZC2}=\lambda_{CZC2}\xi_{CZC}+\delta_{CZC2} \quad X_{CZC3}=\lambda_{CZC3}\xi_{CZC}+\delta_{CZC3} \\
X_{CZC11}=\lambda_{CZC11}\xi_{CZC1}+\delta_{CZC11} \quad X_{CZC12}=\lambda_{CZC12}\xi_{CZC1}+\delta_{CZC12} \quad X_{CZC13}=\lambda_{CZC13}\xi_{CZC1}+\delta_{CZC13} \\
X_{CZC21}=\lambda_{CZC21}\xi_{CZC2}+\delta_{CZC21} \quad X_{CZC22}=\lambda_{CZC22}\xi_{CZC2}+\delta_{CZC22} \quad X_{CZC23}=\lambda_{CZC23}\xi_{CZC2}+\delta_{CZC23} \\
X_{CZC31}=\lambda_{CZC31}\xi_{CZC3}+\delta_{CZC31} \quad X_{CZC32}=\lambda_{CZC32}\xi_{CZC3}+\delta_{CZC32} \quad X_{CZC33}=\lambda_{CZC33}\xi_{CZC3}+\delta_{CZC33}
\end{cases}
$$

结构模型的构建。根据结构模型的一般形式：

$$\eta = \beta\eta + \Gamma\xi + \zeta$$

其中，η 代表内生潜变量，β 代表内生潜变量之间的关系系数，Γ 代表内生潜变量受外生潜变量的影响系数，ξ 代表外生潜变量，ζ 代表残差项。

城市景区化对城中村演化作用的结构模型构建中，用 γ_1、γ_2 和 γ_3 来分别表示城市景区化对景区联动、可持续发展环境和城中村的影响作用；用 β_4 和 β_5 来分别表示可持续发展环境对城市面貌和城中村的影响作用；用 β_6 和 β_7 来分别表示景区联动对城市面貌和城中村的影响作用；用 β_8 来表示城市面貌对城中村的影响作用。

根据上述变量的设定，构建结构模型的方程式表达如下：

$$\begin{cases}\eta_{FZB} = \gamma_1\xi_{SUB} + \zeta_{FZB} \\ \eta_{LDB} = \gamma_2\xi_{SUB} + \zeta_{LDB} \\ \eta_{MM} = \beta_4\eta_{FZB} + \beta_6\eta_{LDB} + \zeta_{MM} \\ \eta_{CZC} = \beta_5\eta_{FZB} + \beta_7\eta_{LDB} + \beta_8\eta_{MM} + \gamma_3\xi_{SUB} + \zeta_{CZC}\end{cases}$$

对结构方程模型的测量模型和结构模型构建完成后，还存在检验拟合指标、检验参数和决定系数等是否合适，通过不同评价方法对上述指标进行检验，进而判断构建的城市景区化对城中村演化作用原始模型是否需要进行修正。判断原始模型是否与现实情况相符，可以通过对拟合指标的测度来加以评判，拟合指标的值高于满足拟合条件的临界值时，说明真实情况与原始模型构建相符，反之则不相符。拟合指标检验的方法有很多种，但最常用的主要是八种拟合指标检验方法，分别为 χ^2/df、CFI、IFI、TLI、AGFI、PNFI、RMSEA、RMR。

将图 5－17 中的城市景区化对城中村演化作用的原始结构方程模型录入 AMOS 17.0 中，通过计算和对相关参数进行估计，获得了城市景区化对城中村演化作用原始结构方程模型中各项反映拟合关系的拟合指标值（见表 5－68）。

表 5－68　城市景区化对城中村演化作用原始结构方程模型适配度检验结果

拟合指标	χ^2/df	CFI	IFI	TLI	AGFI	PNFI	RMSEA	RMR
观测值	1.442	0.946	0.947	0.942	0.808	0.780	0.042	0.029
拟合标准	<3.00	>0.90	>0.90	>0.90	>0.80	>0.50	<0.08	<0.05

表 5－68 表明，将城市景区化对城中村演化作用原始结构方程中各项拟合指标的观测值和拟合标准进行对比后，所有观测值均达到了拟合标准。说明城市景区化对城中村演化作用的原始模型能够较好地与通过调查问卷获得的样本数据拟合。

在完成城市景区化对城中村演化作用原始结构方程模型适配度检验后，对原始结构方程中各路径的系数进行测度（见表 5 – 69）。

表 5 – 69　　城市景区化对城中村演化作用原始模型的路径估计

路径	结构方程模型路径	标准化路径系数	C. R.	p
γ_1	FZB←USB	0. 623	11. 133	***
γ_2	LDB←USB	0. 506	8. 011	***
γ_3	CZC←USB	0. 318	3. 762	***
β_4	XZ←FZB	0. 499	4. 865	***
β_5	CZC←FZB	0. 110	0. 918	0. 358
β_6	XZ←LDB	0. 536	4. 355	***
β_7	CZC←LDB	0. 144	1. 198	0. 231
β_8	CZC←XZ	0. 311	2. 771	0. 006

注：*** 表示 $p < 0.001$。

根据表 5 – 69 可以看出，在城市景区化对城中村演化作用的原始结构方程模型构建过程中，FZB 对 CZC 的这条路径未能通过显著性检验，也就意味着 FZB 对 CZC 没有产生显著的作用。尽管如此，但由于绝大多数路径均通过了路径显著性检验，所以并不能对之前构造的原始结构方程模型全盘否定。从结果上看，城市景区化对城中村影响作用的原始结构方程模型的构造思路基本正确，但其中的部分关系需要调整后进行重新测度，才能满足研究的目的。

根据之前测度的路径估计结果中了解到城市景区化、景区联动、可持续发展环境和城市面貌对城中村的对应路径系数都比较小，因此要使得能够更好地拟合和测度结构方程模型，就必须对原始的城市景区化对城中村演化作用结构方程模型进行适当地调整。通过对文献的梳理查找，发现在现有的城中村相关的文献中，研究获得的结论可以主要概括为：在城市景区化的大背景下，促成城中村形成的直接推动力是景区联动、可持续发展环境和城市面貌，城市景区化则作为大背景间接影响。因此，在城市景区化对城中村演化作用的原始结构方程调整过程中，应当保留景区联动、可持续发展环境和城市面貌对城中村的直接作用路径，剔除城市景区化对城中村的直接作用路径。由此获得城市景区化对城中村演化作用调整后的结构方程模型（见图 5 – 18）。

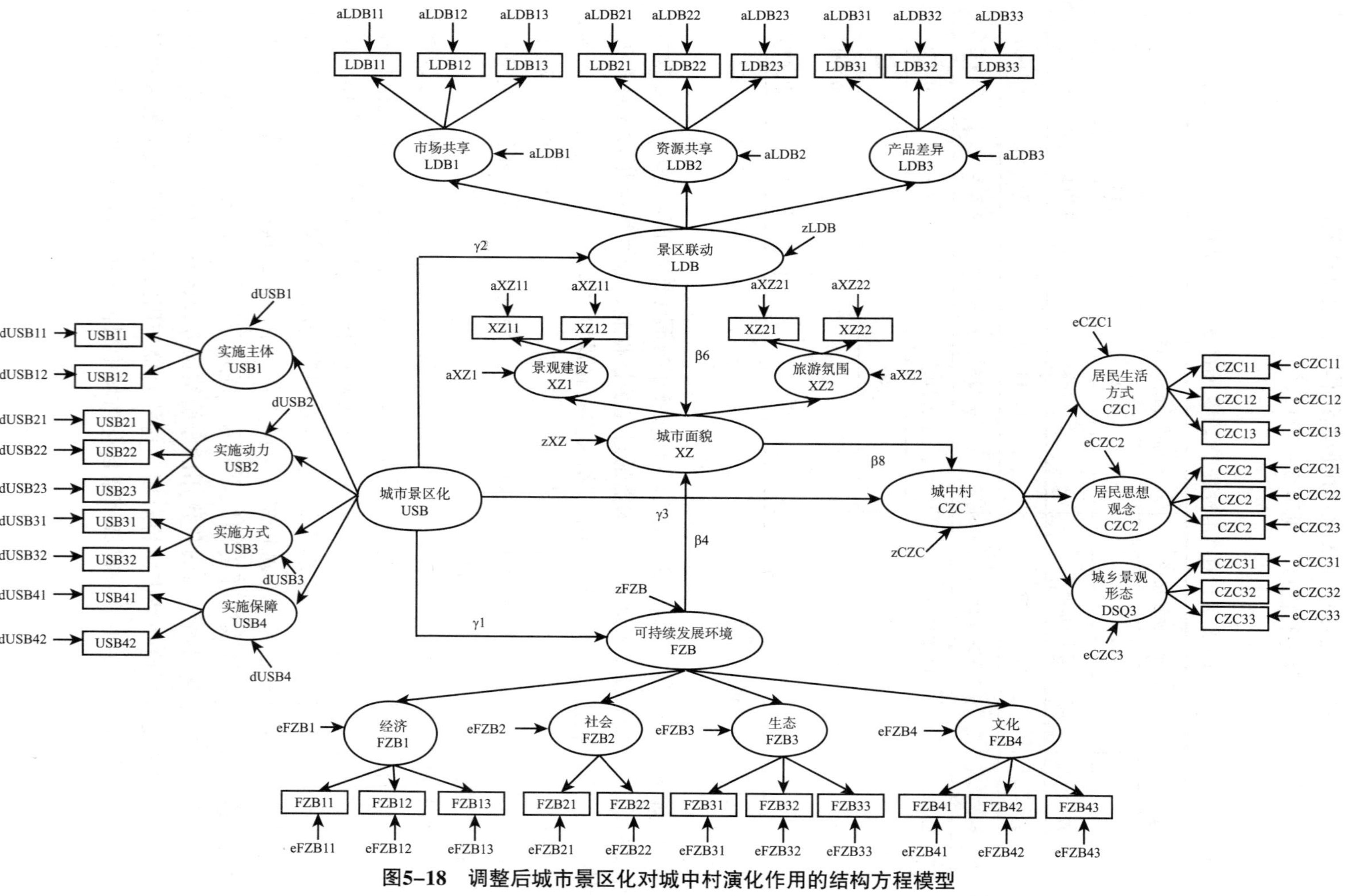

图5-18 调整后城市景区化对城中村演化作用的结构方程模型

图 5－18 表明，与城市景区化对城中村演化作用的原始结构方程模型相比，调整后的结构方程模型将城市景区化对城中村的直接路径剔除了。将调整后的结构方程模型再次放入 AMOS 17.0 软件中进行计算和对作用路径的参数进行估计，得到调整后的结构方程模型中反映模型拟合程度的多项拟合指标值（见表 5－70）。

表 5－70　　城市景区化对城中村演化作用调整后结构方程模型适配度检验结果

拟合指标	χ^2/df	CFI	IFI	TLI	AGFI	PNFI	RMSEA	RMR
观测值	1.441	0.946	0.947	0.942	0.808	0.782	0.042	0.029
拟合标准	<3.00	>0.90	>0.90	>0.90	>0.80	>0.50	<0.08	<0.05

对表 5－70 中的拟合指标观测值与拟合标准进行对比后发现，城市景区化对城中村演化作用调整后的模型中各项拟合指标值都达到了拟合标准范围，因此，认为整体上城市景区化对城中村演化作用调整后的模型通过了模型拟合度检验。

城市景区化对城中村演化作用调整后模型通过模型拟合度检验后，需要再次对调整后的模型进行结构方程模型各作用路径的系数测量（见表 5－71）。

表 5－71　　城市景区化对城中村演化作用调整后模型的路径估计

路径	结构方程模型路径	标准化路径系数	C. R.	p
γ_1	FZB←USB	0.624	11.136	***
γ_2	LDB←USB	0.506	8.007	***
γ_3	CZC←USB	0.389	5.709	***
β_4	XZ←FZB	0.499	4.975	***
β_6	XZ←LDB	0.548	4.527	***
β_8	CZC←MM	0.433	4.927	***

注：*** 表示 $p<0.001$。

表 5－71 显示，城市景区化对城中村演化作用调整后模型中的各项路径的作用系数都通过了显著性检验，其中绝大多数都达到了 0.001 的显著性水平。同时，根据标准化路径系数的测度标准确定的高于 0.50 为效果明显、0.10～0.50 为效果适中、低于 0.10 为效果较小，可以确定城市景区化对城中村演化作用调整后的结构方程模型中所有的路径作用效果都在适中和明显的级别上，由此可以判定调整后的结构方程模型为最终的城市景区化对城中村演化作用的结构方程模型（见图 5－19）。

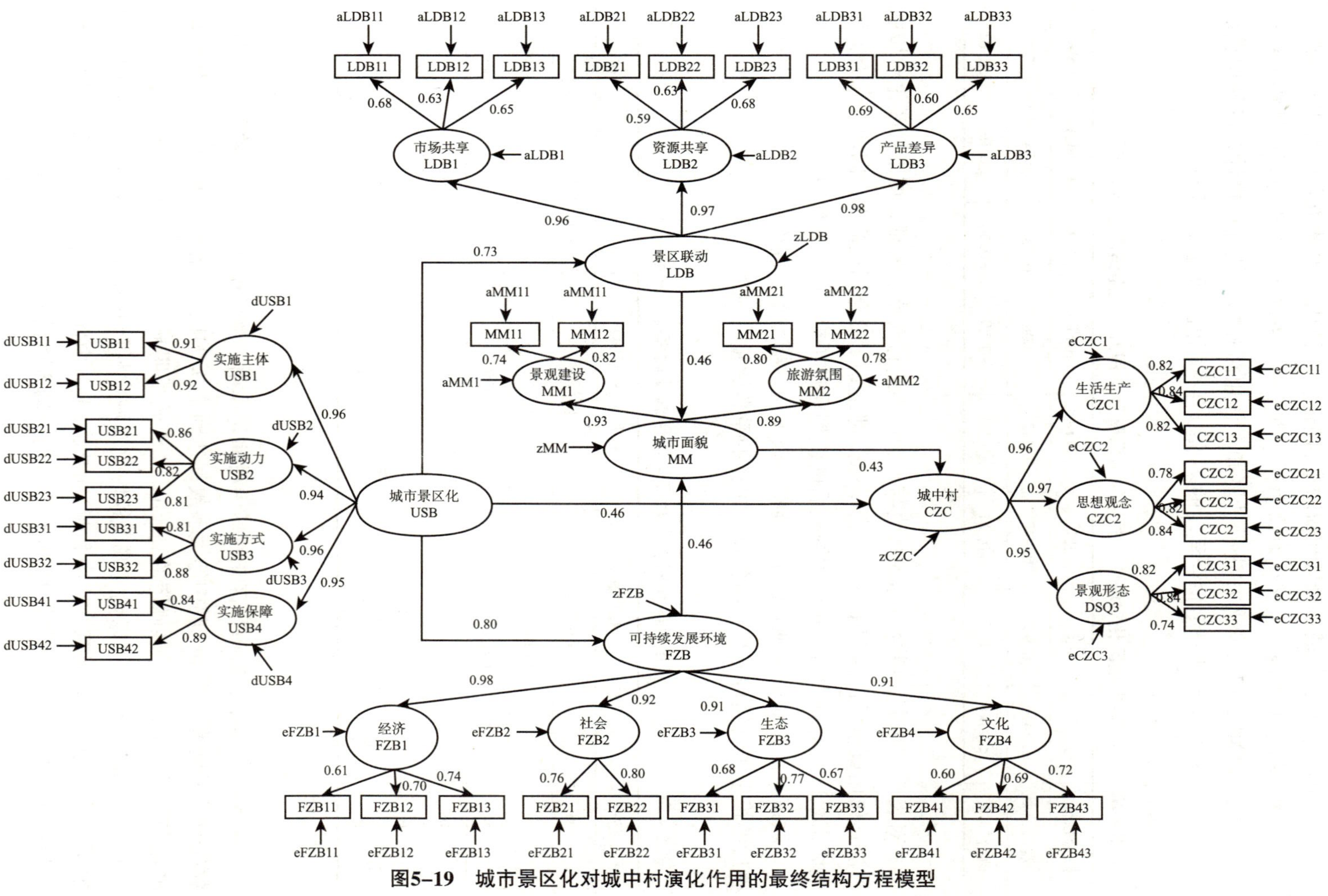

图5-19 城市景区化对城中村演化作用的最终结构方程模型

由于最终的城市景区化对城中村演化作用的结构方程模型图形过于复杂，为研究的直观方便，将最终结构方程模型的主体部分提出，得到最终的城市景区化对城中村演化作用的结构方程模型简化形式（见图5－20）。

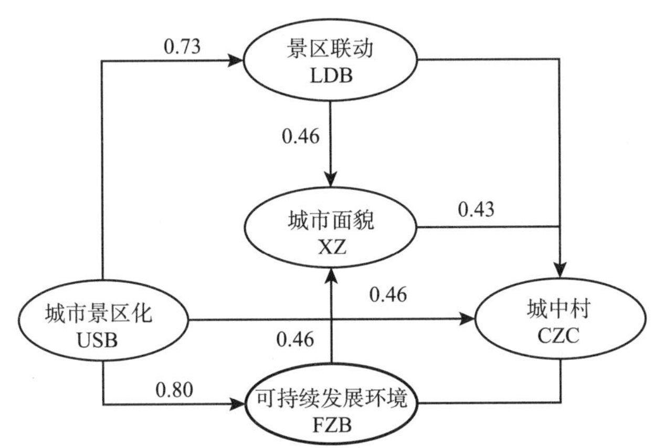

图5－20　城市景区化对城中村演化作用的最终结构方程模型简图

在确定最终的城市景区化对城中村演化作用的结构方程模型及其简化形式之后，还需要对其包含的各种效应进行分解，从而最终确定模型的各个变量之间的确切作用方向和作用强度。对结构方程模型进行效应分解就是对结构方程模型中各个变量之间存在的直接效应和间接效应以及他们之间的作用方向和作用强度进行准确地测定。其中，直接效应表示作为原因的变量直接对作为结果的变量作用而产生的影响，其影响程度的测度依靠直接效应的路径系数来衡量；间接效应表示作为原因的变量不直接作用作为结果的变量，而是通过其他作为中介的变量来间接地对作为结果的变量产生影响。间接效应的作用路径系数值为间接效应发生过程中每一个阶段路径系数之积，两变量之间的作用总效应为其二者间直接效应和间接效应之和。为了使城市景区化对城中村演化作用的主要变量能够被有效测度，需要对城市景区化、景区联动、可持续发展环境和城市面貌四个变量作用于城中村的效应进行分解（见表5－72）。

表5－72　城市景区化对城中村演化作用模型的原因变量效应分解

变量作用关系	直接效应	间接效应	总效应
USB→CZC	0.46		0.46
XZ→CZC	0.43		0.43
USB→FZB→XZ→CZC	0.158（0.80×0.46×0.43）		0.30
USB→LDB→XZ→CZC	0.144（0.73×0.46×0.43）		

表 5 - 72 显示，对城中村的直接效应最大的是城市景区化，效应强度为 0.46。城市协作是对城中村直接效应仅次于城市景区化，效应强度为 0.43。城市景区化对城中村的直接效应为 0.46，间接效应为 0.30，景区联动、可持续发展环境及城市协作都是重要的中间变量。

（四）假设检验与结果讨论

根据统计的显著性分析，运用标准化后的路径系数来对每条作用路径的作用强度进行估计，以此作为对每一条因果路径的评价，经过标准化处理之后，路径系数的数值都在 -1 ~ 1 的范围内。针对西南民族地区调研获取的样本数据支持了理论分析部分提出的大部分假设。表 5 - 73 将城市景区化对城中村演化作用的假设验证和构建模型的路径系数情况进行了总结归纳。

表 5 - 73　城市景区化对城中村演化作用结构方程模型的路径系数与假设检验

路径	变量间关系	路径系数	显著性水平	对应假设	检验结果
γ_1	USB→FZB	0.624	***	假设 1	支持
γ_2	USB→LDB	0.506	***	假设 2	支持
γ_3	USB→CZC	0.389	***	假设 3	支持
β_4	FZB→XZ	0.499	***	假设 4	支持
β_5	FZB→CZC			假设 5	不支持
β_6	LDB→XZ	0.548	***	假设 6	支持
β_7	LDB→CZC			假设 7	不支持
β_8	XZ→CZC	0.433	***	假设 8	支持

注：*** 表示 $p<0.001$。

表 5 - 73 表明，城市景区化到可持续发展环境的路径及其系数为 $\gamma_1=0.624$，$p<0.001$，通过了显著性检验，由此，可以验证"城市景区化进程对可持续发展环境改善具有显著的直接正向作用"的假设，检验的结果支持了原假设 HE1。

城市景区化到景区联动的路径及其系数为 $\gamma_2=0.506$，$p<0.001$，通过了显著性检验，由此，可以验证"城市景区化进程对景区联动密切具有显著的直接正向作用"的假设，检验的结果支持了原假设 HE2。

城市景区化到城中村的路径及其系数为 $\gamma_3=0.389$，$p<0.001$，通过了显著性检验，由此，可以验证"城市景区化进程对景区联动密切具有显著的直接正向作用"的假设，检验的结果支持了原假设 HE3。

可持续发展环境到城市面貌的路径及其系数为 $\beta_4 = 0.499$，$p < 0.001$，通过了显著性检验，由此，可以验证“可持续发展环境改善对城市面貌转变具有显著的直接正向作用”的假设，检验的结果支持了原假设 HE4。

可持续发展环境到城中村的路径未能通过显著性检验，由此，可以判定“可持续发展环境对城中村演化具有显著的直接正向作用”的假设不成立，检验的结果拒绝了原假设 HE5。

景区联动到城市面貌的路径及其系数为 $\beta_6 = 0.548$，$p < 0.001$，通过了显著性检验，由此，可以验证“景区联动密切对城市面貌转变具有显著的直接正向作用”的假设，检验的结果支持了原假设 HE6。

景区联动到城中村的路径未能通过显著性检验，由此，可以判断“景区联动密切对城中村演化具有显著的直接正向作用”的假设不成立，检验的结果拒绝了原假设 HE7。

城市面貌到城中村的路径及其系数为 $\beta_8 = 0.433$，$p < 0.001$，通过了显著性检验，由此，可以验证“城市面貌转变对城中村演化具有显著的直接正向作用”的假设，检验的结果支持了原假设 HE8。

因此针对西南民族地区来说，根据以上结论可以获得两个十分重要的启示：第一，必须更加全面深刻地认识城市景区化进程，将城市景区化从城市化的大背景中剥离出来单独研究，实施针对性的重点研究。同时也必须把握好城市景区化进程和城市化进程之间的同步性和协调性，不能完全脱离城市化进程的大环境。第二，必须对城市景区化的推进进行具体的方案设定和有效的监管，应该通过加快可持续发展环境完善、景区联动提升和城市面貌增强来促进城中村演化。

综上所述，城市景区化是通过加快可持续发展环境完善、景区联动提升和城市面貌增强这三个中介变量来对城中村演化产生正向作用的，并且在这个过程中的成效非常大。根据城市景区化的实施主体、实施动力、实施方式和实施保障四个构成维度，合理地引入可持续发展环境、景区联动和城市面貌三项中介变量，很好地构建起了城市景区化对城中村演化作用的模型，通过实证分析获得的研究结论在城市景区化进程的推进、可持续发展环境的完善、景区联动的提升和城市面貌的增强方面对理论和实践都产生了巨大的影响，具有重大意义。

第六章

西南民族地区旅游城市化进程中新型城乡形态演化的案例验证

一、西南民族地区景区城市化对城镇化农村的演化作用：以云南丽江束河古镇为例

（一）案例选择

本书在西南民族地区景区城市化对城镇化农村演化作用的研究过程中，为了进一步对景区城市化与城镇化农村之间的关系进行深入的探讨，研究以云南丽江束河古镇为例，通过对案例地展开分析来验证景区城市化对城镇化农村的演化作用。在案例的选取过程中，根据案例选取的针对性、典型性、时代性、时效性等原则，结合西南民族地区，包括广西、贵州、云南三省（区）内部地区的发展现状，选取云南丽江束河古镇作为案例，选择的依据可以从以下两个方面来进行阐释：

第一，丽江市旅游业的不断发展带动景区及其周边地区出现的城市化现象，符合景区城市化的定位选取。云南丽江拥有良好的旅游资源环境，加之政府积极推动，民营经济踊跃参与，在不断的消费拉动中对丽江市周边的景区和地区形成经济辐射。旅游服务设施建设力度不断加强，生态环境保护意识日渐深入人心，市民化和就地城镇化现象尤为突出，泛旅游产业的整合为丽江市乃至周边地区不断提供支撑和动力。

第二，束河古镇作为国内传统村镇旅游开发的成功案例，其城镇化发展与丽江的旅游发展是分不开的。束河古镇作为世界文化遗产丽江古城的重要组成部分，随着丽江古城旅游经济的发展，束河古镇旅游规模不断地扩大，原有的封闭文化状态被逐渐

打破，各种要素不断在农村城镇中集聚，产业之间的联系不断加强。短短几年间，束河从一个鲜为人知的边陲小镇发展为全国最佳人居环境魅力名镇、全国4A级风景旅游区。以束河古镇为案例研究对象，在丽江旅游经济迅猛发展的影响下研究束河古镇从农村到城镇的发展历程，巧妙地切合了景区城市化对城镇化农村演化作用的研究问题，具有典型性。

（二）案例背景分析

根据19世纪末美国城市地理学家Ray M. Northam提出的Northam曲线，世界发达国家的城镇化大体会经历两个过程：一是当城镇化水平在30%以下时，表明这个国家的城镇化水平尚处于缓慢发展阶段，其社会性质还处于农业社会；当城镇化水平超过30%时，该国家的经济发展处于加速阶段，标志着这个国家已经进入了工业社会，其城镇化水平较高。Northam曲线在国内的城市地理学研究中有着较大的影响，国内学者陈彦光教授认为Northam曲线划分的结果不是十分清楚，相关的原因和背景也没有阐述清楚。他借助系统论的相关思想，认为城镇化初期阶段与加速阶段的分界值为19.04%[227]。本书对丽江的城镇化背景进行分析，按照城镇化发展水平划分为城镇化初期阶段和城镇化加速阶段，在划分中借用陈彦光教授提出的19.04%分界值，将丽江市的城镇化历程划分为初期城镇化阶段和加速城镇化阶段。

1. 丽江旅游城镇化的初期阶段：2005年之前

根据丽江市的城镇化率大小，本书将2005年之前的时间划分为旅游城镇化的初期阶段，为了进一步研究旅游经济的发展对丽江市城镇化水平高低的影响，旅游接待人数、旅游总收入、总人口数和GDP生产总值被引入，具体的数值见表6－1。

表6－1　　丽江旅游城镇化初期阶段城镇化水平

年份	人口（万人）	旅游总收入（亿元）	旅游接待人数（万人）	GDP总值（亿元）	城镇化（%）
1980	89.28				9.20
1990	101.46				11.33
2002	111.18	23.40	322.67	37.40	15.90
2003	111.88	24.04	301.48	42.90	16.20
2004	112.73	31.78	360.18	52.18	16.40

注：以上数据来源于丽江市统计局。

由表6－1可以看出，在丽江市旅游城镇化初期阶段，1980～1990年中的城镇化率仅仅达到11%左右。这一阶段的丽江市尚处于改革开放的初期，经济发展缓慢，生产生活方式落后，经济总量偏小，传统农业占据主导地位，产业之间的融合尚未开发，不能形成产业支撑[228]。1994年云南省政府在丽江召开西北旅游规划会，在会上提出“旅游先导”的发展战略，这就为最开始的丽江市发展旅游业提供了政策支持和战略控制，为旅游经济在丽江市的发展营造了一个良好的政策环境。1996年丽江市大地震第一次使得丽江出现在全国人民的面前，丽江市紧紧抓住灾后重建的机会，大力促进交通基础设施、宾馆酒店、景区以及建筑等相关旅游服务设施的建设，拉开了丽江市城镇化建设的步伐[229]。1999年，昆明“世博会”的召开为丽江城镇化发展提供了新一轮的机遇，丽江市的知名度大大提高，开始走向世界。2003年，“三江并流”申报世界自然遗产获得巨大的成功，丽江市以全新的姿态呈现在世界人民的面前。丽江市政府加大对交通基础设施、建筑设施、景区建设等旅游基础服务设施建设力度，同时鼓励农村居民进城务工，为丽江市的发展提供了丰富的劳动力资源。

2. 丽江旅游城镇化的加速阶段：2005年至今

截至2005年，丽江市的城镇化水平由2004年的16.40%上升到22.00%。增加了近4个百分点。根据陈彦光教授提出的19.04%分界值，丽江市在这一阶段已经进入了城镇化加速发展阶段，具体的数值见表6－2。

表6－2　丽江旅游城镇化加速阶段城镇化水平

年份	人口（万人）	旅游总收入（亿元）	旅游接待人数（万人）	GDP总值（亿元）	城镇化（%）
2005	113.76	38.58	404.23	60.33	22.00
2006	115.42	46.29	460.09	70.17	23.80
2007	118.02	58.24	530.93	87.00	25.00
2008	119.50	69.54	625.47	104.45	25.85
2009	120.54	88.66	758.14	120.67	27.00
2010	120.54	112.51	909.97	143.59	28.00
2011	121.19	152.22	1184.05	178.50	29.30
2012	126.26	211.21	1599.10	212.24	31.40
2013	126.90	278.73	2079.63	248.81	32.63
2014	127.50	378.80	2663.80	261.80	33.90
2015	128.00	443.20	3035.00	290.01	35.60
2016	128.50	608.76	3519.91	310.18	37.41

注：以上数据来源于丽江市统计局。

由表6－2可以看出，在2005～2016年的12年数据中，丽江市的居住人口由113.76万增加到128.50万，增加了14.74万居住人口，增长率为12.96%。旅游接待人数由404.23万增加到3519.91万人次，增加了3115.68万旅游接待人数，增长率约为771%，可以看出丽江市的旅游接待人数增长迅猛，尤其是在2007年以后，旅游接待人数呈现显著的上升趋势。到2012年已经突破了1500万，到2016年旅游接待人数高达3500万，在五年的时间里增加了近2000万人口。

丽江市在2005年时其城镇化水平为22.00%，随着旅游经济的发展，旅游接待人数不断增多，旅游基础服务设施不断完善，民族文化旅游产业逐渐成熟[230]，泛旅游产业不断兴起，产业之间的关联得到前所未有的增强。在这样的大趋势下，丽江市的居住人口保持持续上升的趋势，且随着旅游接待设施的完善和丽江市旅游宣传的加大，丽江市的GDP值到2012年时已经突破200亿元，城镇化水平已经突破了30%，旅游引导的城镇化发展不断呈现上升趋势。

3. 束河古镇城镇化农村分析

束河古镇是世界文化遗产丽江古城的重要组成部分[231]，是纳西先民在丽江坝子中最早的聚居地之一，也是纳西先民从农耕文明向商业文明过渡的活标本，是对外开放和马帮活动形成的集镇建设典范，享誉中外[232]。本书研究的束河古镇范围主要是指包含束河街道办事处的8个自然村，分属于龙泉、开文两个行政村。随着丽江古城旅游经济的发展，其旅游规模不断地扩大，2003年丽江纳西族自治县人民政府与昆明鼎业集团签署协议对束河进行保护和开发，束河古镇原有的封闭文化状态被逐渐打破，各种要素不断在农村城镇中集聚，产业之间的联系不断加强。在现有的束河古镇城镇化中，束河古镇内实现在册监管的小商铺693家、酒吧20家、餐饮业112家、客栈189家。束河八景、青龙桥、四方街、龙潭、西山红叶、石莲夜读等相关著名景点受到来自世界各地游客的青睐和赞赏，旅游接待数量逐年上升。

近年来，束河古镇在旅游小城镇建设中注重科学规划，保护与开发并重。束河古镇内建筑设施建设力度加大，原有单一的纳西族文化建筑得到修补和重建，城镇数量、规模不断增大，质量不断提高。利用地理区位、生态环境、历史文化等优势，大力发展旅游产业，集群效应促进工商业繁荣，实现城乡统筹发展。同时，为了进一步促进旅游产业的发展，束河政府加强了古镇的交通基础设施建设投入，以市场为导向，以满足游客需求为主要目标，旅游设施和交通服务设施进一步人性化。短短几年间，束河从一个鲜为人知的边陲小镇发展成为全国最佳人居环境魅力名镇、全国4A级风景旅游区。平均每天游客超过5000人，节假日或黄金周高峰时，每天游客达到1.2万人，旅游接待已经初具规模。年接待游客120万人，年旅游总收入2500万元。伴随着旅游业的发展，旅游服务基础设施不断地趋于完善，大量的农村劳动力不断向古镇中心集聚，农村城镇人口不断增多，农民人均纯收入从2002年的800元提高到

2005 年的 4000 元，农民的工资收入和生活水平都有很大的提高，旅游引导的新型城镇化在束河给当地居民创造了一个良好的发展环境。现阶段的束河古镇已经发展成为较为完善的旅游目的地，旅游基础服务设施趋于完善，外来游客量逐年增加，旅游收入在总收入中的比重越来越大，旅游业已经成为束河古镇发展的支柱性产业。

（三）案例发现与讨论

1. 景区城市化对提高束河古镇综合服务能力具有积极的促进作用

景区综合服务能力作为研究西南民族地区景区城市化对城镇化农村作用机制的中介变量之一，包括城镇化农村综合服务能力的服务人员、服务设施和组织管理。景区城市化作为旅游城市化的内容之一，对于提高景区综合服务能力具有积极的促进作用，根据本书的维度划分、分析框架以及实证分析的结果，模拟出景区城市化对提高景区综合服务能力的作用机制，具体的作用路径可见图 6－1。

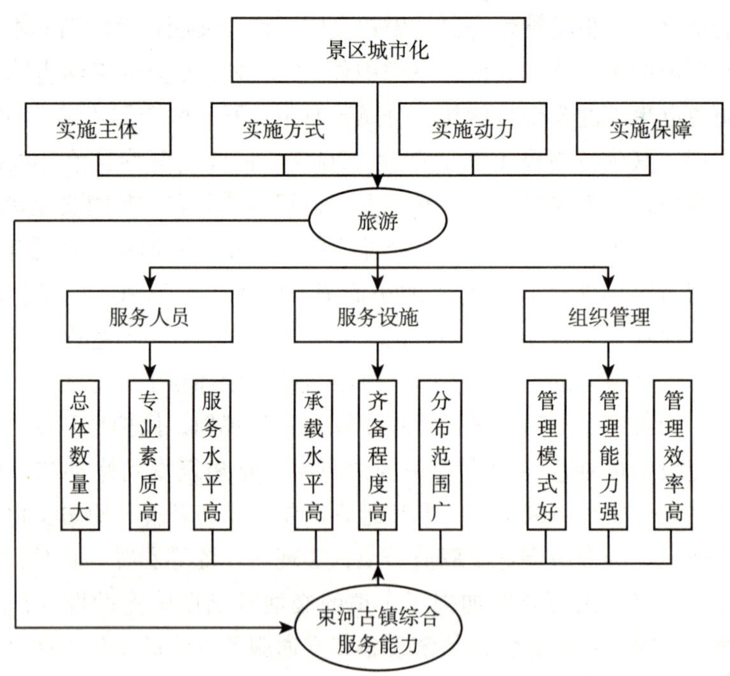

图 6－1　景区城市化对提高束河古镇综合服务能力的作用机制

由图 6－1 可以看出，从束河古镇景区城市化的实施主体、实施方式、实施动力和实施保障四个方面出发，结合束河古镇的发展现状和旅游发展历史，对束河古镇综合服务能力从服务人员、服务设施和组织管理三个方面产生积极的影响。具体的作用路径可以从以下几个方面出发：

第一，束河古镇城市化有利于景区旅游经济的发展。从景区城市化的实施主体、实施方式、实施动力以及实施保障出发，景区城市化发展对实施主体提出了客观要求，束河古镇周边的农村、乡镇以及政府将进一步进行资源的整合和生产要素集聚。特别是政府方面，为了进一步促进景区城市化进程，政府制定了相关的政策条款，包括加大资金支持、提供相应的土地政策和制定古镇发展规划，为束河古镇发展旅游业积极发挥政府职能。从实施动力来说，景区城市化发展的根本动力就是发展旅游经济，包括扩大旅游景区规模、增加旅游供给、开发旅游资源、完善景区产品结构等，从根本上提高束河古镇的旅游吸引力。从实施方式的角度来说，经过多年的发展，束河古镇逐渐形成了具有自身特色的发展方式和实施路径，其实施方式是一个动态的过程，尤其是古镇的空间布局方面，根据束河古镇在不同时期所呈现出来的特点采取不同的实施方式。从实施保障的角度出发，景区城市化的进步是束河政府、景区以及丽江城市共同作用的结果。一方面，束河政府和景区要制定相关的政策规则为景区的发展提供规则保障，平衡保障投入与发展投入；另一方面，丽江市作为束河古镇发展的依靠和支撑，丽江市旅游经济的发展也将对束河古镇的发展产生极大的影响，只有当丽江市的城市发展到一定程度时，束河古镇才能共享一个旅游发展的大环境，建立束河古镇的实施保障体系。

第二，束河古镇旅游经济的发展影响着景区服务人员的数量、专业素质以及服务水平。旅游服务质量的提升是城市旅游发展的重要体现，旅游服务提升是城市旅游发展的一个重要方向和发展目标。城市旅游目的地要获得发展，首先需要的就是一定数量的服务人员，人力集聚是旅游经济发展的基础条件，只有当服务人员的数量达到一定规模时，旅游接待力才有可能在现有的基础上得到提升。其次是服务人员的专业素质，任何一个行业的发展与该行业从业人员的素质是密不可分的，只有当从业人员素质达到一定高度时，团队的综合实力和创新力才能得到提升。最后是服务水平，旅游服务保障能力、质量和水平，是旅游业发展的前提和基础。反过来旅游经济的发展也有利于提升旅游服务能力和水平，尤其在旅游业市场化的今天，旅游服务观念和意识已经成为了旅游经济的一项重要评价标准。

第三，束河古镇旅游经济的发展影响着景区服务设施的承载力、齐备程度以及分布范围。当束河古镇旅游经济发展到一定程度时，为了进一步扩大旅游规模和开发旅游资源，束河古镇对旅游服务设施建设也提出了相应的要求。首先就是要求具有更高承载力的景区服务设施，只有当景区的服务设施承载力水平得以提高时，才能为构建大旅游格局提供良好的硬件基础，因此，全面提升城市旅游基础设施的完备度、规范度、舒适度，增强城市旅游承载力成为旅游经济发展的必经之路。其次旅游经济发展会带来大量的客流，在旅游市场化的大背景下，不同的游客有着不同的旅游需求，相应的对旅游服务设施也提出了多样化的要求，这就带动了旅游服务设施的多样化建设。最后是旅游服务设施的分布范围，旅游经济发展势必会带来旅游规模的扩张，包括景区建设和游客范围的扩大，在这样的背景下，扩大旅游服务设施的分布范围就成为了旅游经济发展的客观要求。

第四，束河古镇旅游经济的发展影响着景区组织管理的模式、能力以及效率。旅游经济的发展不仅对景区的硬件设施和旅游资源提出了相应的要求，对于景区管理者的能力、管理模式、管理体制也都提出了相应的要求，并且在束河景区的不同发展时间阶段中呈现出不同的特点。当束河景区获得初步发展时，其管理的重要目标在于促进景区的经济发展，其组织管理模式也相应地适应束河景区旅游经济发展的需要。当束河景区的旅游经济发展到一定地步时，其呈现出旅游规模扩大化、人员数量化、产品精品化、项目多样化的特点。本着整体性、文化性、社会性和可持续性发展的原则，束河景区开始由积极寻求旅游收入到注重城市、社会、环境的一体化发展，在古镇发展中保持民族特色和原始自然风光，相应的其在管理模式的选择上也会更倾向于采取一种绿色管理模式。

2. 景区城市化对完善束河古镇规模结构具有积极的促进作用

景区规模结构作为研究西南民族地区景区城市化对城镇化农村作用机制的中介变量之一，包括空间规模、产业组织、服务经济和要素整合四个方面。景区城市化作为旅游城市化的内容之一，对于完善景区规模结构具有积极的促进作用，根据本书的维度划分、分析框架以及实证分析的结果，模拟出景区城市化对完善景区规模结构的作用机制图，具体的作用路径可见图 6 - 2。

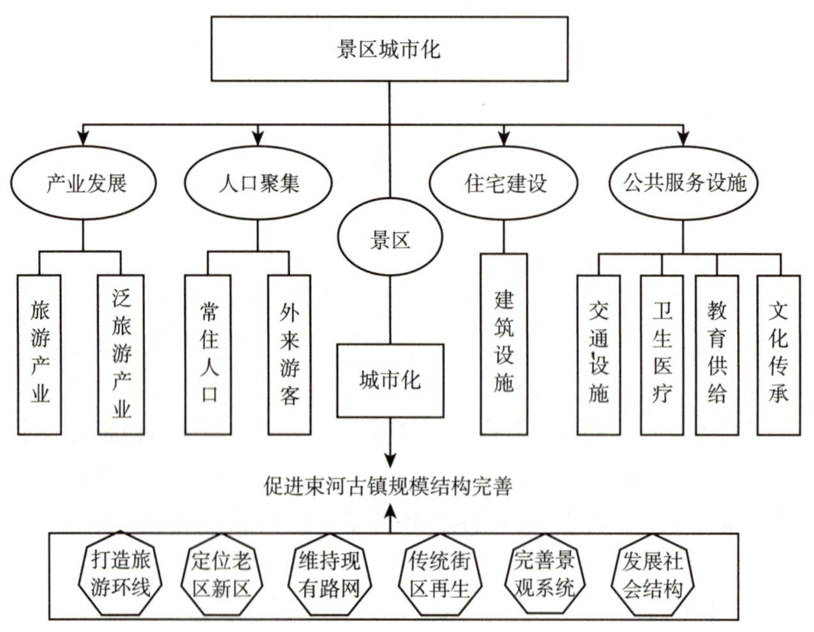

图 6 - 2　景区城市化对完善束河古镇规模结构的作用机制

由图 6 – 2 可以看出，产业发展、人口集聚、住宅建设以及公共服务设施是景区城市化重要的组成部分，四者共同对束河古镇规模结构的完善起着重要的促进作用，同时根据束河古镇自身的规模结构特点，结合束河古镇城市、社会、环境的一体化发展的目标，将景区与城市化发展紧密相结合，研究提出了具体的促进束河古镇规模结构完善的对策建议。具体的实施路径如下：

第一，景区城市化促进了产业的发展。产业发展是城市化的第一基础，包括旅游产业的发展和泛旅游产业的发展。旅游产业作为主导产业对泛旅游产业具有积极的带动作用，结合丽江以及束河古镇新型城镇化进程中所具有的独特性，景区城市化促进产业的发展可以从以下几个方面出发：一是业态的聚集。以某一产业中的某一种业态为形式，通过与此相关的企业、机构等经营单位，形成规模化。二是单一产业的聚集。在某一区域内依托核心吸引物形成单一产业的聚集。三是产业之间融合聚集。不同产业之间，通过产业链的延伸和交叉，形成相互之间的融合，形成聚集。四是旅游产业整合聚集。业态聚集、产业聚集与产业间融合等在不同领域、不同层次、不同阶段，以旅游业为核心，通过泛旅游产业的整合，形成综合型、立体网络的产业带。

第二，景区城市化促进了人口集聚。人口集聚是城市化发展的第二基础，人口集聚是一种产业的集聚、资金的集聚、信息的集聚，包括常住人口和外来游客。人口集聚往往是利益向往的，景区城市化会带来经济的发展和社会的进步，人们为了寻求更高的工资收入和更好的生活环境，由原来的居住地向城市化水平较高的城市靠拢是一种大趋势，从这个角度来说，人口集聚是具有吸引力的自然集聚。同时，人口集聚也是一种资源合理、优化利用的集聚，景区城市化在城镇规模、人口数量、产业发展等多方面都具有要求，在产业集聚的基础上，只有当人口也形成集聚，相关的人力资源要素才能得到整合，资源才能得到更加合理的配置。

第三，景区城市化促进了住宅建设。住宅建设是居住的前提，景区城市化步伐的加快必然会使得大量的劳动力人口流入束河古镇，这就在很大程度上刺激了城中住宅的需求。景区城市化不仅对束河古镇的住宅建设数量提出了要求，在解决住房短缺问题的同时对住房品质也提出了相应的要求。在束河古镇城市化发展初期，景区的住宅建设主要集中单方面的大规模建设，这与束河古镇初期发展的特点是相对应的，这种建设模式在推进城镇化进程的同时也给住宅产业的发展提供了一个良好的发展契机。当束河古镇城市化发展到一定阶段时，为了与景区环境相适应，束河古镇的住宅建设要求与古镇的人文意识相符合，与当地的田园景观、雪山河流、民俗风情、村落景观相适应，与周边的环境实现协调。

第四，景区城市化促进了公共服务设施建设。公共服务配套设施建设是城镇化的核心，包括交通设施、医疗卫生、教育供给、文化传承等方面的设施建设，城乡差距在很大程度上源于城乡基本公共服务的差距。公共服务设施作为城镇化“质”的体现，在进行公共服务设施建设时遵循供给“人的城镇化”的理念，将游客的不同需求考虑在内，融入人本主义关怀，体现人性化。同时，景区城市化在缓解二元结构的同时，低效地利用资源，环境污染严重，土地利用中浪费现象也将会得到改善，这就对公共服务建设的方向产生了重要的影响。

第五，景区与城市化的有机结合促进了束河古镇规模结构的完善。从旅游者的角度出发，城市不仅仅是提供住宿、游乐、购物以及信息交流的场所，也是具有观赏价值的旅游目的地，可以说，城市就是各种旅游节点组成的景点组合，可以看作一个景区。结合束河古镇布局现状和景观定位，可以从打造景区环线、定位新区和老区、维持现有路网形状和结构、传统街区再生、完善景观系统以及发展社会结构等方面入手，促进束河古镇规模结构的完善。

3. 景区城市化对增加束河古镇资源集聚力具有积极的促进作用

资源集聚力作为研究西南民族地区景区城市化对城镇化农村作用机制的中介变量之一，包括自然资源和非自然资源两个方面的内容。景区城市化作为旅游城市化的内容之一，对于提高景区资源集聚力具有积极的促进作用，根据本书的维度划分、分析框架以及实证分析的结果，模拟出景区城市化对提高景区资源集聚力的作用机制，具体的作用路径可见图 6－3。

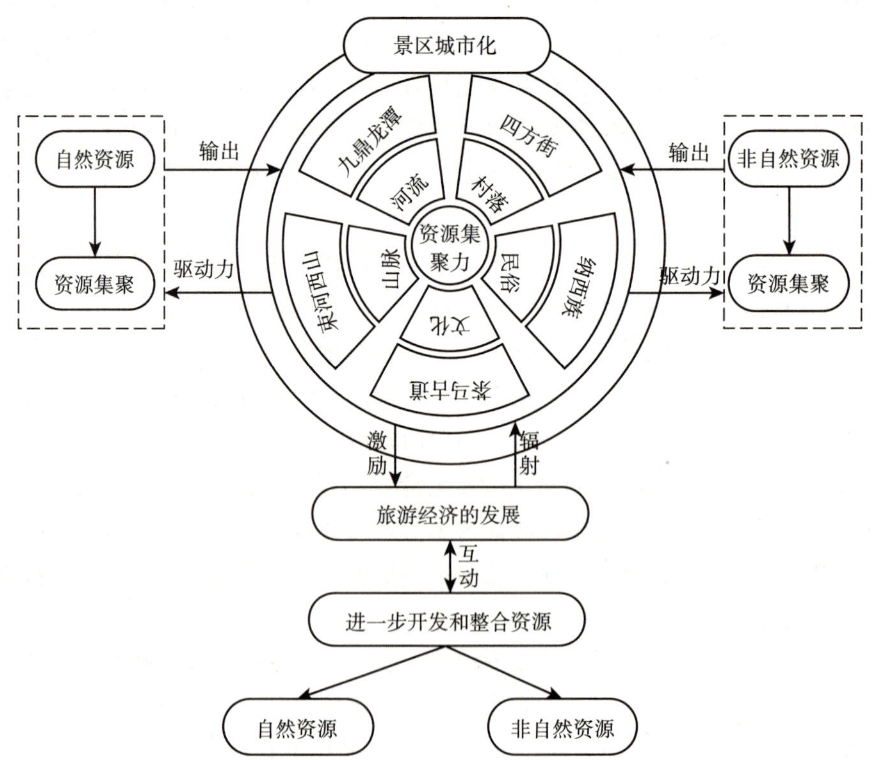

图 6－3　景区城市化对提高束河古镇资源集聚力的作用机制

由图 6 – 3 可以看出，景区城市化通过对自然资源和非自然资源产生作用力实现对束河景区资源集聚力的作用，资源集聚力的增长包括自然资源集聚力增长和非自然资源集聚力增长两个方面。具体的作用路径可以从以下几个方面来进行说明。

第一，景区城市化对自然资源集聚力增加有着积极的促进作用。束河古镇的自然资源十分丰富，且资源质量较高，包括田园风光、雪山河流、九鼎龙潭、西山红叶、束河西山等，不同类型的自然资源在束河古镇的空间范围内集中并且产生积极的经济效益，这就促使束河古镇城镇化步伐不断加快并且空间规模呈现扩大的趋势。景区城市化将景区建造的观念深入城市化当中，客观上对资源形成了相应的要求，要求资源集聚以产生新的旅游吸引力，并通过资源开发和再造形成新的旅游生产力，为打造新的旅游经济增长极提供了条件。

第二，景区城市化对非自然资源集聚力增加有着积极的促进作用。束河古镇的非自然资源包括四方街、纳西族民俗风情、青龙桥、民居、客栈、村落景观、美食文化、茶马古道博物馆以及大量的仿古建筑等，非自然资源是束河古镇在长期的历史演进中所形成的自身特色，不同种类的非自然资源与束河古镇的自然资源相得益彰。景区城市化从景区管理出发，将景区管理的理念贯穿到城市发展当中，这就对非自然资源的整合和集聚产生了新的要求。

第三，景区城市化与旅游经济的发展形成互动趋势。旅游经济的发展是景区城市化的发展前提，景区城市化是旅游经济发展的必然趋势。当束河古镇的旅游经济发展到一定阶段时，旅游经济不仅逐渐成为束河古镇主要的经济收入来源，对周边的乡村也产生着重要的影响作用，促进了周边地区旅游服务设施建设，加速了束河古镇的景区城市化进程。

（四）案例验证分析

以云南丽江束河古镇为案例地，通过进行实地调研以获得原始资料，保证了资料来源的真实性和可靠性。研究对案例地丽江市城镇化进程和束河古镇发展背景进行了深入的分析，包括丽江市城镇化进程的两个阶段和束河古镇的城镇化农村发展背景，在分析的基础上进行案例讨论以获得相关的案例发现。其中，在案例讨论和发现中较为合理地模拟出景区城市化对提高城镇化农村综合服务能力的作用机制、景区城市化对增加城镇化农村资源集聚力的作用机制、景区城市化对完善城镇化农村规模结构的作用机制，推导出景区城市化对城镇化农村规模结构的完善具有积极的促进作用、景区城市化对提高城镇化农村综合服务能力具有积极的促进作用、景区城市化对于提高城镇化农村资源集聚力具有积极的促进作用的结论。

运用单案例研究方法对西南民族地区旅游城市化进程中的新型城乡形态演化进行研究，选取西南民族地区云南丽江束河古镇作为案例地来验证景区城市化对城镇化农村的演化作用。结合前文对西南民族地区旅游城市化和新型城乡形态的构成维度、分析框架、研究假设和实证分析，基于城镇化农村的发展现状，结合规模结构、景区综合服务能力以及资源集聚力三个中间变量，从三个视角切入进行案例的验证分析。分别从景区城市化对规模结构的完善具有积极的促进作用、景区城市化对提高景区综合服务能力、景区城市化对提高资源集聚力三个角度出发，通过分别构建景区城市化对于提高城镇化农村综合服务能力的作用机制、景区城市化对于增加城镇化农村资源集聚力的作用机制、景区城市化对于完善城镇化农村规模结构的作用机制。用单案例验证了西南民族地区景区城市化对城镇化农村的演化作用，得出了景区城市化可以通过规模结构、景区综合服务能力、资源集聚力对城镇化农村演化具有积极的促进作用的案例结论。

二、西南民族地区景区城市化对城郊化农村的演化作用：以桂林至阳朔区间城郊化农村为例

（一）案例选择

本书在西南民族地区景区城市化对城郊化农村演化作用的研究过程中，为了进一步对景区城市化与城郊化农村之间的关系进行深入的探讨，研究以桂林至阳朔区间城郊农村为例，通过对案例地展开分析来验证景区城市化对城郊化农村的演化作用。在案例的选取过程中，根据案例选取的针对性、典型性、时代性、时效性等原则，结合西南民族地区，包括广西、贵州、云南三省（区）内部地区的发展现状，选取广西桂林至阳朔区间城郊农村作为案例，选择的依据可以从以下三个方面来进行阐释：

第一，桂林至阳朔区间城郊化农村符合研究中城郊化农村的定位选取。案例地涉及六塘镇、二塘乡、雁山镇、大埠乡、柘木镇、葡萄镇、白沙镇、阳朔镇 8 个乡镇的所属区域，这些乡镇的经济发展水平尚低，城镇化步伐较为缓慢，属于典型的城郊化农村发展地带。

第二，桂林市和阳朔县同作为著名的旅游目的地，旅游业的不断发展带动景区及其周边地区出现的城市化现象，符合景区城市化的定位选取。桂林市作为中国首批国家历史文化名城，其境内的自然风光和人文景观在世界范围内享有盛誉，是著名的国际旅游城市[233]。阳朔县位于广西壮族自治区东北部，独特秀美的山水风光得到了

“阳朔山水甲桂林”的美誉，旅游规模逐年增大，旅游收入已经成为阳朔主要的财政收入来源，旅游业发展历史悠久且已经具备一定的规模[234]。

第三，景区城市化对城郊化农村的影响作用随着黄金旅游带规划的实施将不断地发生演化，符合景区城市化对城郊化农村演化作用的动态效应。桂林至阳朔之间的黄金旅游带旅游资源丰富、区位优势突出、交通便利，《桂林至阳朔黄金旅游带发展规划（2014～2020年）》已获得桂林市第四届人民政府第68次常务会议审定通过，执行期为2014～2020年，远景展望到2030年。黄金旅游带发展规划的提出将大大地带动桂林至阳朔城郊化农村的旅游经济发展，产业布局将进一步完善，旅游经济的发展将在很大程度上打破城郊化农村原有的产业结构，完善城郊化农村产业运行机制。

（二）案例背景分析

1. 区位背景分析

桂林至阳朔区间的城郊化农村涉及六塘镇、二塘乡、雁山镇、大埠乡、柘木镇、葡萄镇、白沙镇、阳朔镇8个乡镇的所属区域，位于桂林市南端，地处桂林市区与阳朔县城两地之间。沿桂林至阳朔的黄金旅游带（以下简称“黄金旅游带”）分布，北起桂林市象山区迎宾路口，南至阳朔县清泉路口（全长约60公里），东至漓江核心保护区，西至包茂高速公路以东（个别地方可以延伸跨高速路界）。黄金旅游带地理位置优越，区位优势明显。桂林至阳朔旅游大通道（桂阳公路）纵贯南北，黄金旅游带北端通过桂林绕城高速公路和市区道路与两江国际机场、磨盘山旅游码头相通，距离机场44公里，码头35公里；南端通过阳朔县城道路与阳朔旅游码头相通，距离码头4公里，距离十里画廊景区5公里；漓江水上游览路线和交通大动脉包茂高速公路分列东西，黄金旅游带东边至漓江核心保护区，西边分别通过雁山、六塘、葡萄、白沙、高田等出入口与包茂高速公路相通。黄金旅游带位于国际旅游城市桂林市的郊区，也位于阳朔旅游胜地的边缘，且以漓江为主道，8个乡镇沿着黄金旅游带分布，属于典型的城郊化农村发展地带。

2. 农业背景分析

2013年，桂林至阳朔区间的8个城郊化农村全年生产总值达到61.56亿元，较前一年增长12.09%。其中，第一产业总值19.04亿元，增长6.62%。根据《桂林经济社会统计年鉴》（2014）的相关统计，得到了乡镇农业发展现状的相关数据（见表6-3）。

表 6-3　　桂林至阳朔区间城郊化农村农业发展现状

乡镇	第一产业增加值（万元）	乡镇行政区域面积（公顷）	年末有效灌溉面积（公顷）	农作物播种面积（公顷）	粮食播种面积（公顷）	粮食总产量（吨）
二塘乡	21697	6297	478	2149	1106	5302
雁山镇	19349	9056	594	3478	1393	6448
柘木镇	16512	6697	761	2942	1258	6320
大埠乡	12824	8568	673	2331	1126	5549
阳朔镇	22796	7598	625	3093	1559	7822
白沙镇	47906	15250	1861	6500	3336	16119
葡萄镇	38848	13140	1855	5271	3449	19000
六塘镇	10477	10100	1792	6738	4037	23686
合计	190409	76706	8639	32502	17264	90246

结合桂林至阳朔区间城郊化乡镇农业发展现状和各乡镇行政区划面积的情况，得到了桂林至阳朔城区间郊化乡镇农业用地面积占行政区划面积比例情况（见表6-4）。

表 6-4　　桂林至阳朔城区间郊化农村农业用地面积占行政区划面积比例情况

乡镇	年末有效灌溉面积占比	农作物播种面积占比	粮食播种面积占比
二塘乡	7.64%	34.57%	18.02%
雁山镇	6.56%	37.65%	14.81%
柘木镇	11.36%	43.45%	18.28%
大埠乡	7.85%	26.38%	12.99%
阳朔镇	8.23%	40.71%	20.52%
白沙镇	12.20%	42.62%	21.88%
葡萄镇	14.12%	40.11%	26.25%
六塘镇	17.74%	66.13%	39.46%

由表6-3和表6-4可知，在有效灌溉面积方面，二塘乡、雁山镇、大埠乡和阳朔镇的有效灌溉面积占行政区划面积的比例都在10%以下，说明这些乡镇在农业配套设施方面还有待提升。在农作物播种方面，除大埠乡外，其余乡镇的农作物播种面积均达到了行政区划面积比例的30%以上，可以看出桂林至阳朔区间城郊化农业基础较好。

3. 工业背景分析

2013 年，桂林至阳朔区间的 8 个城郊化农村第二产业总值 22.94 亿元，增长 18.56%，工业对经济增长的贡献率达 21.73%。为了能够更为准确、全面和客观地对城郊化农村的工业发展阶段进行判断，可以通过库兹涅茨法则、钱纳里工业化三阶段法和配第—克拉克定理这三种判断方法来进行综合判定，详细情况如下：

一是库兹涅茨法则。作为判断产业结构的重要法则之一，其基本内容是：第一阶段，农业部门的国民收入在整个国民收入中的比重和农业劳动力在全部劳动力中的比重均处于不断下降之中；第二阶段，工业部门的国民收入在整个国民收入中的比重大体上是上升的，但是，工业部门劳动力在全部劳动力中的比重则大体不变或略有上升；第三阶段，服务部门的劳动力在全部劳动力中的比重基本上都是上升的，然而，它的国民收入在整个国民收入中的比重却不一定与劳动力的比重一样同步上升，综合地看，大体不变或略有上升[235]。通过调研，得到桂林至阳朔区间 13 个乡镇 2013 年三次产业的基本数据，并计算出桂林至阳朔区间城郊化乡镇 2013 年的产业结构构成（见表 6－5）。二塘乡、雁山镇、柘木镇、大埠乡、阳朔镇、白沙镇、葡萄镇和六塘镇 8 个乡镇的主要建成区及主要产业绝大部分位于黄金旅游带内，故采用它们的整体数据进行测算（下同）。

表 6－5　桂林至阳朔区间城郊化农村 2013 年产业结构构成

区域	第一产业产值（万元）	第二产业产值（万元）	第三产业产值（万元）	构成比例	产业结构
二塘乡	21697	31437	5468	3.97 : 5.75 : 1	二一三
雁山镇	19349	15996	3806	5.08 : 4.2 : 1	一二三
柘木镇	16512	20326	28301	1 : 1.38 : 1.71	三二一
大埠乡	12824	17675	24609	1 : 1.38 : 1.92	三二一
阳朔镇	22796	72175	104146	1 : 3.17 : 4.57	三二一
白沙镇	47906	32465	10111	4.74 : 3.21 : 1	一二三
葡萄镇	38848	27073	9507	4.09 : 2.85 : 1	一二三
六塘镇	10477	12224	9885	1.06 : 1.24 : 1	二一三
合计	190409	229371	195833	1 : 1.2 : 1.03	二三一

由表 6－5 可知，城郊化农村正处于以第二产业为主导的产业结构阶段，处于库兹涅茨法则中的第二阶段初期。雁山镇、白沙镇、葡萄镇处于第一阶段；二塘乡处于

第二阶段；柘木镇、大埠乡、阳朔镇处于第三阶段。

二是钱纳里工业化三阶段法。由于人均 GDP 指标是衡量一个国家或地区的经济发展阶段的重要依据，基于此钱纳里等利用人均国内生产总值指标，提出了人均经济总量与经济发展阶段关系的标准（见表 6－6），将工业化发展分为初级产品生产阶段、工业化阶段、经济发达阶段三个阶段。

表 6－6　　人均经济总量与经济发展阶段关系（1998 年美元标准）

<table>
<tr><th>时期</th><th>人均 GDP</th><th colspan="2">所处阶段</th></tr>
<tr><td>1</td><td>530～1200</td><td colspan="2">初级产品生产阶段</td></tr>
<tr><td>2</td><td>1200～2400</td><td>工业化初期</td><td rowspan="3">工业化阶段</td></tr>
<tr><td>3</td><td>2400～4800</td><td>工业化中期</td></tr>
<tr><td>4</td><td>4800～9000</td><td>工业化后期</td></tr>
<tr><td>5</td><td>9000～16600</td><td>经济发达初期</td><td rowspan="2">经济发达阶段</td></tr>
<tr><td>6</td><td>16600～25000</td><td>经济发达后期</td></tr>
</table>

通过调研，得到桂林至阳朔区间城郊化农村 2013 年人均生产总值（见表 6－7）。

表 6－7　　桂林至阳朔区间城郊化农村 2013 年人均生产总值

区域	人均生产总值（元）	人均生产总值（美元）
二塘乡	32188. 65	5200. 11
雁山镇	18065. 02	2918. 42
柘木镇	28465. 81	4598. 68
大埠乡	36841. 76	5951. 82
阳朔镇	42799. 79	6914. 34
白沙镇	19082. 56	3082. 80
葡萄镇	20836. 52	3366. 16
六塘镇	7955. 12	1285. 16
合计	24741. 22	3996. 97

2013 年城郊化农村人均 GDP 为 24741. 22 元，根据表 6－7，按 2013 年美元/人民币＝1/6. 19 的汇率折算约为 3996. 97 美元。根据钱纳里工业化三阶段法及其不同时期的修正标准分析，可以认为目前各个时期的指标值相对要调高。基于此，目前城郊

化农村应该处于钱纳里工业化三阶段法中工业化阶段的第一时期向第二时期快速过渡的时期，即工业化初中期阶段。其中，二塘乡、雁山镇、柘木镇、大埠乡、白沙镇、葡萄镇处于工业化初中期，阳朔镇处于工业化中后期。

三是配第—克拉克定理。配第—克拉克定理认为，随着人均国民收入水平的提高，劳动力首先由第一次产业向第二次产业移动；当人均国民收入水平进一步提高时，劳动力便向第三次产业移动[236]。结果，劳动力在产业间的分布呈现出第一次产业人数减少、第二次和第三次产业人数增加的格局。通过调研，得到城郊化农村2013年三次产业的就业结构（见表6－8）。

表6－8　桂林至阳朔区间城郊化农村2013年三次产业就业结构　单位：%

区域	第一产业	第二产业	第三产业
二塘乡	47.92	24.60	27.48
雁山镇	69.10	15.42	15.48
柘木镇	75.41	12.28	12.30
大埠乡	71.76	13.10	15.13
阳朔镇	23.06	30.19	46.75
白沙镇	62.34	14.25	23.42
葡萄镇	56.20	25.24	18.56
六塘镇	60.68	22.15	17.18
黄金旅游带	55.25	20.72	24.03

由表6－8可知，按照配第—克拉克定理来判断，黄金旅游带处于第二阶段，即工业化阶段的初期。

综上所述，根据农业和工业化阶段的测算结果，综合评定桂林至阳朔区间城郊化农村农业基础较好，但在农业基础设施方面仍有待完善。而城郊化农村工业发展阶段仍处于工业化的初期阶段[237]，整体经济总量较低，人均生产总值不高，产业结构有待调整。

（三）案例发现与讨论

1. 景区城市化对城郊化农村规模结构的完善具有积极的促进作用

桂林至阳朔旅游大通道是连接桂林市与阳朔县这两个旅游增长极的重要通道，也是桂林至阳朔区间城郊化农村主要分布的区域，整个桂林至阳朔旅游大通道沿线可以作为将桂林打造成为国际旅游胜地的试验区，桂林至阳朔旅游大通道沿线产业发展作为桂林国际旅游胜地试验区先行先试的排头兵。通过圈层模型可以刻画针对桂林至阳朔旅游大通道沿线产业发展以及产业规模的现状。

圈层模型主要由六个圈层组成，由内及外依次为核心层、愿景层、理念层、区划层、布局层、特色层和目标层（见图6－4）。

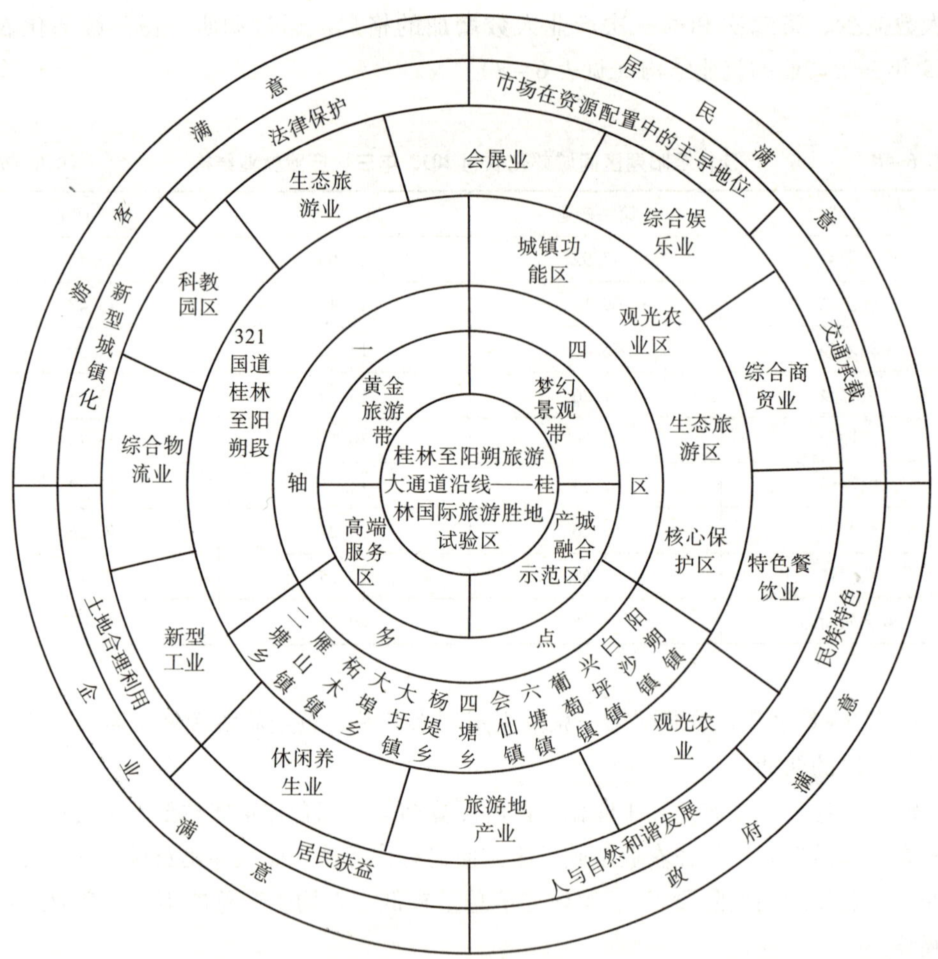

图6－4 桂林至阳朔旅游大通道沿线规模结构完善的圈层模型

一是核心层。核心层是宏观地把握桂林至阳朔旅游大通道沿线的发展定位和意义，通过将桂林至阳朔旅游大通道沿线定位为桂林国际旅游胜地试验区来对其范围内的产业发展进行规划和设计，具备战略性高度和国际化视角。

二是愿景层。愿景层反映桂林至阳朔旅游大通道沿线产业发展所需达到效果的愿景，通过对桂林至阳朔旅游大通道沿线产业发展进行规划和布局，致力于实现将桂林至阳朔旅游大通道沿线打造成为“黄金旅游带”“梦幻景观带”“高端服务区”和“产城融合示范区”的愿景。

三是理念层。理念层是桂林至阳朔旅游大通道沿线产业发展的思路和理念，结合在桂林至阳朔旅游大通道沿线的资源禀赋和区位条件，可以从理念上将桂林至阳朔旅游大通道沿线产业发展设计为“一轴四区多点”的模式，从点、线、面多层次进行管理控制。

四是区划层。区划层是对理念层的具体表述，使桂林至阳朔旅游大通道沿线产业发展的区划更为明晰，具体定位了“一轴四区多点”。即“一轴”为321国道桂林至阳朔段（桂阳公路）；“四区”为核心保护区、城镇功能区、观光农业区和生态旅游区；“多点”为二塘乡、雁山镇、大埠乡、葡萄镇和白沙镇等多个在桂林至阳朔旅游大通道沿线范围内的乡镇集聚地。

五是布局层。布局层是在区划层的基础上对桂林至阳朔旅游大通道沿线产业进行具体布局。对桂林至阳朔旅游大通道沿线不同资源禀赋和区位条件的区域进行不同的产业布局，实现对资源的优化配置和合理利用。布局层根据不同的产业优势可以分为新型工业、综合商贸业、综合娱乐业、休闲养生业、观光农业、旅游地产业、会展业、科教园区、综合物流业、特色餐饮业和生态旅游业。

六是特色层。特色层是对整个桂林至阳朔旅游大通道沿线产业发展的特色进行集中描述。在桂林至阳朔旅游大通道沿线产业发展的过程中，具备与桂林国际旅游胜地试验区建设和打造中国著名黄金旅游带相适应的发展特色，如发挥市场在资源配置中处于主导地位、法律保护、新型城镇化、土地合理利用、旅游大通道沿线居民获益、人与自然和谐发展、具有民族特色和足够的交通承载力等。

七是目标层。目标层展示桂林至阳朔旅游大通道沿线产业发展需要达到的目标。即让桂林至阳朔旅游大通道沿线的居民满意，让来桂林旅游的游客满意，让在桂林至阳朔大通道沿线参与产业发展的企业满意，让为努力实现桂林国际旅游胜地的各级政府满意。

2. 景区城市化对于提高城郊化农村综合服务能力具有积极的促进作用

在桂林至阳朔旅游大通道沿线产业发展圈层模型的成长与演化过程中，将出现不同圈层间的相互交融和相互促进，每次的互动都使桂林至阳朔旅游大通道沿线产业发展更向前迈进，进一步带动桂林至阳朔的城郊化农村产业发展和社会进步。同时，随着景区城市化步伐的不断加快，旅游不断催生着城市，桂林至阳朔区间原有单一的产业结构被逐渐打破，取而代之的是结构的不断完善和综合服务能力的不断增强，景区城市化对于提高桂林至阳朔区间城郊化农村综合服务能力具有积极的促进作用。根据本书的维度划分、分析框架以及实证分析的结果，模拟出景区城市化对提高桂林至阳朔城郊化农村综合服务能力的作用机制，详见图6-5。

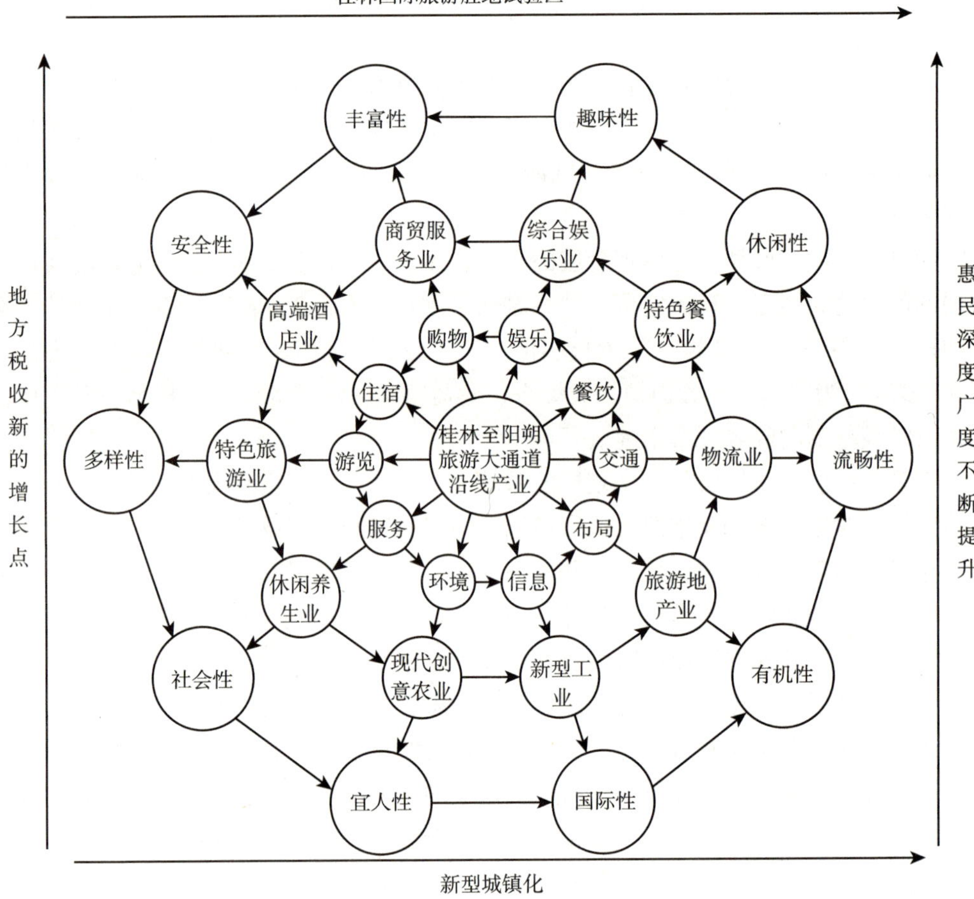

图 6－5　新型城镇化对提高城郊化农村综合服务能力的作用机制

由图 6－5 可以看出，在圈层结构的布局下，桂林至阳朔旅游大通道的产业布局规模不断扩大、结构不断地趋于完善，同时，新型城镇化背景下桂林至阳朔城郊化农村综合服务能力不断地增强。具体的作用路径可以体现在以下几个方面：

第一，产生桂林至阳朔旅游大通道沿线产业发展研究的原始动力是圈层结构的核心，即“核心层”：桂林至阳朔旅游大通道沿线——桂林国际旅游胜地试验区。将桂林至阳朔旅游大通道沿线作为桂林打造桂林国际旅游胜地的试验区，在此区域内进行产业发展研究，先行先试，为进一步推广成功的建设经验和克服在试验过程中发现的问题提供了一个广阔的研究平台。原动力的产生为进一步对进行产业发展研究树立了高的立意和标杆，为进一步进行“理念层”所设计的产业发展研究理念奠定了坚实的基础。

第二，围绕桂林至阳朔旅游大通道沿线——桂林国际旅游胜地试验区这一“核心层”，从旅游、景观、服务和新型城镇化等方面提出了对桂林至阳朔旅游大通道沿线——桂林国际旅游胜地发展的愿景，即“愿景层”中所体现的“黄金旅游带”“梦幻景观带”“高端服务区”和“产城融合示范区”。这些愿景的提出，一方面丰富了“核心层”，另一方面也为“理念层”中理念的提出提供了指导和依据。

第三，在“愿景层”中“黄金旅游带”“梦幻景观带”“高端服务区”和“产城融合示范区”等愿景的强大辐射力之下，推动了进一步对桂林至阳朔旅游大通道沿线这片“试验区”进行产业发展理念设计。结合“试验区”内的发展基础、资源禀赋、交通承载、居民分布等情况，进行了“一轴四区多点”的产业发展研究理念设计，从点、线、面三个层次对“试验区”范围内的产业发展理念进行了全面的统筹和设计。并且在为进一步的“试验区”产业发展中，奠定基本的发展理念基础。

第四，随着“试验区”范围内“一轴四区多点”的理念设计后，进一步地明晰“一轴”“四区”和“多点”成为具体“区划层”需要考虑的问题。通过对“试验区”范围进行考察，结合新型城镇化的目标、交通规划、土地利用、产业布局以及自然保护区的范围等因素，将“试验区”内划分为了“一轴四区多点”，具体为：“一轴”——321国道桂林至阳朔段（桂阳公路）；“四区”——核心保护区，城镇功能区、生态旅游区和观光农业区；“多点”——二塘乡、雁山镇、大埠乡、葡萄镇和白沙镇等桂林至阳朔旅游大通道沿线乡镇。其中，“一轴”起到贯穿全区的作用，将整个“试验区”紧紧串联在了一起。“四区”起到覆盖作用，根据不同的要素和约束条件进行划分，保证了在不同的资源禀赋和土地条件之下，在不同区域内最优配置资源。“多点”起到辐射作用，是打造新型城镇化的重要实践地，通过新型城镇化再进行有效辐射周边产业，为加快产城互动、节约集约、生态宜居、和谐发展等目标的实现提供保障。

第五，“布局层”是在合理区划的基础上进行完善、补充和互动的结果。在“布局层”中，存在着以不同产业为核心的产业，这些产业是贯穿之前的“核心层”“理念层”“区划层”和之后的“特色层”“目标层”的中间桥梁和纽带。通过在“区划层”中的321国道桂林至阳朔段两侧，城镇功能区、生态旅游区和观光农业区内，二塘乡、雁山镇、大埠乡、葡萄镇、白沙镇周边进行不同产业的分布，合理规划和利用各区所具备的产业发展基础和资源优势，进而达到“理念层”所设计的“一轴四区多点”的产业发展布局，为最终发挥“核心层”——桂林国际旅游胜地试验区的原动力提供落脚点。同时，产业的分布和作用的发挥又是体现“特色层”所涉及内容的最好形式。也是最终建设成为“目标层”中让各利益相关方均满意的目标的关键环节。

第六，“特色层”在“布局层”的基础上，充分体现出了“试验区”通过合理布局产生的特色。通过“布局层”进行产业的合理配置，体现在“试验区”内市场在资源配置过程中处于决定性地位、法律保护效应、推进新型城镇化、土地合理利用、旅游大通道沿线居民获益、人与自然和谐发展、具有民族特色和足够的交通承载力等特色。这些特色显现的过程又可以进一步拓展和改善“试验区”的布局，在“特色层”和“布局层”中形成了一个有效的互通互动机制。

第七，“目标层”是整个圈层模型的最外围，也是“试验区”达到满足社会各方利益目标的最终体现。要使整个桂林旅游大通道沿线产业发展能够满足社会各方如“试验区”内居民、游客、企业和涉及的各级政府的要求，使社会各方都获益，达到帕累托最优，实现多方共赢的局面。这种局面的实现是依次从整个产业发展的“核心层”“理念层”“区划层”“布局层”“特色层”层层递进而来的，最终在“目标层”使各方达成共识。同时又以“目标层”为激励源，刺激整个内部圈层间进行互动和合理优化，将桂林国际旅游胜地试验区打造为服务社会、社会认可、具有示范带动效应的中国著名黄金旅游产业带。

综上所述，桂林至阳朔旅游大通道沿线产业的功能范围主要涉及娱乐、餐饮、交通、布局、信息、环境、服务、游览、住宿、购物等“吃、住、行、游、购、娱”的各个方面。这些方面的落实就需要引入综合娱乐业、特色餐饮业、物流业、旅游地产业、新型工业、现代创意农业、休闲养生业、特色旅游业、高端酒店业和商贸服务业内的企业。随着这些产业内的大量企业参与到“试验区”的产业发展中，会使得“试验区”范围内更具趣味性、休闲性、流畅性、有机性、国际性、宜人性、社会性、多样性、安全性和丰富性。通过环环相扣、相互支撑和影响，不断成长为因地而异的产业，形成具有不同发展特色的产业形式。这种产业的形成和发展不仅可以为桂林国际旅游胜地试验区的建设和新型城镇化的推进做出重要贡献，也为地方税收找到了新的增长点，同时还使惠民的深度和广度不断加深，起到了“一石多鸟”的良好效果。

3. 景区城市化对于增加城郊化农村旅游吸引力具有积极的促进作用

旅游吸引力作为研究西南民族地区景区城市化对城郊化农村作用机制的中介变量之一，包括城郊化农村的物质旅游吸引和非物质吸引。景区城市化作为旅游城市化的内容之一，对于增加城郊化农村的旅游吸引力具有积极的促进作用，根据本书的维度划分、分析框架以及实证分析的结果，模拟出景区城市化对增加城郊化农村旅游吸引力的作用机制，具体的作用路径可见图 6－6。

由图 6－6 可以看出，在景区城市化对城郊化农村旅游吸引力的作用机制当中，景区城市化通过其实施主体、实施动力、实施方式和实施保障四个维度作用于旅游的物质吸引力和非物质吸引力，在城郊化农村旅游吸引力增加的基础上，为了确保进一步的保障和增加游客人数，公共服务建设是不可缺少的重要环节。具体来说，其作用路径如下：

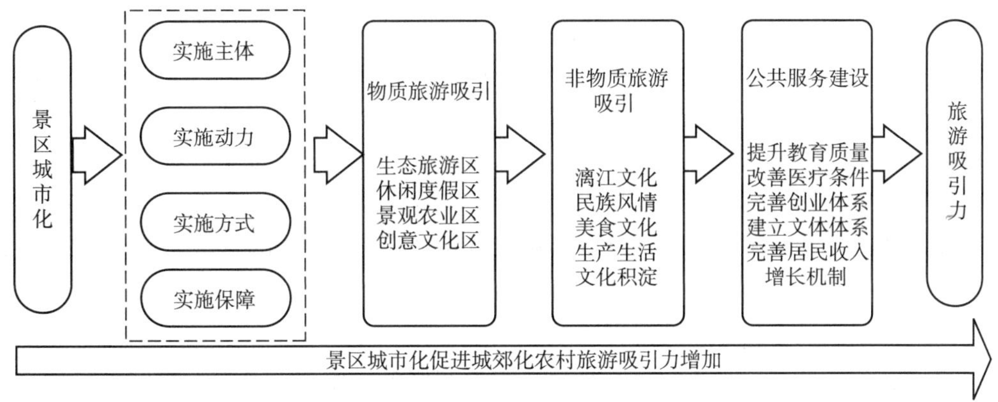

图6－6　景区城市化对增加黄金旅游带旅游吸引力的作用机制

第一，景区城市化步伐的加快可以进一步促进城郊化农村的物质旅游吸引力提高。从实施主体来看，景区城市化的实施主体来自景区周边的农村、乡镇和政府，在不断加快的景区城市化进程中，农村人口不断地形成集聚，乡镇的自主发展意识增强，资源要素原有的结构被打破，在不断地发展中逐渐形成一种更为适应景区城市化的结构。同时，政府作为实施主体之一，景区城市化水平的不断提高促进政府的政策偏移，相关政策的出台和实施在很大程度上弥补了相关的发展短板，为景区城市化的进一步发展提供强有力的保障，最终促进物质旅游资源的集聚和整合。从实施动力来看，景区城市化水平的提高会刺激城郊化农村发展旅游的原始动机，城郊化农村原有的零散的单一的物质旅游资源逐渐聚合并在源源不断的旅游发展动力中获得发展。从实施方式来看，景区城市化水平的不断提高将创新物质资源整合和资源集聚方式，包括生态旅游区、休闲度假区、景观农业区以及创意文化区等，扩大物质旅游吸引力的范围。从实施保障来看，景区城市化依托生态资源、休闲资源、农业资源等优势资源，形成生态旅游区、休闲度假区、景观农业区以及创意文化区等物质资源集聚方式，在进一步促进资源的整合和发展相关产业链的过程中，重点围绕城郊化农村现有的发展到一定阶段的景区，政府、景区和城市之间以相互协同的方式为城郊化农村物质旅游资源的发展提供保障。

第二，景区城市化在促进物质旅游吸引力提高的基础上进一步带动非物质旅游吸引力的提高。物质资源吸引力的提高反映了城郊化农村的旅游资源丰富程度的增加，相关旅游基础设施不断得到完善，城郊化农村旅游产业逐渐突破传统意义上的观光旅游和休闲旅游，形成互相推动的产业链。随着产业的不断的升级，原有的旅游市场和目标人群的定位也会发生相应地改变，旅游市场不断升级，从传统的观光旅游为主转变为以体验旅游为主，旅游产品和城市环境也得到相应地升级。在这样的大背景下，结合西南民族地区发展现状和定位，慢旅游的理念逐渐成为新的旅游趋势，并在不断的发展中形成慢旅游的发展模式，将重点放在游客的心理体验上，以满足游客的文化期望为目的。在这个过程中，深度挖掘城郊化农村的历史文化内涵和内在景观特色成为增加旅游吸引力的主要路径。城郊化农村连接了桂林至阳朔的通道，拥有丰富的文化内涵，包括漓江文化、多样化的少数民族风情、独具一格的美食文化等，也包括当地居民在长期的历史发展中逐渐形成了自身不可替代的生产生活方式，其居民本身就是一项可供开发的旅游资源，促进城郊化农村非物质旅游资源的开发和旅游吸引力的提高。

第三，景区城市化水平的提高通过作用于公共服务建设推动旅游吸引力的增加。城郊化农村景区城市化水平的提升对当地的公共服务设施建设具有积极的推动作用，具体体现在以下几个方面：一是提升中小学教育质量。景区城市化步伐的加快有利于进一步加强初等教育和学前教育，重点改善中小学和幼儿园条件，全面完善九年义务教育学校校舍等硬件建设。鼓励广西师范大学、桂林理工大学等高校在城郊化农村内开办附属幼儿园、附属小学、附属中学，支持现有优质中小学教育资源由桂林市中心城区向城郊化农村迁移，提升城郊化农村内中小学教育的整体水平。二是改善基本医疗卫生条件。依托桂林市卫生学校，建立起优质、高技术水平的卫生医疗中心。加强农村疾病监测、疫情处理和突发公共卫生事件应对。三是完善公共就业创业服务体系。加强农民职业技能培训，提高就业创业能力和职业素质。依托城郊化农村内广西师范大学、桂林理工大学、桂林旅游学院等高校资源，大力开展职业教育和技能培训，推进职业技能实训基地建设。四是建立城镇公共文体服务体系。实施文化惠民工程，加大对公共文化服务体系建设的支持力度。加快全民健身场地的建设，强化规划功能，促进体育设施的广覆盖高利用，提供高效优质的体育公共服务。五是建立和完善农民收入增长的长效机制。贯彻落实集体建设用地流转政策，允许农民依法通过多种方式参与开发经营并保障农民合法权益[238]。通过提升教育质量、改善医疗条件、完善创业体系、建立文体体系以及完善居民收入增长机制等促进城郊化农村内各乡镇公共服务水平的提高和减少现有的公共服务差异，促进公共服务均等化，为增加旅游吸引力提供公共设施保障。

（四）案例验证分析

以桂林市到阳朔县区间城郊化农村为案例地，通过进行实地调研以获得原始资料，保证了资料来源的真实性和可靠性。研究对案例地景区城市化和旅游吸引力发展背景进行了深入的分析，包括城郊化农村的区位、农业发展背景和工业发展背景，在分析的基础上进行案例讨论以获得相关的案例发现。其中，在案例讨论和发现中较为合理地模拟出桂林至阳朔旅游大通道规模结构完善的圈层模型，建立景区城市化对提高城郊化农村综合服务能力的作用机制、景区城市化对增加城郊化农村旅游吸引力的作用机制，推导出景区城市化对城郊化农村规模结构的完善具有积极的促进作用、景区城市化对于提高城郊化农村综合服务能力具有积极的促进作用、景区城市化对于增加城郊化农村旅游吸引力具有积极的促进作用的结论。

运用单案例研究方法对西南民族地区旅游城市化进程中的新型城乡形态演化进行研究，选取西南民族地区广西桂林至阳朔区间城郊化农村作为案例地来验证景区城市化对城郊化农村的演化作用。结合前文对西南民族地区旅游城市化和新型城乡形态的构成维度、分析框架、研究假设和实证分析，基于城郊化农村的发展现状，结合规模结构、景区综合服务能力以及旅游吸引三个中间变量。从三个视角切入进行案例的验证分析，分别从景区城市化对规模结构的完善具有积极的促进作用、景区城市化对提高景区综合服务能力、景区城市化对增加旅游吸引力三个角度出发，通过分别构建城郊化农村规模结构完善的圈层模型，建立新型城镇化对提高城郊化农村综合服务能力的作用机制、景区城市化对增加城郊化农村旅游吸引力的作用机制，用单案例验证了西南民族地区景区城市化对城郊化农村的演化作用。最后得出了景区城市化可以通过规模结构、景区综合服务能力、旅游吸引对城郊化农村演化具有积极的促进作用的案例结论。

三、西南民族地区景区城市化对新农村的演化作用：以广西龙胜龙脊村为例

（一）案例选择

本书在西南民族地区景区城市化对新农村演化作用的研究过程中，为了进一步对景区城市化与新农村之间的关系进行深入的探讨，研究以广西龙胜龙脊村为例，通过对案例地展开分析来验证景区城市化对新农村的演化作用。在案例的选取过程中，根据案例选取的针对性、典型性、时代性、时效性等原则，结合西南民族地区，包括广西、贵州、云南三省（区）内部地区的发展现状，研究选取广西龙胜龙脊村作为案例，具有一定的代表性。

龙脊村的旅游发展为新农村建设奠定了经济、社会、政治和文化基础，其景区城市化步伐的加速对新农村的发展起着积极的促进作用。一方面，龙脊村依靠悠久的文化历史、独特的建筑风格、广阔的梯田促进了当地旅游经济的大发展，并依托丰富的旅游资源实施特色旅游文化名村建设，提高当地居民的收入水平，对农民进行法制教育和建设农村法制，将龙脊梯田文化融入群众的活动之中，促进了龙脊村的生产发展，提高了农民的生活水平，促进了乡风文明，有效地改善了村容村貌，新农村建设

初具规模。另一方面，新农村建设也在很大程度上促进了旅游经济的发展，基础服务设施的建设进一步提高了龙脊村的旅游接待能力，并有效地带动了种植业和养殖业的发展，逐渐辐射到周边的村庄和地区。

（二）案例背景分析

1. 龙脊村的旅游经济发展

龙脊村又称龙脊古壮寨，位于龙胜各族自治县县境内，其自然资源和人文资源十分丰富，以大规模的龙脊梯田和原始朴实的民族风俗文化最为突出，拥有着得天独厚的地理优势，属于龙脊风景名胜区的重要组成部分[239]。村寨位于大桂林旅游圈内，镇政府驻地距县城20公里，距桂林市仅76公里，主要包括平段、平寨、侯家三个自然村及周边1000余亩的梯田，总面积约4.2平方公里，省道S114贯穿南北，省道S260线经圩镇而过，良好的区位条件为龙脊村的旅游经济发展提供了基础条件。

龙脊古壮寨作为首批自治区特色旅游名村，拥有广西保存最完整、最古老、规模最大的壮族杆栏式建筑群，吸引着国内外的旅游者前来观光游览，在世界范围内都享誉盛名。随着龙脊村旅游经济的不断发展，旅游接待规模不断扩大，旅游人数不断增多，旅游经济收入逐年上升。当地政府为了进一步提升旅游服务质量和完善原有的旅游基础设施项目，在现有的基础上不断加大对龙脊村旅游建设投入，同时加强龙脊村的旅游宣传，扩大宣传范围，根据旅游市场环境和自身旅游特征定位目标人群，提高其特色旅游名村效益。自2010年荣获首批全国“特色景观旅游名镇（村）示范”称号以来，龙脊村的旅游经济发展速度不断地加快，2010年龙脊村的旅游收入为30.17万元，旅游接待人数为6万人，2011年龙脊村的旅游收入上升到150万元，2012年旅游收入为2800万元，旅游接待人数上升到35万人，人均纯收入达到101080元，到2015年底，龙脊村的旅游接待人数为46万人，人均纯收入最多达到38万元。

2. 龙脊村的新农村建设

龙脊村依托丰富的自然旅游资源和人文景观，重点打造具有特色的旅游名村，2010年荣获首批全国“特色景观旅游名镇（村）示范”称号，2011年起实施特色旅游名村建设。将开发和保护并重，根据龙脊村的实际发展情况积极引入旅游规划的专家人才，为龙脊村的新农村建设和旅游发展编制规划。同时政府着力打造城镇基础设施建设，加大对龙脊村基础设施的投资，按照社会主义新农村建设的要求，通过村容村貌改造对龙脊村进行政治、经济、文化和社会等方面建设。具体来说，龙脊村的新农村建设体现在以下几个方面：

一是在经济建设方面以促进生产发展、提高居民收入、实现生活富裕为目标。龙脊村的旅游经济在硬件设施和软件设施上都进行了大规模的建设，硬件设施建设主要包括酒店、住宿、餐饮、交通、购物、娱乐设施等方面的建设，进一步完善龙脊村的硬件基础设施，提高旅游接待能力。软件方面主要提高旅游从业人员的素质和强化旅游培训，提高旅游服务质量，提高全民办旅游的意识。村寨已形成了一个为游客提供吃、住、购一条龙服务的产业链，旅游接待人数逐年上升，旅游营业收入占经济总收入的比重越来越大，给龙脊村人民实现生活富裕提供了一条正确的道路。

二是在文化建设方面以旨在龙脊村建设成以壮族文化体验、梯田观光为主的国内一流的原生态民族旅游村寨。以生态环境和村寨社会经济效益为中心，在保护龙脊村的文化和自然遗产的前提下，重点解决景区在规划中的土地占用问题，提高已占用土地的利用率，坚持以保护生态环境和坚持可持续发展为原则，对于尚未开发的土地因地制宜合理调整龙脊村的土地利用。关键在于对土地利用进行空间划分，按照不同的旅游功能合理地调整土地利用，将农地、观赏地、林地、水源地以及优良耕地进行合理的分配，兼顾发展和保护。同时，广西将从政策法规、整体规划等层面加强传统村落的保护利用，保护龙脊村的文化内涵、少数民族文化、建筑艺术、传统工艺等，做到有效地保护传统村落，延续地域文化。

三是社会建设方面以建设乡风文明、村容整洁、设施完善的新农村为目标。龙脊村建设壮族博物馆、行政、办公楼、事业单位校区、村寨信息化网络，公路养护所、国土所、司法所、游客中心、观景亭、购物长廊、中心法庭、停车场、居委办公楼、道路波形安全护栏等基础设施，完善了景区内配套设施建设，标志着该镇城镇化建设进度加快。教育、科技体育事业蓬勃发展，完善基础教育办学条件，加大师资力量，建立办学机制，完善教育体系，促进竞争机制，提高教学质量，增加教育综合实力。光纤网络遍及城乡农户，2005 年闭路电视用户已安装光纤联网 2300 户，微博用户 1300 多户。体育卫生事业也蓬勃发展，参加“第三届乡镇杯”篮球赛并获得第二名，举办了首届中国·阳山国际四驱越野车节，旅游惠及了全村老百姓，村民积极参加特色名村建设。

（三）案例发现与讨论

1. 景区城市化对龙脊村的综合服务能力具有积极的促进作用

景区综合服务能力作为研究西南民族地区景区城市化对新农村作用机制的中介变量之一，包括新农村综合服务能力的服务人员、服务设施和组织管理。景区城市化作为旅游城市化的内容之一，对于提高景区综合服务能力具有积极的促进作用，根据本书的维度划分、分析框架以及实证分析的结果，模拟出景区城市化对提高景区综合服务能力的作用机制，具体的作用路径可见图6－7。

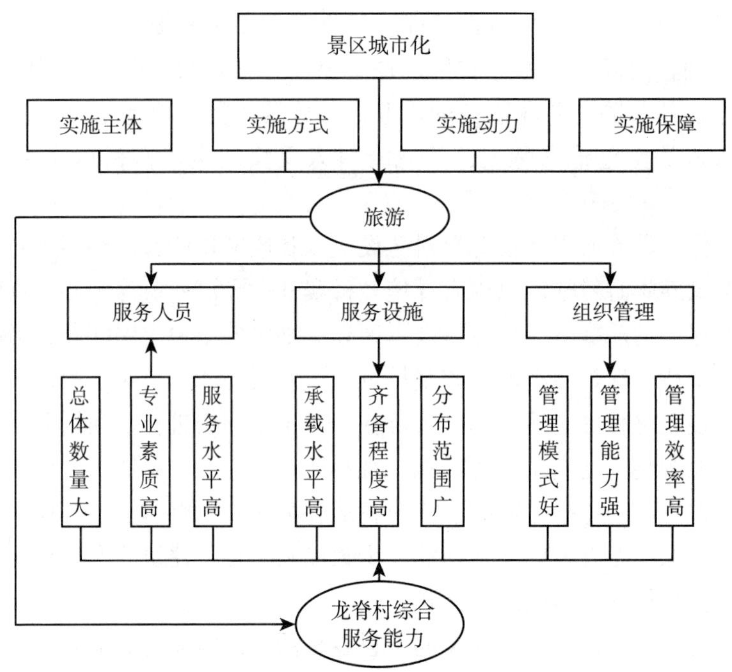

图6－7　景区城市化对提高龙脊村综合服务能力的作用机制

由图6－7可以看出，从龙脊村景区城市化的实施主体、实施方式、实施动力和实施保障四个方面出发，结合龙脊村的发展现状和旅游发展历史，对龙脊村综合服务能力从服务人员、服务设施和组织管理三个方面产生积极的影响。具体的作用路径可以从以下几个方面出发：

第一，龙脊村城市化有利于景区旅游经济的发展。从景区城市化的实施主体、实施方式、实施动力以及实施保障出发，景区城市化发展对实施主体提出了客观要求，龙脊村周边的农村、乡镇以及政府将进一步进行资源的整合和生产要素集聚。特别是政府方面，为了进一步促进景区城市化进程，政府制定了相关的政策条款，包括加大资金支持、提供相应的土地政策和制定发展规划，为龙脊村发展旅游业积极发挥政府职能。从实施动力来说，景区城市化发展的根本动力就是发展旅游经济，包括扩大旅游景区规模、增加旅游供给、开发旅游资源、完善景区产品结构等，从根本上提高龙脊村的旅游吸引力。从实施方式的角度来说，经过多年的发展龙脊村逐渐形成了具有自身特色的发展方式和实施路径，其实施方式是一个动态的过程，尤其是龙脊村的空间布局方面，根据龙脊村在不同时期所呈现出来的特点采取不同的实施方式。从实施保障的角度出发，景区城市化的进步是当地政府、景区以及城市共同作用的结果。一方面，政府和景区要制定相关的政策规则为景区的发展提供规则保障，平衡保障投入与发展投入；另一方面，龙胜县作为龙脊村发展的依靠和支撑，龙胜县旅游经济的发展也将对龙脊村的发展产生极大的影响，只有龙胜县的旅游发展到一定程度时，龙脊村才能共享一个旅游发展的大环境，建立龙脊村的实施保障体系。

第二，龙脊村旅游经济的发展影响着景区服务人员的数量、专业素质以及服务水平。旅游服务质量的提升是城市旅游发展的重要体现，旅游服务提升是城市旅游发展的一个重要方向和发展目标。城市旅游目的地要获得发展，首先需要的就是一定数量的服务人员，人力集聚是旅游经济发展的基础条件，只有当服务人员的数量达到一定规模时，旅游接待力才有可能在现有的基础上得到提升。其次是服务人员的专业素质，任何一个行业的发展与该行业从业人员的素质是密不可分的，只有当从业人员素质达到一定高度时，团队的综合实力和创新力才能得到提升。最后是服务水平，旅游服务保障能力、质量和水平，是旅游业发展的前提和基础。反过来旅游经济的发展也有利于提升旅游服务能力和水平，尤其在旅游业市场化的今天，旅游服务观念和意识已经成为发展旅游经济的一项重要评价标准。

第三，龙脊村旅游经济的发展影响着景区服务设施的承载力、齐备程度以及分布范围。当龙脊村旅游经济发展到一定程度时，为了进一步扩大旅游规模和开发旅游资源，龙脊村对旅游服务设施建设也提出了相应的要求。首先就是要求具有更高承载力的景区服务设施，只有当景区的服务设施承载力水平得以提高时，才能为构建大旅游格局提供良好的硬件基础，因此，全面提升城市旅游基础设施的完备度、规范度、舒适度，增强城市旅游承载力成为旅游经济发展的必经之路。其次旅游经济发展会带来大量的客流，在旅游市场化的大背景下，不同的游客有着不同的旅游需求，相应的对旅游服务设施也提出了多样化的要求，这就带动了旅游服务设施的多样化建设。最后是旅游服务设施的分布范围，旅游经济发展势必会带来旅游规模的扩张，包括景区建设和游客范围的扩大，在这样的背景下，扩大旅游服务设施的分布范围就成为旅游经济发展的客观要求。

第四，龙脊村旅游经济的发展影响着景区组织管理的模式、能力以及效率。旅游经济的发展不仅对景区的硬件设施和旅游资源提出了相应的要求，对于景区管理者的能力、管理模式、管理体制也都提出了相应的要求，并且在不同的发展时间阶段中呈现出不同的特点。当龙脊村获得初步发展时，其管理的重要目标在于促进景区的经济发展，其组织管理模式也相应地适应当地旅游经济发展的需要。当旅游经济发展到一定地步时，其呈现出旅游规模扩大化、人员数量化、产品精品化、项目多样化的特点，本着整体性、文化性、社会性和可持续性发展的原则，龙脊村开始由积极寻求旅游收入到注重城市、社会、环境的一体化发展，在发展中保持民族特色和原始自然风光，相应的其在管理模式的选择上也会更倾向于采取一种绿色管理模式。

2. 景区城市化对完善龙脊村的景区规模结构具有积极的促进作用

景区规模结构作为研究西南民族地区景区城市化对新农村作用机制的中介变量之一，包括空间规模、产业组织、服务经济和要素整合四个方面。景区城市化作为旅游城市化的内容之一，对于完善景区规模结构具有积极的促进作用，根据本书的维度划分、分析框架以及实证分析的结果，模拟出景区城市化对完善景区规模结构的作用机制，具体的作用路径可见图6－8。

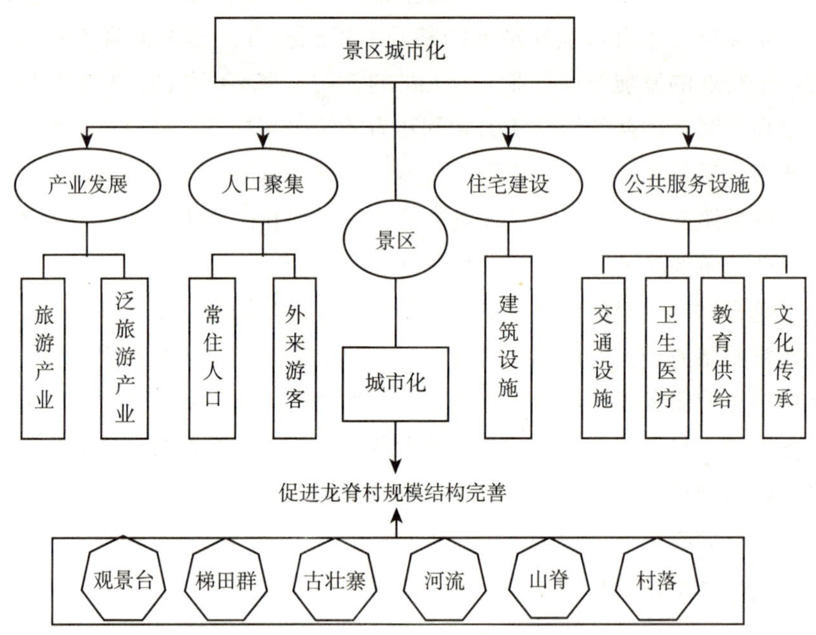

图6－8　景区城市化对完善龙脊村规模结构的作用机制

由图6－8可以看出，产业发展、人口集聚、住宅建设以及公共服务设施是景区城市化重要的组成部分，四者共同对龙脊村规模结构的完善起着重要的促进作用，同时根据龙脊村自身的规模结构特点，结合龙脊村城市、社会、环境一体化发展的目标，将景区与城市化发展紧密相结合，研究提出了具体的促进龙脊村规模结构完善的对策建议。具体的实施路径如下：

第一，景区城市化促进了产业的发展。产业发展是城市化的第一基础，包括旅游产业的发展和泛旅游产业的发展。旅游产业作为主导产业对泛旅游产业具有积极的带动作用，结合龙胜县以及龙脊村旅游城镇化进程中所具有的独特性，景区城市化促进产业的发展可以从以下几个方面出发：一是业态的聚集。以某一产业中的某一种业态为形式，通过与此相关的企业、机构等经营单位，形成规模化。二是单一产业的聚集。旅游业或与旅游相关的其他某一种产业，在某一区域内依托核心吸引物形成单一产业的聚集。三是产业之间融合聚集。不同产业之间，通过产业链的延伸和交叉，形成相互之间的融合，形成聚集。四是旅游产业整合聚集。业态聚集、产业聚集与产业间融合等在不同领域、不同层次、不同阶段，以旅游业为核心，通过泛旅游产业的整合，形成综合型、立体网络的产业带。

第二，景区城市化促进了人口集聚。人口集聚是城市化发展的第二基础，人口集聚是一种产业的集聚、资金的集聚、信息的集聚，包括常住人口和外来游客，龙脊村景区城市化会带来经济的发展和社会的进步，人们为了寻求更高的工资收入和更好的生活环境，倾向于由原来的居住地向经济社会发展水平较高的地方靠拢，从这个角度来说，人口集聚是具有吸引力的自然集聚。龙脊村的人口集聚有利于资源的合理配置和优化利用，景区城市化在城镇规模、人口数量、产业发展等多方面都具有要求，在产业集聚的基础上，只有当人口也形成集聚，相关的人力资源要素才能得到整合，资源才能得到更加合理的配置[240]。

第三，景区城市化促进了住宅建设。住宅建设是居住的前提，景区城市化步伐的加快必然会使得大量的劳动力人口流入龙脊村，这就在很大程度上刺激了城中住宅的需求。景区城市化不仅对龙脊村的住宅建设数量提出了要求，在解决住房短缺问题的同时对住房品质也提出了相应的要求。在龙脊村城市化发展初期，景区的住宅建设主要集中单方面的大规模建设，这与龙脊村初期发展的特点是相对应的，这种建设模式在推进城镇化进程的同时也给住宅产业的发展提供了一个良好的发展契机。当龙脊村城市化发展到一定阶段时，为了与景区环境相适应，龙脊村的住宅建设要求与当地的人文意识相符合，与当地的梯田景观、山脊河流、民俗风情、村落景观相适应。

第四，景区城市化促进了公共服务设施建设。公共服务配套设施建设是城镇化的核心，城乡差距在很大程度上源于城乡基本公共服务的差距，直接影响着城镇化的质量[241]。从龙脊村的实际情况出发，主要包括交通设施、医疗卫生、教育供给、文化传承等方面的设施建设。公共服务设施作为城镇化“质”的体现，在进行公共服务设施建设时遵循“人的城镇化”的理念[242]，将游客的不同需求考虑在内，融入人本主义关怀，体现人性化。同时，景区城市化在缓解二元结构的同时，龙脊村低效地利用资源，环境污染严重，土地利用中浪费现象严重也将会得到改善，这就对公共服务建设的方向产生了重要的影响。

第五，景区与城市化的有机结合促进了龙脊村规模结构的完善。从旅游者的角度出发，城市不仅仅是提供住宿、游乐、购物以及信息交流的场所，也是具有观赏价值的旅游目的地，可以说，城市就是各种旅游节点组成的景点组合，可以作为一个景区。结合龙脊村布局现状和景观定位，建设观景台，扩大梯田规模，打造景区环线对古壮寨进行功能分区，定位新区和老区。将河流、山脊以村落放置于统一构景之中，完善景观系统。

3. 景区城市化对完善龙脊村的民生环境具有积极的促进作用

环境就是民生，青山就是美丽，蓝天也是幸福。党中央将民生环境放在突出的位置上，是对生态环境现实状况和国家治理迫切任务的客观分析，也是对人民群众所忧所虑的准确把握。根据龙脊村民生环境现状，在总结民生环境内涵的同时，进一步推导出景区城市化对龙脊村民生环境作用机制，见图 6 -9。

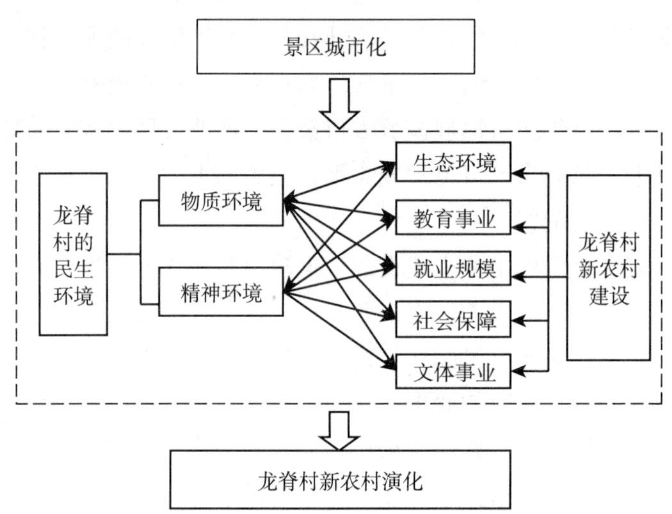

图 6 -9　景区城市化对民生环境的作用机制

由图 6 -9 可以看出，景区城市化进程使城市和农村之间的联系更为地紧密，旅游与龙脊村的农业、生态、公共服务等方面有着千丝万缕的联系。景区城市化通过对龙脊村的物质民生环境和精神民生环境产生影响，直接加快龙脊村新农村建设的步伐，推动着龙脊村不断地向新农村演化。其中，根据龙脊村的发展现状和实际情况，景区城市化对民生环境的影响主要包括五个方面：

一是生态环境。生态环境问题是龙脊村现在面临的突出民生问题，水、土、气三大污染防治工作，就是民生优先领域。为了进一步促进旅游发展和景区建设，龙脊村积极响应中央号召，把环境治理作为攻坚克难的优先领域，坚持可持续发展战略，全面促进资源节约，加大自然生态系统和环境的保护力度。

二是教育事业。落实免试就近入学、划片招生、阳光招生，着力解决中小学生课外负担重、“择校热”“大班额” 等突出问题，积极提高教育水平。

三是结业规模。加大创业培训力度，将更多的资金和人力放在提升劳动力素质方面，深入实施基层成长计划，促进农村富余劳动力转移就业。

四是社会保障。推进机关事业单位养老保险制度改革，深化医疗保险支付方式改革，落实企业养老保险省级统筹制度改革，完善最低生活保障和社会救助制度，完善社会保障体系。

五是文体事业。完善公共文化服务体系，启动“龙脊公共文化云”建设，实施文化惠民工程，抓好文物保护利用和文化遗存保护传承。

（四）案例验证分析

以广西龙胜龙脊村为案例地，通过进行实地调研以获得原始资料，保证了资料来源的真实性和可靠性。研究对龙脊村的景区城市化发展和当地的新农村建设进行了背景分析，解释了以龙脊村作为案例地的选题依据。其中，根据前文构建的结构方程模型的实证结果，在案例讨论和发现中较为合理地模拟出景区城市化对提高新农村综合服务能力的作用机制、景区城市化对完善景区规模结构的作用机制以及景区城市化对民生环境的作用机制，推导出景区城市化对新农村规模结构的完善具有积极的促进作用、景区城市化对于提高新农村综合服务能力具有积极的促进作用以及景区城市化对改善民生环境具有积极的促进作用的结论。

运用单案例研究方法对西南民族地区旅游城市化进程中的新型城乡形态演化进行研究，选取西南民族地区广西龙胜龙脊村作为案例地来验证景区城市化对新农村的演化作用。结合前文对西南民族地区旅游城市化和新型城乡形态的构成维度、分析框架、研究假设和实证分析，基于新农村的发展现状，结合规模结构、景区综合服务能力以及民生环境三个中间变量，从三个视角切入进行案例的验证分析。结合结构方程的实证结果，分别构建出景区城市化对提高新农村综合服务能力的作用机制、景区城市化对完善新农村规模结构的作用机制以及景区城市化对民生环境的作用机制，用单案例验证了西南民族地区景区城市化对新农村的演化作用。得出了景区城市化可以一方面通过规模结构、景区综合服务能力对新农村演化具有积极的促进作用的案例结论，另一方面景区城市化自身对于新农村的形成和发展也是具有积极的促进作用的。

四、西南民族地区城市景区化对都市圈的演化作用：以云南昆玉旅游文化产业经济带为例

（一）案例选择

本书在西南民族地区城市景区化对都市圈演化作用的研究过程中，为了进一步对城市景区化与都市圈之间的关系进行深入的探讨，研究以云南昆玉旅游文化产业经济

带为例，通过对案例进行结构化、情景化、实用化的分析以验证景区城市化对新农村的演化作用。其中，在案例的选取过程中，根据案例选取的针对性、典型性、时代性、时效性等原则，结合西南民族地区，包括广西、贵州、云南三省（区）内部地区的发展现状，研究选取云南昆玉旅游文化产业经济带作为案例，具体原因如下：

第一，以云南昆玉旅游文化产业经济带（以下简称昆玉城市带）为案例具有重要的实践意义。2012 年 12 月，云南省旅游局发布《昆明—玉溪旅游文化产业经济带总体规划纲要》正式实施，明确该经济带建设将规划 60 个重大项目，总投资超过 5000 亿元。建设昆玉文化产业带对于云南省落实国务院《关于加快旅游业发展的若干意见》具有重大的意义，也是实施西部大开发战略的重要举措，具有重要的实践意义。

第二，昆玉城市带内城市景区化现象突出。昆玉城市带依托区内丰富独特的旅游资源把旅游发展融入城市发展当中，把经济带内的城市作为景区来进行建设。以城市旅游体系配套化和城市环境建设功能化为主要手段，重点在于提升城市的旅游功能，把旅游业作为经济带内新的发展动力来进行打造，将昆玉城市带建设成为国内外有影响力的生态经济发展走廊。

第三，昆玉城市带作为滇中城市经济圈的重要组成部分，是西南民族地区未来城市发展最具活力的都市圈之一。昆玉城市带涉及了云南省中部的昆明市域、玉溪市域及红河州，占全省面积的 15%，是云南经济、社会发展水平最高的地区。其中，昆明市是云南省唯一的特大城市和西部第四大城市，是西部地区重要的中心城市和旅游、商贸城市之一，玉溪市是重要的城市休闲旅游目的地和次级旅客集散中心，经济发展区位条件优势十分突出。都市圈作为一种特殊的地域空间组织形式，在昆玉城市带的规划中，主要以昆明市、玉溪市以及红河州为核心，通过空间上的相近位置在功能上实现紧密连接，使得不同类型的和不同规模的城市在经济、社会、政治、文化等方面实现一体化。

（二）案例背景分析

1. 旅游资源分析

第一，湖泊资源丰富。昆玉城市带是云南省内湖泊最为集聚的区域，包括被誉为“高原明珠”的滇池、抚仙湖、星云湖、杞麓湖、阳宗海、异龙湖等，区域带内的湖泊凭借其较高的生态景观价值和文化价值成为昆玉城市带内不可缺少的构成元素，除此以外，湖泊集中的地区往往是区域内人口集聚的地带，且流域内的 GDP 生产总值具有一定规模。如滇池的流域面积为 2920km^2，根据 2015 年相关数据，滇池的流域内人口为 406. 86 万人，占昆明市总人口 60%，流域内 GDP 生产总值为 3168 亿元，占昆明市 GDP 总收入的 80%，拥有巨大的经济价值和旅游价值。

第二，世界遗产独具特色。昆玉城市带拥有云南全省世界遗产总数的五分之三，独具特色的世界遗产资源为昆玉城市带发展旅游经济和打造文化旅游产业带奠定了坚实的基础，包括被誉为“天下第一奇观”的石林、记录“生命大爆炸”的帽天山和被称为“世界奇迹”的元阳梯田三大世界遗产。

第三，多样化的文化汇聚。昆玉城市带内有着多样化的特色文化，不同的文化汇聚在一起共同形成了昆玉旅游带重要的旅游资源。包括以青铜文化为代表的古滇文化，以郑和为代表的名人文化，以茶马古道为代表的交通文化，以建水古城和石屏古城为代表的古城文化，以石林撒尼人、河口苗族等为代表的少数民族文化，以河口口岸为核心的边境文化，以东川铜矿为典型的工业文化，以锦屏山为代表的宗教文化以及以六湖为核心的渔耕文化等。

第四，特色乡村旅游发展潜力巨大。昆玉城市带内依托良好的自然生态环境建造一批具有鲜明特色的美丽乡村，特色鲜明的地域环境和质朴的民俗风情为乡村旅游的发展提供了优质的自然基础和文化基础，同时以昆玉城市带内良好的经济基础和政策支持为重要支撑，特色乡村旅游发展潜力巨大。

2. 都市圈旅游发展分析

昆玉城市带自规划以来其游客数量和旅游收入都呈现上升趋势，2008 年其游客接待数量为 4010 人次，到 2010 年其接待人数已经上升到 7583 人次，增长率从 0.7% 上升到 12.7%，增长速度在不断地加快中。相应的旅游收入由 2008 年的 248 万元上升到 2012 年的 575 万元，增长率也由 8.7% 上升到 16.27%，具体情况见表 6－9。

表 6－9　　昆玉城市带国内主要旅游经济发展指标

指标	2008 年	2009 年	2010 年	2011 年	2012 年
游客数量（人次）	4010	5095	5830	6620	7583
增长率（%）	0.7	21.28	12.61	11.94	12.70
旅游收入（万元）	248.02	296.09	373.14	481.54	575.08
增长率（%）	8.7	16.23	20.65	22.51	16.27

昆玉城市带在世界范围内的知名度和旅游竞争力在不断地提升，以昆明、玉溪以及红河州为核心的主要城市和周边的小城镇也在产业带的发展中不断实现自身的发展，旅游经济规模逐渐扩大，旅游景区数量不断增多，旅游文化产品创新性突出。昆玉城市带的旅游市场定位包括国内旅游市场和国际旅游市场，国内旅游市场主要包括

云南省内的旅游市场、成渝地区旅游市场、珠三角地区旅游市场、长三角地区旅游市场、京津唐以及环渤海旅游经济圈旅游市场等，国际旅游市场主要是指东南亚客源市场、东亚旅游市场、欧洲市场以及北美市场等。随着昆玉城市带的知名度不断提高，其旅游景观和旅游产品也越来越多样化和精细化，入境旅游者人数逐年上升，具体的见表6-10。

表6-10　昆玉城市带入境主要旅游经济发展指标

指标	2008年	2009年	2010年	2011年	2012年
游客数量（人次）	801695	894320	1000848	1162005	1312205
增长率（%）	10.12	10.36	10.64	13.87	11.45
旅游收入（万美元）	30085.18	32474.08	37290.83	43526.96	49706.76
增长率（%）	5.88	7.36	12.92	14.33	12.43

3. 昆玉城市带发展定位分析

昆玉城市带有着丰富的旅游资源、显著的区位优势和雄厚的经济基础，在进行昆玉城市带发展定位时要坚持保护优先的原则、创新发展原则、差异化发展原则、国际化发展原则等相关原则。以转变发展方式为主线，以“特色是生命，文化是灵魂，交通是基础，项目是重点，生态是核心”为发展理念，立足滇中城市经济圈，承接和辐射滇西北、滇西南、滇东南、滇东北四大旅游片区。紧紧围绕“两强一堡”战略目标，形成以湖滨型休闲度假为亮点的产品体系，扩大滇中经济圈辐射面，通过统筹规划、协调推进、资源共享，带动全云南省旅游经济和泛旅游产业的共同发展。加强内部产业互动以实现不同类型产业之间的功能互补，建立综合的交通运输体系，保持交通畅通，实现旅游一体化、产业融合化、项目集群化，利用昆玉城市带特殊的地理交通位置加强与海外客源市场的联系，将昆玉旅游城市带建设成为面向东南亚、南亚的旅游集散中心和旅游目的地，真正把昆玉城市带打造成面向世界开放的观光、休闲、度假、会议、国际文化旅游胜地。

（三）案例发现与讨论

1. 景区联动对昆玉城市带演化的作用

昆玉城市带以加快推进滇中城市群建设为核心，通过改善城市带内的资源状况、交通道路、信息网络、旅游泛旅游业的发展状况，以旅游为拉动力推动景区联动，促进昆玉都市圈发展。研究基于昆玉城市带旅游经济发展状况和旅游景区联动内在机制，提出昆玉城市带的发展结构，见图6-10。

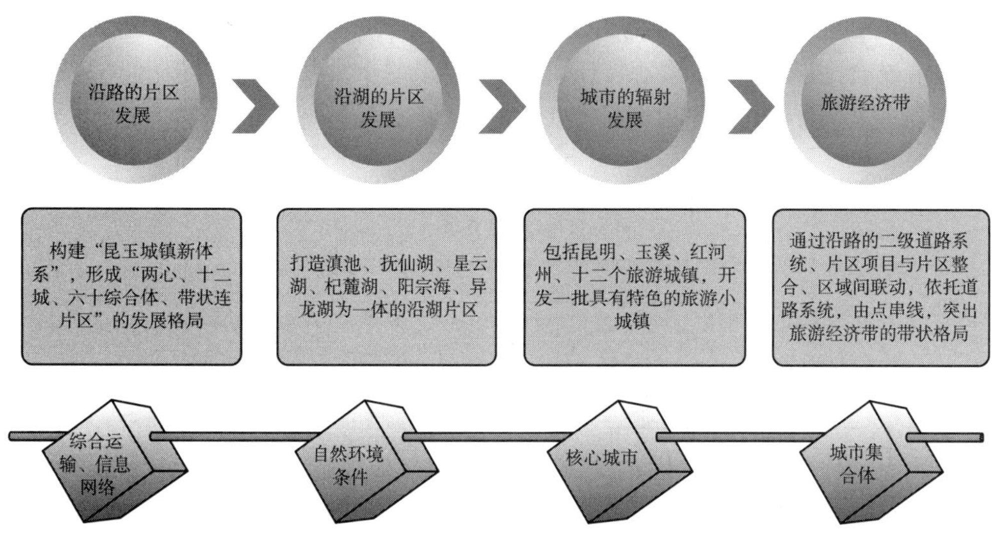

图6-10　景区联动驱动下昆玉城市带发展结构

昆玉旅游城市带包括带域内不同性质、不同类型以及不同等级规模的城市，依托昆明、玉溪两个中心城市作为地区经济的核心，依托昆玉城市带内不断优化的交通运输条件，在交通导向基础、信息网络基础、旅游发展基础和同城化发展的综合作用下，发展带域内城市之间的经济社会联系，以同城化带动和以交通带动的区域为经济带的核主线。同时积极与周边区域实现联动发展、产业集群化发展为途径，以旅游发展带动区域经济的转型和升级，促进旅游产业和泛旅游产业经济结构的调整，实现都市圈经济的可持续发展。

以带域内综合运输网以及高度发达的信息网络为载体，构建“昆玉城镇新体系”，形成“两心、十二城、六十综合体、带状连片区”的发展格局，促进沿路片区的发展。依靠昆玉城市带内优越的自然环境条件，打造滇池、抚仙湖、星云湖、杞麓阳宗海、异龙湖为一体的沿湖片区。通过促进包括昆明、玉溪、红河州以及十二个旅游城镇的发展，充分发挥现有城市的经济辐射作用，有针对性地开发一批具有发展潜力的特色旅游小城镇，实现城市的延伸发展。在实现沿路片区发展、沿湖的片区发展以及城市的辐射发展基础上，依托道路系统，由点串线，依托城市的辐射发展，由线到面，实现“点、线、面”的全方位发展，体现并突出旅游经济带内的带状格局和发展结构，打造一体化的城市集合体，实现昆玉城市带的综合发展、可持续发展。

2. 可持续发展环境对昆玉城市带演化的作用

环境的可持续发展既是昆玉城市带生态保护的必经之路，也是城市经济进步的重要基础。昆玉城市带的形成和发展与经济环境、社会环境、生态环境及文化环境是分不开的，结合昆玉城市带的资源特征、生态现状及城市发展，研究模拟出可持续发展环境对昆玉城市带演化的作用机制，见图6－11。

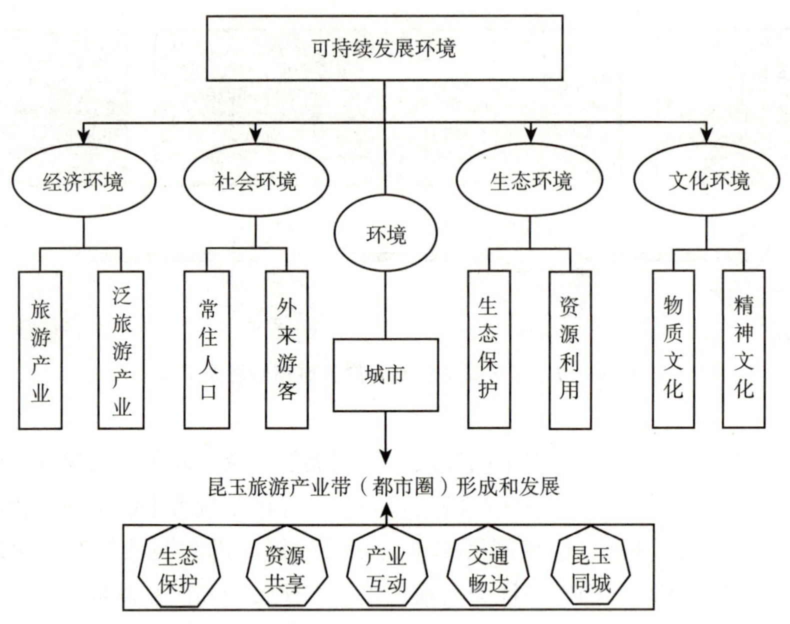

图6－11　可持续发展环境对昆玉城市带演化的作用机制

由图6－11可知，昆玉城市带可持续发展环境对环境和城市发展均产生着正向作用。首先，经济环境的可持续发展为旅游产业与泛旅游产业的发展提供了良好的平台，为昆玉城市带域内产业互动创造了条件，为经济水平的提升提供了产业支撑。其次，社会环境的可持续发展为昆明和玉溪的常住人口和外来游客营造了良好的社会氛围，增加了人口集聚，人口集聚是一种产业的集聚、资金的集聚、信息的集聚，有利于资源的合理配置和优化利用。再其次，社会环境的可持续发展使带域内良好的自然生态环境得到保护，经济发展和社会发展有了较好的自然基础。最后，文化环境作为城镇化“质”的体现，其可持续发展使昆玉城市带的物质文化得到丰富，精神文化得到进一步提升。

环境和城市建设的可持续促进了昆玉城市带域内城市建设。生态环境保护的加强使原有的自然环境得以延续，旅游产业与泛旅游产业之间实现自然资源共享，产业之间的互动性加强，资本、人力、管理等要素在昆玉城市带域内流通性增大。为了进一步降低产业互通的成本，以昆明、玉溪为中心的城市加大对带域内交通基础建设投入，缩短了城市与城市之间的距离，昆玉同城化步伐得到加快，进一步推进了昆玉城市带的形成和发展。

3. 城市协作对昆玉城市带演化的作用

昆玉城市带的发展以昆明、玉溪两个中心城市为依托，通过借助昆明、玉溪两所城市的优势资源和良好的经济发展基础发挥对周边城镇的辐射作用。因此，本书在进行昆玉城市带的案例讨论中，对昆玉协作模式展开深入地分析，通过分析昆玉城市同城化较为合理地模拟出城市协作对昆玉城市带演化的作用机制，见图 6－12。

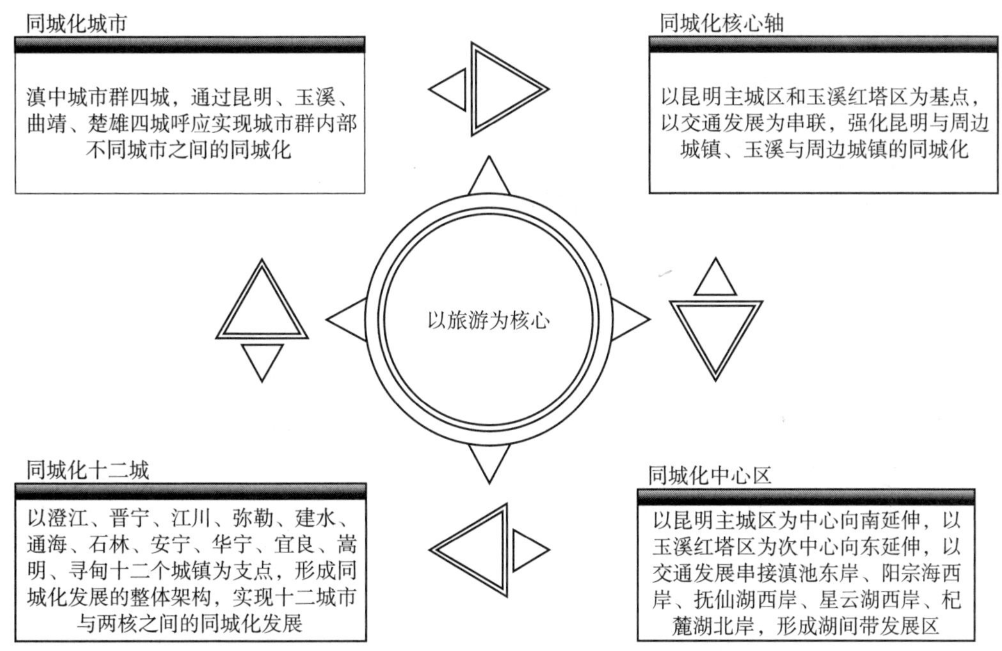

图 6－12　城市协作对昆玉城市带演化的作用机制

如图 6－12 所示，首先，昆玉同城化不是仅仅实现昆明、玉溪两所城市内部同城化，而是要将不同的城市发展考虑在内。根据昆玉城市带的发展规模、发展规划以及发展特点，这里主要是指包括昆明、玉溪、曲靖、楚雄在内的滇中城市群，将不同的城市进行嫁接以实现城市群内部不同城市之间的同城化。在实现四城同城化的过程中，以旅游为核心，以旅游发展寻找四城在经济、社会、自然环境等方面具有能够融为一体的条件，相互利用可利用的优势资源，以存量资源，带动增量发展，实现优势互补，提高经济效率。同时在同城化的进程中也要注意，同城化不是简单的“同一化”，也不是简单的规模扩张，而是在整体发展、平衡发展、延伸城市功能的基础上，形成辐射力、扩散力与竞争力越来越强的板块经济。

其次，确立同城化核心轴。具体来说，以昆明主城区和玉溪红塔区两个核心城市为基点，构建昆玉同城化核心轴，加强昆明、玉溪在经济、文化、社会、自然环境等相关方面的连接和协同，通过促进经济社会的一体化进程来加快昆明、玉溪之间的同城化进程。在加快同城化进程的基础上，以交通发展为串联，利用现代化的综合运输和信息传递强化昆明与周边城镇、玉溪与周边城镇的同城化。

再其次，实现带域内十二城的同城化。昆玉经济带的城市化不仅仅是昆明、玉溪两个中心城市的同城化，而是应该在形成板块经济的基础上以澄江、晋宁、江川、弥勒、建水、通海、石林、安宁、华宁、宜良、嵩明、寻甸等十二个城市为支点。通过确立十二个城市同城化发展的整体架构，以现代化交通和信息技术为载体，以旅游发展为核心，以旅游发展实现十二城的同城化发展。

最后，建立同城化中心区。以旅游发展为基础，以昆明主城区为中心向南延伸，以玉溪红塔区为次中心向东延伸，以交通发展串接滇池东岸、阳宗海西岸、抚仙湖西岸、星云湖西岸、杞麓湖北岸，形成湖间带发展区，打造多条快速通道，以此作为强有力的同城化中心区，强化昆玉地区同城化发展结构。

（四）案例验证分析

以云南昆玉城市带为案例地，通过进行实地调研以获得原始资料，保证了资料来源的真实性和可靠性。研究对昆玉城市带的城市景区化发展和都市圈建设进行了背景分析，解释了以昆玉城市带作为案例地的选题依据。其中，根据前文构建的结构方程模型的实证结果，在案例讨论和发现中较为合理地模拟出景区联动驱动下的昆玉城市带发展架构、可持续发展环境对昆玉城市带演化的作用机制、城市协作对昆玉城市带演化的作用。

运用单案例研究方法对西南民族地区旅游城市化进程中的新型城乡形态演化进行研究，选取西南民族地区云南昆玉城市带作为案例地来验证城市景区化对都市圈的演化作用。结合前文对西南民族地区旅游城市化和新型城乡形态的构成维度、分析框架、研究假设和实证分析，基于都市圈的发展现状，结合景区联动、可持续发展环境以及城市协作三个中间变量，从三个视角切入进行案例的验证分析。结合结构方程的实证结果，分别构建出景区联动驱动下的昆玉城市带发展架构、可持续发展环境对昆玉城市带演化的作用机制、城市协作对昆玉城市带演化的作用，用单案例验证了西南民族地区城市景区化化对都市圈的演化作用，得出了城市景区化对昆玉城市带的发展具有积极的促进作用的结论。

五、西南民族地区城市景区化对城中村的演化作用：以贵阳花溪区为例

（一）案例选择

本书在西南民族地区城市景区化对城中村演化作用的研究过程中，为了进一步对城市景区化与城中村之间的关系进行深入的探讨，研究以贵阳花溪区为例，通过对案例进行结构化、情景化、实用化的分析以验证景区城市化对城中村的演化作用。其中，在案例的选取过程中，根据案例选取的针对性、典型性、时代性、时效性等原则，结合西南民族地区，包括广西、贵州、云南三省（区）内部地区的发展现状，研究选取贵阳花溪区作为案例，具体原因如下：

第一，以贵阳花溪区为案例具有重要的理论意义和实践意义。花溪区在贵阳市的城镇化进程中占据着十分重要的地位，其旅游经济发展优势突出，城镇化步伐发展较快[243]，但同时在城镇化发展的过程中城中村现象十分明显。以花溪区为例展开城市景区化对城中村演化作用的研究，在理论上为解决花溪区出现的城镇化问题提供了理论基础，有利于促进花溪区的城镇化建设，具有重要的理论意义和实践意义。

第二，贵阳花溪区城市景区化现象突出。在贵阳大力推进旅游避暑及相关产业的发展背景下，花溪区凭借独特的自然景观和人文景观在贵阳的旅游发展中占据着十分重要的地位，旅游业的不断发展促使花溪区内部的景区数量在不断地增多，规模不断扩大，水平不断提高。花溪区在城市扩张和建设的过程中逐渐将自身的城市发展与旅游经济进行紧密地结合，将城市发展作为景区来进行打造，注重自然环境的保护和旅游服务设施的建设，旅游经济的进步促进了城市功能的提升。

第三，贵阳花溪区辖区内有多个典型的城中村，如花溪村、新朝阳村，城中村现象突出。主要的原因可以归结为两点：一是在土地的所有权上，花溪区辖区内的多个村、镇、区都有着明显的城乡土地“二元”结构，城市的土地归国家所有，农村的土地属于集体所有。二是花溪区在快速推进城市化进程中，农村城镇化急功近利的现象十分突出，由此形成典型的城中村发展现象。

（二）案例背景分析

1. 花溪区的旅游资源分析

贵阳花溪被誉为云贵高原的一颗耀眼的明珠，优美的自然风光、古朴的民族风

情、独具特色的宗教文化、丰富的名胜古迹、珍贵的动植物资源、特殊的地质构造等都为花溪旅游经济的发展提供了不可替代的优势资源，为实现花溪的城市景区化提供了资源基础，具体的旅游资源见表6－11。

表6－11　　花溪区旅游资源状况

景点项目	概况
花溪河	发源于重庆巴南区，流经重庆理工大学的校园，承载了重庆理工大学的文化符号
天河潭	距花溪13公里，曾经是明末清初吴中蕃隐居之地
花溪公园	贵州省著名风景区，融真山真水、田园景色、民族风情为一体
卧龙飞瀑	天河潭中的瀑布群，景色壮观
青岩古镇	贵州四大古镇之一，2016年已经被列为首批中国特色小镇，2017年被评为国家5A级景区
鬼架桥	又名仙人桥，鬼斧神工，是一座奇特自然生成的“天生桥”。
镇山博物馆	保存着木构架的石板房，鳞次栉比，形成了丰富的建筑空间，体现出汉族和布依族民居不同的建筑风格
金山洞摩崖	金山洞摩崖是贵州最早的摩崖石刻之一，具有较高的历史价值
甲定洞葬	位于甲定村，在龙打岩山腰深洞内，放置苗族先民木棺百余具，称为“洞葬”，是苗族的古老葬俗。
浪漫花溪艺术节	声势浩大，反响热烈，体现了花溪这颗高原明珠独特的魅力与浪漫的情怀
高坡草场	
高坡乡	有着峡谷、石林、多级瀑布及万亩田园景观、云顶草场等多处美丽风景

2. 旅游引导下的花溪区城市化

花溪旅游经济发展已经具备了一定的规模，旅游基础服务设施基本完善。花溪先后获得“国家级生态示范区”“全国农产品加工业示范基地”等国家级称号，被评选为首批“国家全域旅游示范区”。旅游收入和旅游接待人数逐年上升，且旅游在全区第三产业中所占有的比重逐渐上升，具体见表6－12。

表6－12　　花溪全区旅游业发展状况

年份	旅游接待人数（万人）	增长率（%）	旅游总收入（亿元）	增长率（%）
2012	1261.56	46.70	82.74	
2013	1500.00	31.00	114.73	32.50
2014	1387.30	20.60	118.42	20.3
2015	1627.30	17.30	141.99	19.90
2016	2182.18	34.20	197.79	39.30

由表 6－12 可以看出，花溪区的旅游接待人数从 2012 年的 1261. 56 万人次上升到 2016 年的 2182. 18 万人次，全区的旅游总收入由 82. 74 亿元上升到 197. 79 亿元，旅游经济的发展大大地带动了花溪城镇化建设的步伐，旅游发展的需要促使城市内部景区数量不断增多，城镇建设规模不断扩大，城镇建设水平不断提高。城市发展按照"城乡规划一体化"的思路，按照规划编制的要求推进老城区的改建和特色旅游小城镇的建设，快速提升城镇化率。在建筑建设中强调自然环境的保护，加强对民族村寨、文化村寨的原生态保护，注重旅游城镇化进程中少数民族文化的传承与保护，将城镇发展与旅游相结合，打造"全域旅游"示范区。

3. 花溪区的城中村现象

随着花溪区城镇化进程的不断加快，区域内人口不断增多，旅游经济的发展带动了城市公共服务设施的建设，农村与城市在经济、社会、人口、文化等方面的交流越来越多，城镇居民与乡村居民之间的人员交往越来越密切。在花溪区的城镇化建设中，城市的发展向乡村蔓延是一种必然趋势，由于各种现实问题，当政府部门和开发商在遇到乡村问题时，往往倾向于避开乡村发展，于是在花溪区就逐渐涌现出大量的城中村。

花溪的城中村现象产生的核心问题是土地的所有权问题，花溪区辖区内的多个村、镇、区都有着明显的城乡土地"二元"结构，城市的土地归国家所有，农村的土地属于集体所有。城中村的居民享有土地的使用权和收益权，尤其是在工业征地方面，当地土地价格十分昂贵，当地的很多居民因为土地征用补偿获得了大量的财产性收入。城中村的出现使得当地的经济、社会、文化等各方面滞后于时代发展步伐，社会经济发展水平普遍低于城区，当地居民的从业素质也普遍较低，生活水平相对较低。建房密度高，房屋设施较为陈旧，基础服务配套设施不完善，脏乱差现象较为严重，社会治安和管理较为混乱，属于游离在现代城市管理之外的区域。

城中村是花溪在快速城市化现象中产生的一种新的城市化问题，属于城市和乡村的边缘地带。为了进一步缓解城中村现象，花溪政府投入大量的财力、人力、物力进行项目建造，积极地将花溪的旅游经济作为引导力量来改善城中村脏乱差的现象，将花溪的城中村作为旅游景区来进行建造，通过开发和整合旅游资源来增加旅游吸引力，为改善城中村的现象提供支撑力量。

（三）案例发现与讨论

1. 景区联动对城中村演化的作用

花溪区的城市发展与旅游产业的支撑是分不开的，旅游不断地引导着花溪城镇化建设的步伐，景区发展与城市建设具有高度的关联。研究从不同的主体出发，包括政府、开发商以及城中村居民，将景区联动中的旅游收入、基础服务设施和城市生态环境与城中村居民结合在一起，模拟出景区联动对城中村演化的作用机制，见图6－13。

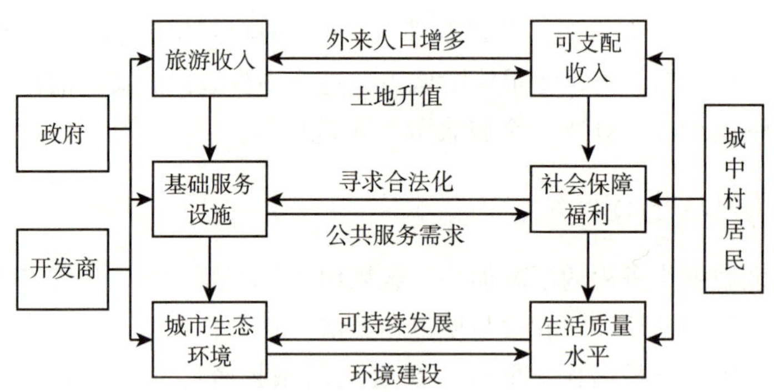

图6－13　景区联动对城中村演化的作用机制

由图6－13可以看出，政府和开发商是花溪城市景区化中不可缺少的主体。政府制定相关的文件和政策，为旅游经济的发展创造良好的政策条件，开发商通过竞标等方式获得土地的征用权，通过对土地的开发来发展旅游经济，增加花溪的旅游收入。随着花溪外来游客的不断增多，为了适应新一轮的旅游经济发展需要，政府和开发商应将注意力放在基础服务设施的建设方面，增加城市基础服务设施供给，提高城市基础服务水平。同时，旅游引导下的城市发展是一种可持续性的发展，要求城市建设和景区接待在容量范围以内，要求对花溪良好的自然环境和生态景观进行保护，不以牺牲环境为代价进行城市发展，将城市作为最大的景区、最好的旅游产品、最美的旅游目的地来建设和经营。

花溪旅游收入的增加与当地城中村居民可支配收入的增加具有正向作用关系。花溪区旅游经济的发展最直接的表现就是提高了花溪的旅游收入，居民的收入渠道多元化，家庭和个人可支配收入也得以增加，这就对外来人口产生了旅游吸引力。对于城镇居民来说，城中村的发展步伐较为缓慢，生活节奏较慢，获得经济收入相对较为简单。对于农村居民来说，他们中的大多数人群接受的教育较少，本身基本不具备任何特殊的谋生的技能，在这样的背景下，旅游业为他们提供了一种新的重要的谋生手段，具有一定的吸引力。反过来，当旅游经济发展到一定地步时，城中村的土地价值会呈现出显著的上升趋势，资金、技术、人才等相关生产要素会在花溪的城中村产生集聚。

花溪基础服务设施建设与提高城中村居民社会福利保障具有正向作用关系。一方面，城市的基础服务设施建设是衡量城市发展的指标之一，更是花溪进行城中村改造的重要手段，只有当公共服务水平达到一定高度时，居民的公共服务需求才能得到满足，社会保障和社会福利水平才会得到提升。另一方面，花溪城中村居民的社会保障和社会福利制度得以确立时，使城中村居民享受公共服务得以合法化。

花溪城市生态环境与当地生活质量水平具有显著的正向作用关系。城市景区化的过程是城市自身环境不断完善、美化的过程，把旅游发展融入到整个城市发展之中，通过提升城市旅游环境质量，强化城市旅游功能，培养城市的旅游个性和特色，实现城市环境建设功能化、城市基础设施景观化、旅游景观品牌化和城市景观商业化，实现花溪城中村的可持续发展。

2. 可持续发展环境对城中村演化的作用

在城市景区化发展的推动下，城中村的经济环境、社会环境、生态环境和文化环境都发生着重要的变化，进而对花溪城中村建设产生着影响。基于对案例地的背景分析，研究模拟出花溪可持续发展环境对城中村演化的作用机制，见图 6－14。

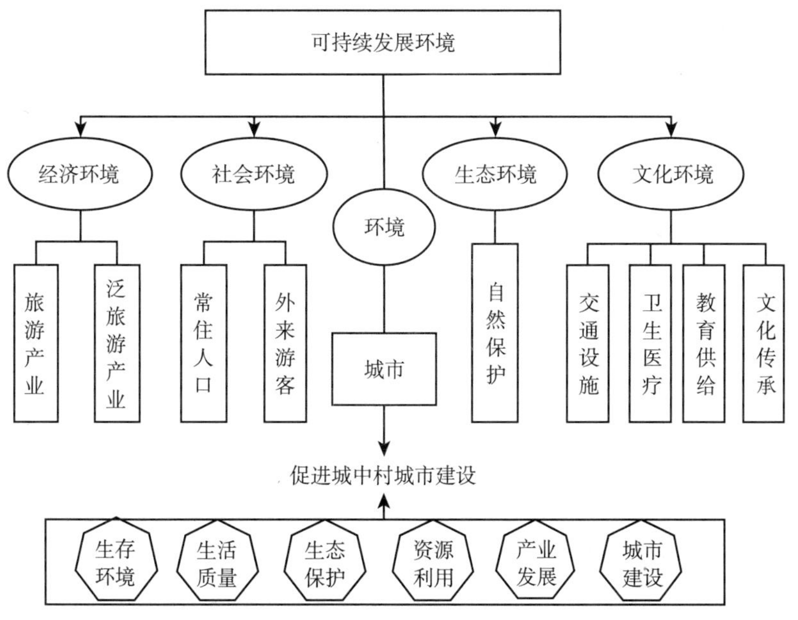

图 6－14　可持续发展环境对城中村演化的作用机制图

花溪可持续发展环境对环境和城市发展均产生着正向作用。首先，经济环境的可持续发展为旅游产业与泛旅游产业的发展提供了良好的平台，促进了花溪产业发展，为经济水平的提升提供了产业支撑。其次，社会环境的可持续发展为花溪常住人口和外来游客营造了良好的社会氛围，增加了人口集聚。人口集聚是一种产业的集聚、资金的集聚、信息的集聚，有利于资源的合理配置和优化利用。然后，社会环境的可持续发展使花溪良好的自然生态环境得到保护，经济发展和社会发展有了较好的自然基础。最后，文化环境的可持续发展促进了花溪公共服务建设，直接影响着城镇化的质量，主要包括交通设施、医疗卫生、教育供给、文化传承等方面建设。文化环境作为城镇化“质”的体现，将游客的不同需求考虑在内，融入人本主义关怀，体现人性化。

环境和城市建设的可持续促进了花溪城中村城市建设。包括为居民营造了良好的生存环境、进一步提高了城中村的生活质量，同时通过生态环境保护和资源充分利用，旅游经济在花溪得到进一步发展，对城市建设的推动力也在不断地扩大，旅游逐渐在城市建设中涌现出强大的生命力。产业支撑是城市建设的重要内容，也是花溪城中村演化的重要推动力，旅游产业的支撑作用促进了花溪城市建设，为城中村演化提供助力。

3. 城市面貌对城中村演化的作用

花溪旅游经济发展改变着城市的本来面貌，伴随着人口迁移、土地征用、城市景观化等活动，花溪的人口、土地利用、生态环境等方面原有的状态逐渐被打破。旅游逐渐融入到整个城市发展当中，城市的自身环境在很大程度上得到改善，旅游与城市建设之间的联系得到加强。研究从旅游经济和城市建设两个方面出发，以构建花溪城中村“旅游即城市”新面貌为目标，构建出花溪城市面貌对城中村演化的机制，见图6－15。

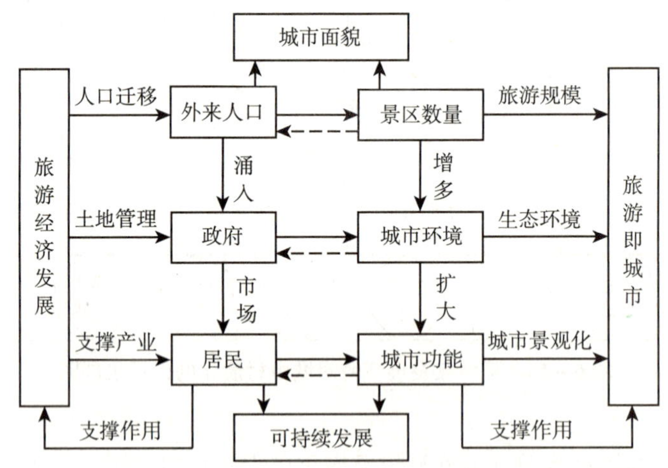

图6－15　城市面貌对城中村演化的作用机制

由图6－15可以看出，旅游经济的发展对花溪城中村面貌改善、景区可持续发展起着积极的促进作用。从人口迁移、土地管理、支撑产业三个方面出发，旅游经济的发展提高了花溪的城市收入，城市基础服务设施力度加大，这就对外来人口迁入形成了吸引力，花溪城中村的外来人口比重占总人口比重在逐渐上升。大量的外来人口涌入对城中村就业岗位的增加提出了客观的要求，如何制定城中村土地管理制度以应对城市景区发展的需要，成为花溪政府发挥其职能的重要内容。花溪政府要制定良好的土地征用制度，在补偿被占用土地居民的基础上，进一步开发花溪的市场，为旅游经济的发展营造一个良好的环境，将旅游产业作为城中村居民取得收入的支撑产业。同时人口的增多和客观市场环境的改变对居民参与旅游业发展具有积极的推动作用，为花溪城中村的可持续发展提供了劳动力资本。

花溪城中村面貌的改变和可持续发展对城中村建设起着积极的促进作用。外来人口的增多对旅游经济的进一步发展提出了客观要求，旅游规模扩大化作为花溪城市发展的必然趋势，而旅游规模扩大化首先就体现在景区数量的增多上。考虑到花溪的自然资源在旅游发展中起着核心吸引的作用，为了花溪城中村获得长远发展，花溪政府在景区规模扩大化中注重对城市环境的保护。城市环境的改善和经济基础作用的加强对于扩大花溪城市功能具有推动作用，有利于提成花溪的环境质量，城市基础景观化和商业化，城市旅游体系配套化和服务配套化，促进城镇化经济的可持续发展。

（四）案例验证分析

以贵州花溪为案例地，通过进行实地调研以获得原始资料，保证了资料来源的真实性和可靠性。研究对贵州花溪的城市景区化发展和都市圈建设进行了背景分析，解释了以贵州花溪作为案例地的选题依据。其中，根据前文构建的结构方程模型的实证结果，在案例讨论和发现中较为合理地模拟出景区联动对城中村演化的作用机制、可持续发展环境对城中村演化的作用机制以及城市面貌对城中村深化的作用机制。

运用单案例研究方法对西南民族地区旅游城市化进程中的新型城乡形态演化进行研究，选取西南民族地区贵州花溪作为案例地来验证城市景区化对城中村的演化作用。结合前文对西南民族地区旅游城市化和新型城乡形态的构成维度、分析框架、研究假设和实证分析，基于城中村的发展现状，结合景区联动、可持续发展环境以及城市面貌三个中间变量，从三个视角切入进行案例的验证分析。结合结构方程的实证结果，分别构建出景区联动对城中村演化的作用机制、可持续发展环境对城中村演化的作用机制以及城市面貌对城中村深化的作用机制，用单案例验证了西南民族地区城市景区化对城中村的演化作用，得出了城市景区化对贵州花溪的发展具有积极的促进作用的结论。

第七章

西南民族地区旅游城市化进程中新型城乡形态演化的路径规划

一、西南民族地区景区城市化对城镇化农村演化作用的路径规划

（一）政府方面：加强法规管理，实现联动开发

第一，完善基础服务设施。基础设施薄弱依然是困扰西南地区乡村旅游发展的突出问题，主要体现在对乡村景区必要的公共服务设施投入不足，难以满足旅游业长久发展，旅游基础设施建设对于旅游业专业化程度发展具有十分强劲的正向拉动作用[245]。因此乡村政府需要加大资金投入，提高西南农村各旅游地区交通道路管理和服务水平，实现西南与各地区骨干线路的对接，加强农村城镇化过程中的基础设施改造，加快高速铁路公路建设进程[246]。主要分为以下几个方面（具体来说）一是根据旅游发展趋势，合理增加乡村公交线路，完善主干道到乡镇的道路建设，提高西南地区与其他地区交通的便捷性，缩小西南部与中部的区域差异。二是在路边合理设立停车场、加油站、厕所等服务设施，改善乡村旅游路程的道路系统。三是建立一站式旅游集散中心，成立旅游信息服务平台，提供旅游相关信息，游客可以自主选择旅游线路或景点[247]，为其提供全方位的吃、住、行、娱、购、游服务，扩展城镇发展技能。

第二，加强调控，管理法规。一是政府应建立完善农村旅游管理制度，根据旅游城镇化的发展调整乡镇旅游和城镇化政策保障和体制改革，成立专门的旅游城镇管理部门，建立高效的行政服务体系，对乡村旅游进行规划引导[248]。二是充分利用行政

资源，推行旅游管理政策法规，加强相关政策的执行力度和宣传力度，推进相关行业协会的成立，发挥各协会的协调能力，保证政策和法规的实施和运行。各执法部门要敢于执法，通过部门间的协调强化执法力度，促进城镇整体水平提高。另外，加大对西南部旅游城镇化发展的政策支持力度，为旅游业提供税收、土地、财政等方面的优惠政策，依托具有优势的生态旅游和乡村旅游对人才、资金等方面给予重点资助[249]。三是培养旅游专业人才，提升队伍素质水平，增强服务意识。

第三，注重民族文化建设。一是民族地区和传统城镇的区别在于少数民族文化本身便是核心旅游资源，通过弘扬西南少数民族文化，发挥传统文化的熏陶作用，展示民族特色，开展学习传统文化的教育活动[250]。二是正确处理文化与经济发展之间的关系，重视文化传承，深入挖掘新时代特征的民族文化，将传统文化和民族习俗作为旅游吸引物，提升农村旅游的社会价值，从而促进社会、经济、文化全方位发展。三是正确认识乡村旅游地的文化价值，保护和传承民俗文化[251]，延续和重塑乡村文化特色，保障中国走新型城镇化道路。

第四，贯彻以人为核心的理念。推进城镇化农村发展的根本目的在于缩小城乡差距，实现城乡居民生活水平的提高推动社会和谐发展，农村居民是农村旅游最富有活力的要素，因此，推动城镇化发展应该首先要解决农村居民问题，以人的全面发展为起点[252]，满足农村居民对不同层次的发展的需求，将传统农民有序转化为第三产业与体验服务业的产业工人。具体来说一是提高村民思想觉悟，健全职业技能体系，进行系统培训以适应旅游需要。二是尊重村民合法权益，通过合法途径保障维护村民利益，保证就业机会平等[253]。三是吸纳农村剩余劳动力进入旅游业，填补服务人员岗位空白，避免出现留守儿童等社会问题。

第五，联动开发区域旅游。目前，区域旅游协作在旅游业发展中占据重要地位，加强各村落景区之间的旅游合作已成为乡村旅游业的共识。由于西南民族地区之间的空间地理关联性，可以在各个农村旅游景点之间开展旅游协作，把城镇旅游与其他旅游景点的开发结合起来，加强区域间旅游产品捆绑合作，争取客源，资源共享，产生共同效益。由于西南民族地区在地域间有着相似的少数民族文化氛围，可以带动游客游览联动性，加强同类产品如少数民族服饰、工具等旅游产品的相互协作，提升整体的旅游吸引力，突出区域中各旅游景点的资源相关性[254]；通过测算乡村景区之间的地理空间距离，建成旅游廊道，将各地区旅游地的景点连接在一起，共同开发一条旅游线路，便于游客实现“一站式旅游”，应对旅游季节性难题，为旅游人力资源的获取提供方便的渠道。

（二）市场方面：发挥组合优势，打造品牌文化

第一，打造乡镇品牌文化。新型城镇化是以文化发展为主题的城镇化进程[255]，

一座城市的核心竞争力来自其特色文化，正是这种特色文化以区别于其他城市，造成城市间的差异性。这种本土性将旅游看作一种体验性活动，有效传播当地文化遗产、民俗风情，形成具有民族特色的品牌形象[256]，强调文化个性，发展极具特色和优势的产业集群，吸引各地游客消费。我国西南地区自古以来就是少数民族聚居地，生活着全国三分之二以上的少数民族，发展城镇化旅游除了立足本地区良好的自然生态环境外，还要在景区城市化项目开发时打造本地民族特色品牌，修建景区基础设施、路牌、城镇民居，建设品牌支撑体系，提高产业竞争力[257]。城镇化农村可以根据民族特色修建旅游景区建筑物，营造民族文化氛围，抓住外来旅游者眼球；在高速公路或铁路旁的耕地田亩种植特色水果或蔬菜，突出地域特色，提升地区种植独特性；修建高识别度的标志性雕塑，使外来游客入住后感受到浓烈的文化氛围。以当地丰富的自然和历史资源为依托，以优势产业为载体，不断挖掘和创新民族文化内涵，弘扬传统文化，传承和修复本地特色民俗文化[258]，走特色发展之路。

第二，改善旅游购买环境。在一些旅游乡镇中，消费者往往面临着“店大欺客”的情况，市场运营时常与消费需求发生冲突，那些本地的商贩为了获取更高利益而罔顾旅游法，带来商业市场中不择手段追逐利益的陋习，以信息不对等欺骗顾客，严重扰乱正常运行的旅游市场秩序，导致重游率降低，给城镇化农村建设带来不利因素。因此，需要提高购物旅游环境，在政府管理措施的引导下，完善乡村景区旅游接待设施，改善购物环境[259]，对商品进行明码标价，规范商品摆放，满足顾客的合理要求，提升城镇餐饮水平，为旅客提供更加舒适的旅游体验，提升游客游览乐趣及购买满足感。

第三，拓展乡村旅游新业态。在农业功能拓展方面，推进旅游与农业、教育文化、健康等产业深度融合[260]。建设具有历史、地域、民族特色的旅游村镇，开发农业文化遗产。发展农田艺术景观、街边农艺等创意农业，加快创建乡村手工艺品等特产的品牌，推进农产品走向国内外。强调创意文化和农业的有机结合，根据西南地区广袤的乡村地域和浓厚的民俗乡土文化，培育特色旅游乡镇，打造乡村旅游精品，有助于推动城镇化农村建设、缩小城乡差距，促进城乡一体化进程[261]。

第四，合理开发自然资源。旅游市场在城镇化农村发展的进程中往往重视经济效益而忽视生态环境方面的价值，把自然资源环境只作为投入因素，出现环境恶化、资源浪费等现象，这必然会对食品安全及生态健康带来严峻挑战，一旦生态功能区的自然遗产被破坏，将难以修复。因此，要打破传统城镇化过度依赖资源的思想误区，科学测算景区资源环境承载能力，必须在农村区域可承载的能力范围内进行合理开发，遏制旅游产业对农村资源的无休止开发和掠夺。另外，保护作为乡村自然吸引物的自然资源，合理进行开发，降低资源开发给自然资源和环境带来的负面影响，坚持节约优先、保护优先、自然恢复为主的方针，加强农村生态文明建设，加大污染防护力度，提高资源利用水平，促进城镇绿色发展、循环发展、低碳发展。

第五，产业联动发展，发挥组合优势。随着旅游产业要素的完善，衣、食、住、行、娱等各个产业之间关系日渐密切，旅游产业与其他产业的关联性逐渐增强，壮大产业的同时要促进文化产业、医疗产业等新兴产业的发展。景区城市化并不是一个单一发展的过程，而是以旅游产业为核心、多要素协同发展的过程，因此必须科学地分析西南地区城镇化空间布局，将周边气候、景色、民族文化等资源进行整合[263]，优化产业结构。通过产业集约开发西南地区除自然资源外的旅游资源，引进酒店、餐饮、交通等产业，实现旅游产业集聚、消费集聚，提高旅游资源的使用率。确立以旅游产业为主的产业群，通过其他产业推动旅游产业发展进程，强化资源利用方式，发展低消耗、低占用、高产出的集约型产业，加快西南民族地区景区城市化发展进程，形成复合型旅游产业，保证旅游城镇化发展具有持续的动力。对于工业产业而言，旅游产业应该与其协同发展，通过旅游发展战略使工业和旅游朝着更加良性的方向发展。

二、西南民族地区景区城市化对城郊化农村演化作用的路径规划

（一）政府方面：规范土地利用，开发保护并重

第一，制定城郊土地利用规划。人口城镇化是西南民族地区城镇化发展的目标[264]，聚落是人类活动的核心，农民通过聚集在乡村完成居住、饮食、休息等活动，乡村聚落的整体形态及分布特征为景观发展带来了丰富的内涵。随着城市化进程步伐的加快，城郊地区因为临近城区而作为城市扩张的首选地，城郊土地被利用，大量农业田被取代征用，开始开发工业、娱乐、商业等非农用的土地，农业用地面积逐渐缩小，乡村景观与工业园之间出现严重的不协调。在这个背景下，需要对城郊土地利用的情况做整体分析，利用规划限制工用土地在郊区的蔓延程度，以法律手段对城郊土地利用规划给予支持和保障，加强区域合作国际化程度[265]；另外，在满足农用地正常使用的前提下，治理其他可用的土地，提高城郊农业用地和城市用地的节约利用率，保证农地维持规模和数量，保护旅游所需的土壤，为城郊可持续旅游提供空间载体和决策。

第二，实施监督和管理。为完成城市化进程背景下对乡村资源环境的保护，政府应该对城郊乡村旅游的开发给予高度关注和支持，提高城郊化农村的城市化水平[266]，扶持绿色养殖、种植和乡村旅游等产业，结合相关旅游法规法案，制定保护地方文化和民族特色的法规，通过宣传让更多的旅游者了解民族地区乡村文化；实施

相关监督工作和管理工作，深入实地考察生态环境问题，积极推进旅游工作标准化建设，强化对旅行社服务质量的监管，遏制经济要素对城郊乡村的无理扩展和不正当交易情况的出现。另外，旅游行政管理部门应当开展旅游统计分析，建立旅游信息管理系统和旅游投诉网站，加强依法行政，建立精干的旅游执法队伍，强化旅游质量监督管理的职能；制定相关政策和规定，鼓励开发城郊乡村旅游，在合理范围内以企业开发促发展，大力加强对城郊乡村景观的修复力度，保护乡村自然环境。

第三，交通和基础设施的改善。发展乡村旅游最重要的是拥有畅通无阻的旅游交通线路和完善的基础服务设施。西南地区各区县应该在规划的统一指导下加大对各类资源的资金投入，修整基础设施，完善和拓宽城郊主要线路的交通道路，实现西南地区与其他省市旅游线路的对接[267]。对旅游景点基础设施的不足予以改进，加强水利、电力、通信等基础设施的建设，在保障居民拥有良好生活条件的同时，提高外来游客的暂住体验感受，如增加停车场、加油站、公交车线路的数量，提高游客的满意度，建立旅游集散中心[268]；充分调动农民的积极性，对乡村居民的居住客房、厨房和厕所进行改造。另外，在网络建设方面，加快信息技术的应用，实现旅游现代化，加大建设旅游网络建设力度，引导旅游信息系统的广泛应用。

第四，划分城郊旅游系统。城郊地区是城市环境向乡村环境过渡的一个部分，包含城市区和乡村区的两重优势，旅游资源较为丰富。为了推进城郊化农村的发展，应该修编城市规划，把近郊旅游纳入城市旅游系统中，和其他类型旅游一起进行统一规划和开发，把乡村旅游作为旅游大系统的一部分，统筹安排，全面规划。例如，可以把近郊旅游景区和近郊的几个村落当做城市的后花园，建设城市旅游区的自然屏障，缩短城市与乡村的距离感；开发大型主题乐园、滑雪场、都市农庄等休闲场所，结合餐饮行业和房地产行业，与旅游相融合，把近郊景区变为城市的森林公园、文化花园、绿色生态社区。

第五，保护生态资源，坚持旅游开发与保护自然环境并重。旅游发展与环境保护是相互统一、相互促进的，正确认识环境保护，是确定保护目标、设立保护决策、实现环境保护和发展并行的前提。由于旅游业的不合理开发、管理缺失和不文明的旅游行为，旅游景区的生态环境和不可再生的旅游资源遭到了严重的破坏，阻碍了景区城市化的发展。要改变这种状况一是加强宣传，提升环保意识。培养旅游者、管理部门的环保意识，敲响警钟，通过电视、互联网及景区警示牌等做好宣传工作，在城区入口、公园等重要的场所设立保护环境的宣传警示牌，让当地居民认识到自然环境和资源保护的重要性是维持可持续发展的关键。二是增加旅游环境保护投资。政府加大对环境保护的财政投入，积极发展农村旅游产业，保证投资稳定增长。从门票费用中抽取部分资金用于旅游环境保护、管理排污系统。三是保护景区环境卫生。严格禁止在旅游景区，尤其是在文物古迹上乱涂乱画，对于造成环境污染的游客行为，将采取惩罚措施；提升城郊旅游城市化质量，通过发展低能耗的旅游业改善环境；实施取消景区烧烤、禁止车辆进入景区等措施，减少空气污染，改善生态环境；增强处理和排放污染物能力，建立消除烟尘、污水等基础设施，如利用喷雾工具对水进行过滤处理，当水雾化后喷向空中，不仅可以净化空气、防尘降尘，也可以作为一处自然景观让游客欣赏。

（二）市场方面：制定旅游规划，设立空间圈层

第一，制定特色旅游发展规划。城郊农村旅游的长久发展取决于乡村的内在本质——民俗、景观、文化，乡村性是吸引游客进行旅游的最本质的特点，是判定乡村旅游的关键之处，也是旅游市场推销的核心[269]。对于久居城市的居民而言，快节奏的生活方式常常让他们不堪重负，而原始自然的乡村风光能让游客暂时忘却烦恼和日久生厌的城市生活，体会惬意和安适，得到精神上的放松和愉悦。但城郊乡村在城市化进程中渐渐被城市的流行、时尚文化同化，掺杂了高科技和人工手段，失去了最具特色的传统乡土风情，生产生活也逐渐转向城市生活。因此，需要对城郊旅游资源进行合理规划，以特色产业为依据，对旅游的产品及项目进行精心设计，提升乡村旅游资源的丰富度[270]，维持西南民族地区不同地域的乡村建筑风格，保证独特的木屋、竹屋、祠堂等建筑的完整性，常年开展丰富的民俗活动，突出郊区旅游建筑的本土性和迥异性。

第二，开创独特旅游项目。由于景区城市化的快速发展，社会问题和污染问题愈加严重，城市中的人们因为工作压力等问题逐渐增强回归自然的愿望，城郊地区位于城市与乡村交界处，是推进城市发展的后备力量，与其他旅游地区相比，城郊旅游的优越条件在于离城市近，交通相对方便，基础设施相对完善。因此，在未来的发展中，城郊旅游应该开发自身独特的旅游项目，扩大宣传力度，使自己成为城市居民短途旅行的首选之处。例如，利用城市优势和郊区优势，开创新颖的自然景观，将人工生态景观、民族文化景观和现代农业景观相融合，走“生态—文化—科技”旅游之路，缩短人们浏览景区的时间，既可以满足人们休闲娱乐的需求，放松疲惫的身心，又能为旅游市场提供效益，充分发挥城郊的旅游功能，推进城郊化旅游的发展进程。

第三，创建生态屏障。在以经济建设为中心的发展时期，经济效益永远大于其他效益，在城市郊区城镇化进程中，由于与经济利益发生冲突，自然生态环境常常付出沉痛的代价，大规模的开发给自然资源带来无法挽回的破坏，原有生态系统发生失衡，环境容量萎缩。为了避免环境质量进一步下降，可以在城郊景区和城市之间设立生态屏障，如绿色防护廊道，生态隔离带等。不仅可以减小城市景观对乡村景观的破坏力，避免视觉上的差异性，维护城郊本土的乡村性，还可以提高城郊环境质量，增加旅游的绿色空间，体现生态自然的乡村风格，保证游客和居民对绿色体验的满足感，让郊区景观成为一道独特的风景线。

第四，设立空间圈层。在空间范围上给城郊乡村划分三个圈层，分为近郊、中郊、远郊。乡村旅游资源在城郊化影响下呈现出乡村性和空间差异性，根据这些特点，分层次对各个圈层的乡村旅游产品进行开发。对近郊圈层而言，可以开发与城市化更加紧密的大型滑雪场、游乐场、健身场所，生产参与性较强的旅游产品；中郊地区应该开发以乡村为主体的旅游产业，通过实体乡村景观和乡村文化吸引旅游者参观游玩，如农业观光、民族文化体验、乡村民俗和生活体验、乡村建筑参观等；远郊由于远离城市，可以开发生态旅游、生态农场、休闲度假村等主题的旅游产品，建设各类公益性公共设施和娱乐设施，利用地理位置吸引游客的兴趣。各圈层的合理分配及相互作用，层层递进，推进城郊乡村旅游发展进程，最大限度地降低城市化对城郊乡村旅游的影响。

第五，利用多种营销加大宣传力度。城郊化农村旅游应充分利用现有的旅游资源和网络资源，以及目前发展迅猛的新媒体进行全面、多角度的营销。以点带面，将乡村特色的产品作为最好的宣传方式，集中资源生产差异性、独特性的产品，创建具有本地特色、质量较高的旅游综合信息网，发展旅游电子商务。例如，西南地区由于是少数民族的聚集地，拥有各具特色的民族服饰，旅游相关产业可以把居民组织起来，生产民族服饰[271]，通过整体销售方案，把服饰推广至企业、网店等销售渠道，利用社交媒体与游客进行积极互动，提高旅客参与品牌传播的积极性。

第六，扩展融资渠道。充足的资金投入是确保城郊乡村快速发展的关键，应该积极争取“三农”资金、扶贫资金、城乡统筹资金、基础设施建设资金、生态移民资金等相关部门对西南地区旅游产业的资金支持，积极响应国家的财政政策，完善农户三权（土地承包经营权、林权和农村居民房屋产权）抵押机制，加大与银行合作力度，突出农村金融对城郊乡村旅游发展的推动作用；实现金融资源市场化，以市场为主要手段实现金融资源最优利用[272]；根据西南民族生态旅游发展形势，营造城郊乡村旅游业积极发展的氛围，吸引投资商投资，鼓励政府投入旅游资金，丰富城郊乡村旅游融资渠道，实现融资多元化。

三、西南民族地区景区城市化对新农村演化作用的路径规划

（一）政府方面：加强社会保障，均衡公共资源

第一，完善社会保障体系。城市化表示的是以城市这种能最有效实现商品经济发展的社会经济组织方式逐步代替原有的社会经济组织方式。为了发展新农村旅游，更好向景区城市化演进，最有效的方式在于社会保障体系的建立。因此，在经济体制转

轨和社会结构变迁的背景下，有必要加大政府对新农村社会保障的投入力度，扩大保障范围，实现资源配置的公平。同时增进城市和农村社会保障水平，找准农村社会保障的关键点，先行发展养老保险和医疗保险。采用“福利+保险”的模式实现多渠道养老，逐渐提高新农村居民社会保障水平。建立具有针对性的农村社会保障运行机制，成立专业性的管理团队，从保障资金的来源、运行、支付、管理和监测等方面完善农村社会保障体系，补充针对失去土地的农民、农民工等群体的伤残保险、失业保险等相关内容，实现城乡统一的社会保障制度[273]。

第二，建构土地利用空间。由于景区城市化发展时或以生态保护为导向，或以城镇开发为导向，难以让优势土地资源发挥效用，加上管理和反馈机制不健全等问题，造成了土地利用结构不稳定、土地开发困难等现象。基于此，在新农村建设中，应该有效利用景区内的农村社区用地，通过直接利用、整合利用等方式开发潜在价值，实现自身生产和旅游需求的双赢发展；置换用地产出效益较低的土地，用以公共用地和非公共用地，建设区域基础设施和防护绿地，完善传统农村旅游接待场所设施，有效利用土地资源的经济价值。同时，根据土地适宜度评价结果，对景区范围内的土地进行分区管理，健全土地空间管理体系，增加土地可持续开发的可能性；建立土地利用实施组织机制，如成立各个旅游景区开发管理委员会，负责决策的制定落实、基础设施的建设等；制定阶段性的规划目标，建立居民参与投诉系统，保证旅游景区可持续发展。

第三，加强管理，保护生态环境。农村原生态的绿色资源是吸引游客的不二法宝，清新的空气质量、无污染的生态农业与嘈杂的城市氛围形成鲜明对比。新农村的可持续发展必须以良好的生态环境为基础，因此，为了吸引大量游客，发展乡村旅游，加快景区城市化进程，首先要明确乡村旅游的管理机制。根据实际情况建立旅游管理委员会，专门从事制定发展规划等工作，规范旅游设施、资源开发等方面的管理，建立服务质量标准，制定合理的收费标准，加强日常指导和管理，防止出现管理混乱的局面。其次要明确乡村发展与生态环境之间的关系。树立“生态兴游”的思想，加强对当地居民的环保意识和可持续发展理念的培养，充分考虑自然资源的可承受能力，强化对生态环境的保护，坚持发展旅游与保护生态环境之间的内在规律，做到科学保护与合理开发并重。此外，加强农民居住条件的改善及周边环境的美化绿化工作。研究排放废水等污染物，加强对乡村旅游公路两侧绿化带的建设，做好卫生保洁工作，对严重破坏环境的行为采取惩罚措施，努力修复遭到破坏的自然环境；通过太阳能、风能和热能等可再生能源，实施沼气工程，将农作物的秸秆等有利用价值的废弃物转化为沼气，运用于居民日常照明、做饭，再将沼气池用过的废弃物排入农耕田中，作为肥料循环使用，达到资源的持续循环的目的。使用借鉴其他区域旅游景区的成功经验，根据自身特色探索旅游发展模式，推动乡村建设发展，实现社会主义新农村可持续发展。

第四，均衡城乡公共资源。实现城乡一体化的前提是保证新农村和城市公共资源的均衡配置，包括基础设施建设和教育资源均等化。保障新农村建设稳定发展的基础在于发展新农村基础设施建设，为了提高农民生活质量，发展新农村旅游建设，应进一步拓展西南农村地区基础设施建设融资渠道，加大对基础设施建设的资金投入[274]；面对农业产业与基础设施脱节的局面，制定科学合理的基础设施建设规划，改善农村梯田、水利工程等设施；根据西南地区现有的农村生活水平，完善农村道路、水电、电视、网络等建设，改变农村生活设施落后、布局不规整等现象。农村教育设施的落后不仅阻碍人才资源的储备，而且不利于景区城市化建设过程的发展。为了实现教育均等化，首先要提高农民的基本素质，尤其是针对留守儿童“入学难”等问题，为流动儿童提供公平受教育的机会和条件；加大对公共财政的投入力度，在西南地区农村资源落后的情况下合理利用教育资源，如按照资源优劣分配不同层次的教育资源，实现资源效益的最大化[275]；改变农村教育模式，由以往数理化为主的知识性教育模式转向知识与技能并重的教育模式，在注重知识教育的同时加强对职业技能的培训，引导农村年轻人选择合理职业。

第五，强化农民主体意识。农民是农村发展的重要基石，是农村建设不可或缺的一部分，无论是发展景区城市化，还是建设新农村，都不能忽视农民带来的巨大影响，他们的积极参与是乡村旅游持续、长久发展的保证，只有农民真正参与到景区城市化和新农村建设中来，才能实现增收致富[276]。在新农村建设初期，农民可能因为思想观念等原因没有参与开发乡村建设，热情度不高，参与度较低，对本地旅游开发带来了不利的影响。因此，政府必须为农民提供更多的就业机会，缓解就业压力，让农民得到实惠，将新农村发展与农民长远利益紧密结合起来，利用媒体宣传和组织培训等手段，改变农民落后的思想观念。加强农民对自身主体地位的认识，在发展乡村旅游时充分考虑广大农民的切身利益，在旅游规划开发管理时充分考虑当地农民的意见，如适当给予农民经济补贴等。鼓励当地农民积极参与到旅游建设中去，参与经营管理，建立自己的经营场所，享受经济、社会等方面的利益。

（二）市场方面：发展智慧旅游，培育地方特色

第一，发展智慧旅游。社会发展日新月异，以云计算、物联网、3G/4G 技术为代表的新一轮技术革命的到来意味着市场将对旅游产业有更高层次的要求，游客的需求发生改变，旅游方式也发生改变[277]，因此，智慧旅游应运而生。智慧旅游是以游客为主体，通过实现景区的智能运营、创新管理，以智能移动终端为平台，基于互联网的技术支撑为其提供方便快捷个性化的服务[278]。启动智慧旅游工程要求拥有比较发达的信息科技，但西南民族农村地区依然处在建设景区城市化过程中，没有城市发达的信息化基础，缺乏充足的资金，只能将重点放在少数民族文化上，实现民族文化旅

游的深度体验。发展新农村智慧旅游建设需要采取农村政府主导、乡村企业经营、专业性的人才支持等联合推动的共建模式[279]，首先，对少数民族文化旅游资源进行统一编码、采集、录入，政府对从业人员展开业务培训。其次，建立相对完善的智慧旅游运营支持的云平台，政府将业务的管理权外包给其他机构，规定知识产权利用的资费、收费，实现对文化产权的保护[280]。最后，实现旅游产业链的运行，普及智慧旅游在旅游景区的应用，为游客提供方便、快捷的导航、旅游、导购等服务，实现智慧旅游无缝隙对接，使游客能获取相关信息，完成旅游产品的预订支付，了解少数民族文化的知识，获得良好的旅游体验[281]。

第二，整合产业空间。旅游产业在景区城市化发展过程中离不开其他产业的支持和联系，因此，旅游景区产业空间整合应更加重视区域整体效用，按新农村社区的资源优劣调整三产结构，提高市场竞争力[282]。其一，改造传统产业。根据西南地区旅游地利用现状，建设观光农园、果园，设立苗圃鱼塘等观光地，把传统种植业转向景观种植业，使农业和新农村旅游业结合，形成新型产业发展体系，达到农业和旅游业共同发展、互相影响的目标。其二，形成专业化产业区。结合景区城市化的特点调整加工内容，加快产品的制作和销售。其三，打造支柱产业，合理分布第三产业空间。为了加快景区城市化对新农村建设演化，可以在各个景区选择一处作为综合休闲度假区，发展购物观光、民族文化、名人文化等旅游产品，利用交通运输、信息技术、零售批发、餐饮住宿等三产项目发展新农村建设，将传统个体零散分布的家庭式经营转向了集聚的规模化企业经营，形成旅游观光带和产业链。

第三，培育人才，提升服务质量。实施“以旅促农”的发展计划不仅需要培养高素质人才，也要不断提升景区旅游服务质量，提高景区软实力，促进乡村旅游的发展[283]。在景区城市化过程中，景区从业人员的素质是展现景区综合服务能力一个方面，必须建立长远发展的计划，加强乡村旅游从业人员培训，构建专业人才队伍，培养先进的经营管理观念，提高从业人员的综合素质以及服务技能水平，形成有效的管理体系以推动新农村建设和发展；建立完备的新农村旅游接待服务体系，改善景区基础设施，提高乡村服务质量水平，规范居民家庭接待游客的质量标准，对房屋设施、卫生条件、接待能力等多个指标进行测量，定期评审可接待游客的家庭旅社，进一步加强接待服务水平；加大对新农村社区安全的治理力度，合理整治乡村环境，营造良好的村容村貌、文明环境、和谐氛围，为游客提供一个温馨、舒适的旅游环境；整治餐饮卫生环境。

第四，培育地方特色。旅游景点的核心吸引力来自当地的旅游资源，西南地区乡村旅游资源数量丰富，规模庞大，种类繁多，因此，在实行景区城市化的发展过程中，必须要培育地方特色，防止工业垃圾、城镇污染侵入乡村，突出乡村自然景观，开发文化观光旅游，通过体验乡村生活[284]，增加对乡村文化的理解，这样不仅可以增加村落的活力，也能避免对环境的破坏，还能提高游客对跨文化的认识，深切感受到民族文化的差异性，变文化优势为经济优势；注重对传统文化的保护，通过实践寻找传承文化的新思路，努力将弘扬传统文化发展成为建设乡村旅游的重要渠道[285]。此外，可以现场制作工艺产品，再现部分传统工艺的制作流程，挖掘乡村的文化内涵，吸引游客关注度，带动市场创新发展；或在旅途中建立旅游接待场所，通过改造社区居民农户形成“乡村驿站”，为游客提供便捷的休息区域，满足农民的经济需求，也可以根据产业发展情况适当开发养生类地产项目，形成疗养社区，以满足不同游客的需求。

第五，加大网络宣传力度。随着互联网、移动互联网时代的到来，越来越多的用户倾向于使用移动社交软件或在线旅游平台了解旅游景区、旅游攻略，订购景区门票。移动互联网带给营销最大的变革，就是将自媒体运营权最大可能交给旅游景区，除了运营传统的官方网站，还运营微博、微信公众号等[286]。因此，一个旅游景区如果没有在在线旅游平台上有所作为，将失去大量的潜在旅游者。为了扩大新农村地区影响力，更好地建设新农村，推广旅游景区品牌和形象，景区可以加大品牌宣传力度，策划具有区域特色的主题活动，通过微博或微信传播，吸引线下媒体的宣传报道，或通过与同区域景区的旅游资源进行优势互补，根据新农村的传统特色，推出多功能、多维度、多空间的旅游平台，整合潜在的旅游者资源，可以让消费者根据自己的需求和特点，快速寻找自己的旅游目的地及路线。另外，景区还可以通过互联网的特性，将景区直接展示给旅游者，利用三维虚拟技术，把景区变成动态的风景，使点击者身临其境，加深游客对景区的认识，激发游客的前往兴趣。

四、西南民族地区城市景区化对都市圈演化作用的路径规划

（一）政府方面：加强基础建设，创新旅游模式

第一，制定区域旅游规划。政府发展战略是影响区域城市化水平和城市化进程的一个不可忽视的因素，直接影响到农村居民是否能有效地向城市转移以及城乡收入差距[287]。城市景区化发展过程中，政府除了促进区域间经济发展外，还应该制定一个跨区域的旅游规划，由多地行政部门商讨，考虑各方经济实力和旅游资源后，提出互补性的整体规划方案，在都市圈发展中既能体现自己的优势，也能整合多方共同优势。实行多地旅游市场联合开放，不仅可以节省其他地区制作规划的成本，也保证了区域间旅游资源开发的完整性。在旅游规划中，要把规划意志上升为政策法规意志，只有经过法律审定后，才具备法律效力。

第二，建设交通设施。基础设施是城市间合作的桥梁，不仅是保证现代社会经济

发展的前提，也是都市圈域经济运行的保证。便捷的基础设施能够降低城市间的通勤时间、距离、成本，提高城市群内部的旅游流聚集和扩散效率，拉近都市圈内城际经济距离，有效保障城市协作的产生，推动都市圈的演化。交通作为旅游业的三大支柱之一，对城市景区化发展有着重要的影响，因此，必须合理规划旅游交通基础设施，建设区域间的交通网络，全方位整合城市轨道、城际与区际快速通道、通信与服务中心等，通过旅游直通车和城际公交的模式实施景区交通一体化，促进都市圈内交通的便捷可达性。实现交通网络无缝对接、建立自驾游等服务体系，将孤立在城市间各个角落的景区连接起来，合理布局旅游区域，实现旅游枢纽网络化，提高游客旅游过程的高效率性和可控性，形成都市圈旅游联动发展的格局。同时，提供旅游城市多地公交卡共享服务，实现"一卡多地刷"；加强旅游景区内外道路建设，完善机动车观光道路和游客步行观光道路，充分考虑旅游者的出行需求。

第三，构建旅游协同发展模式。当前我国正处于工业化、城市化快速发展时期，都市圈建设和发展为都市圈旅游提供了新的发展机遇。为了更快地发展西南地区的旅游产业，应该成立都市群旅游协作领导小组，对西南地区旅游发展进行综合协调和组织，引导和推动城市间的旅游合作，促进旅游的跨区域联动；政府各级财政部门设立旅游发展基金，结合交通、建设、文化等部门的资金，对旅游资源、旅游基础设施和公共服务设施的建设给予财政支持，整合部门资源开发旅游产业和项目，发展文化旅游上市公司；完善旅游景区管理体制，将所有权、保护权和经营权分开，景区转让经营权的收益主要用于旅游业的发展，政府保留对景区的所有权和管理权，对社会分散的旅游景区进行统一管理；强化旅游行业的准入机制，提高准入门槛，支持大型旅游企业发展上市，加强精品旅游线路、精品旅游产业的管理，防止出现过度竞争行为。

第四，改善生态环境。城市景区化发展过程中，城市逐步成为游客游玩首选之地，生态环境会影响城市的整体形象和可持续发展，西南地区范围内有着丰富的自然资源，根据自然生态和环境污染的特征，建议构建都市圈生态环境保护圈，实现旅游可持续发展。生态环境保护圈不是以市行政区的范围来进行划分，而是一个地域性区域合作性质的概念，通过城市及周边区域的协同推进以保护都市圈内的生态环境。生态环境保护圈的重点保护范围在都市圈的江湖河资源、城市道路和少数民族文化名胜古迹等。禁止生产生活污水、城市化工污染物，避免污染型企业进入城市。定期对城市景区进行清扫、环境治理，将污染企业统一迁入工业园内，让城市与自然更加和谐、城市景区化发展的步伐更加稳定。

第五，发展城市文化。城市文化是现代发展和城市深厚的历史文化背景相结合的产物，既包括对历史的传承，又富有新的时代特征，不同的城市拥有不同的文化，城市的文化资源、氛围和文化发展水平体现了城市间的差异性，决定着城市发展的未来。城市景区化进程中，西南地区都市圈内的各个城市除了要加强自身文化建设，同时还要不断吸收和学习外来优秀的文化精神，基于少数民族文化的相似性寻找共同的文化传承、生活习惯、祭祀风俗等，形成文化认同感；文化部和国家旅游局加快对文化品牌战略的实施，对文化旅游企业给予合理的政策支持，引导都市圈内旅游城市规划划定文物古迹、优势建筑的界限，对城市历史文化资源加以保护，打造文化特色旅游产业聚集区，促进城市景区间的协同发展。

第六，鼓励城市居民出行。西南地区处于旅游业发展的上升时期，城市居民对旅游业的认知目前仅停留于简单的收益阶段，从而产生了各种不利于旅游业可持续发展的行为，影响区域旅游合作的成效，因此应加强对居民有利行为的鼓励和不利行为的约束。西南地区的旅游行业人才素质相对较低，应加强人才培养和培育机制，提高从业者的素质：西南地区旅游者出游率相对较低，应通过鼓励旅游等方式提高社区居民的出游率；通过各种形式的投融资政策，政府鼓励社区居民成为旅游市场的主体。另外，还需通过各种形式的政策诱导防止其不利行为的发生，使城市居民真正成为区域旅游合作的有利推动者。

（二）市场方面：增强区域合作，形成规模效应

第一，完善旅游人才培养。人才是经济时代生产力中最有价值的因子，也是都市圈演进过程中促进发展的重要力量，因此，要有目标性地培养一支具备敏锐城市景区化建设意识的专业人才队伍，发挥西南地区各大高校的作用，利用教育资源做好人才的培养教育工作，加强人才储备，为城市景区化建设提供强有力的人力资源。加强旅游职业院校的建设，建立高层次、高质量的旅游人才培养地，提高区域专业人才的水平，推动高校和行业、企业的合作；通过多种手段培养旅游人才，包括对旅游从业人员的职业技能培训，提高文化修养等；同时针对引进人才出台相关优惠政策，吸引可持续发展所紧缺的复合型人才和专业技术人才的关注，加强城市间人才的交流互动。通过区域内外的学习访问交流，提升都市圈的专业技术能力；成立中小企业创业风险基金，鼓励西南地区毕业生创办旅游企业，在相关政策的辅助支持下，为在都市圈开办旅游、文化服务企业的应往届大学毕业生提供财政补贴，为高端技术人才提供优惠的住房条件，定期给予生活补助。

第二，建立区域合作机制。西南民族地区偏居我国西南内陆，加快实施区域合作战略，对于西南民族地区经济和社会的发展都具有十分重要的意义[288]。不同的城市景区会根据自身优势吸引不同的游客，都市圈内部的各个城市在城市景区化发展过程中存在着不可避免的竞争，但发展都市圈并不意味着要消除这种竞争，而是要形成竞争合作的关系，对旅游发展进行综合协调和组织，处理好城市间的利益分配问题，引导和推动区内外旅游合作。因此，可以建立区域旅游组织，专门负责策划、联系沟通、旅游信息咨询等方面工作，推动都市圈旅游区之间的全方位合作，充分利用西部城市空间集聚的趋势[289]；设立具有明确指导性的旅游规划，通过专门机构实施，保

证市场协作体系中的发展方向；加强和引导旅游行业协会的建设，利用其资深组织协调能力促进各城市间的协调发展，加快推进城市景区化的步伐；加快构建和扩大城市景区数量和规模，避免市场垄断，提升市场共享程度，推动景区联动发展；重点开发资源丰富的旅游区，将其作为发展轴带动其他区域的发展，形成点轴开发网络，实现旅游的跨区域合作。

第三，形成品牌特色。文化是旅游的核心，是城市化建设的基础。在都市圈演进的过程中，城市的文化底蕴和品牌特色逐渐成为协同发展的重要指标。西南民族地区的都市圈在景区城市化建设时应创立区域旅游品牌[290]，通过整合、整理各项与旅游相关的要素，发挥品牌效应，通过挖掘各地区不同的文化内涵，发挥资源优势，逐步形成新的分工与合作，通过品牌带动作用，促进经济结构调整，优化旅游资源配置。建立层层递进、布局合理的市场格局，开展各种形式的旅游活动，促进旅游市场向个性化、特色化的高端旅游市场发展，增强区域旅游景区对游客的吸引力，培育著名旅游品牌，增强核心竞争力。

第四，区域联合宣传。西南地区拥有极佳的市场条件，但城市间的联合宣传作用未能完全发挥出来，为了提高旅游资源的影响力，应该加强都市圈内部的联系交流，利用城市广告、多媒体、微博网站等宣传手段加强对外传播，树立清晰、鲜明的区域整体形象[291]。加强对旅游路线和计划的联合宣传，制定统一的市场营销决策。打破城市间的间隔，针对每个地域的市场特点，将各区域的特色通过各式各样的宣传方式表现出来，如邀请有影响力的旅游电视频道、旅游杂志、旅游记者来进行采访报道和考察，或通过互联网在旅游论坛、网站发布城市景区的相关信息，扩大区域旅游的影响力。成立旅游联合促销宣传机构，从机构的年度促销经费里提取联合促销资金，在国内外旅游市场推广都市圈整体形象，对都市圈内景区门票统一实行“套票低于单张票总和”的规定，或实行折扣优惠，在参观都市圈内任意一个景区后，便可以在游玩下一个景区时实行门票折扣优惠，扩大景区间的对外宣传力度，吸引游客的驻足和关注。

第五，实现资源共享。旅游市场在不断扩大，资源也在不断丰富，为更好地发展都市圈市场经济，必须在旅游资源上突破区域限制，整合区域性资源，通过共享旅游资源更快地提升景区联动的紧密程度，进而对都市圈演化产生影响[292]。因此，西南民族地区的景区应该整合区域优势资源，实现区域规划，由宣传走向行动，推动旅游资源、产品、市场、客源、利益共享，改善旅游产品的结构，提高旅游资源利用效率，避免旅游市场重复建设，防止行业恶性竞争；城市间开通“旅游绿色通道”，适当对高速道路通行费减免，实现多地互动旅游，促进景区协同发展。另外，依托互联网和局域网，加快区域旅游信息网络建设，成立区域旅游信息服务平台，由政府和旅游企业进行管理，实现旅游信息共享，避免地区间的盲目竞争，以及出现旅游各个部门意见不同的局面，不仅可以树立区域旅游整体形象，还能发挥都市圈内媒体的协调作用；链接各地旅游官方网站，逐步实现都市圈内省市的旅游资讯中心、旅游集散中心的相互连接和信息互动，合理编制旅游线路，开发旅游资源，实现城市景区化一体发展。

第六，实现资本合作。西南地区城市由于发展水平的不同，存在着经济差异，对于旅游业的投资经费也存在着差距。因此，需要充分利用资本合作对企业资源进行整合，实现旅游业的联合发展。在开展大型景区基础设施建设和发展旅游企业时，使用共同资金，实现利益共享。进行旅游经营时，在相关政策的指导下，打破合作障碍，建立跨区域的旅游企业，形成具有竞争力的旅游经营体系，扩展企业的范围，积极发挥产业集群优势[293]；加快对都市圈旅游地区的投资，增强旅游投资的市场化程度，提高投资效率和投资质量，加强企业间的合作、市场的协调，只有做到共享利益，才能长久地开发旅游产业。

五、西南民族地区城市景区化对城中村演化作用的路径规划

（一）政府方面：塑造城市精神，保护城市环境

第一，塑造城市精神。城市精神是城市的历史文化和现代发展的结合体，包含对历史的传承、对新时代的接纳，一个城市整体形象精神的塑造包括文化资源、文化氛围和文化发展水平，为了加快城市景区化进程，提高城市的竞争力，应该加大对城市传统文化的保护和现代文化的建设，保护历史文物古迹、特色建筑及拥有浓厚历史文化底蕴的古老街区等。通过城市规划来划定文物的保护界限[294]，为培育城市精神提供良好的空间。加强城市文化法规建设，出台文物保护的管理条例，规范居民和旅游者对待文物保护的行为，对从业者的从业规范和行为进行监督，加快文化资源开发、知识产权保护、网络信息管理等方面的法规和政策，为文化保护提供制度上的保障。

第二，加强城市景区化建设。“城中村”的根本发展是走向真正的城市化，即从农村向城市转变，从农民向市民转变。城中村改造应该通过建设现代化的城市社区，改善居住环境，促进生产方式和生活方式的转变，根据自身旅游资源规划景区城市化稳定发展的道路。随着城市景区的快速发展，景区周边的城市景观也会受到景区景观或旅游服务设施建设风貌的影响。不同的景区带动下的城市景观整体提升对城市面貌的转变有很大的推动作用。为了保持每个城市特色，发展生态旅游，应该对城市景观加以重视，根据城市的自然地形、文化风俗，设计门楼牌坊，修建具有城市风格又不失民间特色的青瓦建筑，根据所在城市的自然景观建立文化展示区，以供游客驻足观看；在湖或河的周围设立平台道路，水中种植各类亲水性植物，使之成为一项自然景

点，凸显独特设计；在自行车道、徒步道的周围种植特色花卉植物，定期修剪保护；拆除旧式村落，根据当地文化特色重新建立城市社区，通过独栋联排、青瓦粉墙、窗格屋顶等展现不失古韵特色的现代民居，吸引游客的目光，从而提升城市整体形象，加快景区城市化发展进程。

第三，提升农民素质，转变思想观念。城中村的农民由于固有传统文化的影响，在完成市民身份的转变后，很难在短时间内改变思想观念，较快地接受城市景区化，“城中村”演进的本质是使其在物质形态、经济形态、社会文明形态等方面与城市和谐发展，实现农民思想意识上的完全“城市化”，因此，在城市景区化建设过程中，应该积极倾听他们的意见，解决他们生活上遇到的困难，提前做好进入城市的思想准备。首先应该加强村民的宣传教育，构建社会认同感，摒弃落后的小农意识，改变漠视外界的态度，积极参与到城市旅游建设中来，让他们参与到与自己生活息息相关的政策和规定的制定中去，增强村民的城市意识和全局意识[295]；倡导社区文化、社会公德，增强城中村村民的文化教育观念，加强村民的城市居民意识，努力配合城市管理，提高村民的可持续发展生态观，积极参加景区城市化建设。加大村民技能培训力度，学习旅游、餐饮、农家乐的经营技能，组织村民赴外省学习经验；增强全体村民的文化素质，建立和谐、稳定、新型的社区，为城中村村民提供良好的环境氛围，使他们能更好地融入城市生活，改善城中村的精神生活，提升城市整体形象。

第四，完善社会保障制度。在城中村演化过程中，相关的配套政策没有完全完善，农村的居民并没有真正成为城市居民，阻碍了城市景区化的进程。因此，政府在制定相关政策时要考虑到村民的既定利益，制定完善的社会保障和就业保障体系[296]。对于那些文化素质较低、劳动力不足的村民来说，从农村转向城市，意味着要承担巨大的竞争压力，在社会中处于劣势，政府应该对这些人口给予社会保障，为其免除基本养老保险金、医疗保险金等方面的后顾之忧。另外，给农民自主创业、自发经营提供适当的优惠政策，对从事旅游私营经济的村民给予资金扶持，在法律允许的范围内，减免一定比例的税金，这样一来，村民在很大程度上减轻了经济负担，发自内心地融入城市生活，不仅能提高劳动者参与创业就业的竞争能力，还能推动城中村城市化发展进程。

第五，城市生态环境保护。随着城市景区化进程的加快，我国的旅游形式已经开始发生改变，从单纯的观光旅游向休闲度假旅游转变，城市生态旅游越来越符合人们的生活作息习惯，广泛受到人们关注。但城市化发展带来的资源不合理开发等问题也慢慢涌现出来，保护城市生态环境已成为每个人的共识[297]。因此，要增强城市生态保护意识，通过街道社区宣传、政策法律、活动参与等方式对居民进行引导，对城市居民进行生态环境教育，推出“绿色出行、健康出行”的生活理念，带动全市人民，发展城市景区化，改善城市的生态状况；在开发建设城中村时，修建环绕城市的生态旅游带，与周边城镇形成交融的城市休憩地带，用以建立户外休闲自然景观，加大城市生态环境的建设力度，提升城市旅游的竞争力；采取必要的措施保护生态系统和栖息地的完整性，严格保证城市景观的完整性，并加设人工设施如景区索道、塔等，保留本地居民的传统风俗习惯；对生态环境十分敏感的生态区域要严格按照标准进行分区保护；禁止在城中村、城市景区的旅游范围内燃烧秸秆、化肥、生活垃圾等，严禁建立污染环境的工业企业，大力发展生态农业。

（二）市场方面：立足民族旅游，共享旅游市场

第一，提高从业人员素质。城市发展和旅游是相互依存、相互促进的关系。城市发展越快，则内部的经济、社会发展对旅游的保障作用越强。旅游行业越兴盛，则对交通、餐饮业、住宿业的促进作用也就越强。为了使城市景区化发展更为迅速，打造独特城市品牌，必须建设一支思想素质、业务水平等各方面良好的旅游人才队伍，加强旅游从业人员的文化素质、专业技术水平，提高思想修养、职业道德，培养复合型旅游服务人才[298]，旅行社的导游不仅要对当地的风俗人情了如指掌，还能涉猎其他地区的风情文化，将其结合起来为游客带来新鲜的知识体验，运用多学科知识向游客传递信息，以便应对跨区域的旅游团队合作；对在职的职工进行分期培训，提高文化水平和服务质量，加强本地旅游专业的学生对外交流的能力，推动区域间旅游业的共同发展，为城中村旅游发展培养更多的人才。

第二，立足民族文化。随着社会文明程度的提高，旅游者对文化的需求越来越高，不仅仅只满足于单纯的游览景点，更多的是探索异地文化的魅力。立足民族文化，将民族文化与旅游经济进行紧密地连接，是增强民族地区软竞争实力的有效路径[299]。西南地区是少数民族聚集地，拥有多种文化和文明，自然旅游资源丰富，人文旅游资源要素突出，这些都是西南地区别于其他地区的优势所在。旅游者对景区景点的基本要求是原生态，因此，具有民族特征的历史沉淀和文化渊源将受到游客们的追捧，是宝贵的旅游资源。城市景区化进程中，西南民族地区需要充分挖掘文化积淀，在历史和文化中形成自己独特的品牌，凸显独一无二的、不可替代的旅游吸引力。不同城市不同景点在文化传播功能上也各有不同，利用先进的景点旅游讲说设备能提高传播功能的专业化程度。另外，各城市要妥善保管好历史文化遗产，正确处理历史文化遗产和现代文明的和谐关系，在保护历史文化的基础上，实现对文化展示的再现和创新，促进了城市景区化的发展。

第三，共享旅游市场。旅游资源是旅游得以发展的基础和核心，西南地区各省市相邻，旅游资源之间有着较大的相似性，是区域的共有财富。西南民族地区依托丰富的旅游资源大力发展旅游业，加快旅游扶贫[300]，必须开放旅游市场，有针对性地开发旅游产品和开展营销活动，以扩大市场份额[301]。为了实现旅游业良好发展，应该把各地的旅游资源连接起来，构成一个大的旅游系统，能有效避免区域内重复建设和

恶性竞争。具有资本优势、技术优势的城市应该与具有资源优势和人才优势的地方合作，通过对地域旅游资源的重新优化合作，达到强势旅游地和弱势旅游地共生的目的。利用旅行社企业把区域内弱势和强势的旅游地统一起来联合开发，不仅增强了旅游活动内容的丰富性，而且层次分明，满足了旅游者的消费需求；开展跨区域资源重组，根据各省市旅游业实际发展情况，在资源开发和共享等方面加强合作，设计和生产更加精致的旅游产品、规划更具效益的旅游路线，并对旅游线路的基础设施及相关的配套设施做出修整。积极响应国家的财政政策，根据相关金融措施，在政府的引导和协调下，帮助开发商在银行等金融机构获得资助，得到政府和企业的双重支持。

第四，整合市场营销策略。旅游目的地的营销包括景区营销、城市营销和区域联动营销等。在城市景区化开发的时候，就应该对市场进行筛选和分析，扩大营销的范围，尤其是加大海外营销的力度。以目标市场与本地文化的差异及游客出行距离作为依据，制定不同的营销策略，集中各类资源和力量，为表现突出的景点做好定位，可以带动其他景区的产品。同时还要建设面向全世界的网站，加强对潜在旅游者的营销力度，借助各级旅游组织、媒体，或者和其他区域的旅游产品一起进行捆绑销售，营造良好的市场氛围，提高市场规范能力。

第五，信息网络一体化。随着互联网、移动互联网时代的到来，旅游者更倾向于通过网络了解旅游目的地的相关信息，并直接与旅游产品经营者进行交易，包括订房、订车票、订餐等服务。为了加快城市景区化的进程，建立新型信息化旅游市场，必须尽快跟上大众的脚步，利用网络与游客进行交流互动，建立旅游电子商务平台、旅游咨询平台、网络集散中心等多平台为一体的旅游信息网，鼓励旅行社、旅游饭店、旅游景区等企业应用网络信息管理，利用数字化运营方式提高工作效率，全面提高服务效率和管理水平。建立强大的旅游信息发布平台，加强信息的收集和管理，扩大信息传播的广泛度，利用区域间的空间距离，实现旅游信息共享，提高旅游管理和服务信息化水平[302]，扩大饮食、住宿、旅行社等行业的合作范围，实现旅游信息的采集、交换和发布的网络化。通过网络等多种媒体手段，相互提供具备优质诚信度的旅游企业的相关信息，发布旅游警示和不良旅游企业信息，做好城市间景区旅游网站的链接，建立全方位、立体化、多功能的网上旅游体系[303]，实现网上“一条龙”服务。与报刊、广播、电视、网络等媒体合作，引进电子政务、电子商务的应用，为旅游消费提供便利。推动整个西南民族地区旅游产业的发展。

第八章

西南民族地区旅游城市化进程中新型城乡形态演化的路径实施

一、西南民族地区景区城市化对城镇化农村演化作用的路径实施

（一）居民方面：提升居民素质，传播民族文化

第一，转变传统思想观念。景区城市化进程中大部分是将居民居住的房屋作为营业场所，但由于小农生产方式和封闭的生活方式，西南地区一些乡镇村民仍然拥有陈旧、僵化和迷信的思想观念，文化水平偏低，限制了经济的发展。因此，居民可以通过加强整体素质建设的方式，提高参与城镇化农村的积极性，居民还可以直接参与到旅游接待服务中，认识到农业和乡村生活的多样性，寻找自身所蕴藏的经济发展潜力[304]；通过利用自己具有民族特色的房屋增加收入，将房屋改造成旅社，认识到旅游发展能带来社会经济增长这一事实，增强发展乡村旅游的自主意识。另外，将旅游经营作为当地居民的主业，把种植和养殖变成副业，从传统型农商转变为农商共举，实现“农村居民”到“城市居民”的职业身份改变[305]。

第二，改变生活方式。改革开放以来，农民和当地政府、村镇通过多种方式创办乡镇企业，使乡村开始走上工业化道路，城镇化农村产业结构也因此发生改变，在改善基础设施和生活工作条件的同时促进了人的城镇化。村民的生活方式在旅游业的逐渐发展下由传统型向现代型转变，为适应城镇化发展，需要改变基于传统农耕文化的生活方式，将身份从传统村民向现代公民转变，使目光不再局限于封闭的乡村；学会

利用新技术完善生活工具，把发展景区城市化、宣传民族文化当作长期目标，发掘和弘扬具有正能量的农村传统文化，唤起自身的主人翁意识，树立主人翁心态，建立当代价值观与传统文化共存的和谐关系。通过培训后村民可以加入旅游接待的团队中，利用闲置房屋进行经营活动，从事接待工作，或者直接到当地工厂，从事工艺品、纪念品等旅游商品的加工制作，在当地销售，提高公共服务水平。另外，当地村民可以把“日出而作，日落而息”的作息方式转化为依据游客需求而定的生活方式，随着游客作息时间而改变，以便更好地提高服务质量，为游客服务。

第三，传播民族文化。西南民族文化是中国传统文化的分支，西南民族地区的居民本身的言谈举止就是对景区整体形象的宣传，因此，居民有义务向全世界传播优秀传统文化以塑造本地良好形象。根据对本地资源的掌握程度，乡村居民可以在农村城镇化进程中进行人际传播，面对面地传递和接收信息，利用语言和非语言符号如表情、姿势、语气等增强信息的说服力，培养传播旅游形象的自觉性，这样能让旅客及其他地区的人了解认识到这种乡村文化风俗的特点，口耳相传，潜移默化地传播开，通过群体传播、组织传播使越来越多的人欣赏到“西南特色文化风情 + 城镇化农村”的特殊形态。不仅可以增强少数民族的凝聚力，利用独特的民族文化包装景区景点，还能提升城镇化农村形象，拉近与游客的距离。

第四，加强文化知识教育，提高文化意识和保护意识。西南民族地区景区城市化发展为当地居民和游客带来了便利，但农村就业人员和从业人员素质普遍不高，大多没有进行专门培训或者职业教育，容易与游客发生信息不对等或交流不当等情况，导致游客重游率降低。而在旅游经济发展的空间影响因素当中，旅游从业人员的数量和质量在很大程度上影响着旅游经济的发展[306]。因此农村居民需在政府的引导下学习相关文化知识，提高教育水平，加强科学、文化教育和现代价值观的学习，改变对旅游消费的片面认识，培养现代化的旅游消费习惯和出游意识，开阔视野。通过培训使其成为文化的主动传承者和保护者，维护和加强地方特色，产生对本地生活文化的自豪感，主动维护乡村的民俗文化，提高文化遗产保护意识，鼓励下一代学习相关历史文化。在保持原有淳朴民风的基础上，养成热情大方、乐于助人、诚实守信的优良习惯。随着游客的增加，新的信息、思想开始涌入，居民在与外界交流的过程中也会发生思想碰撞，双方在完成异地文化的对接后，能为城镇化农村发展提供人才动力。

（二）游客方面：提升游客素质，促进文化交流

第一，提升自身素质。随着人民富裕程度的提高，经济水平和生活观念的改变，假期旅游逐渐成为一种独特的休闲方式。然而在一些旅游景区，尤其是节假日到来时，常常会出现一些不文明现象，因此，为提高国民素质，塑造良好的国家形象，游客需提升自身文明素质，深刻认识到个人形象在出游中的重要性，树立正确的道德

观，提高对道德规范的了解程度。另外，注重环境保护意识，养成良好的生活习惯，从大处着眼，小处着手，父母在孩子日常的教育中应提出学习文明礼仪，提升道德意识；在景区和相关部门的提示和引导下，改正陋习，培养文明、健康、科学的生活方式，牢牢把握时代要求，追求更高层面的旅游理念和道德境界，更好地为景区管理和发展提供动力[307]。

第二，培养跨文化传播能力。旅游者外出旅游的重要目的之一便是体验异乡风情，了解其他地区的文化，这是一种接触“真实世界”的方式。他们带着自身拥有的文化内涵前往异地乡村，与不同的文化发生碰撞，接受新事物新信息，同时也把自身带来的地域文化向乡村的居民传输，承担“文化交流使者”的角色，通过游记、旅行见闻等表达感想，能进一步促进乡村景区文化的繁荣发展。

在西南地区，少数民族文化异于汉文化，语言、风景都有着独特的民族特色，游客在旅游活动前，应该做好前期准备工作，包括收集前往旅游目的地资料、观看旅游地的纪录片或电视节目、学习异族文化差异等，甚至可以学习当地方言，以便更好地融入当地乡村文化。

第三，通过人际传播带动景区发展。旅游活动本身而言就是人与人、人与自然、人与景区之间的交往互动，人们在交往中往往交换着知识、情感等信息。人际传播是通过人际关系的形成传播信息的方式，口碑效应也随之产生。由于现代信息爆炸，出现大量不诚信现象，人们往往对到过景区的游客或具有公信力的意见领袖有着较强的信任感，因此，作为实地游览过农村景区，有亲身经历的游客来说，进行旅游体验和乡村旅游地信息的传播可以提高他人对景区的认识，增加信息覆盖力和可信度，最大限度地影响潜在旅游者的决策。他们可以通过良好的旅客口碑强化景区形象，有意或无意地向周边人群散播旅游信息，带动城镇化农村经济发展。

第四，发挥意见领袖的作用。在团体乡村旅游中，游客数量众多，往往会有意见领袖的出现，为潜在旅游者提供乡村景区相关信息。游客中意见领袖可以分为旅游爱好者、性格开朗的旅客和旅游专家学者。对于具有身份地位的专家型学者而言，可以对乡村旅游地进行实地考察，成为旅游景点的发展战略顾问，通过自己的地位优势发掘旅游地特色。对于旅游爱好者的意见领袖来说，可以根据自己的旅游经历对旅游地区纪念品的销售提出自己的看法。社交型的意见领袖在团队旅游时，可以发挥自己的资源优势，为团队其他游客提供旅游信息。另外，意见领袖可以在网络社交平台上发布话题意见，充分发挥互联网的传播作用，影响他人的决策。

第五，提高环保意识。随着国家综合实力的增强，人们的经济水平也逐渐提升，开始通过徒步、自驾等旅游项目尝试新的旅游方式。然而一部分游客在亲近乡村自然的过程中，却让自然受到了不可弥补的破坏，一些旅游景点遭遇了乱扔垃圾等不文明行为，降低了乡村生态景区的旅游价值。为了创造乡村优美的旅游环境，游客要加强自觉保护环境的意识，爱护景区自然资源，通过电视、广播、网络等途径获知环境相关问题，了解相关法规和知识。争取从意识层面上了解环境保护的紧迫性，唤起忧患意识，转变过去忽视环境污染的态度，正视以及重视生态环境，同时游客还要影响和带动身边人，向朋友普及环境保护的知识。在日常生活中自觉进行垃圾分类，增强环保意识，树立环保法制观念，提高每个人保护环境和平衡生态的自觉性和责任感，只有人人有担当，才能保护好乡村的自然风光，呼吸新鲜空气，为乡村旅游营造绿色的氛围。

（三）企业方面：提升从业素质，扩大客源市场

第一，培养高素质从业人员。在某种程度上来说，旅游从业者的能力决定了旅游产业未来发展盛衰，但现阶段西南的旅游相关从业人员素质普遍偏低，长期自由散漫的农村生活让他们在服务过程中缺乏主动意识，不能意识到服务质量对于城镇化农村发展的重要性。因此，企业必须采取相关手段培育高素质人才，建立多渠道培训机制，着重培养管理、策划、营销等方面的专业人才，产生鲶鱼效应，引领西南地区旅游产业的发展。其中的要点主要包括以下几个方面：其一，加强农家乐等旅游经营户的职业素养，规范文明用语，提升自身素质，应对游客提出的各项需求。其二，加强对一线服务人员的技能培训和法律法规知识的培训，促使其转变服务理念，规范操作技能，营造良好的经营氛围，提升服务水平质量。其三，提高经营管理人员的系统培训，包括经营方法、营销策略、成本控制，邀请外来专家对管理人员进行授课，组织企业家外出学习考察，增强其从事旅游项目的能力。

第二，生产绿色低碳化。旅游景区企业除对社会发展起作用外，还应承担景区城市化生态补偿责任，对景区发展所产生的环境负效应进行治理，将保护生态环境和实行经济决策相结合。旅游发展不仅需要政府相关政策的颁布与实施，更需要企业进行自我纠正和管理，在进行景区施工时，企业必须重视资源与环境的协调，坚持开发和保护并重，使用先进环保的施工材料，降低由于资源的开发带来的人文坏境破坏，提高环境保护意识，积极采用可再生能源和新能源，如酒店、客栈安装太阳能，农家乐使用天然沼气；坚持“先保护再开发”的理念，认识到自然资源与经济建设的共生性，改善农村环境，为景区发展带来正效应；选择在生态环境容量较大、发展基础较好的地区建设旅游企业，通过生态移民搬迁解决村民脱贫问题。

第三，加大旅游产品开发力度。由于中国城市化水平低，大多数都市人都来自农村，不同群体的人们对于乡村的认同感也完全不同，大众化乡村旅游市场的产品泛滥导致中国出现旅游产品同质化现象，因此，要对不同背景的人们进行细分研究，分析其对乡村旅游的需求及动机，结合当地特色文化、环境特点，提升旅游吸引力，为开发个性化、多元化、体验化的乡村旅游产品提供导向，开发符合市场需求的乡村旅游产品[308]。西南地区有少数民族聚集，其民族特色也不尽相同，可以利用各个民族服饰、生活用具、景区著名景点的不同生产各具地域特点的工艺品或反映少数民族的旅

游文化制品，与传统城镇商贸进行差异性对比，根据人群需求将产品分为低、中、高三个档次，合理对应消费者购买力，满足不同游客的要求，使旅游商品具有纪念价值。也可以利用地区生产特色如草药、竹笋、茶叶等制作旅游产品，增加游客购买欲望，发挥独特地区优势，打造农村企业旅游品牌；在生产农产品时，融入民族图腾元素；开设民族服饰作坊、培训中心、刺绣传授中心等，售卖相关的民俗产品，借助民俗实现产品的开发。

第四，实现电子商务一体化。互联网的快速发展让传统商贸和企业开始忧虑未来的发展，电子商务对传统的商务贸易规则的突破也让更多的企业认识到互联网的优势。传统的购物市场经营离不开固定的实体经营场所，而互联网特别是移动互联网的到来将带动整个商品生产链的发展，由创意研发、生产、流通、仓储到销售，整个环节都可以通过电子商务一体化的网络来完成。虚拟交易开始代替面对面的实体交易，以休闲、康体、商贸为核心的城镇化农村在旅游消费方式上必须突破实体交易的局限性，转向电子商务一体化，利用线上交易推动旅游购买力，降低交易成本，最大限度地缩短因信息闭塞而产生的等待时间，多元化发展产业结构。通过组织学习了解虚拟交易，迎合移动互联网时代购物支付新思路，利用手机 APP 完成各项交易支付，提升旅客购买便捷度，并且各商品销售之间可以进行交易互动，以发展较快的品牌带动新兴品牌发展；旅客通过参与手机活动收集奖品，通过扫二维码快速了解企业发展及简介，增加其消费乐趣，感受交易快捷性。

第五，扩大客源市场。由于城镇化农村的旅游客源市场以近距离为主，地处偏远的西南民族地区在景区城市化进程中应该将发展目光看向远处，扩大客源市场的开发范围，巩固中低端收入客源，扩展中高收入客源。中高层收入者文化程度较高，生活水平质量较高，包括企业高管、律师、公务员等，他们更加重视精神的放松，尤其是对自然生态的渴望，所以乡村旅游地应该加强旅游产品的整体质量，推出高品质的休闲方式，推荐性价比更高的农庄、度假村、采摘园等产业，以满足游客的休闲意愿。发掘更多适合不同人群的旅游资源，开拓乡村旅游的综合功能，实现多样化，开放结合休闲娱乐、垂钓放松、体验风俗等为一体的旅游综合体，满足不同人群的需求，吸引更多的高收入者。

二、西南民族地区景区城市化对城郊化农村演化作用的路径实施

（一）居民方面：增强主体意识，加强文化传承

第一，自身素质的提升。城郊居民是城郊旅游发展的主体，他们熟悉乡村文化，

积累了乡村生活经验，这是城郊化农村旅游产业能够长久发展的重要资源。但由于农民受教育程度低而引发的思想问题使农村经济发展水平不高，从而导致乡村旅游发展受限。因此，城郊居民需要正确理解发展城郊旅游的现实意义，认清乡村旅游发展的形势，参加旅游技能培训和教育，必须充分认识到学会一定的技能才能真正融入景区城市化发展之中，推动封闭的农村向与城市紧密联系的城镇化农村转变[309]；当负面影响出现时，积极采用合理方式对问题进行分析，尽可能地避免问题再次出现；从自我管理的农业生产转向旅游服务接待工作，提供优质服务，在掌握服务技能中强化服务意识；消除对城郊乡村旅游的抵制心理，在思想上对景区城市化发展进行全方位的认识，对业界规定的决策达成共识。

第二，增加本地居民参与度并提高主体意识。旅游业是新时代的朝阳产业，城郊化农村旅游的长久发展离不开当地居民的积极参与，但由于受教育程度及资金设备等影响因素，他们参与程度低，只关心生存问题，对涉及长远的发展决策等问题关注度不高，因此为了达到可持续发展的目标，居民需要积极参与旅游发展的各个环节，形成旅游开发事业与居民的利益共同体，这样才能激发居民的参与热情，促进旅游产业发展。例如，在旅游经济决策的实施、旅游规划的制定以及环境保护政策的颁布的同时更应该重视环境保护及传统民族文化的维护与传承，对相关政策发表自己的看法，对规划提出自己的意见、表明自己的态度，营造全民参与的社会氛围，真正参与到城郊旅游的发展建设中去，为景区旅游持续发展贡献自己的力量，实现旅游可持续发展。

第三，营造绿色发展的良好环境。城镇是生活系统的一个重要组成部分，也属于自然生态系统的一部分，景区城市化的最终目标是实现人与人、人与自然、人与社会的和谐共处。当下，城市的自然生态系统逐渐遭到破坏，维持乡村的原始生态风光显得格外重要，城郊旅游产业也因此迅速兴起。产业发展带来的经济增长除了让城郊当地居民提高生活质量外，也应该使他们更加爱护乡村的自然风光和人文风情，认识到破坏自然生态环境带来的后果，强化环境保护意识，营造绿色产业发展的良好环境；重视城市化进程中能源的利用和再生，促进由传统能源向可再生能源的转变，走可持续发展的城市化道路[310]；在生活中禁止随意排放废水和使用一次性塑料餐具，并在景区开放时对旅游者进行环保宣传，使游客能充分尊重和保护乡村生态环境。

第四，发挥传承文化的功能。在民族文化旅游乡村建设过程中，一些偏远落后的民俗旅游地面临着年青壮年外出打工、老人或孩子独居家里的局面，人力资源匮乏，而乡村文化的传承自古以来主要以人为载体，这种情况的出现导致文化断层，古老的民俗文化难以得到传播。因此，乡村居民应该转变落后的思想观念，崇尚科学，摒弃愚昧，留居村落，与政府和企业建立良好的沟通、协调、互动关系，共同做好民俗文化的保护和利用工作，每逢民族节日展示民族文化，以民族文化艺术品、农耕文化、民间习俗为主，通过戏剧、民歌、风俗及各类祭祀活动，形成独特的文化内容和特征，发展更多的“文化经济”；利用独特的优势，与同村居民自主举办各种类别的文化乡村旅游节目，充分发挥居民的聪明才智，呈现最美丽的乡土文化魅力，这些活动不仅能提高景区的影响力，也能很好地传承传统文化，聚集游客的兴趣和目光，达到经济效益和社会效益双赢的效果。

（二）游客方面：增强环保意识，履行监督职能

第一，积极对外传播。由于现阶段的国情所限，我国大多数居民目前还不能像国外一些发达国家的居民一样通过“住”的形式与自然亲密接触，因此城市居民更加渴望利用短程旅游实现与自然的交流，加上城市工作生活的快节奏，城郊旅游成为城市居民认识大自然的一个重要窗口。作为旅游者，他们对城郊景区形象的塑造有着至关重要的作用，因此，游客可以通过各类传播方式向外界输出旅游信息，为潜在旅游者提供决策意见，如根据自己对当地文化的了解和体验，向周围的亲朋好友转述旅游经历和地区风情，提升旅游景区的影响力；在旅游网站上发布旅游感想，拍摄旅游景区图片，记录旅游线路，吸引潜在旅游者前往。经过人与人、人与群体、群体与群体的传播，能有效提高城郊旅游产业的生命力，推动产业发展。

第二，提升自身素质。旅游，作为新兴发展产业已经渐渐成为国人休闲消遣的重要方式，然而在一些旅游景区，尤其是节假日到来时，常常会出现一些不文明现象。因此，为塑造良好的国家形象，加快城郊化农村演进进程，游客需提升自身文明素质，深刻认识到个人形象在出游中的重要性，树立正确的道德观，提高对道德规范的了解程度。另外，注重环境保护意识，养成良好的生活习惯，从大处着眼小处着手，自觉遵守文明公约，在景区和相关部门的提示和引导下，以身作则，改正陋习，培养文明、健康的、科学的生活方式，牢牢把握时代要求，追求更高层面的旅游理念和道德境界，更好地为景区管理和发展提供动力。

第三，履行监督职能。由于旅游业的蓬勃发展，越来越多人开始在其中寻找商机，出现了强买强卖、票价无端上涨、恶意缩水行程等现象，游客消费者权益无法得到保障。为了避免再次发生这种情况，游客自身应坚持抵制莫名的“低价游”，与经营者所谓的“虚假合同”保持距离，承担自己作为旅游者应尽的义务；向相关部门或旅游景点举报不规范行为，对旅游中遇到的合理或不合理的地方提出建议，通过网络社交软件公开表达自身意愿，引起社会热议，扩大影响范围，形成良好的舆论监督，在某种程度上可以推进景区设施建设，督促相关部门对不合理现象进行解决处理，提升城镇整体形象。

第四，增强环保意识。目前我国大部分旅游者的环保意识还比较淡薄，常常出现破坏景区环境资源的不文明现象，为了避免这种情况的发生，游客在日常生活中，应该加强环保宣传，将环境保护与旅游经济发展进行统一协调[311]，通过社区的讲座或

网络的宣传唤起自身提高环保意识的决心，切实感受到环保与生活息息相关；学会垃圾分类，了解随手乱扔垃圾等危害，从生活的小事做起，如将用完的饮料品扔进垃圾桶而不是随意丢弃在田垅路边，随手关水龙头等。在“世界环境日”等环节纪念日时，参与有创意有影响力的活动，营造保护环境的文化氛围，深入动员，吸引身边的朋友参与。

第五，利用网络积极获取信息。在信息网络社会的形态下，通过互联网或移动互联网获取知识已成为每个现代人必备的知识技能。在网络环境中，旅游者不仅仅是信息的被动接受者，也是主动获取信息和发布信息的主体，能自由表达自己的思想观点，潜在游客经过人际传播、大众传播后，可以通过网络主动搜集旅游景点相关信息，包括官方基本信息、他人旅游经验、自身虚拟体验等；利用网站筛选功能选择最佳旅游地点，例如距离、价格、饮食住宿条件、交通状况。

（三）企业方面：加强产业融合，提升产品品位

第一，促进产业融合。景区城市化进程中，旅游地区的发展需要多元产业的支持，旅游产业的发展基于良好的环境和基础设施，在这些基础上，工业、商贸零售业和林牧业开始发展壮大，开发出工业旅游、商贸旅游、农业旅游等项目。各个产业之间的融合促使旅游业快速发展，吸引各民营经济大量投资批发零售业、饮食住宿业、服务业等产业，利用产业间的相互作用和交流延伸出更多的交互产业，产生更多种类的旅游项目。

第二，提高从业人员素质。拥有高素质的旅游从业人员是旅游产品成功销售的关键，是整个旅游服务的核心，不断提高旅游从业人员的素质建设，将推动旅游发展走向现代化[312]。首先，从业人员应自觉提高道德意识和品德修养，努力学习科学文化知识，培养业务素质和心理素质，只有达到相当的文化程度、拥有娴熟的服务技能，让顾客满意，才能更好地为企业服务。其次，企业应努力建设企业文化，培养员工对企业的正确理解，倡导社会推崇的核心价值观，树立典型模范、建设文化网络，加强对从业人员的素质教育。

第三，扩展销售渠道。在互联网、移动互联网快速发展的今天，网络的营销对城郊化农村旅游的企业宣传作用不容小觑。为拓宽乡村企业知名度，每个企业都应该在乡村信息网或者旅游网的论坛中发布信息，通过信息的传播，让游客了解到企业的销售范围；在具有一定影响力的微博号或微信公众号下发布宣传信息，或本企业申请企业账号，撰写高质量精美的企业推广文章，提升企业对外宣传力，为人们购买或使用产品提供机会，还可以利用印制和散发宣传手册进行销售，发放在人流量较大的火车站、餐厅、酒店等；除此之外，积极参与、策划和自主一些大型活动，突出企业文化和特色，在举办的活动过程中，充分考虑销售的范围和内容，挖掘潜在的消费者和旅

游者[313]。另外，在旅游淡季时，乡村的餐饮、住宿等旅游企业可以推出淡季旅游的优惠方案，通过打折、低价来吸引游客；开通网上订票、咨询等服务，通过与大型团购旅游类网站合作，推出团购优惠一条龙产品，如团购特价酒店、特价美食套餐等，不仅有利于吸引游客光顾，也能提高企业的知名度和影响力，拓宽消费市场。

第四，重视营销，形成品牌。城郊化农村旅游企业成功经营、长久发展的诀窍之一在于成熟的营销策略，在国外一些旅游产业发展较好的地区，由政府或企业组织的非营利性营销和服务网络对旅游发展产生了推动作用。城郊乡村企业可以借鉴国外的经验，通过网络的联动开展各业的交流与合作，根据种类和经营风格进行分类，使游客能快速地决定想去的旅游消费场所，并通过网络进行预订。例如，当游客根据意愿在网络上选取一间餐厅后，系统可以根据消费者的偏好对酒店、娱乐场所进行筛选，为游客提供最优的建议，通过移动互联网的操作平台确定消费者目的地，形成多元化旅游市场。

第五，提升产品档次品味。要改变旅游市场千篇一律、主题雷同的纪念品和工艺品的状况，只有挖掘由自然资源和人文资源相结合的旅游资源的文化内涵，实行科学的开发利用和经营管理，选择高质量的产品原材料，才能提升产品文化品位和社会价值，改变当前我国城郊化农村旅游产品档次较低、质量较差的局面[314]。在旅游产品的设计和开发时，要加入西南地区的民俗文化特色和民族风情等元素，在细节上保持精准，提升旅游产品的文化品位和艺术格调，挖掘城市所不具备的物质性旅游吸引物，吸引城市及周边城镇游客来进行游览；通过从业人员审美能力的加强和知识面的扩展，为当地旅游企业的发展提供动力。另外，可以在当地官方旅游网增加链接，开设自己企业官方的网页，利用简洁的页面风格、各具特色的产品介绍文字、图片和视频，刺激潜在旅游者的感官，激发当地旅游业的活力。

三、西南民族地区景区城市化对新农村演化作用的路径实施

（一）居民方面：提高旅游素养，促进文化传播

第一，开阔眼界，提高素养。随着景区城市化的大力推进，城市的文化也慢慢进入乡村，城市旅客人数上涨，外地前来投资的城市居民也越来越多，景区周边、乡镇居民与城市居民之间的交流互动愈加频繁。城市游客在带来旅游经济效益的同时也为农村居民带来了新的思想观念，大量的信息资讯也被带入农村，在这个过程中，农村居民要注意把握机会，接触先进的思想，意识到学习的重要性。通过集体学习掌握旅游管理、网络学习等技能，通过思考消化新获取的信息，提高对新农村建设的认识；

从被动地接受新农村建设逐步向主动参与新农村建设转变，开阔自己的眼界，把生活方式由原来的乡村生活方式逐步转变为城镇生活方式，增强新农村建设的动力。此外，农村居民在与城市居民交流过程中，应努力提高自己的文化素养，特别是在遇到国外的游客时，避免因语言不通而导致游客的不满；学习一些简单的英语，做到能和外国游客进行日常的对话，通过与外来游客交流，提高对话能力，加强技能培训，培养向上进取的意识；通过政府和企业的引导教育，树立正确的新农村建设观，真正成为建设社会主义新农村的主体。

第二，提高参与能力。社区农民参与景区城市化的程度和方式决定了乡村旅游发展和新农村建设发展的进度，只有农民主动参与新农村旅游业的开发、旅游环境保护、旅游设施建设中去，改变“沉默”、被代表、被决定的状态，并且主动负起监督决策过程和执行过程的责任，对相关政策发表自己的看法，对规划提出自己的意见、表明自己的态度，营造全民参与的社会氛围，真正参与到城郊旅游的发展建设中去，为景区旅游持续发展贡献自己的力量。通过政府提供的培训机构学习知识，提高文化认同感、旅游意识，增强民主意识和参与意识，积极主动学习科学文化知识、旅游相关的经营管理知识，学会精准营销、制定旅游规划，增强在旅游大环境下的生存能力，才能满足外来旅游者对异族文化的知识获取，才能保证旅游市场拥有长盛不衰的竞争力。

第三，改善生存环境。整洁的村容村貌和优质的生态环境是发展乡村旅游最基本的旅游资源，也是吸引游客的重要内容之一，景区城市化对新农村的演进离不开每位居民的努力，在政府相关措施的指导下，当地基础设施建设得到有效改善，卫生系统、排水系统的问题都得到了解决，农村的环境有了进一步的好转，村容村貌发生改变，此时农村居民对其保护的重要性便凸显出来。居民不仅要在日常生活中注意对基础设施的使用，还要带领周围的邻居和家人一起维护乡村环境，看到景区破损的路灯、休闲椅，及时向管理部门反映；遇到游客问路，耐心仔细地指出方向，获得游客好感；维护自己居住房屋周边的绿色环境，加强对生态环境的保护，完善农村的绿化美化环境。

第四，传播传统文化。西南民族地区是我国少数民族的主要聚集区[315]，民族民俗文化是中国传统文化的一部分，作为西南地区的居民，他们本身的言谈举止就是对景区形象的宣传，他们有义务向全世界传播优秀传统文化，使传统文化在景区城市化进程中发挥重要作用。根据自身拥有的旅游资源，景区周边及村镇居民可以在景区进行各类传播，通过面对面的传递和接受信息，向游客解释相关传统文化的渊源，利用语言和非语言符号如表情、姿势、语气等增强信息的说服力和可信度，提升旅游景区形象，这样不仅能让旅客及其他地区的人了解认识到这种文化风俗的特点，通过群体传播、组织传播使越来越多的人们欣赏到西南特色文化风情，还可以增强少数民族的凝聚力，利用独特的民族文化包装景区景点，提升西南少数民族形象，拉近与游客的距离。

（二）游客方面：强化信息获取，实施口碑宣传

第一，增强信息获取能力。景区城市化的发展除了政府、企业的支持和引导，还需要旅游者的支持。信息获取是潜在旅游者制定相关决策的关键一步，一旦他们发现自己的需求能通过购买旅游产品或服务得到满足，他们就会开始寻找所需要的信息。游客获取新农村旅游信息的传统渠道主要是通过个人来源（家庭、朋友、熟人）、商业来源（广告、经销商、包装），这些信息通常能带给旅游者不同意义上的影响，当今，随着媒介形式不断发生变革，游客必须紧跟时代趋势寻找新的渠道，增强自己获取信息的能力，利用互联网尤其是移动互联网完成对信息的搜集[316]。例如，游客在到达旅游目的地之前，可以先在智慧旅游云平台上浏览景区的信息，包括地图、线路图、特色文化等，在确定旅游目的地后，通过百度旅游、途牛网等旅游网站寻找旅游攻略，结合新农村景区网站，深度分析各景点的优劣，选择出行方式，利用大众点评、百度糯米等团购软件订购门票或预订酒店，享受食住行游购娱全方位的智能应用服务。当游客去到旅游景点时，使用支付宝、微信等手机支付的方式进行付费，对所享受的服务水平进行评价。

第二，强化自身环境保护意识。随着社会的发展，人类在创造了大量物质财富的同时，也造成了资源的过度消费，引发威胁生存发展的环境问题。为了更好地建设新农村，加快景区城市化进程，游客必须加强环保教育，需要通过各类途径和手段，内化环境保护意识，外化环保行为，提高整体素质。明确污染行为的界限，在日常小事中锤炼和树立环保意识，如生活垃圾是否及时处理，果皮纸屑有无乱扔等。同时可以通过各种渠道参与与环保相关的各项活动，如植树造林或改造环境的义务劳动等公益活动，深刻认识到生态环境的恶化导致的后果，学会和大自然和睦共处，强化环保意识，培养自己的环保责任感。

第三，行使监督建议权。由于新农村旅游的蓬勃发展，越来越多人开始在其中寻找商机，出现了强买强卖、恶意缩水行程等违规违法现象，游客消费者权益无法得到保障。相比于监管部门，游客是旅游服务最直接的感受者，有着最直观真实的感受，为了避免再次发生这种情况，游客应行使对经营者的监督权利，保证自己的消费者权益，承担自己作为旅游者应尽的义务；向相关部门或旅游景点举报不规范行为，对旅游中遇到的合理或不合理的地方提出建议，通过网络社交软件公开表达自身意愿，引起社会热议，扩大影响范围，形成良好的舆论监督，在某种程度上可以提升景区的整体服务质量，促使管理水平上升，督促相关部门对不合理现象做出解决，提升城镇整体形象。

第四，扩大口碑宣传力度。近年来，以互联网为代表的信息技术的迅猛发展，为人际传播提供了新的传播方式，人们也越来越习惯利用网络来获取口碑信息，通过互

联网把自身旅游经历、对旅游的建议及相关知识与其他消费者进行分享。作为旅游经验丰富的游客可以向经验较少的游客传播口碑，减少信息不对称现象，利用口碑扩大景区的形象宣传。不同于传统意义上的口碑传播，要求口口相传，网络口碑传播使两人相隔千里也可以通过互联网进行沟通。因此，游客可以根据网络口碑“病毒式”蔓延特点，一传十、十传百，对旅游资源进行交叉传播，经过人们的互动产生潜在旅游者，增加该旅游区域对他们的吸引力。

（三）企业方面：保持品牌特色，重视产品开发

第一，保持品牌特色。由于农村劳动力和自然资源充足、手工业较为发达，景区城市化过程中企业应在巩固自身已有的特色基础上，将特色产品向产业区集中，结合旅游市场需求，调整现有的生产内容，加强对品牌资源的开发和利用，把特色加工业（如织染加工、果酱调制、肉食腌制）发展为旅游体验项目，吸引游客目光，推动旅游商品制造业的发展；在新农村建立产业创意园，将旅游景区特色产业迁至园内，发展旅游产品的设计研发、品牌包装等项目，提高特色产品的质量，满足不同人群需求；挖掘民风民俗内涵，从物质文化和精神文化两个层面提升旅游产品的文化内涵，在保护现有独特的建筑房屋、形态各异的民族村落等物质文化等基础上，开展具有深厚文化底蕴的乡村节日庆典，注重发扬乡村独特的传统民族文化，多方位、多角度开发对旅游产品发展有利的产品，体现品牌特色[317]。

第二，突出乡村文化。乡村旅游是一种满足精神需求、放松心情的文化活动，为了更快的推进景区城市化向新农村的演进过程，相关乡企不应该只停留在观赏的初级阶段，必须要和生态旅游、文化旅游相结合，挖掘民族文化的丰富内涵。乡村传统文化是新农村旅游的核心，为了突出独特的民族文化，必须结合当地现实生活，把更多的焦点集中到乡村文化的培育和发扬中，展现农村特有的民风民俗[318]；在开发旅游产品的过程中要深入挖掘古老村庄旅游资源的内涵，不断提升乡村传统文化的魅力和吸引力，只有达到更深的文化层次，才能吸引更多高质量的游客购买产品，为乡村旅游发展带来更持久的动力。加强建筑、服饰、饮食等方面的产品设计，使旅游产品更加受欢迎，在游客们对传统文化探索和追寻的同时，又能亲身体验，实现对该村传统文化的传承和保护[319]。根据当地特色的农业活动或者农业产品，为游客提供亲身体验的场所，如一些新农村地区的企业可以在游客采摘蔬果后，为他们提供场所和工具制作果酒等二次加工产品，体现独特的氛围；或者在民族节日到来时，为旅游者讲解民俗习惯，展示特色农业，扩大游客对西南民族地区文化的了解，同时也增进本地居民对当地文化的自豪感。

第三，重视农产品开发和生产。在社会主义新农村建设中，中央提出重视科学、加快建设国家创新基地和区域性农业科研中心、鼓励企业建立农业科技研发中心的决

策。为了发展农村生产力，走景区城市化道路，乡村旅游必须把发展农业产业结构放在重要地位，当企业进行产品开发时，要依托大农业资源，在区域内现有的乡村生态景观的基础上实行乡村旅游产品的多元化开发，将先进的信息技术、生物技术、经营思路、管理模式等引入农业产业，利用现代化的工业改造传统农业，提高农产品的质量和品种，实现农民收入的提高；延伸农村产业链，并与新农村旅游紧密结合，大力发展农产品加工工业，在当地建立更多以加工农产品为主的企业，引入先进的科学加工技术，加快对农产品的开发和生产，提高农业的科技含量及生产效率，增进农业经济的可持续健康发展，不仅可以完善农业产业结构，也可以促进乡村旅游资源的增加，推动社会主义新农村的建设。

第四，加强宣传力度。由于宣传力度的不足，游客不会主动去获取旅游和相关产品的信息，大多选择名气比较大的景区作为旅游地。因此，乡村企业应该加大营销和宣传力度，扩大景区城市化的影响力，树立良好的销售形象，引起潜在旅游者的注意。根据西南民族地区的特点，可以在政府的引导下，举办“水果节”、旅游文化节，开设民族风俗的旅游专版、专栏，将乡村信息全面告知游客；另外，可以举办新农村展览会、产品推荐会等，制作企业文化宣传册发放给游客，在电视台或景区接待集散地点播放企业的介绍视频，必要时可以当作赠品送给游客，进行二次传播，提升景区的影响力，带动乡村旅游的经济发展，树立形象。此外，在自媒体大行其道的时代下，企业应该适应大众需求，在网络上进行自我宣传，开设官方微博账号或微信公众号，与人们建立稳定的社交关系，通过日常的微博推送让潜在旅游者了解产品，从而激发游客的购买欲望。

四、西南民族地区城市景区化对都市圈演化作用的路径实施

（一）居民方面：增强主体意识，加强文化传承

第一，提升自身素质。城市居民是外来游客首先接触的人员，良好的城市居民形象将为整个城市带来生命力。为了提高都市圈的影响力，形成区域品牌优势，城市居民需要提高自身文明素质，重视思想道德教育，充分认识到个人形象在城市景区化发展中的重要性，主动承担省、市“地域大使”的责任，提高对道德规范的认知，培养树立正确的道德观。充分利用城市社区的资源、网络资源，通过各种渠道宣传所在城市的景点，并适当加强传统文化特别是所属地区文化的学习力度，以便在遇到游客疑问时能及时解答相关疑惑，在能力范围内学习外语，做到能与外国游客基本对话，提高城市的整体形象。

第二，增强参与意识。城市景区化的发展意味着当地的经济发展，需要当地居民的积极参与，但由于西南地区受教育程度及资金储备等影响因素，居民参与程度较低，只在乎眼前利益，对涉及长远的发展决策等问题关注度不高。因此，为了实现都市圈可持续发展的目标，居民需要积极参与旅游发展的各个项目中，形成旅游开发事业与居民的利益共同体，参与旅游经济决策的实施、旅游规划的制定以及环境保护政策的颁布，同时更应该重视环境保护及传统民族文化的维护与传承，对相关政策发表自己的看法，对规划提出自己的意见、表明自己的态度，激发其他居民的参与热情，促进旅游产业发展。营造全民参与的社会氛围，积极参加都市圈内各旅游景点组织的活动，真正参与到城郊旅游的发展建设中去，为区域旅游持续发展贡献自己的力量，实现城市景区化可持续发展。

第三，注重优化环境。城市是生活系统的一个重要组成部分，也属于自然生态系统的一部分，置身于良好的城市环境之中，居民的环境意识、卫生意识、文明意识便会得到提高。为了优化城市生态环境，居民应该约束自己的陋习，从大处着眼、小处着手，积极参加社区开展的“文明城市、文明旅游”的活动，培养健康的生活方式，不乱扔杂物、不随地吐痰，遇到社会上的不文明、不礼貌问题，应该主动上前制止，这是居民培养自身素质的一个重要部分。

第四，主动宣传城市形象。宣传是一种多形式、多渠道、多时间的传播信息的方式，需要相当大的资金和人力，一个城市的旅游产业想要发展，必须进行宣传营销活动。在都市圈发展的过程中，城市间建立了较为方便的出行通道，信息的交流也更为通畅。城市居民可以在搜集信息后前往都市圈内的旅游城市进行游览，主动参与到城市旅游发展建设中，同时为异地的居民带来新的信息，传播自己城市的文化和生活方式，提升城市形象，也可以通过和亲朋好友交流传播相关旅游城市的旅游资源，提升潜在旅游者的旅游兴趣，促进都市圈内的城市经济发展，提升城市整体形象。

（二）游客方面：提升自身素质，扩大传播能力

第一，提高环境保护意识。城市景区化给生活在城市的人们带来了旅游条件上的便利，相对乡村旅游来说，城市旅游能更加方便的感受城市文化氛围，为往日忙于工作的游客节约出时间。旅游的过程实际上是旅游者满足自身愉悦感的过程，在旅游目的地逗留的异地性和暂时性，常常使游客放松行为约束，加上对异地风情的陌生感，可能会疏忽自己的行为所带来的影响。为了保护都市圈旅游景点生态环境，游客在城市景点旅游时，更应该对保护环境持有敏感度，游览文物保护景点时严禁大声喧哗，不乱写乱画。参加旅游活动时随身携带塑料袋，不随意丢弃垃圾，保证自己的自律性，自觉对旅游景点公园、保护区环境保护给予支持。此外，游客应尽量减少对当地环境资源的过度使用，尽量使用能重复使用的物品，提高物品和资源利用率，自备购

物塑料袋、拖鞋和梳洗用品，自备水杯或水壶。

第二，尊重当地居民。具有社会责任感的游客在景区旅游时会遇到当地的居民，表现尊重是与他们交往时应持有的态度，在这个过程中，旅行者需要尊重旅游所到景点的物质和社会环境，不断地调整自己的态度，避免把自己的价值观强加于其他文化上。学会尊重异族文化习俗和传统仪式，深入体验当地生活。需要拍照时，应提前征求对方的同意，并给予理解，尊重就是要求旅游者在旅游行程中，不是作为窥探者，而是积极与旅游目的地的居民进行交流和接触，提升双方的舒适度。

第三，加强自身素质，转变思想观念。城市旅游与传统旅游不同，吸引游客的是整个城市的自然文化遗产、城市的整体形象和独具特色的城市环境，这些都会提高他们的关注度和游览兴趣。游客应该转变认为旅游只能去风景区的传统思想，摆脱“出远门旅游度假”的观念，选择都市圈城市进行旅游，减少出行时间，满足购物、会议、度假等多种需求，享受城市旅游带来的多元化的旅游功能。城市景区化的实行意味着游客的数量开始增加。决定旅游目的地后，游客要做好充足的准备工作，在前期策划旅游行程时，提前了解旅游目的地文化风俗，学习少数民族方言，以便更好地与本地居民进行沟通，增加融入当地文化的可能性。通过景区旅游网站等渠道搜集相关旅游信息，包括最佳游览时间、最佳拍照地点等，提高旅行的完备性。同时，游客也应该在进入高原地区的景区前进行严格的体格检查，保证自己能进行下阶段的旅行活动，提前预备氧气和预防急性高原病的药物，也需备有防治感冒的药物，以防万一。

第四，扩大传播能力。旅游是一种社会现象和文化交往活动，也是一种传播活动。游客从外地来到旅游城市，带来了人员、信息、物质和资本的流动，特别是在城市景区化的背景下，不同地区人们之间的相互了解增进了城市间的交往，传播融合了各地的文化特色。为了促进都市圈发展的进程，游客作为信息的接收者和发出者，应该加强自身传播能力，在已有文化的基础上，接触新事物，比较不同的旅游资源，努力更新知识的储备，对外传播，同时也把自己得到的信息向旅游地传输，从而影响当地城市的发展[320]。当游客对都市圈内的景点游览过后，汲取知识的同时也陶冶了情操，作为文化的传承者，他们应该将所在地区的文化即语言、生活方式、思想等传播给当地的人们，促使当地居民学习外来文化，长此以往，大量的旅游者带来的文化与本地城市的文化进行碰撞，游客和本地居民双方都展现了较为真实的自我，使城市融合各种文化，给都市圈自身发展也带来巨大影响。

（三）企业方面：转变经营方式，培养高端人才

第一，跨地区经营。都市圈旅游合作是企业在政府的引导和支持下，通过具体合作策略的实施以实现共兴的合作模式。各地间企业之间的合作是旅游合作竞争的基

础，企业应该加强在人力、物力、财力之间的渗透，在城市景区开发企业联营系统，通过旅游流激发多地旅游企业之间的动力。旅游资源丰富的区域可以在其他地方开设旅行社分社[321]，打破制约发展的政策之冰，分享区域间的旅游资源，开展跨地区资源重组，形成更有吸引力的旅游产品和旅游线路。对于旅游资源具有互补关系的旅游企业来说，可以根据地域进行重组优化，达到共生的目的，建立大型跨区域旅游集团，形成资源、利益共享，保证旅游产品价值链的完整性，提高资源配置效率，为游客提供一条龙服务，使企业能更好地应对市场竞争，避免出现各地企业为争夺客源而进行的恶性竞争，实现多地旅游业的融合。加强城市间的会展公司的联合，吸引各地会议、展览、商务游客来旅游，开展跨区域旅游连锁服务，如连锁酒店、连锁超市等，企业之间建立销售网络，发展壮大旅游企业的实力。

第二，培养高素质人才。推进专业化人才的引进，加强人才的流动，是区域间文化整合、实现城市景区化发展的有效途径之一。大量人才在都市圈内聚集，不但可以降低旅游企业寻找高质量人才的成本，而且还促进了企业群的创新。企业应该改变以往低工资、跳槽率高的现象，改变落后的用人机制，为企业内的员工制定职业规划，帮助他们建立职业蓝图，从而获得更高的收入，对旅游产业中的员工进行再教育，使员工能掌握更多的技术支持、咨询服务等方面的知识。

第三，扩展分销渠道。对于区域旅游产业的发展来说，有质量的旅游产品不能完成整条销售链的运行，还需要通过广泛的分销渠道，让游客了解区域内的旅游产品和服务[322]。除了传统的分销渠道，如报纸、杂志、电视外，应该充分利用国际互联网的功能，将都市圈内零散的旅游吸引物连接起来，变成一个统一的有机体，在网站上介绍景区概况、景区景点图片、旅游路线、发布旅游企业产品和服务信息，以满足旅游者的个性化需求。通过不同的分销渠道让游客了解区域内所有的旅游活动产品，知晓旅游特色，增强他们对旅游产品的购买兴趣，充分发挥分销渠道的作用，提升都市圈旅游的整体形象。

第四，打造差异性产品。实行品牌建设是区别城市发展建设、提升区域发展实力的重要途径，突出地方特色，开展品牌建设，已经成为发展区域经济社会的前提。在城市景区发展中保持产品差异性能够推进景区之间的联动互补，让游客有更丰富的体验，通过对不同产品的体验，能够带动城市景区发展，进而带动城市协作水平的显著提升[323]。西南地区为了实现城市景区化，应该在都市圈城市内部创立旅游品牌，发挥品牌效应，制订共同的营销计划，树立都市圈旅游整体形象，组建大型旅游集团。根据旅游者不同的旅游需求，分别制定对应的旅游供给，如云南、四川少数民族聚集地打造民俗文化、宗教文化等旅游产品，满足旅游者文化需求特征。扩大企业的规模经济效益，促使旅游生产要素向旅游企业聚集，形成旅游产业集群，有效提升优势区域旅游产业的核心竞争力，更可以借此促进后发区域旅游产业的跨越式发展。在市场开拓及促销上，旅游市场应建立全局观，设立区域旅游企业的合作网站，及时发布旅游信息及进行预约、预定一条龙服务。在区域内互相开放市场，兼顾周边市场，开拓入境旅游市场，形成区域内、国内、境外三大旅游市场。

五、西南民族地区城市景区化对城中村演化作用的路径实施

（一）居民方面：改变生活方式，提升审美能力

第一，转化思想观念。实现城中村旅游的迅速发展首先要考虑村民的意愿。村民在城中村发展中处于核心地位，是旅游发展直接利益的相关者，他们的态度和行为能够直接推动城中村的发展。由于受到村俗传统文化的影响，他们对于生活的土地有着根深蒂固的思想观念，文化技术比较低，缺乏竞争进取的精神。为了进一步实现城市景区化，城中村居民应该转变陈旧的思想观念，摒弃落后的生活习惯，积极和外来的旅游者进行沟通，通过和外界交流改变自身的精神状态。也可以在社区的组织下观看警示电影和宣传片，树立勤劳致富、科技致富的意识和正确的价值观。通过参加政府或社区举办的技能培训班学习相关技能，参与具有针对性、时效性的就业培训，解决知识技能短缺的问题。正确看待和其他村民之间经济差距过大的事实，树立正确的消费观、理财观，从自身做起，实现资本的原始积累。加强对市民身份的认识，转变思想观念，增强城市认同感，结合实际生活不断规范自身文明行为，提升文明素质，融入城市文明，成为真正意义上的现代市民。

第二，改变生活方式。旅游作为一项经济效益较高的产业在我国社会中扮演着越来越重要的角色，加快了城市发展，同时，城市的发展也推动城市景区化的形成，为旅游注入了新鲜力量。在此过程中，城中村的建设显得尤为重要。为了促进城中村改造，加快城市景区化进程，城中村的村民必须改变原先以种植业为生的生活方式，转而成为开旅馆、办餐馆的旅游从业者，参与城市旅游的经济活动，通过发展旅游脱贫致富。村民可以利用相关政策优势，使用信贷机构提供的小额贷款开办农家乐等服务设施，把自家种植的粮食、蔬菜、水果等农副产品就地转化为供旅游消费的商品。通过社区的组织建立起家禽农庄、旅游度假区等集合休闲、采摘、观光为一体的服务企业，增加家庭收入。另外，重视农庄景区的餐饮、住宿等服务行业提供的就业机会，主动学习管理方面的知识，礼貌礼仪方面的知识，促进城中村的产业化发展，塑造现代化城市形象。

第三，传播民族文化。旅游发展带来的经济效益和先进理念，使村民开始意识到旅游资源的价值，而城市景区化进程的推进让他们接触到更多的都市文化，两种文化

发生交锋、碰撞，可能会导致传统文化的逐渐衰微甚至消亡。因此，村民应该积极传播优秀的民族文化，加强对云贵川藏生态环境、传统村落、少数民族建筑、民俗节庆的保护，通过发掘，使濒临灭绝的民族文化和传统工艺得到保护和传承[324]。在与游客交往的过程中，村民也要吸收现代文明中有利于传统文化繁衍的积极因素，有效消除传统本身的局限性，推动传统文化推陈出新。通过对旅游者进行传播，使之主动去传承和弘扬传统文化，促进传统文化遗产的保护。另外，城中村居民要重视民俗活动，保留古老的民族风情，利用独特的文化优势[325]，与社区居民自主举办各种类别的文化乡村旅游节目，充分发挥居民的聪明才智，呈现最美丽的民族文化魅力。利用传统文化吸引游客兴趣，提高知名度，从而带动收入的提高。

第四，提升审美能力。“城中村”的产生和发展是现代城市文化和传统乡村文化结合的产物，它一方面显示出现代都市发展的强大威力，另一方面也反映了传统文化顽强的生命力。城市景区化的发展意味着城中村必须在保留文化底蕴的前提下改变传统落后的村容村貌，向现代化城市发展[326]，全村农民也要转变传统的思想观念，由村民转为居民。因此，对村民来说，如何能提升精神文化审美意识而不破坏传统生活是城中村发展中最迫切的问题。首先，可以通过大众传媒的传播带动审美意识的提高，根据网络、电视、电影、广告、广播等传媒潜移默化的渲染，塑造自己的情感和思想，因为电影、电视不需要文化基础就能观看，相比报纸、网络来说，更加能表现传播的作用力。其次，社区每个月的公共活动也能带动居民的积极性，通过社区工作人员的教导参加审美活动，感受生活中的真善美，增强社会责任感和道德意识，从而提高人的基本素质。最后，通过社区服务站播放的艺术作品影像，提高居民闲暇时间的乐趣，提高审美能力和认识能力，树立正确的审美观，有意识地学习文化知识，丰富村民的业余生活，建立和谐的城中村。

（二）游客方面：加强信息传递，保护自身权益

第一，提升自身素质。我国旅游市场当下正处于转型升级的时期，逐步从以往传统的观光旅游模式转向集旅游、购物、休闲、娱乐为一体的多功能旅游模式。伴随着旅游业的发展，城市景区化的步伐也逐渐加快，创造出许多促进旅游业发展的新思路和新成果。在城市景区化进程中，城中村等一些城市边缘地带的文化遗产、历史文物逐渐受到重视，成为旅游景点，受到历史文物爱好者的追捧。但在这些重点保护区，尤其是节假日来临时，常常会出现一些不文明现象，影响城市的整体形象[327]。因此，为提升城市形象，塑造良好的国家形象，游客需增强个人文明素质，树立正确的道德观，深刻认识到个人形象在出游中的重要性，提高对道德规范的了解程度。此外，提高环境保护意识，养成良好的生活习惯，从大处着眼小处着手，从小教导儿童学习文明礼貌礼仪，提升道德意识。在景区和相关部门的提示和引导下，改正陋习，

培养文明、健康、科学的生活方式，牢牢把握时代脉膊，追求更高层面的旅游理念和道德境界，更好地为景区管理和发展提供动力。

第二，接收信息，传递信息。由于城中村地处城市边缘，滞后于时代发展步伐，游离于现代城市管理之外，生活在此的居民基本上难以接触都市文化。随着城市景区化的发展，他们的生活方式逐渐转变，但依然缺少与外界交流的机会。旅游者是所在地区文化的“传递者”，他们在城中村的景点开展旅游活动时，可以把所了解的信息带给当地居民，同时也接收来自当地居民带来的传统文化的信息，尽可能与景区的居民沟通交流，成为他们了解新兴社会的一个窗口。作为旅游者，他们对外传播的信息对城市景区形象的塑造也有着至关重要的作用，因此，游客可以利用语言、网络向外界输出旅游信息，为潜在旅游者提供决策意见，根据自己对当地文化的了解和体验，向周围的亲朋好友转述旅游经历和地区风情，提升旅游景区的影响力。还可以在旅游网站上发布旅游感想，拍摄旅游景区图片，记录旅游线路，吸引潜在旅游者前往。旅游信息经过人与人、人与群体、群体与群体的传播，能大力加快城市景区化发展的进程，推动旅游产业发展。

第三，行使合法权益。由于旅游市场的迅猛发展，旅游业已成为吸纳就业量最大的行业之一，许多人也在其中寻找旅游商机，不可避免地出现了服务质量低下、景区强买强卖等现象，游客消费者权益无法得到保障。为了避免发生这种情况，保证自己的合法权益不受侵害，游客应该向旅行社相关单位或旅游景区管理部门进行举报，对旅游中遇到的不合理的地方提出建议，与经营者所谓的“虚假合同”保持距离，承担自己作为旅游者应尽的义务。通过网络社交软件公开表达自身意愿，引起社会热议，扩大影响范围，形成良好的舆论监督，在某种程度上可以推进景区设施建设，督促相关部门对不合理现象做出解决，提升城市整体形象。

第四，增强信息获取能力。城市景区化的发展除了需要政府、企业的支持和引导，还离不开旅游者的支持。信息获取是潜在旅游者思考旅行、制定相关决策的关键一步，他们通常获取旅游信息是通过朋友亲人或者广告经销商。当今，随着媒介形式不断发生变革，互联网开始成为大众获取信息的首选，因此，游客必须紧跟时代趋势，开发新的渠道，增强自己获取信息的能力，利用互联网尤其是移动互联网完成对信息的搜集。游客在到达城市旅游目的地之前，可以先在城市景区的官方网站上浏览景区的信息，包括地图、线路图、特色文化等，在确定旅游目的地后，通过马蜂窝、驴妈妈等旅游社交分享网站寻找旅游攻略，结合城市景区介绍，深度分析各景点的优劣，选择出行方式，利用热门团购软件订购门票或预订酒店，享受食住行游购娱全方位的智能应用服务。当游客去到旅游景点时，使用支付宝、微信等手机支付的方式进行付费，并对所享受的服务水平进行评价，进一步提高服务业的质量，促进旅游企业的发展。

（三）企业方面：优化营销策略，打造产品品牌

第一，优化旅游营销策略。伴随着城市景区化的发展，旅游企业大量涌现，随着时间的推移，企业营销也面临着来自竞争对手和顾客消费的威胁。为了完善旅游企业市场，发展城市经济，必须根据新时期消费者的需求对营销策略进行优化。在价格上，企业应该制定更加灵活的方案，通过对不同收入、社会阶层和年龄的消费者实行不一样的价格，进行差别化营销，既可以满足低收入消费者的消费需求，又可以实现企业产品利润最大化。在营销渠道上，旅游企业必须深入分析消费者的消费心理，省略分销商的步骤，直接与消费者进行交流，了解消费者消费需求，更加迅速地将顾客的需求转化为产品，缩短产品开发实现路径。在服务上，旅游企业要采取更加丰富的营销服务策略。顺应时代发展趋势，提升产品营销的知识内涵和教育功能，将西南民族地区的民族性和特殊性融入旅游营销之中[328]，使游客能从中获得知识，受到教育。赋予旅游产品主题特色，将文化元素注入旅游产业当中，通过文化与旅游的融合，提升旅游产品的附加值[329]，扩展旅游项目，如摄影旅游、体育旅游等，吸引具有不同需求的旅游者参与。

第二，建立区域协调机制。城市景区化的发展离不开区域内各个企业的合作，为了使每个合作方形成同舟共济的合作局面，必须要克服集体行动的困境，建立协调机制和监督机制，促使合作企业的目标与整体目标趋于一致。首先寻找利益共同点，区域内各企业提出想要达到的企业目标并相互磨合目标，同时建立相互信任的关系。其次签署合作协议，强化各企业的合作关系，使合作有规可循，有法可依。最后选择有效的合作模式，确定可进行合作的企业。企业在合作时，必须明确自身产品的特点以及自己的地位，不能因为盲目地追求效益而忽视企业间合作的规律和基础规定。另外，还要在企业内建立有效的信息沟通渠道，通过积极参加行业协会、参与企业间的聚会等方式来建立沟通，成立信息交流平台，共享旅游资源。

第三，培养高素质人才。旅游业是涉及众多传统行业和社会部门的综合型企业，因此也决定了从事旅游工作的人员不仅要具备基本的专业知识和能力，还应该掌握相关的管理、经济、心理学、法律等多方面的知识[330]。旅游业虽然经过改革开放三十多年的发展，但人才资源依然是供不应求，为了培养高素质人才，企业必须认识到人才是行业兴旺发达的动力源泉，树立科学的用人观，建立人才发展战略，摒弃传统“只挖人不育人”的思想观念。建立科学的人才录用、培训等机制，改变落后的人力资源观念，对人才的管理不能仅停留在员工招聘等方面，还要广泛涉及职业培训、岗位设置等，努力帮员工做好职业生涯规划，做好职工的思想工作。

第四，打造产品品牌。开发旅游产品关系着旅游城市企业的市场竞争力和吸引力，为了避免旅游资源重复，产生不必要的恶意竞争，在城中村旅游发展进程中应该

形成多样性的特色旅游产品和旅游线路，结合西南地区富有少数民族特色的旅游项目，充分展现西南区旅游产品与其他地区产品的差异性，突出优势和特色。通过不同资源在市场的运作，推出跨城市的互补性旅游产品群，形成具有生命力的特色旅游经济[331]。无论是旅行社还是酒店，都应该建立自己的品牌，通过与消费者互动建立顾客忠诚度，树立公共形象，扩大城市对外影响力。根据区域旅游产品开发和设计的优势力量，联合打造城市群的旅游品牌产品，充实旅游产品的文化内涵，提高旅游产品内容的质量，增加产品的经济价值，打造一批在国内国际具有吸引力的高质量旅游产品。另外，应充分挖掘西南地区的民族特色和文化内涵，使其展现深厚的地方历史特色。建立多渠道的销售模式，促使旅游商品产品企业走向专业化和品牌化的道路，推出具有较高艺术水平的、突显民族特色的旅游文化纪念品。各企业之间制定品牌规划策略，加强区域间的企业合作，创新品牌管理，提升品牌价值，打造区域旅游发展的强势品牌，通过特色品牌的扩散效应推动景区城市化的发展。

结　论

本书主要研究内容为西南民族地区旅游城市化进程中的新型城乡形态演化问题，按照分析—设计—规划—实施的政策系统理念，以促进西南民族地区新型城乡形态演化、维护民族团结为研究目的，在相关文献研究的基础上，将基础理论积极应用到旅游城市化进程中新型城乡形态演化的研究中。在建立分析框架的基础上，分析旅游城市化对新型城乡形态演化作用过程，提出本书的研究假设，建立理论模型。为了进一步对理论模型进行验证，研究从定量的角度出发，通过数据收集建立结构方程模型，从定性的角度出发，运用案例研究方法较为合理地模拟出旅游城市化进程中新型城乡形态演化的理论模型。针对实证分析的结构，按照系统政策分析的方法，提出西南民族地区旅游城市化进程中新型城乡形态演化的规划路径和实施路径。总的来说，本书在研究中所进行的创新性工作和所得出的结论如下：

第一，建立了西南民族地区旅游城市化进程中新型城乡形态演化的分析框架。通过对旅游城市化和新型形态演化的文献梳理和相关理论分析，明晰了旅游城市化和新型城乡形态演化的概念和特征，基于旅游城市化进程的实施过程划分构成维度，并对其内涵进行剖析和揭示。构建新型城乡形态演化的理论模型，形成与旅游城市化的关联对接。在此基础上，搭建起旅游城市化进程中新型城乡形态演化的分析框架，并对其进行相关分析说明。

第二，提出了旅游城市化进程中新型城乡形态演化的研究假设及构建理论模型。通过对旅游城市化进程中新型城乡形态演化的过程进行描述，分析影响旅游城市化进程中新型城乡形态演化的因素，参考现有的国内外关于旅游城市化和新型城乡形态演化的文献资料，分析景区城市化、城市景区化、城镇化农村、城郊化农村、新农村、都市圈、城中村等因素的各自作用方向，提出相应的研究假设。根据建立的分析框架和研究假设，构建旅游城市化进程中新型城乡形态演化的理论模型。

第三，对旅游城市化进程中新型城乡形态演化的具体作用进行了实证分析。根据调查问卷发放收集的研究数据，借助计量经济分析软件，界定好景区城市化对城镇化农村演化、景区城市化对城郊化农村演化、景区城市化对新农村演化、城市景区化对都市圈演化和城市景区化对城中村演化的结构方程模型。对理论分析中提出的研究假设进行实证分析检验，并对实证结果加以讨论。研究表明：景区城市化对城镇化农村既有显著的直接正向作用，同时在完善景区规模结构、提升景区综合服务能力等方面也表现出了十分显著的直接正向作用；景区城市化对城郊化农村有显著的直接正向作用，同时它在完善景区规模结构、提升景区综合服务能力等方面也表现出了十分显著的直接正向作用；景区城市化对新农村有着显著的直接正向作用，同时完善景区规模结构、提升景区综合服务能力等方面都表现出了十分显著的直接正向作用；城市景区化对都市圈有显著的直接正向作用，同时它在完善可持续发展环境、提升景区联动等方面也表现出了十分显著的直接正向作用；城市景区化、景区联动和城市面貌对城中村显著的直接正向作用。

第四，对西南民族地区旅游城市化进程中新型城乡形态演化作用进行了案例验证。运用单案例研究的方法，结合本书建立的分析框架、研究假设、理论模型以及结构方程分析的结果，结合西南民族地区城乡形态演变的现状，分别针对景区城市化对城镇化农村演化、景区城市化对城郊化农村演化、景区城市化对新农村演化、城市景区化对都市圈演化和城市景区化对城中村演化作用进行了实际的案例验证。其中，选取西南民族地区云南丽江束河古镇作为案例地验证了景区城市化对城镇化农村的演化作用，选取西南民族地区广西桂林至阳朔区间城郊化农村作为案例地验证了景区城市化对城郊化农村的演化作用，选取西南民族地区广西龙胜龙脊村作为案例地验证了景区城市化对新农村的演化作用，选取西南民族地区云南昆玉城市带作为案例地验证了城市景区化对都市圈的演化作用，选取西南民族地区贵州花溪作为案例地来验证城市景区化对城中村的演化作用。

第五，针对西南民族地区旅游城市化进程中新型城乡形态提出了规划路径和实施路径。结合西南民族地区的实际情况分析旅游城市化进程中新型城乡形态演化的效果，提出旅游城市化进程中新型城乡形态演化效果的评价方法，结合具体的实例进行评价，识别出需要重点采用的实施策略。基于旅游城市化进程和新型城乡形态的演化，分别从政府和市场两大主体出发，针对景区城市化对城镇化农村、景区城市化对城郊化农村、景区城市化对新农村、城市景区化对都市圈、城市景区化对城中村的演化路径，有侧重地提出有效的规划路径。从居民、游客、企业三大不同主体出发，针对景区城市化对城镇化农村、景区城市化对城郊化农村、景区城市化对新农村、城市景区化对都市圈、城市景区化对城中村的演化路径，有侧重地提出有效的实施路径。

限于自身学术水平和学术水平，本书虽然对西南民族地区旅游城市化进程中的新型城乡形态演化进行了深入的研究，但是研究仍然存在许多的不足和未解决的问题，在研究的一些方面还可以展开进一步的研究：

第一，由于旅游城市化与新型城乡形态演化受到来自多方面因素的影响，在今后的研究中，可以适当地引入其他的中间变量，而不仅仅局限于现有的维度分析，可以将影响力较强的因素纳入研究范围。

第二，由于本书的研究区域划定在西南民族地区，主要包括广西、云南、贵州三省（区）。在进行相关的要素选择和理论架构时都从西南民族地区的发展现状出发，集中反映西南民族地区独特性，具有较强的地域性特征。在今后的研究中可以将本研究成果适当地进行嫁接，研究在不同的地域环境中是否具有普遍性特征，如果不存在普适应，那么不同区域之间的主要影响因子存在着怎样的区别。

第三，由于旅游城市化是一个不断变化的动态过程，其在不同的发展阶段所呈现出来的特征也是不尽相同的。在今后的研究中，除了本研究中通过一次调研所获得的调研数据进行研究以外，还可以从长远的角度出发，长期地对研究地进行观察和展开时间序列数据的收集，研究旅游城市化在不同的发展时期对新型城乡形态的作用机制。

第四，由于新型城乡形态是在城乡“二元”关系的基础上所形成的，城乡一体化进程的加快会不断地改变城乡形态原有的特点，其外在形式和内部组织结构都会不停地发生着变化。除了本书所涉及到的城镇化农村、城郊化农村、新农村、都市圈、城中村，在今后的研究中，还可以将更多的新型城乡形态考虑在内。

附录一：

西南民族地区旅游城市化进程中新型城乡形态演化的访谈提纲

（一）村民方面

1. 感受旅游发展后的变化：土地、环境、收入、村民关系
2. 旅游城市化对自身或者家庭的影响：生活方式、就业前景、财产性收入、文化归属感、教育观念
3. 生活习惯的改变：前后变化如何
4. 地价变化：前后的变化如何，对自身生活有什么影响
5. 社会保障：保险、基础服务设施、公共福利水平、生活质量
6. 目前的生活来源，土地状况，农业种植状况，旅游收入占家庭总收入的百分比
7. 建房情况：自身建房变化、邻里建房状况、审批流程、违章情况
8. 对待旅游的态度：期望、问题、建议
9. 旅游业发展后，自身以及周边村子的显著区别
10. 对城镇化的好感度：居住意愿、城镇化的好处、不满的地方
11. 是否支持居住地的旅游产业发展，支持或者不支持的理论

（二）政府人员方面

1. 普通村民的问题
2. 参与旅游业发展的情况，是否具有副业，从事旅游业的具体状况
3. 在推进旅游产业发展中所遇到的困难，解决的办法
4. 对于本地旅游业发展的期望

5. 当地的城镇化的变化，其中受到旅游业影响的有哪些

6. 当地政府推进旅游城市化的政策有哪些，产生了什么样的影响

7. 旅游发展征用土地的状况，现有的土地利用状况

8. 社会经济的相关数据：农业收入、就业结构、产业结构、城镇化水平、旅游收入、住房建设、物价、旅游接待设施、旅游公共服务设施、地价水平

9. 人口数据统计：外来人口、城镇人口

10. 旅游接待统计：人数、收入、基础设施建设

11. 城市绿化面积的变化

12. 房屋建造：时间、面积、地点

附录二：

西南民族地区景区城市化对城镇化农村演化作用的调查问卷

亲爱的朋友：

您好！我是“西南民族地区旅游城市化进程新型城乡形态演化研究”课题组的调查员，为了完成相关研究工作，希望您抽出一点时间，以自身的实际经验填写以下内容。您的回答将是本研究的重要依据，敬请您耐心作答，避免错漏。

我郑重向您承诺，本问卷只用于学术研究分析，绝不做他用。问卷不会涉及您的隐私，且获得的全部数据也将绝对保密，敬请安心作答。再次感谢您的支持！请在所选项上打√即可。

（一）被访问者的基本情况

1. 请问您是：

A. 当地村民　　B. 城镇居民

2. 请问您属于：

A. 汉族　　B. 少数民族

3. 您的年龄：

A. 14 岁以下　　B. 15～24 岁　　C. 25～44 岁　　D. 45 岁以上

4. 您在本地居住的时间：

A. 5 年以下　　B. 5～10 年　　C. 10～20 年　　D. 20～30 年

E. 30 年以上

5. 您的职业：

A. 工人　　B. 职员　　C. 教育工作者　　D. 农民

E. 自由职业者　　F. 管理人员　　G. 军人　　H. 学生

I. 服务人员　　J. 技术人员　　K. 政府工作人员　　L. 退休人员
M. 其他
6. 您的家庭人口数：
A. 5 人以上　　B. 2～5 人　　C. 单身
7. 您的家庭年收入是：
A. 3000 元以下　　B. 3000～5000 元　　C. 5000～10000 元　　D. 10000～20000 元
E. 20000～30000 元　　F. 30000～50000 元　　G. 50000 元以上

（二）被访者从事旅游业的情况

8. 您的家庭是否有从事旅游行业的成员：
A. 是　　B. 否
9. 您的家庭成员主要从事的旅游经营活动：
A. 餐饮　　B. 住宿　　C. 导游　　D. 交通
E. 景区管理　　F. 旅游产品销售　　G. 旅游规划　　H. 娱乐
I. 其他旅游活动
10. 您的旅游收入占家庭总收入的：
A. 80% 以上　　B. 50%～80%　　C. 20%～50%　　D. 10%～20%
E. 10% 以下

（三）被访者的旅游感知情况

请您根据您的判断进行选择，1 表示最低（最少、最不好、最不满意），2 表示较低（较少、比较不好、比较不满意），3 表示中等（一般、无所谓高也无所谓低），4 表示较高（较多、较好、较为满意），5 表示最高（最多、最好、最满意）。

第一部分：景区城市化发展状况

序号	测量指标	现在的状态				
		1	2	3	4	5
1	景区城市化实施主体与景区资源状况符合城镇化农村演化的要求程度					
2	景区城市化实施主体与景区发展状况符合城镇化农村演化的要求程度					
3	景区城市化进程中旅游资源的推动符合城镇化农村演化的要求程度					
4	景区城市化进程中旅游服务的推动符合城镇化农村演化的要求程度					
5	景区城市化进程中旅游管理的推动符合城镇化农村演化的要求程度					

续表

序号	测量指标	现在的状态				
		1	2	3	4	5
6	景区城市化进程中实施路径的选择符合城镇化农村演化的要求程度					
7	景区城市化进程中路径的稳健性符合城镇化农村演化的要求程度					
8	景区城市化进程中实施保障的能力符合城镇化农村演化的要求程度					
9	景区城市化进程中实施保障的措施符合城镇化农村演化的要求程度					

第二部分：城镇化农村发展状况

序号	测量指标	现在的状态				
		1	2	3	4	5
1	景区居民生产方式符合城镇化农村演化要求的程度					
2	景区居民生活方式符合城镇化农村演化要求的程度					
3	景区居民生产生活方式转变方向符合城镇化农村演化要求的程度					
4	景区居民思想高度符合城镇化农村演化要求的程度					
5	景区居民观念水平符合城镇化农村演化要求的程度					
6	景区居民思想观念转变方向符合城镇化农村演化要求的程度					
7	城乡景观建设符合城镇化农村演化要求的程度					
8	城乡景观风貌符合城镇化农村演化要求的程度					
9	城乡景观形态改变方向符合城镇化农村演化要求的程度					

第三部分：景区综合服务能力发展状况

序号	测量指标	现在的状态				
		1	2	3	4	5
1	景区服务人员的总体数量符合城镇化农村演化要求的程度					
2	景区服务人员的服务态度符合城镇化农村演化要求的程度					
3	景区服务人员的服务水平达到城镇化农村演化要求的程度					
4	景区服务设施的承载水平符合城镇化农村演化要求的程度					
5	景区服务设施的齐备程度符合城镇化农村演化要求的程度					
6	景区服务设施的分布范围符合城镇化农村演化要求的程度					
7	景区组织管理的能力符合城镇化农村演化要求的程度					
8	景区组织管理的效率符合城镇化农村演化要求的程度					
9	景区组织管理的制度安排符合城镇化农村演化要求的程度					

第四部分：景区规模结构发展状况

序号	测量指标	现在的状态				
		1	2	3	4	5
1	景区空间规模范围符合城镇化农村演化要求的程度					
2	景区空间规模结构符合城镇化农村演化要求的程度					
3	景区空间规模发展符合城镇化农村演化要求的程度					
4	景区产业组织构成符合城镇化农村演化要求的程度					
5	景区产业组织效益符合城镇化农村演化要求的程度					
6	景区服务经济定位符合城镇化农村演化要求的程度					
7	景区服务经济结构符合城镇化农村演化要求的程度					
8	景区服务经济利润符合城镇化农村演化要求的程度					
9	景区劳动力要素整合符合城镇化农村演化要求的程度					
10	景区资本要素整合符合城镇化农村演化要求的程度					
11	景区土地要素整合符合城镇化农村演化要求的程度					

第五部分：资源集聚力发展状况

序号	测量指标	现在的状态				
		1	2	3	4	5
1	景区自然资源集聚能力符合城镇化农村演化要求的程度					
2	景区自然资源开发水平符合城镇化农村演化要求的程度					
3	景区非自然资源集聚能力符合城镇化农村演化要求的程度					
4	景区非自然资源开发水平符合城镇化农村演化要求的程度					

附录三：

西南民族地区景区城市化对城郊化农村演化作用的调查问卷

亲爱的朋友：

您好！我是“西南民族地区旅游城市化进程新型城乡形态演化研究”课题组的调查员，为了完成相关研究工作，希望您抽出一点时间，以自身的实际经验填写以下内容，您的回答将是本研究的重要依据，敬请您耐心作答，避免错漏。

我郑重向您承诺，本问卷只用于学术研究分析，绝不做他用。问卷不会涉及您的隐私，且获得的全部数据也将绝对保密，敬请安心作答。再次感谢您的支持！请在所选项上打√即可。

（一）被访问者的基本情况

1. 请问您是：

A. 当地村民　　B. 城镇居民

2. 请问您属于：

A. 汉族　　B. 少数民族

3. 您的年龄：

A. 14 岁以下　　B. 15～24 岁　　C. 25～44 岁　　D. 45 岁以上

4. 您在本地居住的时间：

A. 5 年以下　　B. 5～10 年　　C. 10～20 年　　D. 20～30 年

E. 30 年以上

5. 您的职业：

A. 工人　　B. 职员　　C. 教育工作者　　D. 农民

E. 自由职业者　　F. 管理人员　　G. 军人　　H. 学生

I. 服务人员　　J. 技术人员　　K. 政府工作人员　　L. 退休人员
M. 其他

6. 您的家庭人口数：

A. 5 人以上　　B. 2~5 人　　C. 单身

7. 您的家庭年收入是：

A. 3000 元以下　　B. 3000~5000 元　　C. 5000~10000 元　　D. 10000~20000 元
E. 20000~30000 元　　F. 30000~50000 元　　G. 50000 元以上

（二）被访者从事旅游业的情况

8. 您的家庭是否有从事旅游行业的成员：

A. 是　　B. 否

9. 您的家庭成员主要从事的旅游经营活动：

A. 餐饮　　B. 住宿　　C. 导游　　D. 交通
E. 景区管理　　F. 旅游产品销售　　G. 旅游规划　　H. 娱乐
I. 其他旅游活动

10. 您的旅游收入占家庭总收入的：

A. 80% 以上　　B. 50% ~80%　　C. 20% ~50%　　D. 10% ~20%
E. 10% 以下

（三）被访者的旅游感知情况

请您根据您的判断进行选择，1 表示最低（最少、最不好、最不满意），2 表示较低（较少、比较不好、比较不满意），3 表示中等（一般、无所谓高也无所谓低），4 表示较高（较多、较好、较为满意），5 表示最高（最多、最好、最满意）。

第一部分：景区城市化发展状况

序号	测量指标	现在的状态				
		1	2	3	4	5
1	景区城市化实施主体与景区资源状况符合城郊化农村演化的要求程度					
2	景区城市化实施主体与景区发展状况符合城郊化农村演化的要求程度					
3	景区城市化进程中旅游资源的推动符合城郊化农村演化的要求程度					
4	景区城市化进程中旅游服务的推动符合城郊化农村演化的要求程度					
5	景区城市化进程中旅游管理的推动符合城郊化农村演化的要求程度					

续表

序号	测量指标	现在的状态				
		1	2	3	4	5
6	景区城市化进程中实施路径的选择符合城郊化农村演化的要求程度					
7	景区城市化进程中路径的稳健性符合城郊化农村演化的要求程度					
8	景区城市化进程中实施保障的能力符合城郊化农村演化的要求程度					
9	景区城市化进程中实施保障的措施符合城郊化农村演化的要求程度					

第二部分：城郊化农村发展状况

序号	测量指标	现在的状态				
		1	2	3	4	5
1	景区居民生产方式符合城郊化农村演化要求的程度					
2	景区居民生活方式符合城郊化农村演化要求的程度					
3	景区居民生产生活方式转变方向符合城郊化农村演化要求的程度					
4	景区居民思想高度符合城郊化农村演化要求的程度					
5	景区居民观念水平符合城郊化农村演化要求的程度					
6	景区居民思想观念转变方向符合城郊化农村演化要求的程度					
7	城乡景观建设符合城郊化农村演化要求的程度					
8	城乡景观风貌符合城郊化农村演化要求的程度					
9	城乡景观形态改变方向符合城郊化农村演化要求的程度					

第三部分：景区综合服务能力发展状况

序号	测量指标	现在的状态				
		1	2	3	4	5
1	景区服务人员的总体数量符合城郊化农村演化要求的程度					
2	景区服务人员的服务态度符合城郊化农村演化要求的程度					
3	景区服务人员的服务水平达到城郊化农村演化要求的程度					
4	景区服务设施的承载水平符合城郊化农村演化要求的程度					
5	景区服务设施的齐备程度符合城郊化农村演化要求的程度					
6	景区服务设施的分布范围符合城郊化农村演化要求的程度					
7	景区组织管理的能力符合城郊化农村演化要求的程度					
8	景区组织管理的效率符合城郊化农村演化要求的程度					
9	景区组织管理的制度安排符合城郊化农村演化要求的程度					

第四部分：景区规模结构状况

序号	测量指标	现在的状态				
		1	2	3	4	5
1	景区空间规模范围符合城郊化农村演化要求的程度					
2	景区空间规模结构符合城郊化农村演化要求的程度					
3	景区空间规模发展符合城郊化农村演化要求的程度					
4	景区产业组织构成符合城郊化农村演化要求的程度					
5	景区产业组织效益符合城郊化农村演化要求的程度					
6	景区服务经济定位符合城郊化农村演化要求的程度					
7	景区服务经济结构符合城郊化农村演化要求的程度					
8	景区服务经济利润符合城郊化农村演化要求的程度					
9	景区劳动力要素整合符合城郊化农村演化要求的程度					
10	景区资本要素整合符合城郊化农村演化要求的程度					
11	景区土地要素整合符合城郊化农村演化要求的程度					

第五部分：旅游吸引发展状况

序号	测量指标	现在的状态				
		1	2	3	4	5
1	景区物质性旅游吸引规模符合城郊化农村演化要求的程度					
2	景区物质性旅游吸引能力符合城郊化农村演化要求的程度					
3	景区非物质性旅游吸引规模符合城郊化农村演化要求的程度					
4	景区非物质性旅游吸引能力符合城郊化农村演化要求的程度					

附录四：

西南民族地区景区城市化对新农村演化作用的调查问卷

亲爱的朋友：

您好！我是“西南民族地区旅游城市化进程新型城乡形态演化研究”课题组的调查员，为了完成相关研究工作，希望您抽出一点时间，以自身的实际经验填写以下内容，您的回答将是本研究的重要依据，敬请您耐心作答，避免错漏。

我郑重向您承诺，本问卷只用于学术研究分析，绝不做他用。问卷不会涉及您的隐私，且获得的全部数据也将绝对保密，敬请安心作答。再次感谢您的支持！请在所选项上打√即可。

（一）被访问者的基本情况

1. 请问您是：

A. 当地村民　　B. 城镇居民

2. 请问您属于：

A. 汉族　　B. 少数民族

3. 您的年龄：

A. 14岁以下　　B. 15~24岁　　C. 25~44岁　　D. 45岁以上

4. 您在本地居住的时间：

A. 5年以下　　B. 5~10年　　C. 10~20年　　D. 20~30年

E. 30年以上

5. 您的职业：

A. 工人　　B. 职员　　C. 教育工作者　　D. 农民

E. 自由职业者　　F. 管理人员　　G. 军人　　H. 学生

I. 服务人员　　J. 技术人员　　K. 政府工作人员　　L. 退休人员
M. 其他

6. 您的家庭人口数：
A. 5 人以上　　B. 2～5 人　　C. 单身

7. 您的家庭年收入是：
A. 3000 元以下　　B. 3000～5000 元　　C. 5000～10000 元　　D. 10000～20000 元
E. 20000～30000 元　　F. 30000～50000 元　　G. 50000 元以上

（二）被访者从事旅游业的情况

8. 您的家庭是否有从事旅游行业的成员：
A. 是　　B. 否

9. 您的家庭成员主要从事的旅游经营活动：
A. 餐饮　　B. 住宿　　C. 导游　　D. 交通
E. 景区管理　　F. 旅游产品销售　　G. 旅游规划　　H. 娱乐
I. 其他旅游活动

10. 您的旅游收入占家庭总收入的：
A. 80% 以上　　B. 50% ～80%　　C. 20% ～50%　　D. 10% ～20%
E. 10% 以下

（三）被访者的旅游感知情况

请您根据您的判断进行选择，1 表示最低（最少、最不好、最不满意），2 表示较低（较少、比较不好、比较不满意），3 表示中等（一般、无所谓高也无所谓低），4 表示较高（较多、较好、较为满意），5 表示最高（最多、最好、最满意）。

第一部分：景区城市化发展状况

序号	测量指标	现在的状态				
		1	2	3	4	5
1	景区城市化的实施主体与景区资源状况符合新农村演化的要求程度					
2	景区城市化的实施主体与景区发展状况符合新农村演化的要求程度					
3	景区城市化进程中旅游资源的推动符合新农村演化的要求程度					
4	景区城市化进程中旅游服务的推动符合新农村演化的要求程度					
5	景区城市化进程中旅游管理的推动符合新农村演化的要求程度					

续表

序号	测量指标	现在的状态				
		1	2	3	4	5
6	景区城市化进程中实施路径的选择符合新农村演化的要求程度					
7	景区城市化进程中路径的稳健性符合新农村演化的要求程度					
8	景区城市化进程中实施保障的能力符合新农村演化的要求程度					
9	景区城市化进程中实施保障的措施符合新农村演化的要求程度					

第二部分：新农村发展状况

序号	测量指标	现在的状态				
		1	2	3	4	5
1	景区居民生产方式符合新农村演化要求的程度					
2	景区居民生活方式符合新农村演化要求的程度					
3	景区居民生产生活方式转变方向符合新农村演化要求的程度					
4	景区居民思想高度符合新农村演化要求的程度					
5	景区居民观念水平符合新农村演化要求的程度					
6	景区居民思想观念转变方向符合新农村演化要求的程度					
7	城乡景观建设符合新农村演化要求的程度					
8	城乡景观风貌符合新农村演化要求的程度					
9	城乡景观形态改变方向符合新农村演化要求的程度					

第三部分：景区综合服务能力发展状况

序号	测量指标	现在的状态				
		1	2	3	4	5
1	景区服务人员的总体数量符合新农村演化要求的程度					
2	景区服务人员的服务态度符合新农村演化要求的程度					
3	景区服务人员的服务水平达到新农村演化要求的程度					
4	景区服务设施的承载水平符合新农村演化要求的程度					
5	景区服务设施的齐备程度符合新农村演化要求的程度					
6	景区服务设施的分布范围符合新农村演化要求的程度					
7	景区组织管理的能力符合新农村演化要求的程度					
8	景区组织管理的效率符合新农村演化要求的程度					
9	景区组织管理的制度安排符合新农村演化要求的程度					

第四部分：景区结构规模发展状况

序号	测量指标	现在的状态				
		1	2	3	4	5
1	景区空间规模范围符合新农村演化要求的程度					
2	景区空间规模结构符合新农村演化要求的程度					
3	景区空间规模发展符合新农村演化要求的程度					
4	景区产业组织构成符合新农村演化要求的程度					
5	景区产业组织效益符合新农村演化要求的程度					
6	景区服务经济定位符合新农村演化要求的程度					
7	景区服务经济结构符合新农村演化要求的程度					
8	景区服务经济利润符合新农村演化要求的程度					
9	景区劳动力要素整合符合新农村演化要求的程度					
10	景区资本要素整合符合新农村演化要求的程度					
11	景区土地要素整合符合新农村演化要求的程度					

第五部分：民生环境发展状况

序号	测量指标	现在的状态				
		1	2	3	4	5
1	生活水平的提升符合新农村演化要求的程度					
2	村容村貌的改善符合新农村演化要求的程度					
3	媒体读物的供给符合新农村演化要求的程度					
4	思想观念的转变符合新农村演化要求的程度					

附录五：

西南民族地区城市景区化对都市圈演化作用的调查问卷

亲爱的朋友：

您好！我是“西南民族地区旅游城市化进程新型城乡形态演化研究”课题组的调查员，为了完成相关研究工作，希望您抽出一点时间，以自身的实际经验填写以下内容，您的回答将是本研究的重要依据，敬请您耐心作答，避免错漏。

我郑重向您承诺，本问卷只用于学术研究分析，绝不做他用。问卷不会涉及您的隐私，且获得的全部数据也将绝对保密，敬请安心作答。再次感谢您的支持！请在所选项上打√即可。

（一）被访问者的基本情况

1. 请问您是：

A. 当地村民　　B. 城镇居民

2. 请问您属于：

A. 汉族　　B. 少数民族

3. 您的年龄：

A. 14 岁以下　　B. 15～24 岁　　C. 25～44 岁　　D. 45 岁以上

4. 您在本地居住的时间：

A. 5 年以下　　B. 5～10 年　　C. 10～20 年　　D. 20～30 年

E. 30 年以上

5. 您的职业：

A. 工人　　B. 职员　　C. 教育工作者　　D. 农民

E. 自由职业者　　F. 管理人员　　G. 军人　　H. 学生

I. 服务人员　　J. 技术人员　　K. 政府工作人员　　L. 退休人员
M. 其他

6. 您的家庭人口数：

A. 5 人以上　　B. 2～5 人　　C. 单身

7. 您的家庭年收入是：

A. 3000 元以下　　B. 3000～5000 元　　C. 5000～10000 元　　D. 10000～20000 元
E. 20000～30000 元　　F. 30000～50000 元　　G. 50000 元以上

（二）被访者从事旅游业的情况

8. 您的家庭是否有从事旅游行业的成员：

A. 是　　B. 否

9. 您的家庭成员主要从事的旅游经营活动：

A. 餐饮　　B. 住宿　　C. 导游　　D. 交通
E. 景区管理　　F. 旅游产品销售　　G. 旅游规划　　H. 娱乐
I. 其他旅游活动

10. 您的旅游收入占家庭总收入的：

A. 80% 以上　　B. 50%～80%　　C. 20%～50%　　D. 10%～20%
E. 10% 以下

（三）被访者的旅游感知情况

请您根据您的判断进行选择，1 表示最低（最少、最不好、最不满意），2 表示较低（较少、比较不好、比较不满意），3 表示中等（一般、无所谓高也无所谓低），4 表示较高（较多、较好、较为满意），5 表示最高（最多、最好、最满意）。

第一部分：城市景区化发展状况

序号	测量指标	现在的状态				
		1	2	3	4	5
1	城市景区化的实施主体与城市资源状况符合都市圈演化的要求程度					
2	城市景区化的实施主体与城市发展状况符合都市圈演化的要求程度					
3	城市景区化进程中旅游资源的推动符合都市圈演化的要求程度					
4	城市景区化进程中旅游服务的推动符合都市圈演化的要求程度					
5	城市景区化进程中旅游管理的推动符合都市圈演化的要求程度					

续表

序号	测量指标	现在的状态				
		1	2	3	4	5
6	城市景区化进程中实施路径的选择符合都市圈演化的要求程度					
7	城市景区化进程中路径的稳健性符合都市圈演化的要求程度					
8	城市景区化进程中实施保障的能力符合都市圈演化的要求程度					
9	城市景区化进程中实施保障的措施符合都市圈演化的要求程度					

第二部分：都市圈发展状况

序号	测量指标	现在的状态				
		1	2	3	4	5
1	城市居民生产方式符合都市圈演化要求的程度					
2	城市居民生活方式符合都市圈演化要求的程度					
3	城市居民生产生活方式转变方向符合都市圈演化要求的程度					
4	城市居民思想高度符合都市圈演化要求的程度					
5	城市居民观念水平符合都市圈演化要求的程度					
6	城市居民思想观念转变方向符合都市圈演化要求的程度					
7	城乡景观建设符合都市圈演化要求的程度					
8	城乡景观风貌符合都市圈演化要求的程度					
9	城乡景观形态改变方向符合都市圈演化要求的程度					

第三部分：景区联动发展状况

序号	测量指标	现在的状态				
		1	2	3	4	5
1	城市旅游市场共享符合都市圈演化要求的程度					
2	城市商品市场共享符合都市圈演化要求的程度					
3	城市服务市场共享符合都市圈演化要求的程度					
4	城市旅游文化资源共享符合都市圈演化要求的程度					
5	城市经济社会资源共享符合都市圈演化要求的程度					
6	城市基础设施资源共享符合都市圈演化要求的程度					
7	城市旅游产品差异符合都市圈演化要求的程度					
8	城市公共产品差异符合都市圈演化要求的程度					
9	城市服务产品差异符合都市圈演化要求的程度					

第四部分：可持续发展环境状况

序号	测量指标	现在的状态				
		1	2	3	4	5
1	城市经济发展水平符合都市圈演化要求的程度					
2	城市经济发展动力符合都市圈演化要求的程度					
3	城市经济发展潜力符合都市圈演化要求的程度					
4	城市社会发展水平符合都市圈演化要求的程度					
5	城市社会发展动力符合都市圈演化要求的程度					
6	城市生态环境保护符合都市圈演化要求的程度					
7	城市生态环境发展符合都市圈演化要求的程度					
8	城市生态环境治理符合都市圈演化要求的程度					
9	城市文化发展水平符合都市圈演化要求的程度					
10	城市文化发展动力符合都市圈演化要求的程度					
11	城市文化融合发展符合都市圈演化要求的程度					

第五部分：城市协作发展状况

序号	测量指标	现在的状态				
		1	2	3	4	5
1	城市经济社会文化发展符合都市圈演化要求的程度					
2	城市景点和基础设施符合都市圈演化要求的程度					
3	旅游市场差异符合都市圈演化要求的程度					
4	旅游市场规模符合都市圈演化要求的程度					

附录六：

西南民族地区城市景区化对城中村演化作用的调查问卷

亲爱的朋友：

您好！我是“西南民族地区旅游城市化进程新型城乡形态演化研究”课题组的调查员，为了完成相关研究工作，希望您抽出一点时间，以自身的实际经验填写以下内容，您的回答将是本研究的重要依据，敬请您耐心作答，避免错漏。

我郑重向您承诺，本问卷只用于学术研究分析，绝不做他用。问卷不会涉及您的隐私，且获得的全部数据也将绝对保密，敬请安心作答。再次感谢您的支持！请在所选项上打√即可。

（一）被访问者的基本情况

1. 请问您是：

A. 当地村民　　B. 城镇居民

2. 请问您属于：

A. 汉族　　B. 少数民族

3. 您的年龄：

A. 14 岁以下　　B. 15～24 岁　　C. 25～44 岁　　D. 45 岁以上

4. 您在本地居住的时间：

A. 5 年以下　　B. 5～10 年　　C. 10～20 年　　D. 20～30 年

E. 30 年以上

5. 您的职业：

A. 工人　　B. 职员　　C. 教育工作者　　D. 农民

E. 自由职业者　　F. 管理人员　　G. 军人　　H. 学生

I. 服务人员　　J. 技术人员　　K. 政府工作人员　　L. 退休人员
M. 其他

6. 您的家庭人口数：
A. 5 人以上　　B. 2～5 人　　C. 单身

7. 您的家庭年收入是：
A. 3000 元以下　　B. 3000～5000 元　　C. 5000～10000 元　　D. 10000～20000 元
E. 20000～30000 元　　F. 30000～50000 元　　G. 50000 元以上

（二）被访者从事旅游业的情况

8. 您的家庭是否有从事旅游行业的成员：
A. 是　　B. 否

9. 您的家庭成员主要从事的旅游经营活动：
A. 餐饮　　B. 住宿　　C. 导游　　D. 交通
E. 景区管理　　F. 旅游产品销售　　G. 旅游规划　　H. 娱乐
I. 其他旅游活动

10. 您的旅游收入占家庭总收入的：
A. 80% 以上　　B. 50% ～80%　　C. 20% ～50%　　D. 10% ～20%
E. 10% 以下

（三）被访者的旅游感知情况

请您根据您的判断进行选择，1 表示最低（最少、最不好、最不满意），2 表示较低（较少、比较不好、比较不满意），3 表示中等（一般、无所谓高也无所谓低），4 表示较高（较多、较好、较为满意），5 表示最高（最多、最好、最满意）。

第一部分：城市景区化发展状况

序号	测量指标	现在的状态				
		1	2	3	4	5
1	城市景区化的实施主体与城市资源状况符合城中村演化的要求程度					
2	城市景区化的实施主体与城市发展状况符合城中村演化的要求程度					
3	城市景区化进程中旅游资源的推动符合城中村演化的要求程度					
4	城市景区化进程中旅游服务的推动符合城中村演化的要求程度					
5	城市景区化进程中旅游管理的推动符合城中村演化的要求程度					

续表

序号	测量指标	现在的状态				
		1	2	3	4	5
6	城市景区化进程中实施路径的选择符合城中村演化的要求程度					
7	城市景区化进程中路径的稳健性符合城中村演化的要求程度					
8	城市景区化进程中实施保障的能力符合城中村演化的要求程度					
9	城市景区化进程中实施保障的措施符合城中村演化的要求程度					

第二部分：城中村发展状况

序号	测量指标	现在的状态				
		1	2	3	4	5
1	城市居民生产方式符合城中村演化要求的程度					
2	城市居民生活方式符合城中村演化要求的程度					
3	城市居民生产生活方式转变方向符合城中村演化要求的程度					
4	城市居民思想高度符合城中村演化要求的程度					
5	城市居民观念水平符合城中村演化要求的程度					
6	城市居民思想观念转变方向符合城中村演化要求的程度					
7	城乡景观建设符合城中村演化要求的程度					
8	城乡景观风貌符合城中村演化要求的程度					
9	城乡景观形态改变方向符合城中村演化要求的程度					

第三部分：景区联动发展状况

序号	测量指标	现在的状态				
		1	2	3	4	5
1	城市旅游市场共享符合城中村演化要求的程度					
2	城市商品市场共享符合城中村演化要求的程度					
3	城市服务市场共享符合城中村演化要求的程度					
4	城市旅游文化资源共享符合城中村演化要求的程度					
5	城市经济社会资源共享符合城中村演化要求的程度					
6	城市基础设施资源共享符合城中村演化要求的程度					
7	城市旅游产品差异符合城中村演化要求的程度					
8	城市公共产品差异符合城中村演化要求的程度					
9	城市服务产品差异符合城中村演化要求的程度					

第四部分：可持续发展环境状况

序号	测量指标	现在的状态				
		1	2	3	4	5
1	城市经济发展水平符合城中村演化要求的程度					
2	城市经济发展动力符合城中村演化要求的程度					
3	城市经济发展潜力符合城中村演化要求的程度					
4	城市社会发展水平符合城中村演化要求的程度					
5	城市社会发展动力符合城中村演化要求的程度					
6	城市生态环境保护符合城中村演化要求的程度					
7	城市生态环境发展符合城中村演化要求的程度					
8	城市生态环境治理符合城中村演化要求的程度					
9	城市文化发展水平符合城中村演化要求的程度					
10	城市文化发展动力符合城中村演化要求的程度					
11	城市文化融合发展符合城中村演化要求的程度					

第五部分：城市面貌状况

序号	测量指标	现在的状态				
		1	2	3	4	5
1	城市自然景观建设符合城中村演化要求的程度					
2	城市人工景观建设符合城中村演化要求的程度					
3	城市旅游氛围营造定位符合城中村演化要求的程度					
4	城市旅游氛围营造措施符合城中村演化要求的程度					

参考文献

［1］俞宪忠．中国城市化发展的路径选择［J］．人口学刊，2013，35（6）：11－19.

［2］罗淳．中国“城市化”的认识重构与实践再思［J］．人口研究，2013，37（5）：3－15.

［3］贺雪峰．论中国式城市化与现代化道路［J］．中国农村观察，2014（1）：2－12，96.

［4］周飞舟，王绍琛．农民上楼与资本下乡：城镇化的社会学研究［J］．中国社会科学，2015（1）：66－83，203.

［5］李永乐，吴群，舒帮荣．城市化与城市土地利用结构的相关研究［J］．中国人口·资源与环境，2013，23（4）：104－110.

［6］罗淳．中国“城市化”的认识重构与实践再思［J］．人口研究，2013，37（5）：3－15.

［7］王桂新．城市化基本理论与中国城市化的问题及对策［J］．人口研究，2013（6）：43－51.

［8］陈明星．城市化领域的研究进展和科学问题［J］．地理研究，2015（4）：614－630.

［9］陈明星，陆大道，刘慧．中国城市化与经济发展水平关系的省际格局［J］．地理学报，2010（12）：1443－1453.

［10］刘晓峰，陈钊，陆铭．社会融合与经济增长：城市化和城市发展的内生政策变迁［J］．世界经济，2010（6）：60－80.

［11］吴锡标．城市文化与城市化的互动性［J］．探索与争鸣，2005（5）：39－41.

［12］张鸿雁．“合法化危机”：中国城市化社会问题论［J］．探索与争鸣，2006（1）：2－5.

［13］陈明星．城市化与经济发展关系的研究综述［J］．城市发展研究，2013，21（8）：16－23.

[14] 王思明. 工业化、城市化与农业变化——中美农业发展比较研究 [J]. 中国经济史研究, 1995 (3): 119-126.

[15] 都沁军. 第三产业与城市化协调发展的对策研究 [J]. 城市发展研究, 2005 (5): 72-75.

[16] 陆林, 葛敬炳. 旅游城市化研究进展及启示 [J]. 地理研究, 2006 (4): 741-750.

[17] 陆永忠, 陈波翀. 中国城市化快速发展的机制研究 [J]. 经济地理, 2005 (4): 507-514.

[18] 赵磊, 方成, 毛聪玲. 中国存在旅游导向型城镇化吗? ——基于线性和非线性的实证分析 [J]. 旅游科学, 2016, 30 (6): 22-38.

[19] Can Tansel Tugcu. Tourism and Economic Growth Nexus Revisited: A Panel Causality Analysis for the Case of the Mediterranean Region [J]. *Tourism Management*, 2014 (42): 207-212.

[20] 张建华. 城乡一体化进程中的新型城乡形态 [J]. 农业经济问题, 2010 (12): 12-17, 110.

[21] 李冰. 新型城乡形态内涵及构建路径研究 [J]. 青海社会科学, 2012 (5): 37-40.

[22] 周宇騉. 西南民族地区城镇化与金融支持 [J]. 贵州民族研究, 2013, 34 (5): 132-135.

[23] 杨亚丽, 孙根年. 城市化推动我国国内旅游发展的时空动态分析 [J]. 经济地理, 2013, 33 (7): 169-175.

[24] 熊亚丹. 旅游城市化与城市旅游化关系探讨——兼论城市与旅游互动发展的保障路径构建 [J]. 商业时代, 2013 (18): 127-129.

[25] 王兴斌. 以新常态思维谋划"十三五"旅游发展思路 [J]. 旅游学刊, 2015, 30 (3): 2-4.

[26] 李如友. 中国旅游发展与城乡收入差距关系的空间计量分析 [J]. 经济管理, 2016, 38 (9): 161-172.

[27] 蔡宁, 丛雅静, 吴婧文. 中国绿色发展与新型城镇化——基于 SBM-DDF 模型的双维度研究 [J]. 北京师范大学学报 (社会科学版), 2014 (5): 130-139.

[28] 冷智花. 中国城镇化: 从失衡到均衡发展 [J]. 南京大学学报 (哲学·人文科学·社会科学), 2016, 53 (4): 42-50.

[29] 曾湘泉, 陈力闻, 杨玉梅. 城镇化、产业结构与农村劳动力转移吸纳效率 [J]. 中国人民大学学报, 2013, 27 (4): 36-46.

[30] 朱柏铭, 曹丹. 农业转移人口市民化的财政负担研究 [J]. 浙江大学学报 (人文社会科学版), 2016, 46 (6): 116-130.

[31] 陈云松，张翼．城镇化的不平等效应与社会融合 [J]．中国社会科学，2015 (6)：78 -95，206 -207.

[32] 李红祥，徐鹤，赵立腾等．中国城镇化与资源环境耦合关系实证研究 [J]．生态经济，2016，32 (2)：31 -33.

[33] 郭施宏，高明，孟庆香等．空气质量与城镇化质量协调关系研究——基于全国73个主要城市的数据 [J]．生态经济，2015，31 (3)：25 -30.

[34] 刘晓红，江可申．我国城镇化、产业结构与雾霾动态关系研究——基于省际面板数据的实证检验 [J]．生态经济，2016，32 (6)：19 -25.

[35] 黄葵．西南民族地区特色旅游经济探微 [J]．黑龙江民族丛刊，2012 (4)：98 -102.

[36] 李蕾蕾．城市旅游形象设计探讨 [J]．旅游学刊，1998 (1)：46 -48.

[37] Robin Nunkoo. Tourism Development and Trust in Local Government [J]. *Tourism Management*, 2015 (46)：623 -634.

[38] 陆林，葛敬炳．旅游城市化研究进展及启示 [J]．地理研究，2006 (4)：741 -750.

[39] 张瑾．浅谈我国景区城市化的成因、危害及对策 [J]．消费导刊，2009 (16)：7.

[40] 李红锦，李胜会．人口迁移承接与珠三角城市经济社会结构演变的耦合 [J]．经济地理，2013 (8)：46 -51.

[41] 李子明，路幸福，邓洪波等．旅游发展对泸沽湖地区居民生产生活方式的影响研究 [J]．资源开发与市场，2014 (6)：740 -744.

[42] 柳建平，张永丽．农民工市民化与中国经济社会结构转型问题研究 [J]．河南师范大学学报（哲学社会科学版），2013 (5)：76 -80.

[43] 杨效忠，冯立新，张凯．交通方式对跨界旅游区景区可达性影响及边界效应测度——以大别山为例 [J]．地理科学，2013 (6)：693 -702.

[44] 张凌云．智慧旅游：个性化定制和智能化公共服务时代的来临 [J]．旅游学刊，2012 (2)：3 -5.

[45] 王耀德，易魁．基于区位熵视角的湘鄂赣服务业资源集聚与整合 [J]．当代财经，2015 (11)：98 -106.

[46] 黄向，梁明珠．区域带状极核型主题旅游产业集群培育——以广东恩平旅游经济走廊为例 [J]．经济地理，2007 (6)：977 -980.

[47] 赵小芸．国内外旅游小城镇研究综述 [J]．上海经济研究，2009 (8)：114 -119.

[48] 郭晓东，马利邦，张启媛．基于GIS的秦安县乡村聚落空间演变特征及其驱动机制研究 [J]．经济地理，2012 (7)：56 -62.

[49] 王艳飞，刘彦随，李裕瑞．环渤海地区城镇化与农村协调发展的时空特征[J]．地理研究，2015（1）：122－130.

[50] Eleonora Patacchini，Yves Zenou. Ethnic networks and employment outcomes [J]. *Regional Science and Urban Economics*，2012，6（42）：938－949.

[51] 邓祖涛，周玉翠，梁滨．武汉城市圈旅游流集聚扩散特征及路径分析[J]．经济地理，2014（3）：170－175.

[52] 滕驰．内蒙古牧区新型城镇化背景下蒙古族生活方式的变迁[J]．云南民族大学学报（哲学社会科学版），2016（2）：58－62.

[53] 李云新，杨磊．快速城镇化进程中的社会风险及其成因探析[J]．华中农业大学学报（社会科学版），2014（3）：6－11.

[54] 阎占定，向夏莹．城市化过程中失地农民生活方式变化特点分析——以武汉市为例[J]．中南民族大学学报（人文社会科学版），2009（6）：81－84.

[55] 王海娟．人的城市化：内涵界定、路径选择与制度基础——基于农民城市化过程的分析框架[J]．人口与经济，2015（4）：19－27.

[56] 邓大才．农地交易：政府失灵与市场缺位[J]．国家行政学院学报，2004（1）：50－53.

[57] 黄翔，柯丹．论发展旅游业对全面推进城市化的作用[J]．华中师范大学学报（自然科学版），2001（2）：225－228.

[58] 秦伟山，张义丰，李世泰．中国东部沿海城市旅游发展的时空演变[J]．地理研究，2014（10）：1956－1965.

[59] 高玉玲，王萍．1922～1937年青岛城市建设与旅游现代化[J]．旅游学刊，2014（9）：120－128.

[60] 虞虎，陆林，朱冬芳．长江三角洲城市旅游与城市发展协调性及影响因素[J]．自然资源学报，2012（10）：1746－1757.

[61] 毛润泽．中国区域旅游经济发展影响因素的实证分析[J]．经济问题探索，2012（8）：48－53.

[62] 金世胜，汪宇明．大都市旅游功能及其规模影响的测度[J]．旅游学刊，2008（4）：72－76.

[63] 尹德挺，王雪辉，苏杨．城市化与城市环境问题：作用机理与应对策略——基于行动者系统动力理论的视角[J]．北京行政学院学报，2013（1）：99－103.

[64] 李艳，曾菊新，程绍文．城市环境供给的游憩者满意度及对重游意愿的影响——基于游客与居民差异的分析[J]．人文地理，2014（6）：133－139.

[65] Dimitrios Stylidis，Avital Biran，Jason Sit，etc. Residents' Support for Tourism Development：the Role of Residents' Place Image and Perceived Tourism Impacts [J].

Tourism Management, 2014 (45): 260 - 274.

[66] 赵渺希，邵琳，林韵莹. 外地游客与本地居民的城镇空间感知差异——以广东省佛山市南海区西部城镇为例 [J]. 旅游科学，2013 (2): 46 - 58.

[67] 谢春山，魏巍. 辽宁省旅游产业转型升级对策研究 [J]. 财经问题研究，2009 (12): 133 - 137.

[68] 李晓琴. 基于“产业融合”理论的低碳旅游业态创新路径研究 [J]. 西南民族大学学报 (人文社科版)，2016 (2): 126 - 130.

[69] 颜公平. 对1984年以前社队企业发展的历史考察与反思 [J]. 当代中国史研究，2007 (2): 60 - 69，126 - 127.

[70] 孙方明，白若冰. 社队企业与区域农村发展——江苏浙江部分地区社队企业调查 [J]. 农业经济丛刊，1983 (1): 41 - 51.

[71] 冯小红. 改革开放初期河北省高阳县社队企业转型和农村私营企业兴起的考察 [J]. 当代中国史研究，2011 (5): 52 - 58，126.

[72] 扈映，范钧. 改革开放前二十年浙江省社队企业发展的历史回顾 [J]. 中共党史研究，2010 (9): 92 - 99.

[73] 朱巧玲，龙靓，甘丹丽. 基于人的发展视角的新型城市化探讨 [J]. 宏观经济研究，2015 (4): 38 - 47.

[74] 宋喆. 城镇化进程中“人的城市化”及其发展路径 [J]. 南京师大学报 (社会科学版)，2015 (6): 43 - 49.

[75] 何宏金. 苏南乡镇企业转型改制的原因探析 [J]. 宏观经济管理，1998 (8): 35 - 36.

[76] 郭士偶，宁艳丽. 地方政府行为与民营企业发展的关系研究——一个动态博弈分析 [J]. 求索，2011 (4): 60 - 62.

[77] 曹广忠. 企业布局、产业集聚与小城镇发展——对山东、浙江四个小城镇的调查分析 [J]. 农业经济问题，2003 (7): 36 - 40，80.

[78] 方创琳，周成虎，顾朝林等. 特大城市群地区城镇化与生态环境交互耦合效应解析的理论框架及技术路径 [J]. 地理学报，2016 (4): 531 - 550.

[79] 张引，杨庆媛，闵婕. 重庆市新型城镇化质量与生态环境承载力耦合分析 [J]. 地理学报，2016 (5): 817 - 828.

[80] Yuming Fu, Stuart A. Gabriel. Labor migration, Human Capital Agglomeration and Regional Development in China [J]. Regional Science and Urban Economics, 2012, 3 (42): 473 - 484.

[81] 苏海龙，武占云，周锐等. 城市集聚效应的空间外部性研究——基于空间计量经济学的实证分析 [J]. 华中师范大学学报 (自然科学版)，2011 (4): 648 - 654.

[82] 程开明. 聚集抑或扩散——城市规模影响城乡收入差距的理论机制及实证分析 [J]. 经济理论与经济管理, 2011 (8): 14-23.

[83] 苑鹏. 工业化进程中村庄经济的变迁 [J]. 管理世界, 2004 (7): 69-77.

[84] 谢振忠, 张子荣. 郊区城市化进程中社会管理的探索——对北京市朝阳区近郊地区的考察 [J]. 农业现代化研究, 2013, 34 (3): 279-283.

[85] 郑风田, 傅晋华. 农民集中居住: 现状、问题与对策 [J]. 农业经济问题, 2007 (9): 4-7.

[86] 王谦. 城乡公共服务非均等: 原因分析与政策取向 [J]. 经济理论与政策研究, 2008 (0): 66-83.

[87] 周江燕, 白永秀. 中国城乡发展一体化水平的时序变化与地区差异分析 [J]. 中国工业经济, 2014 (2): 5-17.

[88] 冒佩华, 徐骥. 农地制度、土地经营权流转与农民收入增长 [J]. 管理世界, 2015 (5): 63-74, 88.

[89] 刘天军. 新农村建设中农村基础设施建设的管理初探 [J]. 经济问题, 2007 (6): 80-82.

[90] 何玉桃. 社会主义新农村建设中的家庭养老问题思考 [J]. 中南民族大学学报 (人文社会科学版), 2006 (S1): 93-95.

[91] 凡勇昆, 邬志辉. 论我国新农村建设与农村教育布局调整 [J]. 教育研究, 2013 (7): 28-36.

[92] 赵振军. 新农村建设中的城市发展、农地制度与户籍制度改革 [J]. 农村经济, 2007 (9): 100-103.

[93] Brahim Boualam. Does Culture Affect Local Productivity and Urban Amenities? [J]. *Regional Science and Urban Economics*, 2014 (46): 12-17.

[94] 吉颖飞, 古清, 刘志强. 美丽新农村规划建设技术导则 [J]. 规划师, 2015, 31 (1): 128-133.

[95] 章轶鸣, 宋金生, 余向伟. 新农村信息化建设探讨 [J]. 企业经济, 2011, 30 (5): 140-142.

[96] 冯德显, 梁少民. 新农村建设模式及动力机制研究 [J]. 地域研究与开发, 2011, 30 (6): 33-36, 41.

[97] 王德忠. 当前我国新农村建设中存在的问题与对策思考 [J]. 农村经济, 2012 (11): 18-22.

[98] 程必定. 中国的两类"三农"问题及新农村建设的一种思路 [J]. 中国农村经济, 2011 (8): 4-11.

[99] 任远. 人的城镇化: 新型城镇化的本质研究 [J]. 复旦学报 (社会科学版), 2014, 56 (4): 134-139.

［100］ 朱凯，胡畔，王兴平等．我国创新型都市圈研究：源起与进展［J］．经济地理，2014，34（6）：9－15，8.

［101］ 张贞冰，陈银蓉，赵亮等．基于中心地理论的中国城市群空间自组织演化解析［J］．经济地理，2014，34（7）：44－51.

［102］ 耿卫新．城乡基本公共服务均等化：破解城乡统筹发展的突破口［J］．河北学刊，2011（5）：199－201，204.

［103］ 刘志强，谢家智．户籍制度改革与城乡收入差距缩小：来自重庆的经验证据［J］．农业技术经济，2014（11）：31－39.

［104］ 陆林．都市圈旅游发展研究进展［J］．地理学报，2013，68（4）：532－546.

［105］ 韩刚，袁家冬．论长春都市圈的地域范围与空间结构［J］．地理科学，2014，34（10）：1202－1209.

［106］ 朱付彪，陆林，於冉等．都市圈旅游空间结构演变研究——以长三角都市圈为例［J］．地理科学，2012，32（5）：570－576.

［107］ 陆林，汤云云．珠江三角洲都市圈国内旅游者空间行为模式研究［J］．地理科学，2014，34（1）：10－18.

［108］ Chun－Chung Au，Vernon Henderson. How Migration Restrictions Limit Agglomeration and Productivity in China［J］. *Journal of Development Economics*. 80（2）：350－388.

［109］ 柯善咨．中国城市与区域经济增长的扩散回流与市场区效应［J］．经济研究，2009（8）：85－97.

［110］ 蓝宇蕴，张汝立．城中村成因的探析——以广州市石牌村为例的研究［J］．中国农村经济，2005（11）：68－74.

［111］ 谭永忠，王庆日，冯敬俊等．城中村问题产生的微观动因——基于对“土地租金剩余”的分析［J］．中国土地科学，2009（7）：4－8.

［112］ 马学广．城中村空间的社会生产与治理机制研究——以广州市海珠区为例［J］．城市发展研究，2010（2）：126－133.

［113］ William M，Doerner，Keith R. Ihlanfeldt. House prices and city revenues［J］. *Regional Science and Urban Economics*，2011，4（41）：332－342.

［114］ 章平，唐娟．大城市城中村治理困境成因分析及对策研究——以深圳城中村社区城市管理为例［J］．现代城市研究，2014（11）：59－66.

［115］ 赵衡宇，过伟敏．移民聚居空间的自组织特征及价值——以杭州市城西城中村为例［J］．城市问题，2011（7）：69－73.

［116］ 蓝宇蕴．都市村社共同体——有关农民城市化组织方式与生活方式的个案研究［J］．中国社会科学，2005（2）：144－154，207.

［117］唐克．户籍制度改革与城市化进程研究［J］．内蒙古社会科学（汉文版），2007（2）：116－119.

［118］傅晨，刘梦琴．“城中村”及其改造：一个“三农”的研究视角［J］．农业经济问题，2008（8）：75－79，111－112.

［119］林雄斌，马学广，李贵才．快速城市化下城中村非正规性的形成机制与治理［J］．经济地理，2014，34（6）：162－168.

［120］Marcel Fafchamps. Development，Agglomeration，and the Organization of Work［J］. *Regional Science and Urban Economics*，2012，3（42）：459－472.

［121］陶海燕，周淑丽，卓莉．城中村有序改造的群决策——以广州市城中村改造为例［J］．地理研究，2014，33（7）：1207－1216.

［122］仝德，冯长春，邓金杰．城中村空间形态的演化特征及原因——以深圳特区为例［J］．地理研究，2011，30（3）：437－446.

［123］汪明峰，林小玲，宁越敏．外来人口、临时居所与城中村改造——来自上海的调查报告［J］．城市规划，2012，36（7）：73－80.

［124］高学武，魏国学．城镇化视野下城中村治理困局的破解之策［J］．宏观经济研究，2014（3）：24－29，56.

［125］陶然，王瑞民．城中村改造与中国土地制度改革：珠三角的突破与局限［J］．国际经济评论，2014（3）：26－55，4－5.

［126］王华．旅游引导的新型农村城镇化研究——以丹霞山瑶塘村与断石村为例［J］．地理科学，2016（6）：863－870.

［127］王艳飞，刘彦随，李裕瑞．环渤海地区城镇化与农村协调发展的时空特征［J］．地理研究，2015（1）：122－130.

［128］张春燕．民族地区农村城镇化与乡村旅游的互动关系研究——以贵州为例［J］．贵州民族研究，2014（5）：120－123.

［129］赖晓华，聂华，滕汉书．西部民族农村地区旅游城镇化发展模式探讨［J］．贵州民族研究，2014（7）：134－137.

［130］于志勇，韩玲梅．旅游景区周边农村城镇化的建设机制探索［J］．农业部管理干部学院学报，2015（3）：59－64.

［131］肖鸿燚．我国城郊农村旅游的现状分析与对策探讨［J］．农业经济，2016（3）：73－74.

［132］张振鹏．充分发挥城郊旅游产业对新型城镇化的带动作用［J］．经济纵横，2014（2）：78－82.

［133］王柔．农村旅游对新农村建设的作用及其发展对策分析［J］．科技广场，2013（6）：168－171.

［134］孟凯．旅游发展引导下乡村城市化的驱动力——以云台山景区内乡村为

例 [J]. 热带地理，2016 (5)：786 – 794，877.

[135] 夏德孝. 发展农村旅游对促进新农村经济建设的影响 [J]. 改革与战略，2015 (11)：111 – 113.

[136] 是丽娜. 新农村建设与乡村生态旅游互动发展模式构建 [J]. 生态经济，2013 (11)：106 – 109，144.

[137] 李晓琴，银元，陈宇. 城市景区化概念模型及内涵探讨 [J]. 西南民族大学学报（人文社会科学版），2011 (9)：145 – 148.

[138] 陆林. 都市圈旅游发展研究进展 [J]. 地理学报，2013 (4)：532 – 546.

[139] 汪德根，牛玉，陈田，陆林，唐承财. 高铁驱动下大尺度区域都市圈旅游空间结构优化——以京沪高铁为例 [J]. 资源科学，2015 (3)：581 – 592.

[140] 朱付彪，陆林，於冉，鲍捷. 都市圈旅游空间结构演变研究——以长三角都市圈为例 [J]. 地理科学，2012 (5)：570 – 576.

[141] 虞虎，刘青青，陈田，陆林，李亚娟. 都市圈旅游系统组织结构、演化动力及发展特征 [J]. 地理科学进展，2016 (10)：1288 – 1302.

[142] 朱冬芳，陆林，虞虎. 基于旅游经济网络视角的长江三角洲都市圈旅游地角色 [J]. 经济地理，2012 (4)：149 – 154，135.

[143] 张小华. 城中村文化创意与旅游产业融合发展研究——以厦门曾厝垵为例 [J]. 经济师，2015 (11)：193 – 194.

[144] Junxi Qian，Dan Feng，Hong Zhu. Tourism – Driven Urbanization in China's Small Town Development：A Case Study of Zhapo Town，1986 – 2003 [J]. *Habitat International*，2012，36 (1)：152 – 160.

[145] 陈艳，谭建光，鲍宇阳等. 城市化对旅游的影响及其反馈机制研究进展 [J]. 北京师范大学学报（自然科学版），2013，49 (6)：613 – 618.

[146] 朱竑，贾莲莲. 基于旅游“城市化”背景下的城市“旅游化”——桂林案例 [J]. 经济地理，2006 (1)：151 – 155.

[147] 李琛，葛全胜，成升魁. 国内旅游目的地居民旅游感知实证研究——以御道口森林草原风景区为例 [J]. 资源科学，2011，33 (9)：1806 – 1814.

[148] 贺金社. 短期内经济健康运行的帕累托最优标准 [J]. 经济经纬，2012 (5)：122 – 126.

[149] 王纯阳，屈海林. 旅游动机、目的地形象与旅游者期望 [J]. 旅游学刊，2013，28 (6)：26 – 37.

[150] 尤海涛，马波，陈磊. 乡村旅游的本质回归：乡村性的认知与保护 [J]. 中国人口·资源与环境，2012，22 (9)：158 – 162.

[151] 王琼英，唐代剑. 基于城乡统筹的乡村旅游价值再造 [J]. 农业经济问题，2012，33 (11)：66 – 71，111.

[152] 高楠，马耀峰，李天顺等．基于耦合模型的旅游产业与城市化协调发展研究——以西安市为例 [J]. 旅游学刊，2013，28（1）：62－68.

[153] 冯娴慧，戴光全．乡村旅游开发中农业景观特质性的保护研究 [J]. 旅游学刊，2012，27（8）：104－111.

[154] Mullins P. Tourism Urbanization [J]. *International Journal of Urban and Regional Research*, 1991, 15 (3): 326－342.

[155] Gladstone D L. Tourism urbanization in the United States [J]. *Urban Affairs Review*, 1998, 33 (1): 3－27.

[156] 蔡建明．中国城市化发展动力及发展战略研究 [J]. 地理科学进展，1997，16（2）：9－14.

[157] 马晓龙，李维维．城市旅游综合体：概念建构与理论来源 [J]. 人文地理，2016（1）：124－129.

[158] 谢冬水．土地供给的城乡收入分配效应——基于城市化不平衡发展的视角 [J]. 南开经济研究，2017（2）：76－95.

[159] 白永秀，王颂吉．城乡发展一体化的实质及其实现路径 [J]. 复旦学报（社会科学版），2013，55（4）：149－156，171.

[160] 廖永伦．就地就近城镇化：新型城镇化的现实路径选择 [J]. 贵州社会科学，2015（11）：123－127.

[161] 赵振华．关于我国城市化健康发展的思考 [J]. 当代经济研究，2014（2）：18－21.

[162] 余呈先，郭东强．知识经济阈境下增长极理论在中国的困境与范式转换 [J]. 宏观经济研究，2011（8）：51－55，71.

[163] 黄金海．增长极理论视角下的广西少数民族聚居区发展——广西建设民族团结进步模范区研究之二 [J]. 广西民族研究，2013（1）：40－45.

[164] Geddes P. Cities in evolution [M]. London: Williams & Norgate, 1915.

[165] Friedman. J. and Alonso. Regional Development Planning: A Reading, Cambridge: Mass. MIT Press. 1965. & Friedman. J. Urbanization, Planning and National Development, London: Sage Publication, 1973.

[166] Friedman. J, Territory and Function: The Evolution of Regional Planning, London: Edward Arnold, 1976.

[167] Huasheng Song, Jacques－Francois Thisse, Xiwei Zhu. Urbanization and/or Rural Industrialization in China [J]. *Regional Science and Urban Economics*, 2012, 1－2 (42): 126－134.

[168] 赖晓华，聂华，滕汉书．西部民族农村地区旅游城镇化发展模式探讨 [J]. 贵州民族研究，2014（7）：134－137.

［169］张琦．旅游型农村中城郊村发展模式的探索——以浙江省余姚市穴湖村为例［J］．城市地理，2014（8）：16－17.

［170］韩春鲜．旅游感知价值和满意度与行为意向的关系［J］．人文地理，2015，30（3）：137－144，150.

［171］是丽娜．新农村建设与乡村生态旅游互动发展模式构建［J］．生态经济，2013（11）：106－109，144.

［172］夏德孝．发展农村旅游对促进新农村经济建设的影响［J］．改革与战略，2015（11）：111－113.

［173］刘国斌，韩世博．人口集聚与城镇化协调发展研究［J］．人口学刊，2016，38（2）：40－48.

［174］Theresa Grafeneder－Weissteiner，Klaus Prettner. Agglomeration and Demographic Change［J］. *Journal of Urban Economics*，2013（74）：1－11.

［175］王桂新．我国大城市病及大城市人口规模控制的治本之道——兼谈北京市的人口规模控制［J］．探索与争鸣，2011（7）：50－53.

［176］孙平军，丁四保．人口—经济—空间视角的东北城市化空间分异研究［J］．经济地理，2011（7）：1094－1100.

［177］谢礼珊，关新华．在线旅游服务提供者顾客需求知识的探索性研究——基于在线旅游服务提供者和顾客的调查［J］．旅游科学，2013（3）：1－17.

［178］马鹏，李文秀．服务业的空间集聚与城市经济发展实证研究［J］．中南财经政法大学学报，2010（3）：87－93，144.

［179］李子明，路幸福，邓洪波，彭红松，陆林．旅游发展对泸沽湖地区居民生产生活方式的影响研究［J］．资源开发与市场，2014（6）：740－744.

［180］马晓龙，李维维．城市旅游综合体：概念建构与理论来源［J］．人文地理，2016（1）：124－129.

［181］王冬萍，阎顺．旅游城市化现象初探——以新疆吐鲁番市为例［J］．干旱区资源与环境，2003，17（5）：118－122.

［182］常文娟，熊元斌．旅游公共服务水平评价及实证分析［J］．统计与决策，2015（17）：106－109.

［183］杨友宝，王荣成，李秋雨等．东北地区旅游资源赋存演化特征与旅游业空间重构［J］．经济地理，2015（10）：194－201，209.

［184］吴晋峰．旅游吸引物、旅游资源、旅游产品和旅游体验概念辨析［J］．经济管理，2014（8）：126－136.

［185］汪正彬．渝东南城郊乡村旅游发展对策研究［J］．重庆科技学院学报（社会科学版），2014（11）：83－85.

［186］戴学军，丁登山，林岚．长三角地区旅游圈吸引物体系空间结构聚集分

形特征［J］. 地理研究，2010（12）：2189－2200.

［187］刘德光，邓颖颖. 武汉市旅游景区文化升级研究——基于旅游景区文化与文化吸引物的分析视角［J］. 学习与实践，2013（10）：120－128.

［188］赖斌. 基于民生视角的民族地区旅游资源开发模式研究［J］. 西南民族大学学报（人文社会科学版），2015（1）：150－153.

［189］是丽娜. 新农村建设与乡村生态旅游互动发展模式构建［J］. 生态经济，2013（11）：106－109，144.

［190］张湘富，张森林. 科学发展观视阈下新农村建设的民生问题探析［J］. 社会科学战线，2012（3）：241－243.

［191］徐小波，赵磊，刘滨谊等. 中国旅游城市形象感知特征与分异［J］. 地理研究，2015（7）：1367－1379.

［192］王迪云，夏艳玲，李若梅. 城市旅游与城市文化协调发展——以长沙为例［J］. 经济地理，2007（6）：1059－1062.

［193］张立生. 我国国内旅游市场规模分析与预测［J］. 地域研究与开发，2004（1）：59－61.

［194］罗浩，颜钰荛，杨旸. 中国各省的旅游增长方式“因地制宜”吗？——中国省际旅游增长要素贡献与旅游资源比较优势研究［J］. 旅游学刊，2016（3）：43－53.

［195］崔晓明，Chris Ryan，滕荆康. 基于旅游产品差异化的欠发达地区旅游合作研究［J］. 人文地理，2010（4）：156－160.

［196］李如友，黄常州. 中国交通基础设施对区域旅游发展的影响研究——基于门槛回归模型的证据［J］. 旅游科学，2015（2）：1－13，27.

［197］李爽，黄福才，钱丽芸. 旅游公共服务多元化供给：政府职能定位与模式选择研究［J］. 旅游学刊，2012（2）：13－22.

［198］张学良. 中国区域经济转变与城市群经济发展［J］. 学术月刊，2013，45（7）：107－112.

［199］王玉珍. 旅游资源禀赋与区域旅游经济发展研究：基于山西的实证分析［J］. 生态经济，2010（8）：41－45.

［200］李松，于凤贵，杜晓帆，张刚，张士闪. 民俗旅游与社会发展［J］. 山东社会科学，2011（7）：51－56，60.

［201］刘定惠，杨永春. 区域经济—旅游—生态环境耦合协调度研究——以安徽省为例［J］. 长江流域资源与环境，2011（7）：892－896.

［202］彭寿清. 重庆旅游文化发展初探［J］. 经济地理，2004（6）：861－864.

［203］肖严华. 劳动力市场、社会保障制度的多重分割与中国的人口流动［J］. 学术月刊，2016，48（11）：95－107.

[204] 杨雪锋．经济增长方式转型：范式困境与破解路径［J］．学术月刊，2013，45（8）：92－100.

[205] 杨林，薛琪琪．中国城乡社会保障的制度差异与公平性推进路径［J］．学术月刊，2016，48（11）：108－117.

[206] 马波．旅游业的转型与区域旅游合作——兼论中、日、韩旅游合作的推进［J］．旅游学刊，2007（5）：24－28.

[207] 王昕，王雪君．旅游者对旅游目的地形象的感知行为研究——以丽江古城为例［J］．重庆师范大学学报（自然科学版），2011（3）：64－68.

[208] 刘中艳，李明生．现代服务业职业经理人胜任力模型实证研究——以旅游饭店业为例［J］．求索，2011（3）：24－26.

[209] 许晖，许守任，王睿智．消费者旅游感知风险维度识别及差异分析［J］．旅游学刊，2013，28（12）：71－80.

[210] 韩春鲜．旅游感知价值和满意度与行为意向的关系［J］．人文地理，2015，30（3）：137－144，150.

[211] 郑丹．服务补救中顾客情绪对顾客满意之影响的实证研究［J］．中国管理科学，2011（6）：166－173.

[212] 陈希镇，李学娟．结构方程模型下的信度估计［J］．统计与决策，2011（1）：13－15.

[213] 徐万里．结构方程模式在信度检验中的应用［J］．统计与信息论坛，2008（7）：9－13.

[214] Bollen, K. A. Structural equations with Latent Variables. New York: John Wiley & Sons, 1989: 206－221.

[215] Raykov T. Estimation of Congeneric scale reliability via covariance structure analysis with nonlinear constraints. British Journal of Mathematical and Statistical Psychology, 2011 (54): 315－323.

[216] Shook, Ketchen, Hult, Michele Kacmar. An Assessment of the Use of Structural Equation Modeling in Strategic Management Research. Strategic Management Journal. 2004 (25): 397－404.

[217] Bagozzi, Yi, Y. On the Evaluation of Structural Equation Models. Academic of Marketing Science, 1988 (16): 76－94.

[218] Diamantopoulos, A., Siguaw, J. A. Introducing LISREL: A Guide for the Uninitiated. Thousand Oaks, CA: Sage, 2002.

[219] Raine－Eudy, Ruth. Using Structural Equation Modeling to Test for Differential Reliability and Validity: A Empirical Demonstration. Structural Equation Modeling, 2000 (7): 124－141.

[220] Kline, R. B. Principles and Practice of Structural Equation Modeling. New York: Guilford Press, 1998.

[221] 原长弘，田元强，佘健华．怎样提高产学研合作案例研究的效度与信度？[J]. 科学学与科学技术管理，2012，33（7）：29－36.

[222] 解学梅．中小企业协同创新网络与创新绩效的实证研究［J］. 管理科学学报，2010（8）：51－64.

[223] Bachman, Lyle F., Adrian S. Plamer. Language Testing in Practice. Oxford University Press, 1996.

[224] 史春云，孙勇，张宏磊等．基于结构方程模型的自驾游客满意度研究[J]. 地理研究，2014，33（4）：751－761.

[225] Carmines E G, Mciver J P. An Introduction to the Analysis of Models with Unobserved Variables [J]. *Political Methodology*, 1983, 9 (1): 51－102.

[226] Hu L T, Bentler P M. Cutoff Criteria for Fit Indexes in Covariance. Strutural Equation Modeling, 1999 (1): 1－55.

[227] 陈彦光，周一星．城市化 Logistic 过程的阶段划分及其空间解释——对 Northam 曲线的修正与发展［J］. 经济地理，2005（6）：817－822.

[228] 江帆，蔡晓云．丽江古城与白沙古镇旅游经济模式差异性发展研究［J］. 生态经济，2014，30（1）：144－147.

[229] 周霖，顾媛媛．"丽江古城"历时态生长演化及其空间形态对比研究[J]. 城市发展研究，2010，17（7）：106－112.

[230] 晏雄．文化自觉与民族文化产业发展——以云南丽江为例［J］. 西南民族大学学报（人文社会科学版），2012，33（9）：21－27.

[231] 任珮瑶，赵振斌，赵青阳等．基于游客留言内容分析的古镇旅游体验研究——以丽江束河古镇为例［J］. 浙江大学学报（理学版），2017，44（3）：354－362.

[232] 唐小飞，黄兴，夏秋馨等．中国传统古村镇品牌个性特征对游客重游意愿的影响研究——以束河古镇、周庄古镇、阆中古镇和平遥古镇为例［J］. 旅游学刊，2011，26（9）：53－59.

[233] 凌常荣．桂林旅游的可持续发展［J］. 社会科学家，2013（12）：18－19.

[234] 陈志钢，保继刚．典型旅游城市游憩商业区空间形态演变及影响机制——以广西阳朔县为例［J］. 地理研究，2012，31（7）：1339－1351.

[235] 朱春楠．基于库兹涅茨法则的优化东北三省就业结构研究［J］. 工业技术经济，2012，31（12）：100－108.

[236] 郭丹，谷洪波，尹宏文．基于农村产业结构调整的我国农村劳动力就业分析［J］. 中国软科学，2010（1）：18－24.

[237] 保继刚，孟凯，章倩滢．旅游引导的乡村城市化——以阳朔历村为例[J]．地理研究，2015，34（8）：1422－1434.

[238] 魏建．四化同步与城镇化质量的提高［J］．学术月刊，2013，45（5）：90－96.

[239] 徐赣丽．民族和谐共生关系的实证研究——基于对广西龙脊地区的调查[J]．广西民族研究，2011（1）：76－81.

[240] 周玉龙，孙久文．产业发展从人口集聚中受益了吗？——基于2005～2011年城市面板数据的经验研究［J］．中国经济问题，2015（2）：74－85.

[241] 章政．关于我国城镇化发展的道路和方向的思考［J］．北京大学学报（哲学社会科学版），2014，51（3）：151－157.

[242] 涂正革，叶航，谌仁俊．中国城镇化的动力机制及其发展模式［J］．华中师范大学学报（人文社会科学版），2016，55（5）：44－54.

[243] 邓卫红．城镇化进程中的少数民族文化传承与保护——以贵阳市花溪区为例［J］．贵州民族研究，2014，35（9）：117－120.

[244] 邓卫红．城镇化进程中的少数民族文化传承与保护——以贵阳市花溪区为例［J］．贵州民族研究，2014，35（9）：117－120.

[245] 蒋喆，文军，李星群．广西旅游业水平测度与空间分异探讨［J］．广西社会科学，2016（4）：19－24.

[246] 赖晓华，聂华，滕汉书．西部民族农村地区旅游城镇化发展模式探讨[J]．贵州民族研究，2014（7）：134－137.

[247] 李伟，穆红莉．基于信息技术进步的旅游服务创新［J］．科技管理研究，2012，32（13）：200－203.

[248] 苏飞．从旅游产业市场失灵看政府公共旅游管理制度的创新［J］．商业时代，2014（26）：109－110.

[249] 杨建春，吴建国．民族村寨旅游管理制度研究［J］．商业研究，2012（8）：188－193.

[250] 黄启学．民族文化传承发展面临的三大挑战与对策浅析——以广西壮族自治区民族文化强区建设为例［J］．西南民族大学学报（人文社会科学版），2013，34（1）：55－61.

[251] 孙嘉欣．民族文化在民族旅游产业经济发展中的延展性解析［J］．贵州民族研究，2014，35（6）：109－112.

[252] 刘沛林．新型城镇化建设中“留住乡愁”的理论与实践探索［J］．地理研究，2015，34（7）：1205－1212.

[253] 黄艳敏，赵娟霞，张岩贵．城镇化对中国城镇社会贫富分化的影响效应[J]．城市问题，2015（10）：4－11.

[254] 侯兵，黄震方，范楚晗．区域一体化进程中城市旅游经济联系的演变与思考——以南京都市圈为例［J］．人文地理，2013，28（5）：94－100.

[255] 刘士林．新型城镇化与中国城市发展模式的文化转型［J］．学术月刊，2014，46（7）：94－99.

[256] 吴开松．生态文明与民族地区特色城镇化协同发展研究［J］．华中师范大学学报（人文社会科学版），2014，53（5）：10－18.

[257] 车震宇．旅游发展中传统村落向小城镇的空间形态演变［J］．旅游学刊，2017，32（1）：10－11.

[258] 阮金纯，杨晓雁．云南少数民族文化传承模式及其现代化进程中的困境［J］．云南民族大学学报（哲学社会科学版），2014，31（5）：62－66.

[259] 陈江伟．购物旅游区成长的影响因子与运营机制研究——以义乌国家4A级购物旅游景区为例［J］．经济问题，2013（4）：126－129.

[260] 李明，邵挺，刘守英．城乡一体化的国际经验及其对中国的启示［J］．中国农村经济，2014（6）：83－96.

[261] 张沛，张中华，孙海军．城乡一体化研究的国际进展及典型国家发展经验［J］．国际城市规划，2014，29（1）：42－49.

[262] 王华．旅游引导的新型农村城镇化研究——以丹霞山瑶塘村与断石村为例［J］．地理科学，2016（6）：863－870.

[263] 张新生．旅游推动城镇化建设的典型模式与问题研究［J］．四川师范大学学报（社会科学版），2016（1）：72－80.

[264] 张广辉，魏建．农民土地财产权利与人口城镇化［J］．学术月刊，2016，48（3）：57－65.

[265] 张瑞梅．广西北部湾滨海旅游可持续发展探析［J］．广西民族大学学报（哲学社会科学版），2011，33（4）：114－118.

[266] 张可云．中国区域城市化管理水平比较研究［J］．中国人民大学学报，2015，29（5）：90－101.

[267] 毛润泽．中国区域旅游经济发展影响因素的实证分析［J］．经济问题探索，2012（8）：48－53.

[268] 伍海琳，彭蝶飞．城市旅游集散中心构建与布局研究——以长沙为例［J］．经济地理，2011，31（7）：1219－1225.

[269] 张振鹏．充分发挥城郊旅游产业对新型城镇化的带动作用［J］．经济纵横，2014（2）：78－82.

[270] 陶文彩．黔中民族文化资源开发与利用的路径探析［J］．贵州民族研究，2014，35（5）：144－147.

[271] 周彬，钟林生，孙琨等．青海省民族文化创意旅游发展的SWOT分析及

对策 [J]. 干旱区资源与环境，2013，27 (11)：192-196.

[272] 韩林静. 西南民族地区政府行为对金融资源配置的影响 [J]. 贵州民族研究，2014，35 (6)：81-84.

[273] 李亚娟，胡静. 武汉市“四季吉祥”新农村旅游营销策略研究 [J]. 安徽农业科学，2010 (28)：15883-15885，15889.

[274] 徐清. 旅游型新农村功能重构：从木桶效应到图钉效应 [J]. 商业经济与管理，2016 (2)：89-97.

[275] 廉同辉，王金叶. 民族地区乡村生态旅游开发与新农村建设研究 [J]. 西南民族大学学报 (人文社科版)，2010 (11)：169-172.

[276] 张立荣，张金庆. 论推进新型城镇化的协调逻辑：一个复合型分析框架 [J]. 华中师范大学学报 (人文社会科学版)，2017，56 (2)：19-28.

[277] 王谦. 智慧旅游公共服务平台搭建与管理研究——基于物联网模式下的分析 [J]. 西南民族大学学报 (人文社会科学版)，2015，36 (1)：145-149.

[278] 翁钢民，李维锦. 智慧旅游与区域旅游创新发展模式构建——以秦皇岛为例 [J]. 城市发展研究，2014 (5)：35-38.

[279] 朱珠，张欣. 浅谈智慧旅游感知体系和管理平台的构建 [J]. 江苏大学学报 (社会科学版)，2011，13 (6)：97-100.

[280] 周波，周玲强. 国外智慧旅游商业模式研究及对国内的启示 [J]. 旅游学刊，2016，31 (6)：8-9.

[281] 黄松，李燕林，戴平娟. 智慧旅游城市旅游竞争力评价 [J]. 地理学报，2017，72 (2)：242-255.

[282] 徐清. 旅游型新农村功能重构：从木桶效应到图钉效应 [J]. 商业经济与管理，2016 (2)：89-97.

[283] 赵黎明. 发展乡村旅游 改善农村民生 [J]. 旅游学刊，2010，25 (9)：8-9.

[284] 黄震方，陆林，苏勤等. 新型城镇化背景下的乡村旅游发展——理论反思与困境突破 [J]. 地理研究，2015，34 (8)：1409-1421.

[285] 段超. 保护和发展少数民族特色村寨的思考 [J]. 中南民族大学学报 (人文社会科学版)，2011，31 (5)：20-24.

[286] 翁钢民，李维锦. 基于智慧旅游的城市旅游创新发展研究 [J]. 商业研究，2014 (9)：175-180.

[287] 陈斌开，林毅夫. 发展战略、城市化与中国城乡收入差距 [J]. 中国社会科学，2013 (4)：81-102，206.

[288] 甘志航. 西南民族地区经济发展中区域合作战略的实施——以四川省三州为例 [J]. 贵州民族研究，2014，35 (3)：150-153.

［289］马子量，郭志仪，马丁丑．西部地区省域城市化动力机制研究［J］．中国人口·资源与环境，2014，24（6）：9－15.

［290］刘丽娟．京津冀都市圈旅游产业的集聚研究［J］．特区经济，2011（6）：52－54.

［291］潘立新，吴必虎，晋秀龙．基于“核心—边缘”视角的区域旅游合作研究——以南京都市圈南京滁州为例［J］．经济问题探索，2014（3）：178－185.

［292］刘丽娟．京津冀都市圈旅游产业的集聚研究［J］．特区经济，2011（6）：52－54.

［293］张遵东，徐群．贵州省旅游产业集群培育及发展对策探讨［J］．贵州社会科学，2012（5）：93－98.

［294］王涛．西安市城中村改造模式及对策探讨［J］．人文地理，2008（4）：46－50.

［295］余青．村民参与乡村旅游发展的必要性及措施［J］．时代农机，2015（12）：82，84.

［296］李亚娟，陈田，王婧等．大城市边缘区乡村旅游地旅游城市化进程研究——以北京市为例［J］．中国人口·资源与环境，2013（4）：162－168.

［297］程晓丽，张乐勤，程海峰．中小城市旅游经济与生态环境协调发展研究——以池州市为例［J］．地理与地理信息科学，2013（5）：102－106.

［298］石培华，李成军．我国旅游人才队伍建设的问题与对策思考［J］．旅游科学，2011（1）：88－94.

［299］梁爱文．民族文化创意驱动民族文化旅游发展探究——基于云南德宏州的研究分析［J］．黑龙江民族丛刊，2013（2）：67－71.

［300］杨霞，刘晓鹰．旅游流量、旅游构成与西部地区贫困减缓［J］．旅游学刊，2013，28（6）：47－55.

［301］王兆峰，鹿梦思．民族地区旅游市场结构、游客行为与感知分析——以湘西州为例［J］．西南民族大学学报（人文社科版），2016，37（12）：148－153.

［302］任瀚．智慧旅游定位论析［J］．生态经济，2013（4）：142－145.

［303］李萌．基于智慧旅游的旅游公共服务机制创新［J］．中国行政管理，2014（6）：64－68.

［304］王纯阳，屈海林．旅游动机、目的地形象与旅游者期望［J］．旅游学刊，2013，28（6）：26－37.

［305］普荣，白海霞，朱桂香．民族地区旅游城镇化策略——滇西北的探索［J］．开放导报，2014（5）：92－95.

［306］王淑新，王学定，徐建卫．西部地区旅游经济空间变化趋势及影响因素研究［J］．旅游科学，2012，26（6）：55－67.

[307] 陈丽新. 指向顾客参与的旅游服务创新研究 [J]. 开发研究, 2011 (6): 86 - 88.

[308] 王华. 旅游引导的新型农村城镇化研究——以丹霞山瑶塘村与断石村为例 [J]. 地理科学, 2016 (6): 863 - 870.

[309] Maria Saez - Marti, Yves Zenou. Cultural Transmission and Discrimination [J]. Journal of Urban Economics, 2012 (72): 137 - 146.

[310] 戚晓旭, 杨镒豪, 张帅. 旅游城市化进程中能源的可持续利用探索——以黄山宾馆业为例 [J]. 生态经济, 2014, 30 (6): 154 - 159.

[311] 刘长生, 简玉峰. 环境保护与旅游经济协调发展研究——基于中国四大世界自然与文化遗产旅游目的地的面板数据分析 [J]. 旅游学刊, 2010, 25 (10): 23 - 31.

[312] 汪正彬. 渝东南城郊乡村旅游发展对策研究 [J]. 重庆科技学院学报 (社会科学版), 2014 (11): 83 - 85.

[313] 史腾腾. 城郊乡村旅游发展研究——以滁州市为例 [J]. 商场现代化, 2014 (26): 129 - 130.

[314] Tracy Tuten. Tourism and Souvenirs: Glocal Perspectives from the Margins [J]. Tourism Management, 2014 (44): 125.

[315] 张敏敏, 陈赖嘉措, 王英. 西南民族地区旅游经济发展模式的转型升级——以泸沽湖为例 [J]. 农村经济, 2017 (6): 102 - 108.

[316] 钟栎娜. 网络公关——信息时代旅游营销的新策略 [J]. 旅游学刊, 2012, 27 (9): 6 - 7.

[317] 庄国栋, 张辉. 旅游城市品牌竞争力影响因素研究 [J]. 江西社会科学, 2015, 35 (8): 208 - 213.

[318] 沈妉. 城乡一体化进程中乡村文化的困境与重构 [J]. 理论与改革, 2013 (4): 156 - 159.

[319] 张振鹏. 新型城镇化中乡村文化的保护与传承之道 [J]. 福建师范大学学报 (哲学社会科学版), 2013 (6): 16 - 22.

[320] 辛璐琦, 王兴元. 旅游目的地品牌形象识别要素对游客行为意愿的影响机制研究——以品牌认同为中介 [J]. 商业经济与管理, 2016 (10): 88 - 97.

[321] 朱付彪, 陆林, 於冉等. 都市圈旅游空间结构演变研究——以长三角都市圈为例 [J]. 地理科学, 2012 (5): 570 - 576.

[322] 范晓梅, 李艳, 杨会娟. 区域旅游合作中的京津冀都市圈结构模式探讨 [J]. 特区经济, 2010 (4): 53 - 55.

[323] 侯兵, 黄震方, 范楚晗. 区域一体化进程中城市旅游经济联系的演变与思考——以南京都市圈为例 [J]. 人文地理, 2013 (5): 94 - 100.

[324] 刁秋华，郝淑密．基于传统文化传承的乡村旅游可持续发展研究［J］．产业与科技论坛，2014（10）：18－20.

[325] 蔡小于，邓湘南．乡村文化对乡村旅游需求的影响研究［J］．西南民族大学学报（人文社会科学版），2011，32（11）：144－147.

[326] 梁茜．乡村文化生态价值的现代性境遇与重建［J］．广西民族大学学报（哲学社会科学版），2014，36（3）：62－65.

[327] 涂红伟，熊琳英，黄逸敏等．目的地形象对游客行为意愿的影响——基于情绪评价理论［J］．旅游学刊，2017，32（2）：32－41.

[328] 崔宇丹．差异化思维下民族地区旅游营销的提升策略——以民族发展为基点［J］．贵州民族研究，2015，36（1）：148－151.

[329] 古广胜．论文化旅游产业中的创意营销［J］．生态经济，2012（8）：93－98.

[330] 石培华，李成军．我国旅游人才队伍建设的问题与对策思考［J］．旅游科学，2011，25（1）：88－94.

[331] 林雄斌，马学广，李贵才．快速城市化下城中村非正规性的形成机制与治理［J］．经济地理，2014，34（6）：162－168.